U0485465

金融排斥、金融密度与普惠金融
——推进公平、效率与可持续发展的金融现代化服务体系

李建军 等 著

科学出版社
北 京

内 容 简 介

本书是在国家社会科学基金重大项目“金融排斥、金融密度差异与信息化普惠金融体系建设研究”成果的基础上编撰而成的学术著作，全书构建起金融排斥效应、金融密度差异与普惠金融发展的经济学分析框架，揭示金融排斥的根源、金融密度差异的影响、普惠金融商业可持续性的信息化实现机制，提出了促进普惠金融体系发展的差异化调控与监管政策。本书突出了学术研究的特色，从理论角度阐释金融排斥、金融密度与普惠金融三者的逻辑关系和作用机理；突出了实证研究的技术创新特色，体现在金融排斥、金融密度和普惠金融计量指标体系设计，以及从宏微观视角检验金融排斥的效应、普惠金融实践的经济发展绩效与银行财务绩效等方面。

本书适合高等学校、研究机构相关学科的硕士研究生、博士研究生教学与学术研究阅读使用，也可供政府政策研究与决策部门人员参考使用。

图书在版编目（CIP）数据

金融排斥、金融密度与普惠金融：推进公平、效率与可持续发展的金融现代化服务体系 / 李建军等著. —北京：科学出版社，2023.2

ISBN 978-7-03-071521-0

Ⅰ. ①金…　Ⅱ. ①李…　Ⅲ. ①金融体系-研究-中国　Ⅳ. ①F832.1

中国版本图书馆 CIP 数据核字（2022）第 030706 号

责任编辑：徐　倩 / 责任校对：贾娜娜
责任印制：张　伟 / 封面设计：有道设计

科学出版社出版

北京东黄城根北街 16 号
邮政编码：100717
http://www.sciencep.com

北京捷迅佳彩印刷有限公司印刷

科学出版社发行　各地新华书店经销

*

2023 年 2 月第　一　版　开本：720 × 1000　1/16
2024 年 1 月第二次印刷　印张：21
字数：442 000

定价：236.00 元

（如有印装质量问题，我社负责调换）

作 者 简 介

李建军，中央财经大学金融学院教授、博士研究生导师，龙马学者特聘教授，国家高层次人才特殊支持计划入选者，教育部新世纪优秀人才，全国高校黄大年式教师团队带头人，北京市高等学校教学名师。研究领域为货币金融、影子银行、普惠金融、金融科技与丝路金融等。主持完成国家社会科学基金重大项目、国家自然科学基金面上项目、教育部人文社会科学基金项目等课题 8 项，获得国家级、省部级教学与科研奖励 10 余项，在《经济研究》《世界经济》《经济学（季刊）》《金融研究》等期刊发表论文百余篇，出版中英文专著与教材十余部。担任中国金融学会理事、中国国际金融学会副秘书长、中国现代金融学会常务理事兼学术委员。

前　言

金融排斥是普惠金融的对立面，金融排斥导致了金融密度在时空分布的不均衡，使得有金融服务需求的弱势群体、弱势企业、弱势地区难以获得价格合理、成本公平的服务，影响社会经济的发展质量和效率。如何建设具有“商业可持续性、广泛包容性、特定化配比的普惠金融体系”是国家金融战略中面临的难题。

金融排斥产生的原因很多，归纳起来主要是金融服务供给方的选择性排斥，金融服务需求方主动性排斥，以及因地理、经济、社会等生态环境条件产生的客观性排斥。中国金融排斥程度在家庭个人层面、企业层面和地区层面存在明显的差异，呈现由东向西的梯度递增特征，个人收入、企业规模、地理位置等成为金融排斥的决定因素。金融排斥导致了金融资源在空间分布上的密度差异，金融机构布局、存贷款、保险等金融资源分布相对于地区人口、面积、企业规模和地区产值等存在密度上的差异。传统金融服务模式解决金融排斥和金融资源分布不均衡问题依靠的路径是政策推动的普惠金融模式。商业可持续性是普惠金融服务提供者的必要条件，实现商业可持续性，必然要考虑成本投入与收益回报。突破自然条件和经济社会环境条件约束，采用信息化技术路径，如互联网、移动通信、云计算、大数据等新技术手段，搭建信息化金融服务平台，提升弱势群体金融服务的可及性，真正建立起广泛包容性的信息化普惠金融体系，同时辅之以差异化的政策与监管机制，支持普惠金融发展。

为此，本书将以如何建设具有“商业可持续性、广泛包容性、特定化配比的信息化普惠金融体系”为研究主线；对金融排斥与普惠金融的理论基础问题，普惠金融发展必要性与绩效评估的方法论创新问题，普惠金融功能实现的机制与政策保障等问题展开探讨。

本书的第一章为导论。之后的结构安排如下。第一篇是金融排斥：理论、效应与对策。该篇将对金融排斥的内涵，金融排斥理论的发展脉络，金融排斥指标体系的构建与决定因素，金融排斥对经济增长、收入分配和金融制度的宏观影响，以及如何减缓金融排斥等问题展开研究。第二篇是金融密度：理论、测度与比较。该篇将对金融密度的评估视角和经济内涵，金融密度指标体系的构建，三维度、四层面金融密度指标体系的测算，以及缩小金融密度差距的宏观策略等方面进行专题细化分析。第三篇是普惠金融与经济发展：理论、实践与绩效。该篇将对普惠金融理论的发展、普惠金融发展评价指标体系的构建与应用、普惠金融发展绩效评价等内容进行理论和经验分析。第四篇是中国信息化普惠金融体系建设。该篇将对信息化普惠金融体系的内涵、信息化普惠金融指数的构建和测算、中国信息化普惠金融体系建设等方面进行剖析。第五篇是普惠金融政策与监管。该篇系统性地阐释差异化政策与监管研究的背景、政策体系和差异化调控手段等内容。

本书从学术理论角度揭示金融排斥导致金融密度不均衡机制，以及金融功能无法有效发挥导致的社会经济后果，将金融排斥内涵细化，提出金融密度衡量金融排斥导致的金融服务不可得性，将金融密度实证检验结果用于论证和支持普惠金融体系建设的必要性和构建普惠金融体系的重点领域、重点地区和信息化路径。突破普惠金融研究的一般范式，立足金融功能理论构建普惠金融体系，提出普惠金融新功能、三元包容性框架与信息化的基本建设思路。普惠金融的信息化旨在推进普惠金融的商业可持续性，丰富普惠金融广泛包容性的内涵，在实践政策操作方面具有很强的可行性和可操作性。

第一，本书试图构建起金融排斥、金融密度差异衡量、信息化普惠金融体系建设与基本路径的经济学分析框架，揭示普惠金融商业可持续内涵实现的信息化技术与机制。第二，本书试图在金融排斥理论推演的基础上，归纳出中国金融三元结构形成的内生化机制，将正规金融、半正式金融与传统民间金融的地理排斥、人口排斥、产业与企业排斥进行量化，提出金融密度计量金融排斥的基本逻辑分析与检验方法。第三，本书试图夯实关于普惠金融的基本功能、建设路径、运行机制与保障体系的理论基石，改进金融功能与金融理论的应用条件，提出普惠金融的小微经济体牵引观和非歧视化的金融消费服务观，以及针对普惠金融可持续运行的差异化调控与监管观。

本书力图全面揭示中国金融地理排斥、人口排斥、产业排斥与企业排斥的状况及内在原因；从金融密度指标创新与改进来衡量中国不同地区金融服务可得性的差异，提出建设普惠金融的基本思路和信息化机制建设对策。政策实践意义主要有：第一，为国家决策部门平衡区域金融发展提供参考依据，为各级政府帮扶低收入群体，提升城乡弱势群体的金融服务质量，提供具有可操作性的对策建议。中国地区发展不平衡问题比较突出，金融服务配置存在明显的不均衡，金融资本高地与洼地的落差较大，经济发展水平差距大，收入分配差距有所拉大。消除地区间发展不平衡需要有相应的依据，本书研究目标之一就是要揭示这种差异，为国家政策调控选择提供切实可行的参考依据。第二，为金融机构、金融市场部门、金融管理部门拓展中小企业、小微企业、农户与个体经济单位的金融服务提供决策参考。针对金融服务对不同产业、不同企业的排斥程度，设计相应的金融密度指标，通过实证研究揭示金融密度差异化形成的原因和主要决定因素，探究金融商业可持续机制，进而为金融机构、金融市场与金融管理部门开展对弱势企业的金融服务提供客观的参考数据和操作性方案。第三，为宏观管理部门实施差异化的货币金融调控政策、差异化的金融监管与协调政策提供决策参考依据。普惠金融体系的信息化进程是提升金融服务效率、消除金融排斥、弱化金融歧视的过程，国家宏观调控与金融监管部门实施差异化的战略可以有效推进这一进程，而相应的决策需要有坚实的理论与实际经验支持，本书旨在为国家宏观决策提供具有可操作性的建议。

本书的基本路径是：首先，通过国内外已有研究文献梳理，进行金融排斥、金融密度与普惠金融理论的归纳总结，论证金融排斥、金融密度差异与普惠金融发展的内在逻辑关系，创新金融排斥、金融密度与普惠金融理论内涵。其次，先依托金融排斥理论构建金融密度指标与计量方法，之后测算金融密度差异化程度以及分析金融密度的时序变化特征与规律，构建金融密度差异化的决定因素模型并检验，提供普惠金融规划建设的参照依据。再次，通过对主要发达国家、发展中国家的普惠金融发展进行比较，总结经验和模式，归纳对中国普惠金融实践的启示。全面评估中国普惠金融的绩效，找到普惠金融发展中的阻力与问题，提出普惠金融建设的新思路。最后，提出政策建议。新的信息技术革命为解决普惠金融商业可持续性内在要求与金融排斥的矛盾提供了契机。探究中国普惠金融模式，信息化是主要方向。为保证信息化普惠金融体系顺利建设，需要在宏观调控政策层面、金融监管层面进行差异化政策探讨，依据是信息化提升了金融运行效率，传统的调控与监管模式的机制已经发生了变化。差异化的政策体系、差异化的监管政策是普惠金融特定化配比内涵的根本要求。本书将提出宏观调控与金融监管的差异化政策建议，供国家有关部门决策参考。

本书在国家社会科学基金重大项目“金融排斥、金融密度差异与信息化普惠金融体系建设研究”研究报告的基础上修订编撰而成的。由李建军教授进行了专著整体设计、总撰，韩珣、姜世超、田光宁参与了主要写作修订工作，杨德祥、王丽梅、范志昊、冯可欣、史越佳负责数据文献更新和部分章节修改工作。

国家社会科学基金重大项目“金融排斥、金融密度差异与信息化普惠金融体系建设研究”由李建军教授担任首席专家，由李涛、林政、昌忠泽、曾刚、丁淑娟等作为子课题负责人。参与课题研究的成员包括：田光宁、彭俞超、姜世超、张丹俊、乔博、卢盼盼、巩艳红、朱烨辰、马思超、李俊成、何山、赵冰洁、张雨晨、陈鑫、陈宗义、汤健、付永贵、李高勇、安文岚、邹晓琳、冯雪、黄豪薇、明洋、桑雨、刘佳倩、俞渊渊、刘斯佳、赵焱、孙思怡、解宇欣等。本项目开题时，张晓朴、吴卫星、汤珂、曾刚、李季刚、张海晖、邢华、丁淑娟等专家学者提出了非常有价值的建议，在此一并致谢。

李建军

2022 年 8 月 25 日于北京

目 录

第三篇 普惠金融与经济发展：理论、实践与绩效

第四篇 中国信息化普惠金融体系建设

第五篇 普惠金融政策与监管

第一章　导　　论

自2005年联合国提出“普惠金融”概念后，我国构建普惠金融体系的步伐加快。2007年全国金融工作会议明确提出要按照“多层次、广覆盖、可持续”的要求建立农村金融体系；党的十七届三中全会也提出，要建立现代农村金融制度，创新农村金融体制，引导更多信贷资金和社会资金投向农村；党的十八届三中全会提出发展普惠金融的决定，普惠金融发展进入新的阶段。普惠金融的对立面是金融排斥，金融排斥导致了金融资源空间分布不均衡，表现为金融密度的差异。金融不平衡影响经济的可持续发展，影响社会的公平。在完成全面建成小康社会的目标之后，建设共同富裕社会的目标需要有普惠金融体系的支撑。本章将从研究问题入手，介绍本书研究内容、基本框架等，刻画全书的核心思想观点。

第一节　建设普惠金融体系的重要性

一、普惠金融理念与实践兴起

随着经济全球化进程的推进，金融行业竞争日益激烈。我国的银行、证券和保险等主要金融机构的经营逐步转向以商业可持续性为核心目标，建立现代金融企业制度。由于信息不对称、逆向选择和道德风险的存在，金融资源的可及性、金融服务的质量与效率在收入差距较大的社会群体、经济发达程度各异的地区、不同规模和产权性质的企业，以及处于不同生命周期阶段的行业或产业之间存在较大差异。“三农”、中小企业以及低收入阶层被排斥在金融体系之外。金融排斥的直接后果是金融密度在空间、产业、群体之间产生差异，影响经济的可持续发展和社会公平。解决金融排斥问题的基本路径是建立起普惠金融体系。

一个好的社会需要有好的金融体系支撑。那么，什么样的金融体系才能算是好的金融体系？这样的金融体系应该是能够包容所有的具有金融服务需要的经济社会活动主体，能够给所有的金融消费者、投资者提供公平的、成本适度的金融服务，有效引导和配置金融资源，激发社会经济活力，推进经济可持续发展。这样的金融体系就是包容性金融体系，简称为普惠金融体系。我国政府已经为普惠金融体系建设做了很大的努力，大型金融机构也投身其中，取得了很好的成效。中小微型金融机构不断拓展小微金融服务，将普惠金融实践做得更加扎实。应该说，经过2005年以来的多年实践，中国的普惠金融体系不断完善，形成了面向不同社会经济群体的多层次、多元化、多功能的金融服务机构和市场体系，对于促进经济增长、缩小城乡收入差距、推进全面建成小康社会等发挥了基础性作用。

普惠金融体系具有广泛的包容性，也需要具备商业可持续性，更需要差异化的或特定的政策配比作为支持。广泛的包容性是一种理念和出发点，商业可持续性是关键，实现商业可持续性就是要解决好普惠金融服务成本与收益问题。显然，传统的机构扩张型金融发展模式很难在弱势产业和弱势地区实现成本与收益的平衡。这就需要走信息化普惠金融之路。伴随着现代信息科技的快速发展，金融服务与技术融合进程加快。构建信息化普惠金融体系是实现商业可持续性的新路径。在这样的背景下，本书提出了主要解决的问题。

二、普惠金融的一个核心与三个关键问题

本书研究主题由一个核心、三个关键问题构成。一个核心是如何实现普惠金融商业可持续性、广泛包容性、特定化配比的信息化功能机制问题。三个关键问题是：普惠金融的理论基础问题，普惠金融发展必要性与绩效评估的方法论创新问题，普惠金融功能实现的机制与保障问题。具体研究内容包括：普惠金融理论基础与三个范畴——金融排斥、金融密度与普惠金融的内在逻辑，三个范畴定量研究的方法论创新，普惠金融发展的经验归结与绩效评价，信息化评价金融体系的推进与差异化宏观政策保障机制。

本书试图解决普惠金融发展中，如何实现其商业可持续性、广泛包容性、特定化配比的信息化功能机制，提出信息化普惠金融体系建设的方向与路径。具体包括以下几点。

第一，普惠金融的理论基础问题。建设普惠金融体系是解决金融排斥导致的金融服务可得性分布不均衡问题的关键，由此，金融排斥与金融密度理论可以在创新基础上作为发展普惠金融的理论指引。需要通过理论创新，有效解释“金融排斥、金融密度与普惠金融体系的内在有何逻辑关系”。从全球视角看，金融服务存在供给排斥，在弱势人口群体、弱势产业与企业、弱势地区存在明显的排斥。从金融发展角度看，内在原因和机制是什么？金融功能不能有效发挥的制约因素有哪些？这是关键理论性问题，是本书研究的基础理论问题。

第二，普惠金融的客观基础：金融排斥、金融密度差异与普惠金融绩效评估的方法论创新问题。①中国金融排斥的表现、结果如何测度，以及如何创新金融密度方法论体系？金融在地理空间的排斥、在人口群体结构上的排斥、在弱势产业与非公所有制小微规模企业等经济单位的排斥导致的结果将可能加剧地区不平衡、收入分配差距和信息滞后，如何衡量中国金融排斥程度与金融服务缺位导致

的经济社会问题，是实践研究的重点。本书将使用金融密度方法来衡量金融排斥程度。②金融密度指标体系如何设计，以及中国金融密度在地域空间、产业空间、经济活动主体之间的差异度的决定因素如何检验？金融排斥导致金融服务缺失与分布不均衡，金融密度可以衡量这种不均衡性，通过地理、人口、产业、企业等金融密度指标体系的设计，通过构建实证模型进行检验，全面刻画中国地区间、人口群体、产业间、企业间，以及发展时序金融密度的差异，可以为金融发展规划提供相应的参考。③普惠金融发展经验、模式如何归纳，以及普惠金融发展的经济与社会绩效如何评价？需要明确普惠金融的基本内涵、要实现的目标、基本要素和应用体系的架构。在总结普惠金融发展的国内外经验基础上，通过评价体系的方法论创新，建立普惠金融发展的经济与社会绩效评价体系。找到普惠金融发展的阻力与难点，提出发展普惠金融的新思路。

第三，普惠金融功能实现的机制与保障问题。①如何推进信息化普惠金融体系的包容性框架？普惠金融体系需要建立在商业可持续性、广泛包容性和特定化配比的基础上，该基础是否能够夯实，其关键是成本与效率关系的处理，处理好成本与效率关系需要借助信息化机制，进而达到建设信息化普惠金融体系的最终目标，并建立起符合现代信息技术发展潮流的普惠金融创新体系。②中国信息化普惠金融体系的政策保障机制如何设计？围绕普惠金融的特定化配比内涵，建设普惠金融的差异化宏观调控与监管政策机制，是保障信息化普惠金融良性运行的关键。差异化体现了特定的配比，包括资源配比政策、约束政策差异化设计等关键问题。

三、金融排斥、金融密度与普惠金融关系

（一）已有的研究思想观点

1. 关于金融排斥

国外学者对金融排斥对象的研究主要集中在低收入人群，对于金融排斥的中小企业融资、金融区域规划和社区金融机构的研究都较少。在金融排斥所导致的后果方面，尽管有争论认为银行业金融排斥程度加大在本质上体现了银行价值的提升和系统效率的提高，但是也在一定程度上加剧了不同人群、不同地区间经济发展的两极分化（Leyshon and Thrift，1993）。国内学者对金融排斥的起步较晚，但进展迅速。李涛等（2010）从具体金融服务类型入手对金融排斥进行了界定，他们认为金融排斥是人们不能以恰当的方式获得储蓄、基金、保险、贷款等方面的金融服务。何德旭和饶明（2008）对农村金融排斥进行了研究，指出我国“三

农”主体主要遭到地理排斥、条件排斥和营销排斥。从国内外对金融排斥的研究来看，对金融排斥程度的测度主要是利用 Kempson 和 Whyley（1999）提出的六维评价标准，利用相应的具体指标代表六个维度对金融排斥程度进行测度。纵观现有文献，对金融排斥的研究更多的是从定性的角度出发对金融排斥进行界定与分析。

2. 关于金融密度

由于金融排斥影响很大，研究者尝试采取不同的量化指数来衡量金融排斥的程度，但是总体来看，目前关于金融排斥量化的研究十分有限。作为金融排斥的对应面，金融密度从侧面反映出区域内的金融服务可得性，包括机构密度、存贷款水平、拥有银行账户的人数以及可及性壁垒等。金融密度已日渐成为金融排斥的测度指标，农村地区金融密度指标显示，我国农村地区存在金融排斥的情况。

3. 关于普惠金融体系

普惠金融及其体系的内涵：通过对金融排斥与金融密度的相关研究进行梳理可以看出，金融系统中存在着金融排斥等因素，使得很多机构和弱势群体无法获得金融服务，因此，普惠金融体系一经提出就引起了许多国家的重视。普惠金融体系（inclusive financial system）是联合国系统在宣传 2005 年“国际小额信贷年”时率先广泛运用的词汇，认为每个发展中国家应该通过政策、立法和规章制度的支持，建立一个持续的、可以为人们提供合适产品和服务的金融体系。最早提出用“普惠金融体系”作为“inclusive financial system”中文译文的学者是白澄宇。

普惠金融体系这一概念的提出已有十几年时间，但在相当长的一段时间内，无论是国外还是国内，对普惠金融的研究在覆盖面上等同于农村金融或小企业融资，在操作上等同于小额信贷似乎是理论界的通识，直到 Hemls（2006）提出普惠金融应是覆盖所有人的金融体系。由此，普惠金融是由小额信贷、微型金融理论逐步发展而来的，但其最终目标高于小额信贷和微型金融，即将两者进行整合，使金融服务渗透到整个国家的金融体系中，构建多层次、多元化的包容性金融体系（周小川，2013）。纵观国内外普惠金融体系的研究，不外乎两个方面：建立普惠金融的理论研究与构建普惠金融体系的实证研究。理论研究主要建立在普惠金融的必要性方面，其理论经历了 20 世纪 80 年代之前的农村金融理论，之后的农村金融市场理论，以及 20 世纪 90 年代斯蒂格利茨提出的不完全竞争市场理论。

在构建普惠金融体系的实证研究方面，国外学者通过研究普惠金融的发展因素，得出金融服务的可获得性受到储蓄率、交易成本、投资决策、技术创新和经济增长率等因素的影响，认为政府的公共政策、社会保障项目等的支持是普惠金融策略有效实现其目标的关键。此外，应发展责任金融，在国际社会相继发展“责任股东”“责任投资”“责任金融”等原则下，进一步开展业务创新，扩大对低收入人群的金融服务。另外，国家应扩大金融服务供应方的数据收集水平，确保能够从金融机构层级来分析微型金融服务数据（吴国华，2013）。对普惠金融发展历程及其与经济发展的相关程度的研究表明，针对金融排斥下被传统金融服务体系忽视的三类群体——农村及偏远地区低收入群体、小微企业和城镇弱势群体，普惠金融体系的构建对于金融排斥的缓解具有重要意义。

（二）对金融排斥、金融密度与普惠金融的研究思路

1. 与已有研究的不同

现有研究对金融排斥的原因分析比较深入，在排斥理论的系统性与方法论方面重点推进。对引起金融排斥原因的分析主要从供给、需求和宏观环境三个方面展开：供给类引致的金融排斥主要涉及影响金融机构资金供给的条件和因素，包括金融基础设施、地理便利性、市场营销策略、价格水平、产品多样性等；需求类排斥主要涉及影响服务主体金融需求变化的条件和因素，包括收入、年龄、教育、种族、住房拥有状况、不悦的金融借贷经历、心理因素等；宏观环境类排斥主要涉及排斥的社会诱发因素，包括人口统计的变化、收入差距及劳动力的结构变动、社会支持、市场化程度等。由于金融排斥是多维度、多层次的复杂问题，从某一方面分析并不能充分体现金融排斥多维度的特征。本书尝试对金融排斥分类和影响因素进行全面、系统的分析，从理论和实证两个方面对金融排斥进行定性与定量研究，从而在研究的深度和广度上有所提升。

在金融密度指标构建方面，国内外既有从金融产品、金融服务等微观方面分析的研究，也有从不同维度等宏观方面构建综合指数的研究。微观分析大多采用调研数据，考虑到数据可得性，破解金融排斥的主要思路是要建立一个满足多层次金融需求的、可持续发展的普惠金融体系，而信息技术在降低信息不对称性、减少交易成本、打破时间和空间限制方面具有的独特优势，是进行商业可持续性普惠金融建设的重要途径和手段。国内外对普惠金融建设中的信息技术的研究不多，且大多从信息技术与经济发展的意义出发，较少涉及信息技术的建设。本书拟从信息技术在我国普惠金融中的现状出发，详细分析信息化机制的建设，从而为破解金融排斥难题、建设普惠金融体系提供路径指导。

2. 本书的思路

第一，基于中国经济金融发展的不平衡国情，提出金融排斥问题，从理论上归纳金融排斥的原因以及中国金融排斥的独特性，拓宽金融排斥理论内涵，在地

理排斥基础上引入产业排斥，在人口排斥基础上引入企业排斥，形成多维度的金融排斥理论分析框架，阐述金融信息化在解决金融排斥问题方面的优势及其与发展普惠金融的一致性。

第二，在金融排斥理论归纳的基础上，提出金融密度测度方法，分析金融密度差异的决定因素。金融密度用于衡量金融排斥，方法论包含金融密度指标体系、金融密度计量方法与评判标准设定，用于计量金融排斥的后果，反映金融发展与经济社会发展的不匹配性。其中，对于人口群体的金融密度差异、不同企业类型金融密度差异、地理空间金融密度差异、产业空间金融密度差异，以及金融密度时序变化特征与规律等，主要是通过实证检验，找出金融密度差异性的决定因素。

第三，在金融密度差异性研究的基础上，对普惠金融发展经验与绩效进行总结评价。从全球经验借鉴与中国普惠金融建设的角度，进行全面客观的绩效评估；从普惠金融的商业可持续性、广泛包容性、特定化配比三大内涵以及普惠金融服务提供主体财务绩效角度归纳出制约普惠金融发展的问题、原因和难点；重点探究商业与财务成本约束下如何开展有效金融服务问题。

第四，提出信息化普惠金融体系建设的总体架构、运行机制与建设路径。从国家普惠金融建设目标出发，依据金融排斥导致的金融密度差异，以及归纳出的金融商业在特定地理空间、特定人群、特定企业类型、特定产业空间不平衡的决定因素，从金融服务提供商财务角度，提出降低成本的信息化路径，进而围绕信息化搭建中国效率型的普惠金融体系。

第五，从普惠金融的特定化配比内涵出发，提出构建中国信息化普惠金融的差异化宏观调控政策机制与金融监管机制。差异化的金融调控与监管是保证信息化普惠金融的灵活、高效运行的必要条件，也是与信息化体系相匹配的政策机制。

第二节　金融排斥、金融密度与普惠金融的内涵及内在关系

一、金融排斥、金融密度与普惠金融的内涵的界定

（一）金融排斥

国外学者对金融排斥（financial exclusion）的关注始于20世纪90年代中期。金融排斥的概念由Leyshon和Thrift（1993）提出，1997年开始成为国外政府部门金融管理决策过程中优先考察的议题。早期金融排斥的研究主要集中在地理排斥上，指由于放松管制、信息技术发展等因素，有金融分支机构撤出农村及边远地区从而造成弱势群体无法得到金融服务的现象。随着研究的深入，研究者把研

究对象扩展到了较少或不使用金融服务的人的类别以及金融排斥的过程上，并且更加注重对微观个体的分析。本书认为，金融排斥是有金融服务需求的经济主体，包括个人、企业、机构等，在一定的金融体系下，由于客观条件或主观因素无法有效获得金融服务的状况。

（二）金融密度

国内首先使用“金融密度”概念的学者是石盛林（2011b），用于研究金融发展与经济增长之间的关系。金融密度是借鉴物理学的“密度”概念，指在特定行政区域内提供金融服务的金融机构网点数或人均机构网点数。本书中金融密度的内涵突破了经济地理的概念，拓展到金融资源与金融服务在地理空间、产业、企业、群体等多领域、多角度的配置状况，是指一定单位面积、单位经济规模、企业数和人口数拥有的金融服务资源多少。

（三）普惠金融

普惠金融一般多指普惠金融体系，多数学者认为，普惠金融体系是一个可以更广泛地获得金融服务，能够可持续地为该国弱势人群、弱势产业和弱势地区（简称“三弱”）提供方便快捷、价格合理的基础金融服务，可以促进更快和更公平的经济增长。本书所指的普惠金融是广义上的金融服务，并不是与传统金融体系相割裂的单独的金融体系，而是现代金融体系在包容性发展理念下的服务升级转型，是承担社会责任的体现。从金融管理者的角度看，普惠金融体系包含了小微金融机构、地方金融服务机构等的金融服务体系。

（四）信息化普惠金融

信息化普惠金融一词在理论界并不多见，类似的词有数字普惠金融。本书所指的信息化普惠金融是以现代信息技术为主要手段的普惠金融体系。信息技术应用于金融服务以 20 世纪 80 年代计算机应用于账户管理为代表；20 世纪 90 年代初互联网的快速发展，推动了金融机构之间信息传递效率的提高，实现了跨机构之间实时信息交互。进入 21 世纪以后，现代信息技术不断发展，云计算、人工智能和区块链等技术应用于金融服务的时空范围大大拓展，同时也降低了成本。现代信息技术无疑拓展了金融服务的包容性，有助于促进金融机构的商业可持续性，使金融体系走向现代普惠金融体系。

二、金融排斥、金融密度与普惠金融三个范畴之间的关系

（一）金融排斥是研究起点

金融排斥与金融包容实际上是一个问题的两个方面，正规金融机构的信贷歧视导致弱势群体在资质审核、信用评估、金融产品定价等阶段被排斥在主流金融服务体系之外，大量优质的金融资源被优先分配给富裕人群、发达城市、国有大型企业，而低收入人群、农村地区以及民营中小企业的金融需求往往被忽视和拒绝。银行、保险等金融机构的倾向性资金配置行为导致金融服务的地理渗透性、服务有效性以及产品匹配性在居民部门、企业部门以及地区经济之间存在较大差异。因此，消除金融歧视需要从供给侧入手，通过政策引导、差异监管、推动创新等方式，促使商业银行、证券公司以及保险公司关注弱势群体，并且通过建立信用评级、完善风险控制、加强贷后监督等方式为低收入阶层、中小企业以及落后地区提供储蓄、信贷、保险等服务，进而改善不同经济主体之间的金融密度差异，构建公平、包容、可持续的金融体系。

金融排斥是一个多维度动态复合的概念（Kempson and Whyley，1999）。Cebulla（1999）根据金融排斥产生的原因，将其划分为结构排斥和主体排斥两个维度。Kempson 和 Whyley（1999）认为金融机构的信贷歧视行为可以归结为银行账户的开立条款和条件、银行费率、银行机构的地理可及性、金融服务的可得性以及受排斥主体的心理和文化程度这五个方面。Sarma（2008）则提出了地理排斥、评估排斥、条件排斥、价格排斥、营销排斥和自我排斥六个指标，从金融服务供给方和潜在需求者的角度剖析了金融排斥产生的原因。地理排斥是指由营业网点、ATM（automated teller machine，自动柜员机）的关闭和撤出带来的可及性降低而导致的排斥；评估排斥是金融机构借助严格的风险评估手段将客户合理的贷款和投资需求拒之门外的现象；商业银行还可以通过设置借款人财富状况、抵押品价值、信用等级等附加条件，拒绝为部分群体提供金融服务。价格排斥和营销排斥分别反映了金融机构通过不合理的产品定价手段和差异性营销方案的设计，限制弱势群体从事正常金融活动的行为。自我排斥是被排斥方因不悦借贷经历、风俗习惯、金融意识薄弱、风险承受能力较弱等，主动将自己隔绝于金融体系之外的现象。

（二）金融密度是中介机制

金融排斥导致了储蓄、信贷、基金、理财以及保险等金融资源空间配置失衡，

即金融密度差异。金融密度差异是金融排斥的结果，也是金融包容性发展改进路径的起点。石盛林（2011b）借鉴保险密度的概念提出金融密度概念，是指在一定区域范围内设立的金融机构网点数或者按照人口数量计算的人均机构网点数。田杰和陶建平（2012）选取县（市）人均金融机构网点数来衡量农村金融密度。笔者认为，现有研究对金融密度的界定范畴和测算视角过于狭隘。金融密度差异受微观主体信用风险、区域制度环境、当地文化风俗、宏观经济环境等因素的共同作用，反映了金融机构将有限资源在不同经济主体之间选择性配置的结果。金融密度实际上是一个多层次、多维度的概念，资源的动员与空间配置由金融机构来完成，最终作用于微观部门。因此，金融排斥是导致金融密度差异的根源。从排斥方看，银行、证券、保险是金融资源配置的决策者和主导者；从被排斥方来看，正规金融机构的歧视行为导致不同居民部门、企业部门以及经济体之间的金融密度差异。因此，对于金融密度的测算仅从单位面积或单位人口机构网点数的单一角度考虑，很难准确、深入地反映金融资源在不同经济主体之间的地域配置差异情况，对于金融密度状况的衡量需要兼顾排斥方和被排斥方，从银行、保险、证券三个行业，居民、企业和经济部门三个维度进行测算。

（三）普惠金融是对策之道

普惠金融是消除金融排斥、改善金融密度分布不均衡的主要力量。普惠金融即金融包容，该理念认为金融服务应该惠及每一个人、每一个群体，特别是很难从传统金融机构获得金融服务的弱势群体。不同个体所具有的先验和后验禀赋不一致导致要素配置的非均等性，由此演化出普惠金融的政策导向（王颖和曾康霖，2016）。普惠金融包括“普”和“惠”两个层面。“普”即广泛包容性，是指金融机构能够为社会各个阶层提供金融服务；“惠”即能够以合理的价格为居民、企业提供金融产品。我国民间金融在正规金融体系覆盖广度不足的背景下应运而生，为个体工商户、中小企业等被排斥方提供金融服务，在一定程度上缓解了弱势群体的融资约束问题，但民间借贷高额的借贷利率导致其不具有商业可持续性，很难成为弱势群体长期融资的渠道。因此这种“普而不惠”的金融模式不属于普惠金融的范畴。普惠金融业也区别于金融扶贫，金融扶贫是指通过财政贴息、小额贷款、再贷款等方式为贫困人群、落后地区以及弱势产业等提供金融支持，金融扶贫的贷款利率和保费一般低于市场价格，但是这种输血而非造血模式的救济资金很难惠及所有弱势群体。因此，“惠而不普”的金融扶贫也不是消除金融排斥的举措。我国普惠金融的发展历经了从小额贷款到微型金融，再到普惠金融的演化历程，也反映了由服务需求到金融创新，再到服务供给的内在逻辑（星焱，2016）。因此，金融包容不仅要求金融机构网点的地理可及性、金融产品和服务的可触性，还需要关注“三农”、中小企业等容易被金融机构拒之门外的特定主体，并且保证金融供给方的商业可持续性。

（四）三者之间的关系

综上所述，金融排斥的结果是金融密度的差异，金融密度差异直接影响经济社会可持续发展，影响宏观经济金融均衡。解决这一问题需要构建普惠金融体系，提高金融服务的可及性，降低服务成本，提升金融服务效率，基本路径是走信息化普惠金融发展之路。

第三节 金融排斥、金融密度与普惠金融的主要内容

一、金融排斥、金融密度差异与普惠金融体系建设的内在逻辑归纳

首先，需要从理论角度阐释清楚金融排斥、金融密度与普惠金融体系的内在有何逻辑关系。在经济与金融发展过程中，金融商业属性要求金融机构在财务角度具有成本收益的合理比例，不同的金融消费群体对于商业化金融机构的财务价值是不同的，不同地区的金融服务投入产出水平也是有区别的，这就使得金融服务提供商具有内生化的服务空间、服务对象排斥，造成金融密度在地理与人口两个维度上的差异，这种差异会进一步加剧发展的不平衡，拉大收入差距，产生马太效应。因此，建立普惠金融体系非常必要，而普惠金融体系需要具有商业的可持续性，这就需要从金融服务提供者成本收益角度进行规划，切实降低运营成本。信息化为降低金融服务成本提供了基础条件。

从全球视角看，金融服务存在供给排斥，在弱势人口群体、弱势产业与企业、弱势地区存在明显的排斥；从金融发展角度看，内在原因和机制比较复杂，金融功能不能有效发挥的制约因素较多。通过构建相应的方法论体系，客观监测人口经济群体与地理产业空间金融排斥的程度，揭示金融密度差异的实际情况和决定因素，是本书研究的基础问题。在对金融排斥的内涵、表现与影响进行分析的基础上，提出采用金融密度理论、指标与方法体系衡量金融排斥的结果，得出金融密度差异消除需要构建普惠金融，归纳出信息化普惠金融体系的金融功能与框架机制理论。

二、金融排斥、金融密度差异性与决定因素模型构建及检验

（1）金融人口排斥、企业排斥与金融密度差异。金融排斥在群体层面表现为

人口排斥与企业排斥，具体而言，弱势人口群体，如城市低收入者、进城务工农民、社会保障线的居民、农村留守妇女、老人等，他们在金融服务可获得性上受到的歧视比较多，金融服务不具有普惠性。金融排斥在企业层面上表现为非公有制中小企业、民营小微经济体、农户与个体工商户的金融服务可得性较差，这类经济体多依赖非正规金融提供服务。那么，金融服务在人口群体、企业群体产生排斥的原因有哪些，是否具有时序特征，是本书需要解决的难题。金融在人口群体、企业群体的排斥程度使用金融密度衡量的关键是指标体系设计、计量方法和参照标准的选择。本书将在理论界定金融的人口排斥、企业排斥内涵基础上，设计开发人口群体、企业群体的金融密度指标体系和计量路径与评判标准。最后构建金融密度差异化决定因素分析模型，找出最关键因素，为普惠金融体系设计提供依据。

（2）金融地理排斥、产业排斥与金融密度差异。金融地理是一个空间概念，金融在地理空间的排斥表现为欠发达地区的金融机构网点稀缺，金融服务的可得性较差。金融的地理排斥与产业经济分布有直接联系，产业布局是经济地理的范畴，在弱势产业（如农业）为主导产业的地区，金融资金的投入产出比率不具有商业吸引力，导致金融机构不愿意在这些地区设置机构网点，不愿意提供信贷等金融服务。那么，中国省域金融排斥程度导致的金融密度差异有多大，这是实证研究的重点。关系国家与社会稳定大局的少数民族地区、欠发达地区与边境地区的金融排斥与金融密度是本书研究的重点。本书将对金融密度在地理与产业空间上的梯级特征进行理论剖析与实证检验，为消除区域金融排斥、产业金融排斥提供客观决策依据，为构建差异化、特定化配比的普惠金融提供规划布局参考依据。

无论是从地理空间、产业空间的视角出发，还是从人口群体、企业类型的视角出发，金融密度差异都存在时序变化特征与变化规律。本书将从时间序列角度，分析金融密度的变化特征和规律，构建决定金融密度差异性的因素模型，为普惠金融规划提供参考依据。

三、普惠金融发展：理论、实践与绩效

金融排斥与金融密度理论和实证检验为构建普惠金融体系必要性提供强有力的支持。自从2005年联合国提出“普惠金融”概念后，世界各国的普惠金融实践进入到一个新阶段，取得了一些有益的经验。中国普惠金融发展也在探索中前行，在提升弱势群体收入水平、促进区域平衡发展、支持小微经济单位、扶持弱势产业等方面发挥了积极作用。在普惠金融理论梳理的基础上，从实践角度总结普惠金融的经验模式，全面评价普惠金融的运行经济与社会绩效，对中国现行金融体系的普惠性程度进行检验，总结问题，找出普惠金融发展的难点。尤其从普惠金

融服务提供商的微观财务视角，采用成本-收益法解释普惠金融的发展阻力，提出中国普惠金融体系建设的思路与对策。

四、信息化普惠金融体系建设路径与机制

解决中国普惠金融体系建设中的难题，主要思路是降低金融服务提供商的成本，使弱势群体、弱势企业、弱势地区和弱势产业能够以可接受的成本获得金融服务。这一路径就是信息化。信息化是指一个地理区域、经济体或社会不断发展为以信息为基础（或者说，基于信息）的程度，也就是说在其信息劳动力规模方面的提升程度。信息化普惠金融体系立足于信息基础设施的完善，能够有效降低金融服务提供者的运营成本，大大满足金融服务消费者的零距离体验，是一个纳入正规金融机构、金融市场的，传统民间金融的，具有广泛包容性的大金融框架，是差异化调控、差异化监管、特定化政策配比相融合的金融保障体系，是以信息化设施、信息化技术、信息数据利用与创新为条件的高效率金融体系。信息化普惠金融建设的基本路径是依托市场化与政府调控相结合机制，共同筹集基础设施投资资金，重点构建区域性金融经济大数据与云存储、云计算中心，以移动互联与通信技术带动金融服务信息化，建立起信息化普惠金融绩效评价体系，实现普惠金融的商业可持续性，将正规金融、半正规金融与民间金融有机融为一体，形成具有广泛包容性的金融服务体系，以特定化配比机制，推动金融绩效的提升。

五、中国普惠金融体系的差异化政策调控与监管机制

普惠金融体系的金融服务供给商类型多样，有正规金融机构，也有非正规金融机构。对于这些金融服务供给主体，需要采用不同的宏观调控政策，如差异化的货币政策，对中小银行、农村金融正规金融机构实施合理、较低的准备金率，给予相应的贴现融资支持等。信贷政策方面，设计针对小微金融服务主体的再贷款融资机制，提供相应的信贷保险、担保等风险防控制度保障。

差异化监管体现在以下三个方面，第一，针对经济发展程度不同的地区实行差别化监管。各地区经济发展不平衡，普惠金融在各地区的发展状况也存在明显差异，应根据各地区的具体情况制定不同的监管指标与收费方案。第二，针对不同类型的普惠金融机构实行差别化监管。例如，对于不吸收存款的非金融机构实施非审慎监管，对于吸收存款的金融机构和组织实施审慎监管。第三，对于传统民间金融本着市场化自律原则，加强相关立法保证，促进其规范化运行。

第一篇　金融排斥：理论、效应与对策

本篇首先从理论分析入手，对金融排斥的理论发展脉络进行梳理，并在已有文献研究的基础上，对金融排斥诱因及金融排斥模型进行更为全面、深入的分析，以期完善金融排斥理论架构。其次，对于金融排斥指标体系的构建，从多维度构建涉及金融服务供求双方和金融生态环境因素，且可以全面考量金融行业各部门排斥程度的指标体系。再次，通过经验分析，对金融排斥的经济与社会效应进行深入的研究。从宏观经济增长、金融制度和微观的居民收入层面进行探究，扩展现有金融排斥的研究成果，进而为金融排斥的动因、指标体系设计、宏观经济效应等方面的研究做出有益补充。最后，在理论与实证研究的基础上，参考国际上缓解金融排斥的措施，总结我国对于缓解金融排斥的政策探索，提出进一步缓解金融排斥的有效策略，以期为相关政策决策提供启示。

第二章　金融排斥理论

金融排斥是指低收入人群等弱势群体难以与金融系统接触的现象。20 世纪 90 年代，我国开始推进银行业市场化改革，在这一过程中合并了许多位于农村地区、欠发达地区的分支机构，使得本来就存在获得金融服务障碍的农村居民、小微企业获得金融服务的难度进一步加大。其中部分主体转向非正规金融机构寻求融资，不仅增加了企业、个人的融资成本，也导致金融当局的监管难度增加，金融体系风险积聚，严重阻碍了普惠金融的发展。本章将梳理金融排斥的相关理论。

第一节　国内外金融排斥理论研究的进展

一、金融排斥的内涵

（一）地理排斥的视角

国内外学者对金融排斥概念的提出早于普惠金融。Leyshon 和 Thrift（1993，1994，1995）认为金融机构网点的撤并是导致农村低收入人口金融可及性和可得性较低的症结所在，并从地理层面上对金融排斥的内涵进行界定。Larner 和 Le Heron（2002）则以新西兰为研究对象，发现 20 世纪 90 年代以来大部分倒闭的金融机构均分布在农村地区，这加重了农村地区的金融排斥程度。

国内学者对金融排斥问题的关注相较于国外学者起步较晚。20 世纪 90 年代末我国开始进行金融改革，大量金融机构的分支机构在农村偏远地区进行撤并，我国农村地区金融排斥问题日益恶化，由此农村金融排斥问题引起学者高度关注，研究焦点也是落在金融排斥的区域性差异问题上。许圣道和田霖（2008）认为，地理排斥妨碍了落后地区农户和企业对金融资源的可得性，甚至在严重落后地区会出现金融空洞现象。田霖（2011）又进一步针对城乡二元性展开分析，从城乡互动耦合的角度剖析金融排斥的空间差异与诱导要素。此外，董晓林和徐虹（2012）、张国俊等（2014）、李建军和张丹俊（2015）、李建军和韩珣（2017a）、姚梅洁等（2017）均结合不同地区的数据对金融排斥的区域性差异进行了探究。

（二）社会排斥视角

金融地理学为金融排斥问题的研究提供了一个很好的切入点，但金融排斥实际上是一个复杂的社会问题，地理排斥只是其在空间上的表现。因此，随着金融排斥问题研究的深入，其概念外延不断拓展，研究视角也从金融地理学转向了金融发展学。金融排斥是社会排斥的一个维度，金融排斥与社会排斥互为因果。Kempson 和 Whyley（1999）通过实证研究指出金融排斥是社会排斥在经济层面的体现，通常会伴随着社会排斥的产生而出现。Smyczek 和 Matysiewicz（2014）通过对欧洲的金融排斥现象进行分析，认为金融排斥使得人们在就业、社会福利、计划支出方面表现更差，从而导致其社会排斥程度进一步加深。Fernández-Olit 等（2018）通过对西班牙的调查数据进行实证分析发现，社会排斥和获得银行服务的可能性呈负相关，即从反面证实了社会排斥和金融排斥的正向关系。更进一步地，李涛等（2010）从具体金融服务类型入手对金融排斥进行了界定，他们认为金融排斥是人们不能以恰当的方式获得储蓄、基金、保险和贷款等方面的金融服务。鲁强（2014）通过对核心文献的梳理提出，金融排斥是社会排斥和社会两极分化概念的一部分，兼具社会排斥和自然排斥的双重属性，特指被排斥对象最基本的金融产品或服务需求（储蓄、贷款等）无法得到或满足的过程。类似地，尹志超和张栋浩（2020）将金融排斥定义为部分群体由于受到社会、经济、地理和条件等方面的排斥从而无法合理地获取或接近金融机构的服务和金融产品的过程。

随着金融排斥的概念不断外延、完善，金融排斥的概念维度也不断丰富。金融排斥维度的系统性论述开始于 20 世纪末。Kempson 和 Whyley（1999）认为金融排斥包括地理排斥、评估排斥、条件排斥、价格排斥、营销排斥以及自我排斥六个维度。然而，澳新银行指出，上述维度没有关注金融知识或金融能力对金融排斥的重要影响，又提出了接触排斥和效用排斥（ANZ，2004）。Cebulla（1999）根据引发排斥的主体不同，将金融排斥分为结构排斥和主体排斥。

（三）包容发展视角

英国金融当局提出消除金融排斥本质上在于实现金融包容。2005 年联合国和世界银行在介绍小额信贷时也提出构建包容性金融系统。焦瑾璞（2010a）最早在国内提出“普惠金融”的概念。普惠金融理论强调通过扩大金融服务的原有边界来实现金融包容，进而消除金融歧视。近些年，很多学者试图从普惠金融角度探求解决金融排斥问题的途径，对金融排斥问题的关注点也从影响机制分析逐步转向政策指引。Allen 等（2021）认为构建普惠金融体系能够为居民和企业，尤其是原本被排斥在主流金融体系之外的弱势群体，提供多层次、多样化的金融产品和服务，进而能够在一定程度上缓解中小企业和“三农”等经济主体融资难、融资贵的问题。王修华等（2009）对我国农村金融排斥进行了系统分析，指出建立普惠性的金融体系是缓解农村金融排斥的有效对策。何晓夏和刘妍杉（2014）以云南省农村信用社联合社作为研究对象，分析了云南省突出的金融排斥态势，并提出构建农村金融普惠机制是进行金融排斥治理的有效路径。吕勇斌等（2015）在金融包容性视角下对我国区域金融排斥进行测度，提出调整经济结构是实现金融包容的关键所在。姚梅洁等（2017）通过对中国县域金融排斥的测度和对金融排斥经济影响的实证研究，提出丰富涉农金融服务主体，大力创新涉农金融产品和服务方式，即提高金融服务在农村地区的普惠性。

二、金融排斥的诱因

（一）金融供给方的客观排斥

从金融供给方的角度出发，金融排斥的诱因主要包括两个方面，一是金融机构出于利润最大化目标的考虑，其网点设置存在地理选择偏好，金融排斥受地理因素的影响；二是金融机构为筛选出高质量的客户群体，会通过设置服务供给门槛的方式将部分弱势群体排斥在金融体系之外。金融排斥的早期研究大多以金融地理学为切入点，对金融排斥的诱因研究也是围绕地理因素展开。Fuller（1998）主要分析在美国由金融机构地理分布不均衡引起的地理排斥。Argent 和 Rolley（2000）使用澳大利亚的数据支持了上述观点，金融机构更倾向于关闭农村偏远地区的分支机构。Larner 和 Le Heron（2002）对新西兰金融排斥状况的研究结果表明，金融机构更倾向于向经济发展水平较高的地区聚集，使得欠发达地区金融排斥程度更高。Chakravarty（2006）指出边远地区金融机构的撤离，减少了边远地区群体与金融机构接触的机会，加剧了金融排斥程度，最终将会导致社会排斥。此外，除了地理排斥外，金融产品供给不足也会导致金融排斥。Sain 等（2016）的研究指出，澳大利亚的伊斯兰群体仍然受到严重的金融排斥，主要原因是澳大利亚金融机构缺少提供适合伊斯兰群体的金融产品，从而产生了金融排斥。

国内对于金融排斥诱因问题的研究主要从我国金融改革背景出发，围绕农村地区展开。鲁强（2014）通过构建农村金融排斥程度的测算指标发现，价格排斥和营销排斥是影响农村金融排斥的主要因素。李建军和张丹俊（2015）通过构建中小企业金融排斥指标体系测度其构成因素的贡献度，发现金融供给方的排斥因素占主导，其中地理排斥影响最大。曹廷贵等（2015）从金融机构角度建立小微企业金融排斥分析框架，认为金融排斥度主要受金融机构偏好的影响，其中硬信息缺乏，软信息获取成本高是影响小微企业金融排斥的主要因素。朱一鸣和张树忠（2017）通过对中国 2018 个县域层面的数据进行实证研究发现，当前县域层面的金融排斥仍然存在，并且主要是信贷资金的排斥，而非传统金融机构的排斥。

（二）金融需求方的主观排斥

早期对金融排斥诱因的关注点多在于地理因素。随着金融排斥概念维度的拓宽，研究视角也逐步呈现多元化趋势，研究内容由地理因素拓展到收入水平、社会经济环境、政策等方面，研究对象也从金融机构等金融供给方转向了家庭、企业等金融需求方。Kempson 和 Whyley（1999）运用计量模型，以特定群体为对象研究了金融排斥的影响因素，结果表明金融排斥与民族、文化、宗教信仰、受教育程度和收入水平等个人属性因素具有较强的相关性。Kempson 等（2000）认为影响金融排斥的主要因素有人力资本市场、收入水平、人口数量、财政政策以及住房政策，其中收入水平对金融排斥的影响最显著。Affleck 和 Mellor（2006）以英国三个街区的家庭为样本进行调查，发现家庭人员的构成、年龄、收入、健康状况等人口属性对金融排斥有不同程度影响。Barboni 等（2017）通过对意大利低收入人群开展的一次田野实验发现，金融排斥与经济排斥和社会排斥相关联，尽管金融产品供给方快速发展，但教育水平、收入以及社会因素依然会影响金融排斥的缓解。Mylonidis 等（2019）以美国收入动态追踪调查数据为样本，探究了文化因素和金融排斥之间的关系，结果表明，天主教徒更容易受到金融排斥，而表现出亲社会性的人群受到金融排斥的可能性更小。另外，国外学者还从性别、收入、教育等需求方的特征出发研究了金融排斥的诱因（Adeyemi et al., 2012; Lamb, 2016；Wentzel et al., 2016）

国内也有大量研究从宏观和微观的角度研究了来自需求方的主观排斥。从宏观层面来看，主要是探讨金融排斥与总量指标之间的关系。高沛星和王修华（2011）使用省级数据，采用变异系数法测量了我国农村金融排斥的地区差异，认为形成此差异的主要因素包括收入因素、金融效率因素、就业因素和农业化水平。从微观角度来看，主要是采用个人或者企业的微观调查数据，并且研究的角度也越来越多元化。李春霄和贾金荣（2012）基于陕西省 472 个农户的调研数据，运用回归模型进行了实证检验，发现家庭成员的工作性质、收入水平、文化水平等因素对贷款排斥有所影响，家庭收入水平、劳动力数量、对金融机构是否信任、家中是否有电脑、与最近金融机构的距离等因素对储蓄排斥有所影响。张号栋和尹志超（2016）基于 2013 年中国家庭金融调查（China Household Finance Survey，CHFS）数据，对金融知识与中国家庭金融排斥的关系进行了实证研究，发现金融知识对家庭投资类产品排斥和融资类产品排斥均有显著的负向影响，且对投资类产品排斥的影响更显著。朱超和宁恩祺（2017）则基于2006～2013年北京市16个区县的数据，探究老年人口占比与金融排斥的关系，实证结果表明，老年人口占比与金融排斥正相关，且收入与财富、金融认知、风险厌恶和健康支出是可能的影响路径。周洋等（2018a）基于2014年中国家庭追踪调查（China Family Panel Studies，CFPS）数据，对认知能力与金融排斥的关系进行了实证探究，研究发现，认知能力的提高能够显著缓解家庭的金融排斥，并且这种缓解效应在城市家庭中更强。基于2014年的CFPS数据，周洋等（2018b）探究了家庭财富和金融排斥的关系，发现家庭财富水平提高能够显著降低受到金融排斥的可能性。丁博等（2021）采用2013年的CFPS数据，从社会学的角度探究了宗教信仰与金融排斥之间的关系，研究发现，宗教信仰显著提升了家庭的金融排斥程度，且主要是通过家庭风险厌恶、宗教社会网络、降低外部信任度等渠道来影响的。从企业的角度出发，李建军和周叔媛（2019）基于其课题组2017年开展的京津冀、江浙沪和广东三个地区企业调查的数据，探讨了高管金融素养和企业金融排斥之间的关系，实证结果表明，高管金融素养的提升能够显著降低企业受到金融排斥的概率。

国内外现有对金融排斥诱因的研究比较丰富，但仍存在一定不足。首先，在研究对象方面，国外学者大多以金融地理学为理论基础，更多地从个人和家庭层面对金融排斥的原因进行分析，对微观企业和行业层面的研究较少。其次，在研究角度上，已有文献大多从单一的供给、需求或者宏观环境的角度进行探究，没有全面地把握可能影响金融排斥的因素。最后，金融排斥的指标设计也存在重复、维度相互交叉等问题。

三、金融排斥的效应

（一）经济增长效应

金融排斥会通过影响居民和企业部门的信贷可能性，进而对经济增长造成一定的冲击。Beck等（2007）提出，金融排斥的存在使得金融体系无法为全社会所有阶层和群体提供合理、便捷、安全的金融服务，进而导致金融与实体经济之间产生一定的背离。金融发展与经济增长之间的互动关系表明，金融排斥使得部分弱势群体的金融需求无法得到满足，进而成为阻碍经济包容性增长的重要因素。Jalilian和Kirkpatrick（2002）从金融发展的角度展开论述，认为金融发展能够促进经济增长，降低弱势群体占比，从而促进经济长期、可持续性增长。利用2006～2010年中国2578个县（市）的数据，姚梅洁等（2017）分析了金融排斥变化的动态路径以及对经济增长的影响，研究发现，东部的金融排斥呈下降趋势，而中西部的金融排斥呈上升趋势，金融排斥对县域经济有显著的负向影响，并且这种影响并不必然随着经济增长而减小。特别地，关于金融排斥与农村经济发展的关系，黄红光等（2018）运用中国 30 个省区市 2000～2014 年的面板数据对二者的关系进行了实证分析，研究发现，金融排斥会直接影响农村经济的发展，同时金融排斥还会通过降低农业科技投入从而影响农村的经济发展，且在高金融排斥水平下农业科技投入对经济增长的正向影响还会减小。

（二）金融制度效应

金融排斥与我国现阶段非正规金融机构以及影子银行体系的形成密不可分。主流金融机构的金融歧视问题导致大量中小企业和低收入阶层的信贷需求无法得到满足，资金在供求两端存在较为严重的失衡。以小额贷款、融资担保公司、互联网金融为代表的新型类金融机构成为弥补信贷配置缺口的新生力量。近年来，主流金融机构的金融排斥问题衍生出影子信贷市场的非合规增长、非金融企业杠杆率高企以及金融市场系统性风险积聚等一系列问题。以小额贷款公司、P2P（peer-to-peer，点对点网络借款）平台为代表的地方货币系统（local currency system）虽然能够缓解部分弱势群体的流动性约束，但在法律和道德上仍存在一定的缺陷。这种情况甚至会演变成地下钱庄等非合规金融活动，引致一系列的社会和法律问题（武巍等，2005）。温铁军（2001）对我国 15 个省 24 个市县的个案调研也发现，民间借贷的发生率达到 95%，其中高利息借贷的发生率达到 85%。因此，金融排斥的产生导致了非正规金融的发展。李建军（2005）基于对我国 20 多个省、80 多个市县、200 多个乡村的问卷调查，构建了我国 15 个省的农户非正规途径融资规模指数。张晓琳和董继刚（2017）基于山东省 2016 年 762 户农户的调查数据发现，正规金融机构的排斥促使农户形成了借贷途径首选非正规金融机构的行为偏好。此外，Kamran 和 Uusitalo（2016）利用巴基斯坦的入户调查数据进行研究，发现被金融体系排斥的人群更加倾向于利用社会网络和个人关系参与非正规金融活动。

（三）居民收入效应

金融排斥与收入之间存在密切关系，收入不仅是诱发金融排斥的影响因素之一，金融排斥反过来也会影响居民的收入水平。低收入人群因为抵押品价值不足、还款风险较高以及社会网络关系薄弱等问题，被银行、保险等金融机构排斥到金融体系之外；金融服务的不足也会通过加剧低收入人口的预算性约束，进而影响金融资产的配置和正常的生产经营活动，从而降低收入水平，形成低收入泥淖的往复恶性循环（Kempson et al.，2000）。de Koker（2006）与 Simpson

和 Buckland（2009）等也持有类似的观点，认为弱势群体由于被金融系统排斥而处于劣势，面临着更大的风险，难以获得收入增长的机会。周洋等（2018b）利用 2014 年 CFPS 数据，研究发现家庭财富的提高能够显著降低家庭受到金融排斥的概率，高财富的家庭通过金融市场进一步加速其财富积累，从而使得中国的财富差距进一步拉大。

综上所述，在金融排斥效应方面，国外学者分别从个人、企业、区域角度对此问题进行了探究。国内学者对此问题的研究较少，且这方面的研究以定性分析为主，少有学者通过构建模型对此问题进行全面、深入的定量分析。就研究对象而言，国内学者多关注金融排斥对经济增长以及居民收入的影响，从金融制度角度进行的研究甚少。

四、金融排斥的测度

国内外对于金融排斥程度的评估方法不尽相同，主要包括金融排斥综合指标、金融排斥分维度指标以及问卷调查法等。每种方法对于评估不同对象都互有优劣，国内外对于金融排斥的测度至今没有形成统一的标准。

（一）金融排斥综合指标

英格兰东南发展署（South East England Development Agency，SEEDA）采用复合剥夺指数（index of multiple deprivation）计算出金融排斥指数。尽管这是最早建立的金融排斥指标体系，但是由于该方法中大量的微观数据难以获得，所以影响了该指数的应用和推广。

（二）金融排斥分维度指标

Kempson 和 Whyley（1999）提出包括地理排斥、评估排斥、条件排斥、价格排斥、营销排斥和自我排斥六个维度的评价。与复合剥夺指数相比，六维评价标准数据可得性较高。此后，学者在六维评价标准的基础上进一步拓展，提出了不同的金融排斥测度指标。鲁强（2014）参考农村金融生态环境，建立了四维度的农村金融排斥指标。李春霄和贾金荣（2012）借鉴联合国开发计划署编制的人类发展指数，建立了金融服务深度、金融服务可得度、金融服务使用度和金融服务可负担度的四维金融排斥评价体系，对我国各省区市的金融排斥程度进行了具体测度和分析。李建军和韩珣（2017a）从银行、证券、保险三个主要的金融领域出发，结合数据的可得性和推广性，构建了基于地理排斥、条件排斥和营销排斥三个维度的各省区市金融排斥指标。姚梅洁等（2017）在田杰和陶建平（2012）的指标体系的基础上，从金融机构的地理渗透性、金融产品接触性和金融服务使用效用性的维度出发，增加了涉及企业和农户金融情况的 9 个指标，构建出衡量我国县域层面的金融排斥指标。

（三）问卷调查法

许多国内外学者在衡量金融排斥程度时采取问卷调查法（Devlin，2005；李涛等，2010；李春霄和贾金荣，2013；李建军和周叔媛，2019）。Devlin（2005）运用调查问卷对英国的金融排斥影响因素进行了实证分析，发现对于不同维度的金融排斥指标，各自变量的影响不尽相同。李涛等（2010）基于中国城市居民的投资行为调查数据研究发现，家庭财富的增加和社会互助程度的提高可以降低居民受到金融排斥的程度。李春霄和贾金荣（2013）采用入户访谈的调研方式，运用陕西省的实地调研数据，建立 Probit 回归模型，对西部地区的农户金融排斥，主要是贷款排斥和储蓄排斥的影响因素进行了实证分析。李建军和周叔媛（2019）基于其课题组 2017 年开展的京津冀、江浙沪和广东三个地区企业的调查数据，探讨了高管金融素养和企业金融排斥之间的关系。此外，基于 CFPS，学者从不同的角度研究了各类家庭特征与金融排斥之间的关系，包括认知能力（周洋等，2018a）、家庭财富（周洋等，2018b）、互联网使用（刘长庚和罗午阳，2019）和宗教信仰（丁博等，2021）。

五、国内外研究现状评述

国内外学者对金融排斥的内涵及诱因等方面已有较为深入的研究，但研究视角仍然不够全面，尚未形成完整、统一的理论框架。对于金融排斥效应等问题的研究甚少，金融排斥问题仍有值得深入挖掘的内容。在研究对象方面，国外学者多从个人和家庭层面对金融排斥的原因和经济效应进行剖析，国内学者多基于省级、县域级数据围绕农村金融对金融排斥问题展开研究，微观层面也主要以家庭、个体为研究对象，缺乏围绕中小企业展开的研究。在研究方法方面，国内外学者对于金融排斥指标的选择视角过于单一，且尚未形成统一的标准，对金融排斥效应的研究以定性分析为主，少有学者通过构建模型进行定量分析。

因此，基于现有研究的不足之处，本篇力求对金融排斥的诱因进行全面、系统的分析，从理论和实证两个方面对金融排斥进行定性与定量研究，从而在研究的深度和广度上有所提升；构建合理的计量模型，从经济增长、金融制度以及居民收入三个方面，对金融排斥的经济与社会效应进行深入剖析；从金融服务供给方、金融服务需求方和金融生态环境三个维度构建金融排斥指标体系，使指标体系更加完整。

第二节　金融排斥理论发展脉络

纵观国内外对金融排斥理论的研究，其发展脉络发生了从以地理空间视角进行研究到以群体视角进行研究的过渡。参考比较通行的阶段分类，如吴亮和俞哲（2015）的三阶段分类（金融地理学视角、金融发展理论视角、普惠金融理论视角）等，本节将金融排斥理论的发展归结为初始期、发展期、新观点期三个阶段，分别主要基于金融地理学、金融发展理论和普惠金融理论三个不同的理论视角，对金融排斥理论的发展脉络进行梳理。

一、金融排斥理论的初始期：基于金融地理学及个体视角

金融地理学是一门新兴的边缘交叉学科，这门学科的起源可以追溯到20世纪50年代，主要关注地理因素（包括环境和区位特征）对金融发展的影响，主张运用经济地理学的理论来分析金融问题，认为社会和发展的不均衡与不平等等问题不仅是社会阶层性的，而且是地理空间性的（Sokol，2013）。金融地理学可以被视为经济地理学的一个分支（金雪军和田霖，2004）。

Leyshon和Thrift（1993）最早关注到金融排斥现象，他们发现英国金融机构网点的地理位置分布影响了居民获得金融服务的广度和质量。研究发现，英国的低收入人口主要聚集在郊区和农村，从而导致金融机构在郊区和农村等偏远地区设立营业网点的成本较高，使得英国金融机构出于经营效率考虑而裁撤了偏远地区的分支机构，致使这部分人口获得金融服务更加困难，很多偏远地区、低收入阶层被排斥在金融服务体系之外。在这个阶段，金融排斥被普遍认为会阻碍个体或特定社会群体对金融服务的可触性，其中地理位置是最为关键的因素（吴亮和俞哲，2015）。

金融地理学对金融排斥的解释存在非常清楚的逻辑：首先，由于不同的地区经济和社会发展情况，地理位置会影响金融机构的效益；其次，金融机构是逐利的，这使得金融机构会减少低效地区的分支机构，降低区域内的金融服务供给，最终造成金融排斥现象。对于金融排斥的地理性成因，金融地理学理论认为人口密集度、产业集聚程度和经济发展程度等因素都会影响到金融机构分布的空间可及性。

总体而言，金融排斥研究的初期阶段中，主要关注以银行为主的金融机构分

支机构的撤并（Argent and Rolley，2000；Larner and Le Heron，2002），从地区内金融服务的客观可得性出发研究金融排斥问题，并涉及城乡二元结构（田霖，2009）等问题，研究对象从个体拓展到微观企业主体，主要针对金融排斥的成因和区域状况开展研究。然而，地理位置影响金融机构盈利的原因涉及社会阶层、农业经济、收入分配等多个维度。因此，越来越多的学者认为金融排斥问题是一个复杂的经济社会分化问题，单纯用经济地理因素无法充分揭示金融排斥的原因，并开始关注具体受到金融排斥的人群和金融排斥的具体过程（Ford and Rowlingson，1996；Kempson and Whyley，1999）。2000 年前后，金融排斥理论开始逐渐向金融发展视角转变。

二、金融排斥理论的发展期：基于金融发展理论的群体视角

金融发展理论是主要研究金融发展与经济发展间关系的理论，认为金融机构的发展和金融结构的改善对经济增长有积极作用。该理论从第一代“发展中国家的金融中介理论”，已经发展到了最新的关注金融服务微观指向性的第四代理论。金融服务的微观指向性即为金融宽度，指人们在经济活动中能够使用的金融服务的数量和便捷程度，也就是金融服务的可得性（Beck and de la Torre，2007）。金融排斥影响金融服务的可得性，能够导致地区经济增长乏力和弱势群体收入水平低下，因而成为金融发展理论的关注问题。

对比早期的金融地理学视角来看，金融发展理论不仅对金融排斥现象的成因做出了新的探索，研究具体的受排斥人群和金融排斥过程，还将金融排斥研究从单纯的金融地理学研究拓展为综合学科研究，关注金融排斥的后果，研究重心由发达国家向发展中国家扩展、转移，理论框架有了较大进步和拓展。

第一，金融发展理论视角对金融排斥的成因领域的研究有所发展。相较于金融地理学理论将金融排斥单一地归因于地理因素，金融发展理论仅将其作为影响因素之一，突破了原有的理论框架。在金融发展理论的指导下，虽然各国的具体情况有所区别，但综合来看，收入、社会地位、种族、性别、受教育程度等都是金融排斥的影响因素（Devlin，2005）。就地区层次而言，英国金融服务当局的研究表明，地区收入差距、人口结构、地方财政政策（收紧与否）以及地方住房政策都会影响地区的金融排斥程度（Kempson et al.，2000）。

第二，金融发展理论视角在金融排斥程度的评价方面有所突破。在金融发展理论相关研究的基础上，Kempson 和 Whyley（1999）提出了金融排斥的六维度综合评价标准，将之前单一的地理性排斥维度扩展到地理排斥、条件排斥、评估排斥、营销排斥、价格排斥和自我排斥六大维度。这一标准渐渐成为研究金融排斥的主流评价标准。

第三，金融发展理论视角指导了金融排斥在经济效应方面的研究。金融发展理论强调金融发展与经济发展互为因果。例如，部分地区或特定群体的金融排斥，会导致产生金融抑制，进而影响其经济发展。金融服务的缺失也会进一步加剧弱势群体收入水平低下的状况。

第四，金融发展理论的研究重心在一定程度上倾向于向发展中国家转移，使得普惠金融理论得以发展。早期的金融发展理论主要关注发展中国家政府抑制金融体系的运行，从而引致信贷资源配置抵消等经济后果。发展到后期的研究方向则关注金融宽度这一概念。相较于发达国家，发展中国家的金融发展不平衡现象更加明显，金融排斥引发的经济总量和结构问题仍在持续发酵，这使得对于发展中国家金融排斥的研究具有更加广泛和深刻的社会意义。

三、金融排斥理论的新观点期：基于普惠金融视角

普惠金融即在可承担成本与可负担价格的前提下，为弱势群体与低收入人群提供广覆盖、可持续的金融服务的包容性金融体系。基于普惠金融视角的金融排斥理论立足于已有理论基础，将发展普惠金融作为解决金融排斥问题的核心途径。

随着金融排斥问题的研究不断拓展，寻求金融排斥问题的解决方案开始成为研究热点和重点。英国金融服务管理局（Financial Service Authority，FSA）提出金融包容（financial inclusion）的概念。普惠金融体系（inclusive financial system）理念也于 2005 年“国际小额信贷年”被首次提出。联合国 2005 年发布的《普惠金融体系蓝皮书》指出，“每个发展中国家都应该通过政策、立法和规章制度的支持，建立一个持续的、可以为人们提供合适产品和服务的金融体系”。中国小额信贷联盟秘书长白澄宇较早接触到“inclusive financial system”这一概念，并将其翻译为“普惠金融体系”。目前，许多学者认为，普惠金融体系使金融服务惠及更多的金融弱势群体，能够可持续地为该国弱势人群、弱势产业和弱势地区提供方便快捷、价格合理的基础金融服务，并促进地区经济增长（吴国华，2013；张勋等，2019）。

从普惠金融的最终目标来看，周小川（2013）强调了普惠金融的最终目标应该是多层次、多元化的包容性金融体系，即能够为社会所有群体提供所需的金融服务，而不是简单的小额信贷和微型金融。这一观点与李建军（2016）和晏海运（2013）类似，前者认为普惠金融应是一种能有效且全方位地为社会所有阶层和群体提供服务的金融体系，后者则指出，构建一个理想的、所有人群都可以持续性地享受不同金融服务机构所提供的一系列金融服务的金融服务体系，这个理想的体系就是普惠金融体系。焦瑾璞等（2015a）更加强调普惠金融的发展路径，认为

普惠金融体系的目标就是要进一步完善现代金融体系，需要扩大金融服务的广度和深度，并提出更高层次的目标：通过运用金融手段做到改善民生、促进共同富裕、构建和谐社会。国内学者对于普惠金融体系建设的目标方面的观点比较一致（李苍舒，2015；贝多广，2016；李建军和韩珣，2019）。普惠金融的最终目标是构建多层次、多元化的包容性金融体系，推动经济发展和社会进步。

目前，普惠金融理论视角下存在金融功能观、金融伦理观、金融中介观等多种理论取向，还包括与金融发展理论相交叉的金融结构、金融抑制、金融深化、企业成长周期等相关观点，从多个方面阐述了普惠金融作为金融排斥问题核心解决方案的原因、意义和优势。普惠金融应当至少具有合理价格的服务内容、健全的金融机构参与及竞争、可持续发展、合理的监管体制等四个方面的特征，最终落脚点在于消除金融排斥，实现金融包容。

第三节　金融排斥理论体系架构与内容

在前文总结的金融排斥理论已有基础上，立足于金融发展理论与普惠金融理论视角，借鉴 Kempson 和 Whyley（1999）等的已有研究，本节尝试构建一个具有较高通用性的理论体系，通过对供给方排斥、需求方排斥以及金融生态环境排斥的分析，说明金融排斥的诱因是实际金融服务供给与实际金融需求的不匹配，并对常见的银行、证券、保险三个主要金融服务类别进行分析。

一、金融排斥的诱因：供给、需求与均衡分析

根据 Kempson 等（2000）、李涛等（2010）的研究，结合我国当前资本市场的发展现状，金融排斥现象的具体考察可以按照现代金融行业的部门分布简单地分为银行、证券、保险三个部门（具体的金融排斥度量指标体系请参见第三章的金融排斥指标体系）。参考吴亮和俞哲（2015）提出的二分式理论分类，本节将金融排斥的成因归类为金融服务的需求方排斥、金融服务的供给方排斥以及金融生态环境排斥三个维度，并认为金融排斥的根本成因是金融服务的供给与需求不匹配。金融排斥的产生，从根本来看是由于银行等金融机构提供的金融服务不能满足某些地区或群体的金融需求，直接原因可以说是银行等金融机构撤并其分支机构造成的金融服务可得性降低。银行等金融机构的决策在金融排斥的形成中起到了重要作用，金融服务的需求方也存在着一定的自我排斥性（Cebulla，1999；ANZ，2004）。此外，地区的金融生态环境也对金融排斥的程度具有着重要影响。

可以认为，金融排斥的产生依赖于金融服务的供给方、金融服务的需求方、

金融生态环境三大类因素的共同作用，而金融排斥主要存在两种，即潜在需求表达不足的金融排斥、供给不足的金融排斥。

首先，金融服务的需求方（个人或企业，下同）会具有内生的潜在金融服务需求，如个人的储蓄需求、小微企业的短期流动资金贷款需求等，但其需求的表达会受到自我排斥和条件排斥两个方面的因素影响（其中，前者反映需求方的主观不愿意获取金融服务，如缺乏相关知识无法理解导致不愿去申请贷款等，后者反映其客观不具备获得金融服务的条件，如无法获得担保、存在不良信用记录、自有资金不足无法开户等），最后导致实际表达的金融服务需求是潜在需求的一部分，或不表达需求。这也说明了金融排斥实际上是由需求方、供给方和金融生态环境三个方面的因素共同形成的。

其次，从金融服务的供给方来看，由于其存在追求效率和盈利的要求，故能否通过提供服务取得收益是决定金融服务供给量的关键因素。我们可以简单地将供给方不考虑盈利而提供的金融服务供给量称为最大金融服务供给，而这一供给是不能完全实现的，因为供给方需要考虑盈利，故在框架中没有体现。影响供给决策的因素包括预期收入和成本，其中成本可以简单地分为固定成本和可变成本。固定成本取决于供给方提供服务的难度，将更多地受到金融生态环境的影响；而可变成本则主要取决于客户情况（自我排斥和条件排斥），包括但不限于具体资信、违约可能、偿还能力等。供给方将通过评估进行区别定价（评估排斥、价格排斥）并根据盈利水平和成本决定撤并机构和营销宣传等（营销排斥），最终形成有效的实际金融服务供给量，或决定不提供金融服务；反过来，金融服务供给方的评估、定价、营销又会影响需求方的条件排斥和自我排斥，抑制有效需求。

最后，金融生态环境所起到的作用，总的来说，一是会影响金融服务供给方的资金供给、运行成本和提供金融服务的客观难度（地理排斥、经济排斥和技术排斥）；二是会影响需求方的主观意愿、客观条件和潜在需求（地理排斥、人文排斥和经济排斥）。这部分的变量从理论上来说是具有外生性的。

（一）金融服务的需求分析

从金融服务的需求方（包括个人、家庭或小微企业，以下以个体代指）角度而言，金融服务的需求目的主要是满足其生产或生活需要。参照经济学的一般理论，定义使金融服务需求者达到效用最大化的需求量即为潜在需求量，记做 $E(D)$。此时，个体享受的金融服务与所付出的代价之间出现最优解。

个体 i 的需求函数可以表达为

$$E(D) = F(R_i, r_i) \tag{2-1}$$

其中，R_i 为个体 i 获得的金融服务所带来的收益；r_i 为所需要付出的代价（成本）。对于储蓄类业务，R_i 可以理解为储蓄利率；对于信贷类业务，R_i 可以是将信贷资金投入使用所带来的收益与获得信贷的潜在收益；对于证券类业务，R_i 可以理解为购买证券获得的现金回报（股利、债券利息等）加上可能获得的资本利得（买卖价差），即持有期收益率；对于保险类业务，R_i 可以理解为投保带来的保障价值加上获得的现金回报。个体 i 获得金融服务的成本被表示为 r_i，在上述业务中，可以被看作手续费、信贷利率、保费等需要的现金支出。容易推知，应有 $\frac{\partial(E(D))}{\partial r_i}<0$，$\frac{\partial(E(D))}{\partial R_i}>0$。

上述 R_i、r_i 均理解为不存在金融供给方影响的理想状况。此时，所有客户获得的 R_i、r_i 都是同样的。然而，在实际获得金融服务时，同一业务对不同客户的成本和收益具有差异性，如不同客户获得的贷款利率不同。这可以理解为受到供给方因素影响，也就是所谓的评估排斥、价格排斥和营销排斥的综合作用，即不合理的评估方式和歧视性的定价与营销策略。因此，考虑到这一因素，将个体实际条件下的潜在需求表达为 $D_i=D_0(R_i,r_i,s_i)$，其中 s_i 代表供给方的排斥作用。

考虑到个体的金融需求表达会受到个体自身和环境因素的双重影响，因此有 $D_i^*=\alpha D_i=\alpha D_0(R_i,r_i,s_i)$。其中，$\alpha$ 为系数，有 $\alpha\in[0,1]$。系数 α 意为，由于存在交通成本等问题，即使存在需求，个体也可能不会选择去金融机构获得相应的金融服务，因此仅有潜在需求的一部分能够被表达出来。分析 α 的金融生态环境影响因素，首先，距离金融机构网点的距离（地理排斥，相关因素记作 l_i）会影响交通成本；其次，地区的经济发达程度（经济排斥，相关因素记作 m_i）会影响金融机构的分布和服务质量；其次，当地社会的诚信意识等（人文排斥，相关因素记作 n_i）会影响个体的观念；最后，金融服务相关技术的发展水平将直接影响金融服务的提供成本（技术排斥，相关因素记作 o_i）。另外，个体的金融排斥也与自身的知识水平、认知状况相关，这些因素会决定个体是否去主动获得金融服务（自我排斥，相关因素记作 p_i）；个体的客观条件，如收入、受教育水平、抵押品获得的可能性等，则决定个体满足金融服务门槛的可能性（条件排斥，相关因素记作 q_i）。因此，将金融生态环境因素记作 e_i，需求方影响因素记作 d_i，则有

$$\alpha=A_0(e_i,d_i) \tag{2-2}$$

其中，$e_i=H_1(l_i,m_i,n_i,o_i)$；$d_i=H_2(p_i,q_i)$。

因此，个体对金融服务的需求效用函数可以表示为

$$U_{d_i}=U(D_i^*)=U_0(D_i,\alpha)=U(R_i,r_i,s_i,\alpha) \tag{2-3}$$

当 $U_{d_i}=U(R_i,r_i,s_i,0\leqslant\alpha<1)>U(R_i,r_i,s_i,\alpha=1)$ 时，$D_i^*<D_i$，则应当认为出现了需求型的金融排斥。此时，个体存在不为零的潜在金融需求 D_i，但由于各种因

素的影响，没有能够申请该数量的金融服务，因此认为个体被金融排斥了。特别地，若$\alpha=0$时，有$U_{d_i \max}$，则此时个体将完全不会申请金融服务，则认为个体被完全性地金融排斥了。

（二）金融服务的供给分析

对于绝大多数金融机构而言，追求效率，或者说利润，是其经营目标。因此，对于绝大多数的金融服务提供者，利润最大化原则是影响其金融服务供给的最关键因素。因此，提供金融服务的收益（记作R_i'）和成本将是影响金融服务提供者供给函数的关键。考虑到金融服务的成本包括运营所需的固定成本（C_f）和为每个客户提供服务的可变成本（或称为单位成本，记作r_i'），则有针对需求者i的潜在供给函数：

$$S_i = S_0(R_i', C_f, r_i') \tag{2-4}$$

其中，R_i'为金融机构服务于某客户的收益，如储蓄业务中获得资金后进行相应资产业务的潜在收益、信贷业务中的贷款利率等。根据资本资产定价模型（capital asset pricing model，CAPM），资产收益率应等于市场风险和风险溢价补偿，高收益应当对应于高风险，不然就会产生套利机会；相应地，根据信贷配给①等相关理论，虽然随着贷款利率等收益率的提高，银行等金融机构应当乐于提供更多服务供给，但由于相应的风险提高，避险成本增加，在某一临界值R_0'后，服务供给量应当减少。因此，有

$$\begin{cases} \dfrac{\partial S_i}{\partial R_i'} > 0，\text{当 } R_i' < R_0' \\ \dfrac{\partial S_i}{\partial R_i'} < 0，\text{当 } R_i' > R_0' \end{cases} \tag{2-5}$$

C_f为金融服务提供者的固定成本，包括而不限于固定运营成本等。从金融服务提供者的角度来看，出于分摊固定成本的考虑，应有$\dfrac{\partial S_i}{\partial C_f} > 0$。需要注意的是，当$C_f \gg \overline{C_f}$时，即提供服务的固定成本远高于整个市场的平均固定成本时，金融服务提供者将放弃提供服务。r_i'为单个客户提供服务的可变成本，如储蓄业务中支付的利息，以及信贷业务中资金的机会成本等。容易推知，有$\dfrac{\partial S_i}{\partial r_i'} < 0$。

① 信贷配给（credit rationing）是指不是由于货币当局对利率上限的管制，而是出于银行利润最大化的目的而发生的在一般利率条件和其他附加条件下信贷市场不能出清的现象。信贷配给是市场经济中一种较为普遍的经济现象，可以分为两类：第一类是按照银行标明的利率，所有贷款申请人的借款需求只能部分被满足；第二类是银行对不同的借款人实行差别对待，一部分信息较为对称的借款需求得到满足，另一部分被拒绝。市场经济条件下中小企业的融资困难来自第二类信贷配给（王霄和张捷，2003）。

上述情形是针对无违约的理想情况的分析，而实际的金融服务基本建立在契约基础上，实际情况中金融服务的提供者必须额外考虑客户的违约可能，如贷款逾期、贷款人破产等情况。因此，存在一个系数β，使得实际供给函数变为

$$S_i^* = \beta S_i = \beta S_0(R_i', C_f, r_i') \tag{2-6}$$

其中，β衡量了违约风险，实际上衡量了客户质量。下面对违约风险进行分析。假设某一客户的违约概率为P_i，由于违约的可能性受客户的客观条件（即条件排斥因素q_i）、主观意愿（自我排斥因素p_i）、当地的金融生态环境（环境变量e_i，主要是经济发展水平等经济排斥因素m_i和人文因素n_i）的影响，考虑到随着个人条件的提高和地区金融生态环境的改善使得违约可能性将会降低，则有

$$P_i = P_0(p_i, q_i, m_i, n_i)，其中\frac{\partial P_i}{\partial p_i} < 0，\frac{\partial P_i}{\partial q_i} < 0，\frac{\partial P_i}{\partial m_i} < 0，\frac{\partial P_i}{\partial n_i} < 0 \tag{2-7}$$

此外，对违约风险的评估会增加成本，故单独将该部分成本记做C_i。在对客户进行评估的过程中，金融服务的提供者会付出评估成本，即C_i。参考前人研究发现，这部分成本与金融机构在当地的发展程度、在当地信息获得的难度、金融服务需求者的数量等需求方因素相关，还受到当地金融生态环境的影响（Chakravarty，2006），如当地金融机构网点分布因素l_i、当地经济条件因素m_i、当地社会人文因素n_i等。在此，也可以将评估成本C_i写作$C_i = C_0(s_i, e_i)$。

最后，需要考虑违约后的资产损失率。将损失率记为T_i，该数值也是金融服务提供者考虑供给金融服务的重要影响因素。该数值会受到社会环境、需求者客观条件等影响，故可以写作$T_i = T_0(q_i, e_i)$。

因此，有

$$\beta = B_0(P_i, C_i, T_i) \tag{2-8}$$

其中，将金融服务提供者的服务供给意愿定为γ_i，γ_i取 0 或 1，表示经考虑后是否愿意提供服务，则最终的针对某一客户的实际金融服务供给函数写为

$$S_i^* = \gamma_i \beta S_i = \gamma_i \beta S_0(R_i', C_f, r_i') \tag{2-9}$$

此时，金融服务提供者的预期收益函数可以写作：

$$E(\pi_i) = \Pi_0(\gamma_i, S_i^*, R_i', C_f, r_i', \beta) = \Pi(\gamma_i, S_i^*, R_i', C_f, r_i', P_i, C_i, T_i) \tag{2-10}$$

其中，分析金融排斥产生的情况：当金融服务提供者提供金融服务的预期收益小于不提供金融服务时，即当$E(\pi_i) = \Pi(\gamma_i = 1, S_i^*, R_i', C_f, r_i', P_i, C_i, T_i) < \Pi(\gamma_i = 0, S_i^*, R_i', C_f, r_i', P_i, C_i, T_i)$时，金融服务提供者将拒绝提供金融服务，此时一定有$S^* < D^*$，产生了供给不足的供给型金融排斥。而当$E(\pi_i) = \Pi(\gamma_i = 1, S_i^*, R_i', C_f, r_i', P_i, C_i, T_i) > \Pi(\gamma_i = 0, S_i^*, R_i', C_f, r_i', P_i, C_i, T_i)$时，金融服务的提供者将持续提供服务，并不断增加，直到出现$S^* = D^*$，因此该情况不产生持久性排斥。

（三）金融服务的均衡分析

出于简化分析的考虑，将α_i假定为仅有 0 和 1 两个状态，并仅对单个需求进行分析。考虑每个单独需求都仅有表达或不表达两种情况，因此简化分析后可以简单地推广到$0<\alpha_i<1$的其他状态。

由上述分析可知，金融排斥被简单地分成两类，即需求型金融排斥（$D^*<D$，简化状况下为$D^*=0$和$D>0$）和供给型金融排斥（$S^*<D^*$，简化状况下为$S>0$和$S^*=0$）。两类排斥在简化状况下分别满足条件：

$$U_{d_i}=U(R_i,r_i,s_i,\alpha=0)>U(R_i,r_i,s_i,\alpha=1) \tag{2-11}$$

$$E(\pi_i)=\Pi(\gamma_i=1,S_i^*,R_i',C_f,r_i',P_i,C_i,T_i)<\Pi(\gamma_i=0,S_i^*,R_i',C_f,r_i',P_i,C_i,T_i) \tag{2-12}$$

事实上，考虑到金融排斥是针对需求方而言，因此供给型金融排斥存在的前提应为实际需求不为零，即$\alpha=1$。

对期望效用函数与期望收益函数进行进一步分析，有（假设供需双方均为风险中性）：

$$U_{d_i}=1-P_i[(R_i-r_i-f_1(s_i,e_i,d_i))\alpha]+P_i[(R_i-f_1(s_i,e_i,d_i))\alpha-\omega_i]>0 \tag{2-13}$$

其中，$f_1(s_i,e_i,d_i)$为影响需求的障碍函数，因素作用同前文分析；ω_i为违约后的效用损失，如不良信用记录等。对函数$f_1(s_i,e_i,d_i)$，考虑到三方面影响因素均以有利、不利于金融服务来衡量，易得$\frac{\partial f_{1i}}{\partial s_i}<0,\frac{\partial f_{1i}}{\partial e_i}<0,\frac{\partial f_{1i}}{\partial d_i}<0$。

同理，有

$$E(\pi_i)=(1-P_i)S_i^*(R_i'-r_i')-P_iS_i^*(T_i+r_i')-C_f-C_i>0 \tag{2-14}$$

考虑到金融服务的供给者只能对违约率给出一个估计，因此，将该估计值记作$\hat{P}_i$，有

$$\hat{P}_i=P_i+\varepsilon_i,\quad \varepsilon_i\sim N(0,(\sigma\rho_i)^2),\ \text{且}\rho_i=\rho(s_i,e_i,d_i) \tag{2-15}$$

同理，R_i'对应$\hat{R}_i'$。因此，有

$$E(\pi_i)=S_i^*(\hat{R}_i'-r_i')-\hat{P}_iS_i^*(T_i+\hat{R}_i')+E(\varepsilon_i)\,S_i^*(T_i+\hat{R}_i')-C_f-C_i \tag{2-16}$$

由于个体对自身的违约概率是了解的，因此，当$\hat{P}_i\leqslant P_i$时，违约有利可图，该类个体将会更倾向于表达金融服务需求，而其余个体将放弃表达（Hyytinen, 2003），此时，有

$$\begin{aligned}E(\pi_i)&=S_i^*(\hat{R}_i'-r_i')-\hat{P}_iS_i^*(T_i+\hat{R}_i')+E(\varepsilon_i|\hat{P}_i\leqslant P_i)S_i^*(T_i+\hat{R}_i')-C_f-C_i\\&=S_i^*(\hat{R}_i'-r_i')-\hat{P}_iS_i^*(T_i+\hat{R}_i')+E(\varepsilon_i|\varepsilon_i\leqslant 0)S_i^*(T_i+\hat{R}_i')-C_f-C_i\end{aligned} \tag{2-17}$$

考虑 ε_i 服从均值为零，方差为 $(\sigma\rho)^2$ 的正态分布，故 $E(\varepsilon_i|\varepsilon_i \leqslant 0) = -\frac{\sigma\rho\varphi(0)}{\Phi(0)} = -\frac{\sigma\rho}{\sqrt{\frac{2}{\pi}}}$；代入上式，得

$$E(\pi_i) = S_i^*(\hat{R}_i' - r_i') - \left(\hat{P}_i + \frac{\sigma\rho}{\sqrt{\frac{2}{\pi}}}\right) S_i^*(T_i + \hat{R}_i') - C_f - C_i \tag{2-18}$$

综上，金融排斥的均衡等式可写作：

$$\begin{cases} U_{d_i} = (1-P_i)[(R_i - r_i - f_1(s_i, e_i, d_i))\alpha] + P_i\left[(R_i - f_1(s_i, e_i, d_i))\alpha - \omega_i\right] \\ E(\pi_i) = S_i^*(\hat{R}_i' - r_i') - \left(\hat{P}_i + \frac{\sigma\rho}{\sqrt{\frac{2}{\pi}}}\right) S_i^*(T_i + \hat{R}_i') - C_f - C_i \\ \alpha = \gamma_i,\ \hat{R}_i' = R_i' \end{cases} \tag{2-19}$$

当某一地区或群体满足上述条件时，则进入金融排斥。实际上，金融排斥产生的临界点位于金融服务提供机构的无盈亏点，且此时能否获得金融服务不会影响需求方效用；只要存在偏离，就会出现金融排斥或提供金融服务。

可以通过经济学分析常用的供需图来分析金融排斥的供需关系，见图 2-1（为方便描述，曲线画为直线，但对分析结果无影响）。

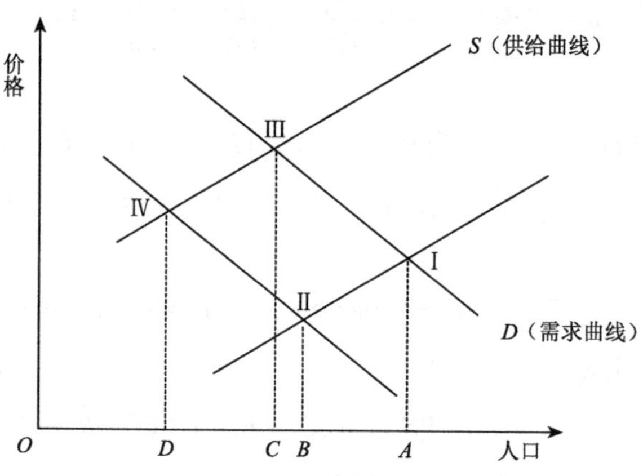

图 2-1　金融排斥的供求关系分析

图 2-1 中，纵坐标代表金融服务价格指标，如银行信贷利率等；横坐标为享受到金融服务的人数。点 I 为潜在供求平衡点，随着自我排斥、条件排斥、地理排斥等因素（供给方因素、需求方因素、金融生态环境因素三方面）的影响，需

求曲线向左下方移动，享受金融服务的人数减少，直到在点Ⅱ达成新的平衡；这一过程中，不利影响越多，能在特定的价格水平上有效表达金融服务需求、享受金融服务的人数越少；此时，产生价格下行压力，使得最终在相对较低的价格水平上达成新的平衡。因此，从 A 点到 B 点可称为需求型金融排斥。

由于供给曲线同样受到三方面影响因素的影响，因此也会随着环境变动等而发生变动。此时，会出现金融服务提供者追逐“优质客户”，提高服务价格，排斥“劣质客户”，最终出现新的平衡点Ⅲ。因此，从 A 点到 C 点可称为供给型金融排斥。

当需求、供给曲线共同变动时，则将在点Ⅳ处达到新的平衡，此时从 A 点到 D 点的变化可称为混合型金融排斥。这也是金融排斥最严重的情形。

上述分析初步建立了一个基础的统一分析框架，考虑到不同金融服务的函数形式和含义等存在差异，下文将针对具体的金融服务部门与产品进行具体分析。

二、金融排斥模型：储蓄、信贷、证券与保险

（一）储蓄类服务分析

储蓄类服务是银行等金融服务提供者的基本业务，包括活期存款、定期存款等类别。储蓄类服务有一个重要的特点：对需求者来说不存在违约可能，即 $\hat{P}_i = P_i = 0$。由于单个供求的可累加性，因此对单个供求的分析可以转化为合计供求 D、S，意为银行等存款类金融机构提供的储蓄服务和对应需求。

对储蓄类服务而言，单个需求者的预期效用函数简化为

$$U_{d_i} = (R_i - r_i - f_1(s_i, e_i, d_i))\alpha \tag{2-20}$$

此时，R_i、r_i 分别为储蓄的单位收益（利率）、储蓄资金的机会成本（投入其他项目可能获得的收益）加上相关费用（如手续费、年费等）。考虑到这些，此时有

$$U_d = \sum U_{d_i} \tag{2-21}$$

由于受到需求方、供给方、金融环境因素三方面的影响，实际需求往往低于潜在需求。考虑预期效用与实际需求，有

$$\frac{\partial U_d}{\partial D} = \frac{\partial U_d}{\partial U_{d_i}} \times \frac{\partial U_{d_i}}{\partial D} \tag{2-22}$$

又 $D = \sum D_i^*$，有

$$\frac{\partial U_d}{\partial D}=\frac{\partial U_d}{\partial U_{d_i}}\times\frac{\partial U_{d_i}}{\partial\sum D_i^*}=\frac{\partial\sum U_{d_i}}{\partial U_{d_i}}\times\frac{\partial U_{d_i}}{\partial\sum D_i^*} \tag{2-23}$$

由前文，易得$\frac{\partial U_{d_i}}{\partial\sum D_i^*}>0$，故

$$\frac{\partial U_d}{\partial D}>0 \tag{2-24}$$

也就是说，储蓄类服务的需求效用与需求量成正比。

同理，简化的供给预期收益函数为

$$E(\pi_i)=\gamma_i(R_i'-r_i')-C_f \tag{2-25}$$

其中，R_i'为银行等金融服务提供者获得储蓄资金后能获得的潜在收益；r_i'为所需支付的储蓄利率；C_f为固定运营成本。此时，固定运营成本C_f对储蓄类服务的渗透有重要限制性影响。

考虑金融机构的营利性，故假设$R_i'-r_i'>0$。因此，有

$$\frac{\partial E(\pi_i)}{\partial\gamma_i}>0,\quad\frac{\partial E(\pi_i)}{\partial R_i'}>0,\quad\frac{\partial E(\pi_i)}{\partial r_i'}<0,\quad\frac{\partial E(\pi_i)}{\partial C_f}<0 \tag{2-26}$$

考虑效用的可加性，可以使用个体效用之和来代表群体效用，则有

$$E(\pi)=\sum E(\pi_i) \tag{2-27}$$

一般而言，储蓄类服务的排斥现象与银行等金融机构选择设置或维持分支机构的固定成本具有很强的相关性。固定成本会随着监管、结算、基建等成本的提高而提高，但会随着技术的进步尤其是信息技术的进步而降低。因此，能够维持可持续发展的银行等金融机构必须通过增大收入而维持，通常而言有两个渠道，即通过大量的服务或较高价值（但少量）的服务来实现规模经济，也就是所谓的“薄利多销”或“高净值客户”战略。当某一地区或群体既不能提供大量客户，也不能提供足量高净值客户的时候，业务收益就会难以弥补固定运营成本，则金融服务提供者就会选择关闭分支机构，产生金融排斥。此外，在发展早期，大部分金融机构一般会选择高价值但小规模的业务模式，但向低价值、大规模的业务模式转换或拓展存在障碍，两类模式的“生产函数”存在较大差别，需要付出较大成本（Beck et al.，2006），后进入市场的机构也一般考虑到技术、成本等问题而不愿意提供大规模低价值服务，这样就加剧了金融排斥的情况。

对储蓄类服务而言，简化的均衡条件可写为（风险中性）：

$$\begin{cases} U_d = \sum U_{d_i} = \sum [(R_i - r_i - f_1(s_i, e_i, d_i))\alpha] \\ E(\pi) = \sum E(\pi_i) = \sum [S_i^*(R_i' - r_i') - C_f] \\ \alpha = \gamma_i \end{cases} \tag{2-28}$$

进一步简化，假设供给者的潜在收益和需求者的机会成本均相同，记作 R'、r'，在充分竞争下，有

$$\begin{cases} \dfrac{\partial U_d}{\partial \alpha} = R_i - r_i - f_1(s_i, e_i, d_i) = 0 \\ E(\pi) = S(R' - r) - \sum [S_i^* f_1(s_i, e_i, d_i)] - \sum C_f \end{cases} \tag{2-29}$$

又 $R' - r > 0$，因此，当 $S < \dfrac{\sum [S_i^* f_1(s_i, e_i, d_i)] + \sum C_f}{R' - r}$ 时，即供给金融服务的成本大于收入时，金融服务提供者的预期收益为负，将撤出分支机构，出现金融排斥。

考虑障碍函数 $f_1(s_i, e_i, d_i)$，由于 $S_i^* f_1(s_i, e_i, d_i)$ 为线性关系，因此当 $f_1(s_i, e_i, d_i)$ 增加及固定运营成本函数 C_f 增加时，S 的上限将扩大，即金融排斥出现的概率增大。由此，可以得出推论：当银行等金融机构的固定成本以及障碍程度增加时，银行等金融机构作为金融服务提供者将会有减少储蓄类服务的倾向，即增大储蓄类金融排斥的程度。

由此，结合之前对障碍函数的分析，可以进一步推论：金融服务提供者的储蓄类服务受到需求方因素、供给方因素和金融生态环境因素的影响，当供给方排斥减小、需求方排斥减小、金融生态环境改善时，能够降低金融排斥的程度。

（二）信贷类服务分析

信贷类服务是金融排斥最为凸显的金融服务类别（Australia and New Zealand Banking Group Limited，2004）。由于偿还能力限制，低收入人群、地区获得信贷类服务的难度往往更甚于其他类别的金融服务，信贷类服务的金融排斥更加凸显。

银行等金融机构是否提供信贷服务，主要考虑三个方面：收益、成本和风险。其中，风险包括系统性风险和非系统性风险，前者包括宏观经济波动、市场稳定性等带来的风险，后者主要指单个需求者的特质带来的风险。一般而言，虽然非系统性风险因人而异，但如果系统性风险提高到一定水平，借款成本也会随之提高，可能使部分需求者无法接受，导致金融排斥。

结合经典信贷理论，信贷市场的显著特征是信息不完全所带来的道德风险和逆向选择问题，非系统性风险所要求的风险溢价又会进一步导致逆向选择，加剧道德风险。此时，对违约风险的考虑成为分析信贷类金融服务金融排斥的关键。

基于前文基础，满足充分竞争条件时，金融排斥可被描述为

$$\begin{cases}\dfrac{\partial U_d}{\partial \alpha}=(1-P_i)(R_i-r_i-f_1(s_i,e_i,d_i))+P_i(R_i-f_1(s_i,e_i,d_i))=0\\ S_i^*<\dfrac{C_f+C_i}{(\hat{R}_i'-r_i')-(\hat{P}_i+\rho')(\hat{R}_i'+T_i)}=\dfrac{C_f+C_i}{\dfrac{R_i-f_1(s_i,e_i,d_i)}{1-P_i}(1-\hat{P}_i-\rho')-r_i'-(\hat{P}_i+\rho')T_l}\end{cases}$$

（2-30）

其中，$\rho'=\dfrac{\sigma\rho}{\sqrt{\dfrac{2}{\pi}}}$，且满足$1-\hat{P}_i-\rho'>0$。

易知，增加C_f、C_i、$\hat{P}_i$、ρ'、f_1、T_i或减少R_i，会增大S_i^*的取值上限，因此，金融排斥成立的范围扩大。考虑C_f、C_i、$\hat{P}_i$、ρ'、f_1、T_i等函数与各自自变量的关系：

$$\begin{cases}C_f(e_i)\\ C_i(s_i,e_i)\\ \hat{P}_i(q_i,e_i)\\ \rho'(q_i,e_i)\\ f_1(s_i,e_i,d_i)\\ T_i(q_i,e_i)\end{cases} \tag{2-31}$$

此时，金融服务提供者撤离某地区的条件写为

$$S_i^*<\frac{\sum C_f(e_i)+\sum C_i(s_i,e_i)}{\sum\left[(1-\hat{P}_i(q_i,e_i)-\rho'(q_i,e_i))\dfrac{R_i-f_1(s_i,e_i,d_i)}{1-P_i}-(\hat{P}_i(q_i,e_i)+\rho'(q_i,e_i))T_i(q_i,e_i)-r_i'\right]}$$

（2-32）

综合来看，可以推论：当固定运营成本、评估成本、估计违约率、偏差、损失率以及需求者面对的障碍程度增加时，产生信贷类金融排斥的可能性增加；持续累积后，金融服务提供者将会开始撤出分支机构。

从而，可以进一步推论：金融服务提供者的信贷类服务受到需求方因素、供给方因素和金融生态环境因素的影响，当供给方排斥减小、需求方排斥减小、金融生态环境改善时，能够降低金融排斥的程度。

（三）证券类服务分析

证券类服务相较于其他种类的金融服务的一个明显区别是，其针对个人/家庭的服务种类与针对企业的服务种类存在明显差异，也就是证券的发行服务仅对企业提供。证券类服务中，个人/家庭及企业都可获得的证券经纪业务等业务种类，实质上与储蓄类业务相似，即相对不存在违约可能（因为需要使用自有资金，且一般是先付），仅存在门槛（如交易佣金、开会费用、账户年费等）；而针对企业的证券发行业务，则需要考虑企业的违约风险（如企业债券的违约，甚至企业破产等）。因此，针对证券类服务的金融排斥分析可以分为两部分，即无违约的证券类服务和有违约的证券类服务。

首先分析无违约的证券类服务。该部分可以直接参考针对储蓄类服务的分析，只是该类服务的门槛要高于储蓄类服务，表现为需求者客观条件 q_i 而不是所有的需求者因素成为影响障碍函数的主要因素。对前述均衡函数略作修改，得到：

$$\begin{cases}\dfrac{\partial U_d}{\partial \alpha}=R_i-r_i-f_1(q_i,e_i,d_i)=0\\E(\pi)=S(R'-r)-\sum[S_i^* f_1(q_i,e_i,d_i)]-\sum C_f\end{cases}\tag{2-33}$$

又 $R'-r>0$，因此，当 $S<\dfrac{\sum[S_i^* f_1(q_i,e_i,d_i)]+\sum C_f}{R'-r}$ 时，金融服务提供者的预期收益为负，将撤出分支机构或拒绝提供服务，出现供给型金融排斥。

考虑障碍函数 $f_1(q_i,e_i,d_i)$，由于 $S_i^* f_1(q_i,e_i,d_i)$ 为线性关系，因此当 $f_1(q_i,e_i,d_i)$ 增加及固定运营成本函数 C_f 增加时，S 的上限将扩大，即金融排斥出现的概率增大。由此，可以得出推论：当证券公司等金融机构的固定成本以及障碍程度增加时，证券公司等金融机构作为金融服务提供者将会有减少无违约的证券类服务的倾向，即增大该类供给型金融排斥的程度。

由此，结合之前对障碍函数的分析，可以进一步推论：金融服务提供者的无违约证券类服务受到需求方因素、供给方因素和金融生态环境因素的影响，当供给方排斥减小、需求方排斥减小、金融生态环境改善时，能够降低金融排斥的程度。

对有违约的证券类服务，则与信贷类服务类似。考虑存在企业的道德风险因素，因此主观因素对障碍函数的影响仍然存在。此时，有违约的证券类服务的金融排斥均衡函数与信贷类服务相同：

$$\begin{cases}\dfrac{\partial U_d}{\partial \alpha}=(1-P_i)(R_i-r_i-f_1(s_i,e_i,d_i))+P_i(R_i-f_1(s_i,e_i,d_i))=0\\ S_i^*<\dfrac{C_f+C_i}{(\hat{R}_i'-r_i')-(\hat{P}_i+\rho')(\hat{R}_i'+T_i)}=\dfrac{C_f+C_i}{\dfrac{R_i-f_1(s_i,e_i,d_i)}{1-P_i}(1-\hat{P}_i-\rho')-r_i'-(\hat{P}_i+\rho')T_i}\end{cases}$$

（2-34）

其中，$\rho'=\dfrac{\sigma\rho}{\sqrt{\dfrac{2}{\pi}}}$，且满足$1-\hat{P}_i-\rho'>0$。此时，金融服务提供者撤离某地区或拒绝服务某类群体的条件写为

$$S_i^*<\frac{\sum C_f(e_i)+\sum C_i(s_i,e_i)}{\sum\left[(1-\hat{P}_i(q_i,e_i)-\rho'(q_i,e_i))\dfrac{R_i-f_1(s_i,e_i,d_i)}{1-P_i}-(\hat{P}_i(q_i,e_i)+\rho'(q_i,e_i))T_i(q_i,e_i)-r_i'\right]}$$

（2-35）

此时，可以推论：当固定运营成本、评估成本、估计违约率、偏差、损失率以及需求者面对的障碍程度增加时，产生有违约的证券类金融排斥的可能性提高；持续累积后，金融服务提供者将会开始撤出分支机构。

从而，可以进一步推论：金融服务提供者的有违约的证券类服务受到需求方因素、供给方因素和金融生态环境因素的影响，当供给方排斥减小、需求方排斥减小、金融生态环境改善时，能够降低金融排斥的程度。

综合两类别的证券类服务，得出推论：金融服务提供者的证券类服务受到需求方因素、供给方因素和金融生态环境因素的影响，当供给方排斥减小、需求方排斥减小、金融生态环境改善时，能够降低金融排斥的程度。

（四）保险类服务分析

分析保险类服务，可以发现，道德风险和逆向选择同样是影响保险公司提供服务与否的重要因素。作为银行、证券、保险三大金融服务部门之一，保险类服务的特殊性在于，它并不是完全意义上的竞争市场，因为需要考虑到医疗保险、养老保险、失业保险、生育保险、工伤保险等基本保险服务带有一定的强制性和“政策性”。同时，这就导致被基本保险服务排斥的需求者面临的状况更差。

沿用上文的基本模型，此时，P_i视为需求者发生道德风险行为和逆向选择的概率，如已有疾病而隐瞒之后购买医疗保险、依赖保险而“过度使用”或“不思进取”的情况。保险公司一般会根据大样本的统计结果来判定保险申购者的资信状况，这就会产生与信贷类服务类似的“统计歧视”问题；然而，即使采用目前的大数据技术，这种“统计歧视”也依然存在，也就是说，目前还没有一种完全优于这种方法的事先判断方法。为简化分析，在此假定$E(\hat{P}_i)=P_i$，即认为对该概率的估计是无偏的。

考虑到P_i反映需求者发生道德风险行为和逆向选择的概率，则参考前文对违约率的分析，地区的金融生态环境，尤其是社会道德法制环境和经济发展水平等因素，会影响违约成本、自律性等，从而影响P_i。又考虑需求者的个人状况，包括主观违约意愿和客观条件如教育水平、收入水平等，因此，有$P_i=P_i(s_i,e_i)$。

此时，需求者的效用函数写作

$$U_{d_i}=1-P_i(s_i,e_i)[(R_i-r_i-f_1(s_i,e_i,d_i))\alpha]+P_i(s_i,e_i)[(R_i-f_1(s_i,e_i,d_i))\alpha-\omega_i] \tag{2-36}$$

当出现$U_{d_i}<0$时，需求者将拒绝申请保险，金融排斥产生。此时，有

$$D<\frac{P_i(s_i,e_i)\omega_i}{R_i-r_i-P_i(s_i,e_i)r_i-f_1(s_i,e_i,d_i)}=\frac{\omega_i}{\dfrac{R_i-r_i-f_1(s_i,e_i,d_i)}{P_i(s_i,e_i)}-r_i} \tag{2-37}$$

故随着ω_i、$f_1(s_i,e_i,d_i)$、r_i增加以及R_i的减小，D的取值范围增大，也就是需求型金融排斥的可能性增大。

同理，当$E(\pi_i)<0$时，服务提供者（保险公司等）将拒绝提供服务，产生供给型金融排斥：

$$E(\pi_i)=S_i^*(\hat{R}_i'-r_i')-(P_i+\rho')S_i^*(T_i+\hat{R}_i')-C_f-C_i<0 \tag{2-38}$$

整理，得

$$S_i^*<\frac{C_f(e_i)+C_i(s_i,e_i)}{\hat{R}_i'-r_i'-(\hat{R}_i'+T_i(q_i,e_i))(P_i(s_i,e_i)+\rho'(q_i,e_i))} \tag{2-39}$$

此时，当C_f、C_i、P_i、ρ'、T_i、r_i'提高，以及$\hat{R}_i'$下降时，S_i^*的取值范围增大，也就是保险公司等拒绝提供服务的概率增大，产生供给型金融排斥的可能增加。考虑可加性，当扩展到群体或地区时，$S=\sum S_i^*$，应有相同考虑。

综上所述，保险类服务的金融排斥与C_f、C_i、P_i、ρ'、r_i'、ω_i、$f_1(s_i,e_i,d_i)$、r_i、R_i具有相关性，做出如下推论：当违约成本、资金成本和障碍程度增加时，需求型金融排斥的可能增加；当固定运营成本、评估成本、估计违约率及误差、损失比率和保险偿付成本增加时，供给型金融排斥的可能性增加。

从而，可以进一步推论：金融服务提供者的保险类服务受到需求方因素、供给方因素和金融生态环境因素的影响，当供给方排斥减小、需求方排斥减小、金融生态环境改善时，能够降低金融排斥的程度。

三、金融排斥理论评价与研究趋势

对金融排斥的研究最早始于英国等发达国家，首先关注的是地理空间上的排斥，因而最早的金融排斥理论也大多基于金融地理学的视角。后来，对于金融排斥的研究逐渐外延到社会、经济等复杂因素，并且挣脱原来局限于地理排斥的单一视角，从更广义的角度来审视金融排斥。目前对于金融排斥的研究已经拓展到发展中国家，并与社会扶持低收入群体等理论结合，普惠金融理念也被认为是消除金融排斥、实现金融包容的关键所在。普惠金融关注金融的宽度问题，在世界银行和各国政府的支持与推动下，表现出了极大的发展前景和应用空间。考虑到我国城乡发展严重不平衡、中小企业和“三农”结构性资金配置不足等问题，普惠金融的实施对于农村金融改革等领域将发挥重要的作用，是消除金融歧视的核心政策。金融排斥理论研究出现几个趋势：第一，研究重点由发达国家和城市向发展中国家和农村地区转移。金融排斥存在明显的国别区别和区域差异，主要体现在发展中国家和农村地区的金融排斥更加严重和明显。城乡金融的二元化、金融机构的分支机构裁撤等问题，使得对于发展中国家和农村地区的金融排斥理论研究具有更强的理论和现实意义。第二，研究层次从注重宏观格局研究转向注重微观机理研究。金融排斥最初是作为宏观现实问题而引起国内外学者的关注的。大部分研究都是以宏观层面为切入点，从金融排斥的影响因素，以及其对经济增长、提高弱势群体收入水平以及收入分配的影响机制入手。随着金融排斥理论的进一步深化，研究层次也发生了从宏观层面到微观层面的转变。国内外大多学者从被排斥主体入手，通过设计调查问卷、实地调研等方式对金融排斥的维度等进行更为深入的探究。第三，研究视角从客观排斥转向主观排斥。传统的金融排斥理论认为，地理条件、金融机构数量、基础设施质量、金融产品的设计与定位、金融机构的营销策略和价格水平、银行的产品结构和居民收入等因素导致了对偏远地区和低收入群体的金融排斥。然而，很多金融排斥问题并不是客观排斥，而是需求方自己主动排斥在金融体系之外。目前，即使是针对需求者的金融排斥研究，也依然以对需求者客观条件的研究为主。居民的信仰、习俗、观念、金融知识水平以及不悦的借贷经历都有可能影响到主观金融排斥性。因此，研究视角也从客观金融排斥演变到主观金融排斥。

第三章　金融排斥的决定因素与经济效应

金融排斥如何计量，我国金融排斥由哪些因素决定，金融排斥对经济发展产生了怎样的影响，需要量化分析。本章基于金融排斥理论，构建我国金融排斥状况的衡量指标，通过理论分析构建起金融排斥决定因素的模型，并运用中国的数据进行实证检验，之后对金融排斥对收入分配等经济效应进行计量研究。

第一节　金融排斥状况的衡量与现状分析

一、金融排斥指标体系设计

我国正规金融机构的信贷歧视导致弱势群体在资质审核、信用评估、金融产品定价等阶段被排斥在主流金融体系之外，大量优质的金融资源被优先分配给富裕人群、发达城市和国有大型企业，而低收入人群、农村地区以及民营企业的金融需求往往被忽视和拒绝。银行、保险等金融机构的倾向性资金配置行为导致金融服务的地理渗透性、服务有效性以及产品匹配性在居民部门、企业部门以及经济体之间存在较大差异。

本章参照 Sarma（2008）提出的评估维度并结合数据的可得性，从银行、证券、保险三个层次构建金融排斥的指标体系。金融排斥将从地理排斥、营销排斥、评估排斥三个维度进行考虑。其中，地理排斥是指由机构设点地理位置偏远而导致的排斥，用单位面积机构数来衡量；营销排斥是指金融机构在市场定位的基础上对指定客户选择性营销的行为，用单位人口金融业（包括银行业、证券业、保险业）从业人员数来衡量；评估排斥是指金融体系风险管理过程评估而导致的排斥，银行、证券和保险三个维度可以分别使用银行账户数与地区人口之比、证券账户数与地区人口之比、保险赔付率三个指标来衡量。但限于数据的可得性，对于银行账户数与地区人口之比指标我们借助北京大学数字普惠金融指数的研究来获得，该数字普惠金融指标体系中的覆盖广度是使用每万人拥有支付宝账户数量、支付宝绑卡用户比例和平均每个支付宝账号绑定银行卡数三个指标，利用层次分析法（analytic hierarchy process，AHP）合成之后的结果，指标的大小能够反映银行账户的人口覆盖率，即银行账户数与地区人口之比。由于所有的排斥指标都是反向指标，即指标值越大，金融排斥程度越小，因此在指数合成时需要进行反向处理。金融排斥指标体系的设计如表 3-1 所示。

表 3-1　金融排斥指标体系的设计

评估维度	银行	证券	保险
地理排斥	银行机构数/地区面积	证券公司机构数/地区面积	保险公司机构数/地区面积
营销排斥	银行从业人数/地区人数	证券从业人数/地区人数	保险从业人数/地区人数
评估排斥	银行账户数量/地区人数	证券账户数量/地区人数	保险赔付率

二、金融排斥指标合成方法

本章借鉴联合国人类发展指数编制以及 Nathan 等（2008）对其改进的方法，对金融排斥指数进行测算。由于指标性质和计量单位的差异，在赋权和指数合成之前需要对原始数据进行去量纲化处理。现有文献大多采用极差法来测算金融排斥状况（吕勇斌等，2015；李建军和卢盼盼，2016）。传统的极差法可以实现去量纲化，不会影响指标的横向可比性，但是会导致指数纵向不可比。因此，为了克服以上问题，我们首先对所有数据在 5%水平下进行极端值处理，然后将初始年份的最大值和最小值作为基准，对所有指标进行归一化处理，映射之后的指标可能小于 0，也可能大于 1，指标的正负体现了时间序列趋势。其中，金融排斥指标是反向指标，需要用 1 减去映射后的指标作为最终指标。最后，用变异系数法赋权，并使用加权平均法对各个维度下的指数进行合成，如式（3-1）所示。

$$d_z = \sum_i w_{i,z} d_{i,z} = \sum_i \frac{\mathrm{CV}_{i,z}}{\sum_j \mathrm{CV}_{i,z}} \sum_j \frac{\mathrm{CV}_{i,j,z}}{\sum_j \mathrm{CV}_{i,j,z}} d_{i,j,z} \tag{3-1}$$

其中，z 为金融排斥的合成指数；i 为评估维度；j 为银行、证券、保险三个层次；$\mathrm{CV}_{i,z}$ 和 $\mathrm{CV}_{i,j,z}$ 为 i 评估维度以及 i 评估维度 j 层次下指标的变异系数；$d_{i,j,z}$ 为 i 评估维度 j 层次下 z 指数的映射值。

三、我国金融排斥程度的测算

由于北京大学数字普惠金融指数的样本期间为 2011～2018 年，因此本节也选取 2011～2018 年中国 31 个省区市作为样本，从银行、证券、保险三个维度测算我国金融排斥、金融密度以及普惠金融指数。数据来源于《中国统计年鉴》《中国区域金融运行报告》《中国人口统计年鉴》《中国劳动统计年鉴》以及中经网统计数据库。

我国金融排斥的测算结果如图 3-1 和表 3-2～表 3-5 所示，按照各个地区金融排斥程度由低到高排序。纵向来看，金融排斥水平整体呈下降趋势，2011 年全国平均地理排斥、营销排斥、评估排斥和金融排斥指数分别为 0.8577、0.7696、0.7965

和 0.7994，2018 年则下降到 0.8080，0.6512、-1.0623 和-0.6938。横向来看，我国东部地区的 2011～2018 年平均的金融排斥水平为-0.2371，远低于中部地区（0.0624）和西部地区（0.0572）。金融排斥指数较低的省市集中在东部地区，其中北京（-0.6428）、天津（-0.2470）、上海（-0.6734）、江苏（-0.1981）、浙江（-0.3741）、广东（-0.2184）。金融排斥程度高的地区分布在中、西部，包括广西（0.0992）、江西（0.1017）、云南（0.1021）、黑龙江（0.1077）、甘肃（0.1092）、青海（0.1170）和西藏（0.1191）。从金融排斥的各个维度来看，地理排斥、营销排斥以及评估排斥指数的变动比较一致。东部地区的八年平均的地理排斥、营销排斥和评估排斥程度分别为 0.6319、0.5276、-0.4484，远低于中西部。西部地区地理排斥、营销排斥和评估排斥程度（0.9649、0.8006、-0.1559）与中部地区的排斥程度（0.9207、0.8031、-0.1443）相似。因此，我国金融体系的金融排斥水平在各个省区市之间存在较大差异，其中东部地区金融排斥程度在单一维度和合成指标上都远低于中、西部地区。

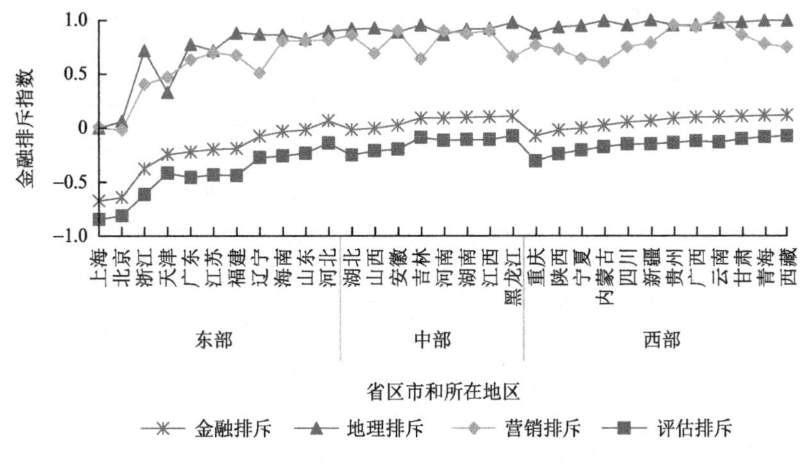

图 3-1　2011～2018 年我国金融排斥指数测算

表 3-2　2011～2018 年金融排斥指数测算结果

地区	2011 年	2012 年	2013 年	2014 年	2015 年	2016 年	2017 年	2018 年
北京	0.2023	−0.1865	−0.4347	−0.7681	−0.9472	−1.0041	−0.9656	−1.0383
天津	0.4953	0.1912	−0.0436	−0.2859	−0.4308	−0.4974	−0.5854	−0.8194
河北	0.9742	0.6537	0.3234	−0.0212	−0.1320	−0.2097	−0.4879	−0.5740
山西	0.8680	0.5578	0.1834	−0.0771	−0.1874	−0.2805	−0.3963	−0.6960
内蒙古	0.8659	0.5100	0.2354	−0.0416	−0.1190	−0.1845	−0.4616	−0.6093
辽宁	0.7294	0.4228	0.1099	−0.1882	−0.3197	−0.3457	−0.4198	−0.6156

续表

地区	2011年	2012年	2013年	2014年	2015年	2016年	2017年	2018年
吉林	0.9165	0.5891	0.2762	0.0299	−0.0383	−0.1410	−0.3429	−0.5580
黑龙江	0.9314	0.6395	0.2609	0.0895	−0.0237	−0.2058	−0.3053	−0.5250
上海	0.1020	−0.1621	−0.4614	−0.7869	−0.9661	−0.9635	−1.0319	−1.1170
江苏	0.6314	0.3507	0.0343	−0.2677	−0.4151	−0.4891	−0.6646	−0.7649
浙江	0.4645	0.1256	−0.1904	−0.4642	−0.6189	−0.6745	−0.7894	−0.8455
安徽	0.9336	0.6025	0.2489	−0.0390	−0.1190	−0.2752	−0.4568	−0.6746
福建	0.6439	0.3059	0.0180	−0.2538	−0.3975	−0.5263	−0.6221	−0.6832
江西	0.9292	0.6338	0.3493	0.0782	−0.0526	−0.1505	−0.3382	−0.6356
山东	0.8682	0.5546	0.2273	−0.0806	−0.1979	−0.3104	−0.4896	−0.7145
河南	0.9790	0.7303	0.4004	0.0756	−0.1303	−0.2408	−0.4445	−0.6324
湖北	0.8829	0.5984	0.2601	−0.0727	−0.2226	−0.3438	−0.5104	−0.7217
湖南	0.9750	0.6528	0.3200	0.0273	−0.0560	−0.1959	−0.3682	−0.5654
广东	0.6493	0.3102	0.0107	−0.2742	−0.4726	−0.5078	−0.6760	−0.7870
广西	0.9907	0.6412	0.3713	0.0616	−0.0682	−0.1687	−0.3825	−0.6522
海南	0.8485	0.5482	0.2904	−0.1631	−0.1972	−0.3426	−0.5174	−0.7397
重庆	0.8424	0.5370	0.2071	−0.1300	−0.3241	−0.4187	−0.5451	−0.7599
四川	0.9201	0.6004	0.2838	−0.0196	−0.1463	−0.1976	−0.3800	−0.6222
贵州	0.9358	0.6765	0.3976	0.0641	−0.0576	−0.1708	−0.4410	−0.6914
云南	0.8969	0.6589	0.3861	0.0490	−0.0717	−0.1381	−0.3549	−0.6096
西藏	0.7688	0.7046	0.4444	0.1248	0.0463	−0.1198	−0.3925	−0.6236
陕西	0.8647	0.5455	0.2147	−0.1159	−0.2053	−0.3029	−0.4773	−0.6738
甘肃	0.9585	0.7130	0.3714	0.0206	−0.0573	−0.1676	−0.3675	−0.5979
青海	0.9257	0.6960	0.3803	0.0737	−0.0085	−0.1649	−0.3536	−0.6125
宁夏	0.8593	0.5250	0.2788	−0.0635	−0.1903	−0.2713	−0.4676	−0.6899
新疆	0.9283	0.6138	0.3042	0.0148	−0.0988	−0.1851	−0.3917	−0.6569

表 3-3　2011～2018 年地理排斥指数测算结果

地区	2011年	2012年	2013年	2014年	2015年	2016年	2017年	2018年
北京	0.1970	0.1509	0.0997	0.0198	0.0000	0.0104	0.0000	0.0000
天津	0.4465	0.4087	0.3933	0.3408	0.2878	0.2875	0.2708	0.2418
河北	0.9149	0.9092	0.9048	0.8996	0.8943	0.8917	0.8875	0.8850

续表

地区	2011 年	2012 年	2013 年	2014 年	2015 年	2016 年	2017 年	2018 年
山西	0.9305	0.9300	0.9246	0.9308	0.9218	0.9167	0.9123	0.9137
内蒙古	0.9964	0.9954	0.9959	0.9957	0.9954	0.9941	0.9939	0.9943
辽宁	0.8824	0.8849	0.8768	0.8673	0.8615	0.8607	0.8561	0.8537
吉林	0.9598	0.9574	0.9566	0.9542	0.9521	0.9502	0.9489	0.9487
黑龙江	0.9790	0.9777	0.9776	0.9766	0.9756	0.9748	0.9710	0.9744
上海	0.0000	0.0000	0.0000	0.0000	0.0000	0.0000	0.0000	0.0000
江苏	0.7796	0.7649	0.7507	0.7249	0.7066	0.6934	0.6634	0.6726
浙江	0.7781	0.7649	0.7500	0.7376	0.7242	0.7017	0.6833	0.6327
安徽	0.9052	0.9121	0.9010	0.8928	0.8828	0.8809	0.8742	0.8717
福建	0.9094	0.9017	0.8975	0.8885	0.8815	0.8712	0.8643	0.8585
江西	0.9350	0.9333	0.9303	0.9228	0.9166	0.9136	0.9099	0.9087
山东	0.8543	0.8448	0.8368	0.8282	0.8218	0.8078	0.7998	0.7973
河南	0.8868	0.8850	0.8824	0.8734	0.8646	0.8593	0.8517	0.8492
湖北	0.9305	0.9276	0.9229	0.9194	0.9140	0.9092	0.9035	0.9015
湖南	0.9288	0.9253	0.9243	0.9194	0.9160	0.9108	0.9070	0.9057
广东	0.8202	0.8106	0.8029	0.7874	0.7725	0.7530	0.7376	0.7373
广西	0.9624	0.9593	0.9579	0.9559	0.9538	0.9499	0.9506	0.9500
海南	0.9195	0.9129	0.9122	0.9077	0.9020	0.8969	0.8933	0.5678
重庆	0.8867	0.8822	0.8784	0.8691	0.8815	0.8792	0.8774	0.8713
四川	0.9568	0.9551	0.9537	0.9512	0.9492	0.9474	0.9456	0.9441
贵州	0.9620	0.9612	0.9589	0.9560	0.9531	0.9497	0.9471	0.9477
云南	0.9803	0.9796	0.9785	0.9772	0.9759	0.9751	0.9743	0.9743
西藏	1.0000	1.0000	1.0000	1.0000	1.0000	1.0000	1.0000	0.9985
陕西	0.9435	0.9444	0.9423	0.9398	0.9351	0.9332	0.9284	0.9269
甘肃	0.9862	0.9863	0.9858	0.9853	0.9843	0.9810	0.9822	0.9831
青海	1.0000	1.0000	1.0000	0.9999	0.9998	0.9995	0.9997	0.9996
宁夏	0.9592	0.9564	0.9554	0.9526	0.9434	0.9437	0.9399	0.9389
新疆	0.9992	0.9993	0.9991	0.9990	0.9989	0.9988	0.9985	0.9980

表 3-4　2011～2018 年营销排斥指数测算结果

地区	2011 年	2012 年	2013 年	2014 年	2015 年	2016 年	2017 年	2018 年
北京	0.0000	−0.0239	−0.0239	−0.0239	−0.0239	−0.0239	−0.0239	−0.0239
天津	0.5064	0.3357	0.4964	0.4757	0.4408	0.4149	0.7246	0.3583
河北	0.8772	0.8601	0.8525	0.8393	0.8146	0.7954	0.7624	0.7363
山西	0.7557	0.7516	0.7034	0.7431	0.6993	0.6538	0.6440	0.6112
内蒙古	0.6864	0.6258	0.6501	0.6297	0.6143	0.5751	0.5864	0.5254
辽宁	0.6129	0.6205	0.5387	0.5068	0.4718	0.4446	0.4486	0.4270
吉林	0.7335	0.7065	0.7124	0.6764	0.6536	0.5924	0.5207	0.5355
黑龙江	0.7597	0.7319	0.6984	0.6743	0.6499	0.6029	0.6013	0.5745
上海	0.0758	0.0395	0.0324	−0.0217	−0.0239	−0.0239	−0.0239	−0.0211
江苏	0.8031	0.7694	0.7551	0.7224	0.6763	0.6583	0.6083	0.6042
浙江	0.5495	0.4927	0.4686	0.3947	0.3529	0.3164	0.3067	0.3420
安徽	0.9511	0.9386	0.9149	0.9099	0.8757	0.8630	0.8504	0.8487
福建	0.7720	0.7337	0.7161	0.6901	0.6488	0.6142	0.6017	0.6298
江西	0.9484	0.9380	0.9192	0.9070	0.8886	0.8694	0.8694	0.8579
山东	0.8541	0.8589	0.8386	0.8080	0.8260	0.7673	0.7623	0.7543
河南	0.9540	0.9306	0.9086	0.9249	0.8992	0.8832	0.7916	0.8822
湖北	0.8981	0.8868	0.8720	0.8655	0.8431	0.8332	0.8255	0.8432
湖南	0.9227	0.9207	0.9155	0.9096	0.8688	0.8460	0.8338	0.8033
广东	0.7157	0.6633	0.6944	0.6501	0.6098	0.5842	0.5960	0.5385
广西	0.9861	0.9719	0.9511	0.9433	0.9271	0.9010	0.9145	0.9139
海南	0.8798	0.8862	0.8716	0.8018	0.7436	0.7281	0.7019	0.8362
重庆	0.8150	0.8018	0.7835	0.7696	0.7627	0.7475	0.7460	0.7374
四川	0.8390	0.7894	0.7670	0.7715	0.7597	0.7228	0.7161	0.6510
贵州	0.9963	0.9933	0.9794	0.9557	0.9382	0.9279	0.9084	0.9136
云南	0.9922	0.9916	0.9905	0.9907	0.9913	1.2496	0.9857	0.9838
西藏	0.8319	0.8900	0.7803	0.7513	0.7596	0.7442	0.5681	0.6852
陕西	0.8198	0.8181	0.7796	0.7649	0.7162	0.6665	0.6345	0.6389
甘肃	0.9141	0.8948	0.8794	0.8765	0.8564	0.8529	0.7971	0.8285
青海	0.8586	0.7734	0.7887	0.7848	0.7649	0.7281	0.7624	0.7827
宁夏	0.7210	0.7096	0.6975	0.6615	0.5725	0.5877	0.6054	0.6162
新疆	0.8272	0.7942	0.8056	0.7877	0.7943	0.7764	0.7637	0.7722

表 3-5　2011～2018 年评估排斥指数测算结果

地区	2011 年	2012 年	2013 年	2014 年	2015 年	2016 年	2017 年	2018 年
北京	0.2311	−0.2498	−0.5564	−0.9668	−1.1901	−1.2629	−1.2133	−1.3049
天津	0.4997	0.1449	−0.1715	−0.4675	−0.6389	−0.7191	−0.8710	−1.1114
河北	0.9948	0.5941	0.1796	−0.2521	−0.3876	−0.4826	−0.8280	−0.9325
山西	0.8760	0.4859	0.0216	−0.3130	−0.4448	−0.5551	−0.6991	−1.0723
内蒙古	0.8751	0.4353	0.0858	−0.2603	−0.3557	−0.4325	−0.7831	−0.9608
辽宁	0.7272	0.3395	−0.0423	−0.4124	−0.5725	−0.6013	−0.6947	−0.9382
吉林	0.9367	0.5283	0.1333	−0.1717	−0.2542	−0.3748	−0.6191	−0.8921
黑龙江	0.9496	0.5857	0.1135	−0.0990	−0.2382	−0.4610	−0.5856	−0.8591
上海	0.1180	−0.2097	−0.5858	−0.9884	−1.2138	−1.2105	−1.2968	−1.4043
江苏	0.5896	0.2424	−0.1525	−0.5253	−0.7024	−0.7916	−1.0021	−1.1290
浙江	0.4148	−0.0027	−0.3957	−0.7289	−0.9164	−0.9785	−1.1198	−1.1892
安徽	0.9345	0.5184	0.0775	−0.2835	−0.3784	−0.5732	−0.7994	−1.0733
福建	0.5940	0.1744	−0.1854	−0.5231	−0.6976	−0.8538	−0.9718	−1.0521
江西	0.9259	0.5553	0.1998	−0.1391	−0.3006	−0.4209	−0.6569	−1.0299
山东	0.8718	0.4772	0.0687	−0.3140	−0.4635	−0.5953	−0.8194	−1.1015
河南	0.9937	0.6838	0.2715	−0.1389	−0.3937	−0.5300	−0.7730	−1.0221
湖北	0.8750	0.5186	0.0949	−0.3231	−0.5082	−0.6588	−0.8670	−1.1355
湖南	0.9878	0.5827	0.1642	−0.2032	−0.3021	−0.4745	−0.6894	−0.9335
广东	0.6194	0.2006	−0.1801	−0.5309	−0.7736	−0.8120	−1.0238	−1.1555
广西	0.9947	0.5568	0.2197	−0.1691	−0.3301	−0.4526	−0.7239	−1.0636
海南	0.8356	0.4571	0.1344	−0.4267	−0.4608	−0.6412	−0.8574	−1.1168
重庆	0.8408	0.4585	0.0458	−0.3758	−0.6209	−0.7377	−0.8965	−1.1652
四川	0.9269	0.5312	0.1356	−0.2469	−0.4046	−0.4639	−0.6926	−0.9885
贵州	0.9242	0.5981	0.2488	−0.1677	−0.3182	−0.4590	−0.7963	−1.1127
云南	0.8736	0.5738	0.2305	−0.1941	−0.3462	−0.4656	−0.7020	−1.0225
西藏	0.7321	0.6431	0.3305	−0.0680	−0.1681	−0.3753	−0.6943	−1.0016
陕西	0.8614	0.4595	0.0483	−0.3660	−0.4712	−0.5871	−0.8017	−1.0498
甘肃	0.9614	0.6547	0.2265	−0.2150	−0.3103	−0.4483	−0.6925	−0.9872
青海	0.9261	0.6485	0.2486	−0.1372	−0.2379	−0.4297	−0.6723	−1.0013
宁夏	0.8665	0.4471	0.1388	−0.2871	−0.4333	−0.5376	−0.7869	−1.0683
新疆	0.9338	0.5422	0.1505	−0.2116	−0.3557	−0.4618	−0.7203	−1.0556

第二节　金融排斥的决定因素检验

金融排斥是正规金融机构在对用户违约风险、抵押品价值、潜在还款能力等多方面评估之后，通过选择性营销、设置投资门槛、金融产品不合理定价等方式将部分弱势群体排除在金融体系之外的行为机制。李涛等（2010）认为金融排斥是居民和企业的金融服务需求与主流金融机构供给无法有效匹配导致的，因此影响因素的剖析理应兼顾供给和需求两个方面。人口结构特征如性别、教育水平、乡村人口占比、财富状况以及社会互动程度都会对居民层面上的金融排斥造成一定的影响（李涛等，2010；董晓林和徐虹，2012；周洋等，2018b）。银行业竞争程度的提高能够促进金融体系更好地满足"三农"和小微企业的融资需求，提升普惠金融的绩效（周顺兴和林乐芬，2015）。此外，经济因素、信用环境、金融基础设施完善程度也会对金融歧视状况产生一定的影响（张国俊等，2014；粟芳和方蕾，2016；李建军和韩珣，2017a）。因此，为了探究我国金融排斥的影响因素，我们从需求方结构、供给方金融环境、区域经济状况以及基础设施建设四个层面构建金融排斥的决定因素模型：

$$\text{EXCLU\_F}_{it} = \alpha_0 + \beta \text{FD}_{it} + \gamma \text{FS}_{it} + \delta \text{ED}_{it} + \varepsilon \text{IC}_{it} + u_i + v_t + \varepsilon_{it} \tag{3-2}$$

其中，FD、FS、ED、IC分别为需求方结构、供给方金融环境、区域经济状况以及基础设施建设。对于需求方结构，我们用教育水平、乡村人口占比、国有企业占比和产业结构来衡量人口、地理、企业和产业主体的结构性特征，供给方金融环境则选取金融市场化程度、金融业竞争和信贷资金市场化配置三个代理指标。对于区域经济状况，我们使用地区生产总值的对数、地方政府财政支出与地区生产总值之比、消费价格指数、进出口总额与地区生产总值之比来反映经济发达程度、地方政府规模、通货膨胀率和贸易开放程度。此外，我们将信息化水平和交通便利程度作为控制变量加入模型中以控制基础设施建设对排斥水平的影响。变量的选取及度量见表 3-6。

表 3-6　金融排斥的决定因素变量的选取及度量

变量	描述	度量
EXCLU_F	金融排斥	地理排斥（EXCLU_F_G）、营销排斥（EXCLU_F_M）、评估排斥（EXCLU_F_A）三个维度合成指标
Edu_P	教育水平	大专及以上学历人口与总人口之比
Rural_G	乡村人口占比	乡村人口与地区总人口之比
Nature_E	国有企业占比	国有控股企业法人单位数/企业法人单位数
Indstru_I	产业结构	第二、第三产业增加值之和与第一产业增加值之比

续表

变量	描述	度量
FM	金融市场化程度	樊纲等（2011）提出的市场化指数
FC	金融业竞争	樊纲等（2011）提出的市场化指数
CM	信贷资金市场化配置	樊纲等（2011）提出的市场化指数
LnGDP	经济发达程度	地区生产总值的对数
Gov	地方政府规模	地方政府财政支出与地区生产总值之比
CPI	通货膨胀率	消费价格指数（上年=100）
Open	贸易开放程度	进出口总额与地区生产总值之比
IT	信息化水平	移动电话用户数与地区人口之比
TC	交通便利程度	铁路营业里程与公路里程总长度与地区面积之比

为了探究我国金融机构金融排斥的决定因素，我们使用面板固定效应模型对模型（3-2）进行估计，得到的结果如表 3-7 所示。我们发现需求方结构中，乡村人口占比对金融排斥的影响在 1%的统计水平上显著。乡村人口占比每提高 1 个单位，金融排斥指数将提高 2.1681 个单位。在需求方结构因素中，产业结构对金融排斥的影响显著为正，而供给方金融环境因素对金融排斥的影响并不显著，说明中国的金融排斥的主要原因并不是金融供给不足。在区域经济状况因素中，经济发达程度、地方政府规模和通货膨胀率的解释能力不强。在基础设施建设方面，信息化水平与交通便利程度均对金融排斥的程度具有负向影响，这说明当地的基础设施建设能够在一定程度上缓解金融排斥问题。

表 3-7　金融排斥的决定因素分析

变量	（1）	（2）	（3）	（4）
	EXCLU_F	EXCLU_F	EXCLU_F	EXCLU_F
Edu_P	0.1633 （0.3101）	0.1184 （0.2347）	0.1226 （0.2338）	–0.1243 （0.2043）
Rural_G		3.1246*** （0.6346）	3.1327*** （0.6432）	2.1681*** （0.6199）
Nature_E			–0.1916 （0.4386）	–0.3909 （0.4451）
Indstru_I				0.0012** （0.0004）
FM	0.3513 （1.5279）	0.2803 （1.2808）	0.2206 （1.2803）	–0.5974 （1.5422）
FC	–0.1798 （0.7655）	–0.1202 （0.6404）	–0.0912 （0.6403）	0.3153 （0.7735）

续表

变量	(1)	(2)	(3)	(4)
	EXCLU_F	EXCLU_F	EXCLU_F	EXCLU_F
CM	−0.1873 (0.7658)	−0.1424 (0.6412)	−0.1121 (0.6407)	0.2904 (0.7715)
LnGDP	−0.0964 (0.0882)	0.1686* (0.0883)	0.1558* (0.0904)	0.0420 (0.0868)
Gov	0.1770 (0.2613)	0.4514* (0.2406)	0.4376* (0.2400)	0.3251 (0.2458)
CPI	0.0188 (0.0183)	0.0115 (0.0151)	0.0116 (0.0153)	0.0132 (0.0136)
Open	−0.1380** (0.0540)	0.2294** (0.0962)	0.2260** (0.0939)	0.2468** (0.0972)
IT	−0.0027** (0.0011)	−0.0012 (0.0010)	−0.0012 (0.0010)	−0.0016* (0.0009)
TC	−0.3055*** (0.0998)	−0.2332** (0.0917)	−0.2236** (0.0986)	−0.2104** (0.0970)
常数项	0.2324 (2.0113)	−3.5375 (2.3284)	−3.4282 (2.1867)	−1.9674 (2.0814)
观测值	248	248	248	248
R^2	0.9903	0.9925	0.9925	0.9929
省区市数	31	31	31	31
时间固定效应	已控制	已控制	已控制	已控制
个体固定效应	已控制	已控制	已控制	已控制

注：表中是面板固定效应的回归结果，括号内是标准误

*、**、***分别表示回归系数在 10%、5%和 1%的统计水平上显著

第三节　金融排斥的经济效应分析

一、金融排斥与经济增长

（一）金融排斥与经济增长的理论机制

金融排斥对于经济增长的负面影响可以从居民、企业和行业三个角度进行分析。从居民角度看，金融排斥会导致一部分居民的贷款、投资等金融需求无法得到满足，弱势群体受限于预算性约束，这会对其消费和生产经营行为产生一定抑制作用。从企业角度看，商业银行出于维持流动性和盈利性的需要会对民营中小企业设立严格的风险评估体系，从而导致部分弱势经济体群体难以获得金融资源，进而形成评估排斥。我国经济增长过程中，中小企业是经济增长的中坚力量，但

是由于中小企业存在抵押品价值不足、财务报表披露不充分以及不存在银企关系等问题，很难从金融体系获得金融支持。中小企业的流动性约束会直接导致其投融资决策受到影响，进而降低其从事生产经营和创新行为的意愿，最终对经济增长产生一定的负面效应。从行业角度看，农业和新兴行业的发展对农业保险以及贷款等金融服务的需求比较强烈，但是银行信贷配给行为导致弱势产业和风险较大的新兴行业因其提供金融服务的成本和风险较高，存在比较严重的信贷歧视行为，进而导致产业发展受限，影响经济增长。

（二）金融排斥与经济增长的经验分析

1. 数据来源

为了进一步从经验层面检验金融排斥对经济增长的影响，本节选取 2011～2018 年中国 31 个省区市作为样本，根据前文金融排斥指数的测算结果，采用面板固定效应模型回归实证检验金融排斥对经济增长的影响。本节所使用的数据来自《中国统计年鉴》《中国区域金融运行报告》《中国人口统计年鉴》《中国劳动统计年鉴》以及中经网统计数据库。

2. 指标选取

我们采用面板固定效应回归进行实证分析，构建模型如下所示。

$$\text{Lnpgdp}_{it} = \alpha_0 + \alpha_1 \text{EXCLU\_F}_{it} + \beta X_{it} + \varepsilon_{it} \tag{3-3}$$

其中，被解释变量 Lnpgdp_{it} 为经济增长；核心变量 EXCLU_F_{it} 为金融排斥指数；X_{it} 为其他影响经济增长的因素，包含劳动力投入、资本（物质资本投入与人力资本投入）、对外贸易（贸易开放程度与外商直接投资）、产出结构和区域环境（非公有制经济发展、知识产权的保护）、金融发展水平等方面的变量，变量定义和描述如表 3-8 所示。

表 3-8 金融排斥对经济增长的影响

变量	描述	度量
Lnpgdp	经济增长	人均实际 GDP 的自然对数值
EXCLU_F	金融排斥	地理排斥（EXCLU_F_G）、营销排斥（EXCLU_F_M）、评估排斥（EXCLU_F_A）三个维度合成指标
Labor	劳动力投入	城镇就业总人数与地区人口之比
Capital_M	物质资本投入	社会固定资产投资与地区生产总值之比
Capital_H	人力资本投入	教育平均年限的对数
Export	贸易开放程度	进出口总额与地区生产总值之比

续表

变量	描述	度量
FDI	外商直接投资	外商直接投资与地区生产总值之比
Nagrip	产出结构	非农业产出占比
NPublic	非公有制经济发展	樊纲（2011）提出的市场化指数
Intell	知识产权的保护	樊纲（2011）提出的市场化指数
Findev	金融发展水平	金融机构贷款总额与地区生产总值之比

3. 实证结果分析

表 3-9 给出了金融排斥与经济增长的回归结果，其中第（1）列表示的是全样本的回归结果，第（2）列和第（3）列表示的是将全国各省区市按照金融发展水平进行分类，其中金融发展水平高于均值的地区被归为金融发展水平高的地区，其余的被归为金融发展水平低的地区。回归结果显示，从全国范围来看，金融排斥对于经济增长的回归系数为–0.1207，但是系数并不显著。而分样本的回归结果表明，在金融发展水平高的地区中，金融排斥对经济增长的效应显著为负，金融排斥指数每增加 1 个单位，人均实际 GDP 的自然对数值下降 0.2410 个单位。相反地，在金融发展水平低的地区，金融排斥对经济增长的影响很小，且回归系数并不显著。本节的回归结果表明在金融发展水平越高的地区，金融排斥对于经济增长的负向作用越强。对于回归结果可能的解释是，在金融发展水平较高的地区，经济发展对于金融发展的依赖程度较高，因此金融排斥的程度越强，表现为当地弱势的居民、企业和产业得到包容性金融服务的可能性也就越低，从而对于经济的发展也就越不利。而在金融发展水平较低的地区，其本身对于正规金融的依赖性就较低，居民和企业可以通过非正规金融满足其对于金融服务的需求，从而金融排斥的大小对于经济增长的影响相对较小。因此，金融排斥对经济增长的影响在金融发展水平较高的地区更为显著。

表 3-9　金融排斥与经济增长回归结果

变量	（1）	（2）	（3）
	Lnpgdp	Lnpgdp	
		金融发展水平高	金融发展水平低
EXCLU_F	–0.1207 （0.0935）	–0.2410*** （0.0814）	0.0021 （0.1285）
Labor	2.1516** （0.7884）	1.6473 （0.9930）	1.5301* （0.8475）
Capital_M	0.1141*** （0.0370）	0.1472*** （0.0303）	0.0498 （0.0839）

续表

变量	(1)	(2)	(3)
	Lnpgdp	Lnpgdp	
		金融发展水平高	金融发展水平低
Capital_H	0.0444 (0.1231)	–0.0785 (0.3469)	0.0714 (0.1203)
Export	0.1002 (0.0836)	0.0902 (0.0954)	–0.1226 (0.1765)
FDI	0.0050 (0.0406)	–0.0436 (0.0497)	–0.0434 (0.1310)
Nagrip	0.0577 (1.5851)	–3.2288** (1.0959)	2.7235*** (0.7268)
NPublic	–0.0178 (0.0218)	–0.0152 (0.0181)	–0.0524 (0.0331)
Intell	0.0026 (0.0032)	–0.0003 (0.0030)	0.0092* (0.0052)
常数项	10.0955*** (1.5040)	13.4933*** (1.1009)	7.9216*** (0.7653)
观测值	248	128	120
R^2	0.9377	0.9613	0.9638
省区市数	31	16	15
时间固定效应	已控制	已控制	已控制
个体固定效应	已控制	已控制	已控制

注：表中是面板固定效应的回归结果，括号内是标准误

*、**、***分别表示回归系数在 10%、5%和 1%的统计水平上显著

二、金融排斥与收入分配

一方面，金融作为现代经济的核心，在优化资源配置、调控宏观经济、推动地区经济发展、协调城乡收入分配等领域发挥着重要的作用。另一方面，长期以来，国家实施的发展战略侧重于将大量金融资源输送到城市地区，在资源稀缺的条件下，决定了金融资源配置的城市倾向。金融排斥和信贷配给的存在也使得各地金融弱势群体获得金融服务的机会不均等，这有可能成为拉大城乡收入差距的重要原因。我国农村金融市场发展落后，存在信息不对称、抵押物缺乏、特殊性成本与风险、非生产性融资四个基本问题（刘长庚等，2013）。金融机构“嫌贫爱富”的特性导致其纷纷撤并网点，从而进一步加剧了金融排斥。因此，金融排斥导致的金融资源分配“不公平”和“低效率”可能成为中国城乡居民收入差距的重要影响因素。

（一）金融发展与城乡收入差距

金融发展理论的研究领域中，研究金融发展与城乡收入差距的文献比较丰富。现有文献大多围绕两个方面展开：一是金融发展与城乡收入差距之间的关系，二是金融排斥影响城乡收入的途径与作用机制。

国内外学者对于金融发展与城乡收入差距之间的关系的研究主要包括金融发展缩小收入差距、金融发展扩大收入差距、金融发展与收入差距之间是倒“U”形关系、金融发展与收入差距之间的关系不明显四种观点。King 和 Levine（1993）较早研究了金融发展与收入差距关系，认为金融发展缩小收入差距。Chakraborty 和 Ray（2006）认为银行主导型的金融部分可以通过帮助传统部门向现代部门转型，更有利于缩小收入差距。冉光和和汤芳桦（2012）使用不同的研究方法进行研究，最终都得到类似的结论，正规金融机构和非正规金融机构对于缩小城乡收入差距都有正向作用，但是非正规金融机构比正规金融机构在缩小城乡收入差距上的作用更强。胡德宝和苏基溶（2015）认同金融发展对缩小收入差距的作用，同时指出这种作用在东部地区作用明显，中、西部地区效应依次递减。张勋等（2019）通过实证研究发现，中国数字金融发展显著提升了家庭收入，尤其是对农村家庭来说，因此金融发展缩小了收入差距。也有一些学者认为金融发展会扩大收入差距。Galor 和 Zeira（1993）认为如果金融市场不完美，金融发展会扩大收入差距。刘玉光等（2013）、马绰欣和田茂再（2016）认为我国大部分地区的金融发展扩大了收入差距，且这一机制存在动态变化的特征。第三种观点认为金融发展与收入差距之间是倒“U”形关系。Greenwood 和 Jovanovic（1990）研究认为金融发展对收入分配呈现出倒“U”形关系。杨楠和马绰欣（2014）研究发现我国各地区金融发展与收入差距存在倒“U”形特征，经济比较发达的地区已经进入金融发展抑制收入差距的阶段。于平和盖凯程（2017）通过对金融发展与收入分配的关系研究也证实了金融发展对城乡收入差距的倒“U”形关系以及存在的门槛效应（threshold effects）。最后一种观点认为，金融发展与收入差距之间的关系不明显。陆铭和陈钊（2004）认为金融发展因素对城乡收入差距的影响并不显著。

（二）金融排斥与城乡收入差距的理论机制分析

金融发展通过门槛效应、减贫效应（reduce poverty effect）、涓滴效应（trickle-down effect）对经济发展产生直接或间接的影响（鲁强，2014）。消除金融排斥能够在一定程度上提高金融服务的深度和广度，改善金融弱势群体的福利水平，进而降低低收入人群占比。经济增长也会通过涓滴效应，带动低收入人群收入水平的提高。门槛效应是指由于金融服务的获得需要一定的准入条件，部分金融弱势群体或“边缘消费者”（the edge of the consumer）被排斥在金融边界之外。刘渝琳和白艳兰（2009）、王修华和邱兆祥（2011）认为由于金融深化的“门槛效应”，许多农村低收入人群无法满足进入门槛而不能接触和使用金融资源，金融资源配置的不均衡进一步拉大城乡居民收入差距。Claessens 和 Perotti（2007）认为在发展中国家存在人为设置的障碍，降低家庭和小企业从银行获得的信贷，这种限制导致了收入分配的不平等。张立军和湛泳（2006）认为农户和中小城镇企业在进入金融市场融资时面临“门槛约束”，也受到正规金融机构的歧视，金融排斥是拉大城乡收入差距的主要原因。封思贤和王伟（2014）认为在经济发达的东部地区金融排斥影响收入差距的作用明显，而在中、西部地区作用不显著。刘长庚等（2013）实证研究发现条件排斥、地理排斥、营销排斥显著扩大城乡收入差距，价格排斥能在一定程度上缩小城乡收入差距。尹志超等（2019）实证研究发现储蓄支付排斥、信贷排斥和保险排斥以及合成的金融排斥指数均与家庭低收入人群占比呈正相关。

金融排斥使得部分弱势人群难以获得信贷、保险等金融服务，投融资需求难以得到满足，进而对其正常的生产经营活动造成负面冲击。金融排斥使得大部分优质金融资源集中于少数人群中，金融的资源配置、风险规避功能会进一步促进金融资产的增值，从而进一步拉大了收入差距。

（三）金融排斥对收入分配的理论模型分析

Greenwood 和 Jovanovic（1990）通过构建一个动态模型证明金融发展和收入不平等之间的倒“U”形关系。金融中介随着经济增长内生形成：在经济发展的早期阶段，金融中介发展落后；在经济发展的中期阶段，金融中介配置资源能力增强，对经济发展的推动作用增强，但是同时只有富人才能满足金融服务的金融门槛，使得收入差距拉大；在经济发展的高级阶段，金融中介发展充分，收入不平等将收敛到均等状态。金融排斥作为金融发展不充分的一个表现，当金融发展程度越低时金融排斥越严重，当金融发展程度越高时金融排斥得到缓解。基于Greenwood 和 Jovanovic（1990）分析的金融发展对收入分配的影响可知，在金融发展不充分时，金融发展会增强金融排斥，而当金融发展足够成熟时，收入差距会减小。由此，我们推断金融排斥越严重收入差距越大，而当金融排斥得到缓解后，收入差距会缩小。对此，我们将 Greenwood 和 Jovanovic（1990）的研究进行改进，来分析金融排斥对收入差距的影响。

在经济体中存在金融中介机构，这些金融中介机构能够起到收集信息、甄别投资项目、促使企业家采取高生产力水平的技术、分散投资风险、平滑消费、缓解流动性紧张等作用。金融中介机构自身经营活动需要成本维持，因此参与金融活动就需要支付相应费用。因此只有拥有足够数量财富的个体，可以支付得起参与费用，才能获得金融服务。金融中介机构的投资收益用金融中介机构平均投资回报率 $\hat{\theta}_{i\tau}$ 表示，如式（3-4）所示：

$$\hat{\theta}_{i\tau} = \frac{\gamma}{\tau}\left(\theta_{i\tau} + \sum_{m=1}^{r}\varepsilon_{im}\right) \tag{3-4}$$

其中，γ 为金融机构用于投资的资金占资金总量的比例；τ 为投资项目集合中随机选取的一组高风险高收益项目，ε 为在基础收益率上的收益率波动。若 $\hat{\theta}_{i\tau} \leqslant \gamma\delta$（$\delta$ 为高风险资产的收益率），则金融中介选择投资风险小收益低的项目，否则反之。

在 t 时期所有的个体可以分为两组：一组是获得金融服务未受到排斥的个体，值函数为 $v(k)$；另一组是没有获得金融服务受到排斥的个体，值函数为 $w(k)$。假设 θ 的累积分布函数为 $F(\theta)$，ε 的累积分布函数为 $G(\varepsilon)$。

（1）已经在金融市场内的个体。金融中介机构面临的风险冲击分为特有冲击 ε_t 和共有冲击 θ_t。金融中介可以通过多样化投资分散风险，消除特有风险 $\varepsilon_t(E(\varepsilon)=0)$，因此投资收益仅与投资该项目都会面临的共有风险 θ_t 有关。假设金融中介对参与人一次性收取 q 单位的金融成本，并承诺参与人每单位资本的回报率为 $r(\theta_t)$。若个体在 t 期末在金融市场上选择投资 i_t。在 $t+1$ 期初可以获得的财富如式（3-5）所示：

$$k_{t+1} = i_t r(\theta_{t+1}) \tag{3-5}$$

个体在 t 期比较 $v(k_{t+1})$ 和 $w(k_{t+1})$ 的大小来决定 $t+1$ 期是否留在金融市场。其最优化问题可以归纳为式（3-6）所示：

$$v(k_t) = \max\left\{\ln(k_t - i_t) + \beta\int\max[w(k_{t+1}), v(k_{t+1})]\mathrm{d}F(\theta_{t+1})\right\}$$
$$\text{s.t. } k_{t+1} = i_t r(\theta_{t+1}) \tag{3-6}$$

（2）金融市场外的个体。若该个体将资金 i_t 中的 ϕ_t 部分投资于高风险的项目，将 $1-\phi_t$ 投资于安全项目，则 $t+1$ 期初财富水平如式（3-7）所示：

$$k_{t+1} = i_t[\phi_t(\theta_{t+1} + \varepsilon_{t+1}) + (1-\phi_t)\delta] \tag{3-7}$$

其中，δ 为技术参数；$\theta_{t+1} + \varepsilon_{t+1}$ 为 $t+1$ 期的综合技术冲击。金融市场外的个体与金融市场内的个体相比，不仅受到共有冲击 θ_{t+1} 的影响，还会受到特有冲击 ε_{t+1} 的影响，而金融市场内的个体由于金融中介机构的分散风险作用不受到特有冲击 ε_{t+1} 的影响。

金融市场外的个体在 t 期可以选择在 t+1 期不加入或者支付进入成本 q 加入金融中介组织，通过对直接投资获得的收益与通过金融中介投资获得 $r(\theta_t)$ 进行比较做出决定。若参与时，金融中介获得较高的期望收益，则参与到金融市场投资，否则不参加。若该个体将选择投资的资金为i_t，投资于高风险的项目的比例为ϕ_t，那么，其最优化过程可以表示如式（3-8）所示：

$$w(k_t)=\max\left\{\ln(k_t-i_t)+\beta\int\max[w(k_{t+1}),v(k_{t+1}-q)]\mathrm{d}F(\theta_{t+1})\mathrm{d}G(\varepsilon_{t+1})\right\}$$

$$\text{s.t. } k_{t+1}=i_t[\phi_t(\theta_{t+1}+\varepsilon_{t+1})+(1-\phi_t)\delta] \tag{3-8}$$

其中，$w(k)$、$v(k)$为连续递增函数，可以求得唯一解。假定，$w(k_t)>v(k_t)$，即参与到金融市场内的个体获得的效用比金融市场外的同等数量的资本获得的效用水平要大，参与人进入金融市场后便不会退出。因此，金融市场内的参与人的最优化问题可以简化为式（3-9）所示：

$$v(k_t)=\max\left\{\ln(k_t-i_t)+\beta\int v(k_{t+1})\mathrm{d}F(\theta_{t+1})\right\} \tag{3-9}$$

$$\text{s.t. } k_{t+1}=i_t r(\theta_{t+1}) \tag{3-10}$$

给定效用函数的对数形式，可以求得

$$v(k_t)=\frac{1}{1-\beta}\ln(1-\beta)+\frac{\beta}{(1-\beta)^2}\ln\beta+\frac{\beta}{(1-\beta)^2}\int\ln r(\theta)\mathrm{d}F(\theta)+\frac{1}{1-\beta}\ln k_t$$

$$i_t=\beta k_t \tag{3-11}$$

假设金融中介进入门槛为$\bar{k}$。金融市场外的个体拥有的财富数量超过此门槛值，即$k_t\geqslant\bar{k}$时，才能够进入金融市场，如果$0<k_t<\bar{k}$，那么将会被排斥在金融市场之外。假设存在$\bar{k}$，满足$\bar{k}>0$，那么

$$\begin{cases}v(k_t-q)<w(k_t),\ 0<k_t<\bar{k}\\ v(k_t-q)>w(k_t),\ k_t\geqslant\bar{k}\end{cases} \tag{3-12}$$

由上文的推导结论可知，金融市场内参与人的投资率为$i_t=\beta k_t$，金融中介机构采取积极措施进行投资，支付投资回报率$r(\theta_{t+1})=\gamma\max(\delta,\theta_{t+1})$，我们进一步假设投资与储蓄相等，那么金融市场内个体的储蓄率为$s_t=\beta k_t$，单位储蓄回报率为$r(\theta_{t+1})=\gamma\max(\delta,\theta_{t+1})$，那么，财富预期增长率如式（3-13）所示：

$$E[k_{t+1}/k_t]=\beta\int\gamma\max(\delta,\theta_{t+1})\mathrm{d}F(\theta_{t+1}) \tag{3-13}$$

金融市场外的个体获得单位储蓄的回报率为$\phi_t(\theta_{t+1}+\varepsilon_{t+1})+(1-\phi_t)\delta$，那么预期的财富增长率如式（3-14）所示：

$$E[k_{t+1}/k_t]=\beta\left[\phi_t\int\theta_{t+1}\mathrm{d}F(\theta_{t+1})+(1-\phi_t)\delta\right] \tag{3-14}$$

由于$\beta\left[\phi_t\int\theta_{t+1}\mathrm{d}F(\theta_{t+1})+(1-\phi_t)\delta\right]<\beta\int\gamma\max(\delta,\theta_{t+1})\mathrm{d}F(\theta_{t+1})$，那么低收入个体的财富增长率预期要小于金融市场内个体的财富增长率预期。因此，人口中富有的个体与低收入个体之间的收入差距将会拉大。在一定时期内，低收入个体无法直接突破金融排斥的进入门槛，整个社会的收入分配不公平会持续上升。

因此，基于 Greenwood 和 Jovanovic（1990）的理论推导表明，在金融发展的

初期阶段，收入差距扩大的原因在于金融中介服务参与费用的“高门槛”，使得部分参与者被排斥在金融市场之外，这部分被排斥在金融市场之外的参与者的预期财富增长率要低于那些没有遭到金融排斥的参与者的预期财富增长率，从而使得金融市场内部和外部参与者的收入差距拉大。

（四）金融排斥与城乡收入差距的经验分析

金融排斥会通过信贷、保险、基金等资源的不均衡分配而导致大量资源集中在少数富裕群体、国有大型企业和强势产业的手中。低收入人口受到金融资源供给的限制，很难实现人力资本投资、生产经营投资。金融体系的歧视性行为导致了收入差距不断扩大的困境。

为了探究金融排斥对收入分配的影响，我们将城镇居民人均可支配收入与农村居民纯收入之比作为被解释变量，选取 2011～2018 年中国 31 个省区市作为样本，采用面板固定效应模型实证检验金融排斥对经济增长的影响。

表 3-10 显示了金融排斥与城乡收入差距的回归结果，其中，模型（1）、模型（2）、模型（3）和模型（4）分别是加入不同信息集的回归结果。我们可以看到，模型（4）中金融排斥的系数为 0.2141，在 10%的水平下显著为正，说明金融排斥会拉大城乡收入差距，金融排斥指数每增加 1 个单位，城镇居民人均可支配收入与农村居民纯收入之比就增加 0.2141 个单位。因此，金融排斥可能会因城市居民和农村居民的资金分流差异而进一步恶化收入分配状况。模型表达式见式（3-15）。

$$\text{Lndistrib}_{it} = \alpha_0 + \alpha_1 \text{IF}_{it} + \beta X_{it} + \mu_i + v_t + \varepsilon_{it} \tag{3-15}$$

其中，Lndistrib_{it} 为城镇居民人均可支配收入与农村居民纯收入之比；α_0 为截距项；α_1 为金融排斥的系数；IF_{it} 为金融排斥；β 为控制变量的系数；X_{it} 为控制变量；μ_i 为不可观测的个体特征；v_t 为不可观测的时间特征；ε_{it} 为随机扰动项。

表 3-10　金融排斥对收入分配的影响

变量	（1）	（2）	（3）	（4）
	Lndistrib	Lndistrib	Lndistrib	Lndistrib
EXCLU_F	0.4545*** （0.1216）	0.3527*** （0.1070）	0.2630** （0.1260）	0.2141* （0.1201）
Labor	0.5167 （1.3931）	0.8024 （1.2253）	0.8087 （1.1087）	0.8426 （1.1658）
Capital_M		−0.2225*** （0.0669）	−0.1961** （0.0777）	−0.1891** （0.0712）

续表

变量	(1)	(2)	(3)	(4)
	Lndistrib	Lndistrib	Lndistrib	Lndistrib
Capital_H		0.2315 (0.2196)	0.1497 (0.1758)	0.1012 (0.1736)
Nagrip			−1.9851 (1.9819)	−2.0252 (2.0684)
NPublic			−0.0417 (0.0537)	−0.0494 (0.0535)
FDI				0.0724 (0.0735)
Intell				0.0036 (0.0055)
常数项	2.4813*** (0.1705)	2.1811*** (0.4859)	4.4285** (1.9366)	4.6054** (2.0122)
观测值	248	248	248	248
R^2	0.6492	0.6802	0.6919	0.6960
省区市数	31	31	31	31
时间固定效应	已控制	已控制	已控制	已控制
个体固定效应	已控制	已控制	已控制	已控制

注：表中是面板固定效应的回归结果，括号内是标准误

*、**、***分别表示回归系数在10%、5%和1%的统计水平上显著

三、金融排斥与非正规金融发展

银行出于降低成本增加利润的考虑，将一些中小城市银行分支机构关闭，从而导致在部分相对落后的地区缺少金融机构，由此产生了金融排斥（武巍等，2005）。金融排斥产生了多样化的地方金融组织。地方金融组织是指依法设立的小额贷款公司、融资担保公司、区域性股权市场、典当行、融资租赁公司、商业保理公司、地方资产管理公司，以及法律、行政法规和国务院授权省级人民政府监督管理的从事地方金融业务的其他机构。金融排斥使得正规金融机构难以满足多种金融需求，地方金融组织在传统信贷市场供求失衡的背景下应运而生。然而，地方金融组织在弥补主流金融机构信贷配给失衡的同时，也滋生了法律和道德问题，如存在以地下钱庄、高利贷等为代表的非正规金融机构。非正规金融主要是指金融体系中不受监管当局监管的金融交易活动（连英祺和陈静婷，2011；杨坤等，2015；李鑫，2016）。非正规金融体系处于空白监管和非法地带，系统性风险和社会脆弱性较强，会对金融体系的运行造成一定的负面影响。金融排斥使得低

收入群体和中小企业等弱势群体难以接触并获得信贷、保险等金融服务，转而只能通过求助于非正规金融，最终导致影子银行体系的快速发展。

在我国正规金融与非正规金融并存的二元金融结构下，主流观点认为非正规金融是服务于低端市场的补充。非正规金融凭借其地缘、人缘和声誉优势，能够为更多难以满足银行信贷要求的借款人提供贷款。然而，非正规金融游离于金融监管体系之外，在规模迅速扩张的同时，伴随着金融风险积聚。因此，要防止出现由于无法获得正规金融服务遭到金融排斥从而转向非正规金融，非正规金融挤出正规金融，金融服务需求者更加难以获得金融服务的恶性循环。因此，金融排斥对金融制度（这里指正规金融与非正规金融的发展比例关系）的影响成为分析金融排斥作用结果的重要组成部分。

（一）金融排斥诱导下非正规金融的产生与发展

国有银行出于稳健经营的考虑，将信贷资源更多地输送到大型企业（张杰，2000），在信贷配给的作用下，银行对大型企业和中小企业差别对待，中小企业的贷款需求难以满足，非正规金融企业通过衔接信贷市场供求缺口而得以发展。

从中小企业融资的视角来看，非正规金融广泛存在的根本原因在于正规金融机构融资需要提供合格抵押品或充分担保，而中小企业信息不透明又难以满足抵押担保的条件，这就使得正规金融机构难以克服信息不对称问题，不得不将中小企业排斥到服务范围之外（林毅夫和孙希芳，2005）。由于中小企业自身难以满足抵押担保的条件，金融服务的条件排斥因素使得中小企业难以接触到正规金融服务。而非正规金融在收集中小企业软信息方面更有优势，为缓解中小企业因信息不对称和难以提供抵押品而无法证明其还款能力的困境，提供了很好的解决之道，进一步改进了金融市场的资金配置效率，将资金分配给具有高成长性、高回报率的中小企业。

（二）金融排斥诱导下非正规金融与正规金融的竞争分析

在我国征信体系尚不健全的情况下，银行与中小企业、低收入群体和农户之间存在严重的信息不对称。主流金融机构由于监管成本较高会通过设置营销门槛等方式将弱势群体排斥在金融体系之外，弱势群体的金融服务需求难以得到满足。非正规金融机构在监管缺失的背景下，通过弥补长尾客户的信贷缺口得以不断发展（朱信凯和刘刚，2009；杨坤等，2015；李鑫，2016）。正规金融与非正规金融两者之间一直处于动态博弈之中。崔百胜（2012）通过建立四部门动态随机一般均衡模型，分析二元金融体系下正规金融与非正规金融之间的影响机制，研究发现居民消费偏好冲击和技术冲击下，正规金融与非正规金融之间是互补关系，而在货币政策冲击下两部门短期呈现相互替代关系。Bose（1998）提出由于非正规金融掌握更多借款人的私人信息，能够有效甄别并将不同信用状况的贷款人分离开来，非正规金融会挤占正规金融体系一部分优质的贷款人，对银行、保险等主流金融体系造成一定的冲击。

本节拟在既有相关研究的基础上引入非正规金融机构相对于正规金融机构的信息优势，使得非正规金融可以识别借款人违约风险，对借款人实行差别化的贷款利率，来进一步分析金融排斥对金融制度（正规金融与非正规金融的竞争）的影响。

假设有两个借款人$i \in \{a,b\}$，经营同样的项目均需要K单位的资金，项目表示为(y_i, p_i)，其中y_i表示成果的收益，p_i表示成果的概率；设借款人a的违约风险更小，即成功概率更大（$p_a > p_b$），且收益也较高（$y_a p_a > y_b p_b$）。假设两位借款人均无初始资本，没有抵押物，需要通过银行等正规金融机构或非正规金融机构借款。进一步设借款人a的借款占银行全部借款的比例为x，借款人b的借款占银行全部借款的比例为$1-x$。假设借款人通过非正规金融机构获得的贷款为q_i，通过正规金融机构获得的贷款为$K-q_i$。正规金融机构的贷款成本为c，非正规金融机构的贷款成本为m。由于正规金融机构的资金来源更加广泛，因此正规金融机构相比于非正规金融机构的资金成本更低，即有$c<m$。正规金融机构向两类借款人的贷款利率为r_i（且$c<r_i$）。相比于正规金融机构，非正规金融机构由于在借款人私人信息获取上更有优势，更容易分辨出借款人的类型，对不同类型的借款人的利率进行差别定价。非正规金融机构给违约风险低的借款人a的贷款利率为l_a，给违约风险高的借款人b的贷款利率为l_b，借款人的违约风险越低需要的风险补偿越低，贷款利率越低，因此$l_a<l_b$，且$m<l_a<l_b$。进一步假设借款人a的项目具有社会经济效益，即$y_a p_a > Kc$，且可以偿还非正规金融机构的贷款$y_a p_a \geqslant K l_a$。借款人b的项目不具有社会经济效益，即$y_b p_b \leqslant Kc$。

银行等正规金融机构利润最大化的函数如式（3-16）所示：

$$\max \Pi = x[p_a(K-q_a)r_a-(K-q_a)c]+(1-x)[p_b(K-q_b)r_b-(K-q_b)c] \quad (3\text{-}16)$$

两个借款人的参与约束如式（3-17）和式（3-18）所示：

$$p_a[y_a-(K-q_a)r_a]-l_a q_a \geqslant \max\{0, y_a p_a - K l_a\} \quad (3\text{-}17)$$

$$p_b[y_b-(K-q_b)r_b]-l_b q_b \geqslant \max\{0, y_b p_b - K l_b\} \quad (3\text{-}18)$$

由于$y_a p_a \geqslant K l_a$，则$\max\{0, y_a p_a - K l_a\} = y_a p_a - K l_a$；由于$y_b p_b \leqslant Kc < Km < K l_a < K l_b$，则$\max\{0, y_b p_b - K l_b\} = 0$。

$$p_a[y_a-(K-q_a)r_a]-l_aq_a=y_ap_a-Kl_a \tag{3-19}$$

$$p_b[y_b-(K-q_b)r_b]-l_bq_b=0 \tag{3-20}$$

用式（3-19）和式（3-20）得到式（3-21）：

$$y_bp_b-p_b(K-q_b)r_b+p_a(K-q_a)r_a+l_aq_a-l_bq_b=Kl_a \tag{3-21}$$

对银行等正规金融机构的利润最大化求一阶导：

$$\frac{\partial \Pi}{\partial x}=-p_b(K-q_b)r_b+p_a(K-q_a)r_a-[(K-q_a)c-(K-q_b)c]=0$$

$$-p_b(K-q_b)r_b+p_a(K-q_a)r_a=(K-q_a)c-(K-q_b)c \tag{3-22}$$

将式（3-22）代入式（3-21）中化简得到：

$$(c-l_b)q_b-(c-l_a)q_a=Kl_a-y_bp_b \tag{3-23}$$

在式（3-23）中，由于 $y_bp_b \leqslant Kc<Km<Kl_a$，则 $(c-l_b)q_b-(c-l_a)q_a>0$，$(c-l_b)q_b>(c-l_a)q_a$。由于 $c<m<l_a<l_b$，则

$$1<\frac{c-l_b}{c-l_a}<\frac{q_a}{q_b} \tag{3-24}$$

综合以上推导过程可得，$q_a>q_b$，即在贷款总额相同的情况下，违约风险低的借款人通过非正规金融机构获得的贷款要多于违约风险高的借款人通过非正规金融机构获得的贷款。$K-q_b>K-q_a$ 表明违约风险低的借款人通过正规金融机构获得的贷款要少于违约风险高的借款人通过正规金融机构获得的贷款。也就是说，尽管正规金融机构在融资成本上更有优势，但是由于不具有完全信息优势，并不能像具有信息优势的非正规金融机构一样很好地区分信用等级不同的借款人从而制定差别利率。低违约风险的借款人倾向于从非正规金融机构借款，而高违约风险的借款人倾向于从正规金融机构借款，导致正规金融机构的贷款组合的违约风险高，正规金融机构更加不愿意贷款，从而更多的贷款人无法获得正规金融机构的贷款，导致更大规模的金融排斥的出现，而金融排斥的加剧又会驱使借款人向非正规金融机构转移，因此非正规金融机构的作用更加突出，从而形成对正规金融机构服务的挤出效应。

由以上的模型论证可以看出，由于掌握信息能力的限制，具有资本成本的优势的正规金融机构不一定有经营优势，金融机构存在的作用在于减少借贷双方的信息不对称，但是金融机构发挥解决信息不对称，减少逆向选择和道德风险的作用需要两个前提条件：一是金融机构对借款人的个人信息掌握充分且可以高效识

别；二是金融机构发放贷款后贷后监督与管理是低成本和高效率的。但是实际运作中，信息不对称使得以上两个前提条件无法发挥作用，这就造成了正规金融机构“惜贷”现象的发生，借款人不得不求助于非正规金融机构，非正规金融机构凭借信用优势，“掠夺”更多优质借款人，挤占正规金融机构客户资源。正规金融机构的贷款组合风险进一步集聚后，正规金融机构更加不愿意放贷，借款人获得贷款更加困难，金融排斥程度更强，由此陷入恶性循环中。

第四章　减缓金融排斥的对策

金融排斥不利于经济可持续发展，影响社会公平。政府金融管理当局通过政策调整、体制机制改革，不断减缓金融排斥成为国际共识。本章将梳理国际社会减缓金融排斥的政策，分析我国的政策实践，探讨进一步减缓金融排斥的策略选择。

第一节　减缓金融排斥的措施：国际社会的基本做法

一、减缓金融排斥的政府策略

在减缓金融排斥的进程中，各国政府作为参与主体，通过直接颁布各类推动包容性金融体系建设的具体财政及金融政策以及法律法规，有效降低了金融排斥程度，发挥了不可替代的作用。

（一）推动包容性金融发展的政府政策

在政策层面上，许多国家政府已通过建立包容性金融体系来消除金融排斥。各国纷纷颁布相关金融法规保障合法成年公民拥有基本银行账户，满足人民的合理信贷需求；将接受低收入人群的小额储蓄，成立专门的针对低收入人群高违约风险的偿债基金等纳入银行等金融机构的法定义务；规定监管主体的法定责任，制定减缓金融排斥的政策，构建普惠金融体系的具体蓝图。

（二）出资推动减缓金融排斥

除制定相关法律法规，强制金融机构及监管主体履行义务外，各国政府还采取具体的财政政策，出资推动减缓金融排斥。欧盟成员国政府通过以减税为代表的财政政策和相机抉择的货币政策等手段给予金融机构直接的政策支持，以尽快降低金融服务门槛，减少金融排斥人群。英国政府出资实施创新性计划帮助低收入人群积累财富，降低其金融排斥程度。例如，为低收入人群提供合理的储蓄起点，解决其储蓄困难而实施的储蓄门户（saving gateway）计划；为在危机时期向经济脆弱人群提供捐赠和无息贷款而设立的社会基金（social fund）。英国政府为鼓励低收入人群进行储蓄，建立了个人发展账户，通过哈里法克斯银行（Halifax Bank）提供储蓄账户，并给予配套基金的支持和激励。

二、减缓金融排斥的市场策略

（一）现有金融机构加强服务创新

以商业银行为代表的主流金融机构是金融服务的直接提供者，要想从根本上减缓金融排斥，首先需要这些机构积极主动进行金融服务创新，降低服务成本和准入门槛，扩大金融服务群体，减缓供给方排斥。国外许多商业银行在竞争和社会责任压力下，积极探索和实施针对欠发达地区及低收入人群的金融服务方案，创新金融产品及营销方式。例如，英国、德国、意大利和荷兰等国为满足低收入人群的金融需求，开发了一种简易、低成本的银行交易账户。

（二）新增金融零售机构提供微观服务

减缓金融排斥的一个重要途径便是提高与金融服务的接触性，兴起于英国的信用联盟便是一个典型的代表。信用联盟作为社区性银行，兼具社会性和营利性，旨在鼓励其成员有规律地储蓄，并以较低的利率进行贷款，成为减缓金融排斥的重要工具。此后，信用联盟在欧洲、北美洲逐渐发展起来，被视为“穷人的银行”，被各国政府作为“反贫困策略”的重要组成部分。截至 2020 年底，全球有 86 451 个信用联盟，3.75 亿名成员，2.69 万亿美元的储蓄，近 2.06 万亿美元的贷款，市场渗透性达到 12.18%[①]。

三、减缓金融排斥的多方合作策略

金融排斥涉及金融机构、企业和个人等多方主体，因此减缓金融排斥是一个系统性工程，只靠某一方的力量难以达到良好的效果，需要政府、监管当局、金融机构、社会组织、私人部门等多方合作，共同努力。

在依托伙伴关系缓解金融排斥方面，英国是一个典型的代表。为解决偏远地区银行分支机构的撤并行为，英国当局重点推行银行与非营利组织之间的伙伴关系，并且大力支持信用社的发展，英国大银行也将信用社作为潜在的伙伴，给予帮助。此外，一些社会组织等第三方部门也加入了伙伴关系，对边远地区金融服

① 数据来自世界信用合作社理事会（World Council of Credit Unions，WOCCU），https://www.woccu.org/our_network/global_reach[2021-12-02]。

务程度的提高起到了重要作用。如住房协会、纽卡斯尔普惠金融集团（Newcastle Financial Inclusion Group）为特定人群提供小额贷款及专项贷款，针对金融排斥的服务（Services Against Financial Exclusion）组织也提供了一系列的可支付信贷。除了通过提供各项金融服务，拓宽金融渠道以减缓供给方排斥外，一些部门还通过加强金融知识的普及、货币建议的提供减缓需求方排斥。例如，伯明翰的货币建议附加计划（Money Advice Plus Scheme）等将加强金融知识的宣传、进行专门的培训作为重要使命。

第二节　中国减缓金融排斥的政策与实践探索

一、“三农”金融排斥与农村金融体系建设

中国金融排斥问题涉及的群体广泛、类型复杂，具有显著的群体性、结构性和区域性特点，可总结为弱势地区、弱势产业、弱势企业和弱势群体四个方面的排斥。中国金融排斥的主要问题是农村金融排斥，农村、农业、农民（即“三农”）集中代表了弱势地区、弱势产业和弱势群体。农村金融排斥严重阻碍了我国农村经济的发展，近年来，农村金融体系建设得到政府和社会各界的广泛关注。党的十六届五中全会明确提出要继续把解决“三农”问题作为全党工作的重中之重，实行工业反哺农业、城市支持农村，推进社会主义新农村建设的要求[①]。习近平总书记指出，“全党务必充分认识新发展阶段做好‘三农’工作的重要性和紧迫性，坚持把解决好‘三农’问题作为全党工作重中之重，举全党全社会之力推动乡村振兴，促进农业高质高效、乡村宜居宜业、农民富裕富足”[②]。各地政府应立足于服务“三农”，减少金融排斥的金融体系建设，在金融机构、金融基础设施及农村金融政策实施等方面取得了显著成效。

（一）农村金融机构体系

1. 政策性金融机构

我国有三家政策性金融机构，其中在农村金融领域发挥突出作用的是国家开发银行和中国农业发展银行。国家开发银行秉承改善民生的宗旨，顺应全面建成小康社会的形势要求，以普惠金融服务社会建设，促进社会和谐与全面进步。但

① 关于建设社会主义新农村的重大历史任务，http://www.npc.gov.cn/npc/c541/200603/7102495c6b26487b9fb-7f8a687c23b2f.shtml[2021-09-06]。

② 坚持把解决好“三农”问题作为全党工作重中之重 举全党全社会之力推动乡村振兴，http://www.hdswdx.cn/html/news/2022_04/09/25704.html[2022-01-06]。

是，国家开发银行无法像商业性银行一样设置大量网点及人员为农村金融提供直接有效的服务，需要借助合作伙伴力量发挥作用，引导社会资本投入“三农”领域。中国农业发展银行是直属国务院领导的中国唯一一家农业政策性银行，主要职责是以国家信用为基础，筹集资金，承担国家规定的农业政策性金融业务，代理财政支农资金的拨付，为农业和农村的经济发展服务。其对“三农”的贷款从性质上可分为政策性贷款、准政策性贷款和商业性贷款。

2. 商业性金融机构

在政府的大力支持下，各类商业银行纷纷开展了与“三农”相关的特色业务。以中国农业银行为例，中国农业银行提高涉农贷款比例，加大服务“三农”创新力度，全面推进“三农”金融事业部改革，努力提升服务“三农”能力，成为我国商业性金融机构服务“三农”的主要力量。截至2019年末，中国农业银行已为全国4.4万个建制村、308万户农户建立信息档案，线上农户贷款“惠农e贷”余额达1986亿元，比上年增长128%，惠及农户173.78万余户①。

3. 合作性金融机构

农村信用社是目前我国农村金融市场上覆盖面最大的供给主体。在商业性金融机构大量撤并之后，农村地区形成农村信用社一枝独大的局面。但农村信用社开发能力有限，信贷产品单一，创新力度不够。农村信用社在完善自身机制和金融服务创新方面的动力不足，资产质量下降，经营风险上升。此外，社会担保体系不够健全，以及农业保险缺位，影响了信贷支农作用的发挥，限制了农村信用社对农业产业化的支持力度，在一定程度上制约了“三农”的发展进程。截至2020年底，我国共有641家农村信用社、1539家农村商业银行和27家农村合作银行②，农村信用社与农村合作银行数量较上年都有所减少，农村商业银行数量有所增加。农村信用社在改革过程中逐渐走向了股份化、商业化，不再是传统意义上的合作性金融机构，农村信用社对“三农”领域提供的金融服务已不能满足实际需要。

（二）农村金融基础设施建设

1. 支付体系建设

在支付体系建设方面，由于我国幅员辽阔，有些地区人口稀少，传统银行网点的支付体系难以覆盖且成本较高。以互联网技术为依托的电子支付体系解决了

① 中国农业银行发布的《中国农业银行“三农”金融服务报告（2019）》。

② 中国银行保险监督管理委员会（简称银保监会）发布的《银行业金融机构法人名单（截至2020年12月31日）》。

地理的约束，成为金融基础设施建设的重点方向。在银行结算账户方面，农村电子银行业务发展迅速，但新型支付工具在农村地区的推广仍然存在诸多困难。由于传统支付习惯难以改变，加之部分农户对互联网、支付软件、支付系统使用不熟练，其对电子支付方式有所排斥。此外，电子支付系统涉及互联网基础设施的建设，部分农村地区仍存在非现金支付的空白。

2. 信用体系建设

完善的农村信用体系能促进农村金融服务高效运转，加快推动城镇化建设，但信用体系建设中面临的困境阻碍了其进一步的发展，主要体现如下。一是农户信用信息采集模式遭遇瓶颈。部分家庭从事工业生产、乡村观光旅游、农产品集约化经营等新型发展方式，居民身份在农民和商人间频繁转换，采集对象和范围较难确定，且大量农户外出务工导致信息更新困难。二是农户信用信息采集主要是以户主和家庭常住人口为主，而这部分人并不一定是家庭实际收入的创造者。国家对于农户信用信息基础数据库的管理尚不成熟，没有形成标准的信息采集格式，这造成了敏感信息采集困难。从部分地区信用评定流程上看，虽然地方政府出台了一些制度，但政府和涉农金融机构在信用评定上缺乏统一标准，执行中主观因素占比过大，评定结果存在差异。

（三）农村金融政策

中国人民银行对不同类型金融机构执行差别化存款准备金率的政策，充分发挥存款准备金政策在支持“三农”方面的积极作用。此外，中国人民银行还加大了支农再贷款的支持力度，促进农村金融机构加大涉农信贷投放力度，引导支农再贷款逐渐向西部地区和粮食生产区倾斜，并允许支农再贷款合同期限展期。同时，将支农再贷款发放范围由农村信用合作社扩大到农村合作银行、农村商业银行、村镇银行等，贷款的用途范围也由发放农户贷款扩大到其他涉农贷款。

为落实中央有关“定向实行税收减免和费用补贴，引导更多信贷资金和社会资金投向农村”[①]的精神，国家专门出台了一系列支持农村金融发展的专项税收优惠政策。这些税收优惠政策激励了农村金融机构为农村群体提供各类金融服务的积极性，提高金融机构支农惠农的主动性。

---

① 中央财政支持金融事业发展成效显著，http://www.mof.gov.cn/zhuantihuigu/70znzt/ggcz/201910/t20191014_3402054.htm[2021-09-06]。

二、中小微企业金融排斥与融资支持体系建设

（一）金融机构建设

1. 政策性金融机构

我国目前尚无专门为中小微企业服务的政策性金融机构，三大政策性金融机构中，国家开发银行业务的一部分涉及中小微企业支持。

2. 商业性金融机构

我国为中小微企业提供融资的主体是商业性金融机构，尤其是商业银行。近年来银保监会坚持正向激励的监管导向，创新差异化监管政策，激发银行业服务中小微企业的内生动力，提升中小微企业贷款覆盖率和申贷获得率，着力改善“融资难”问题；通过加强存贷款定价管理、清理收费项目、缩短融资链条、提高贷款审批和发放效率等措施，降低融资成本，着力解决中小微企业“融资贵”问题。

3. 非正规金融机构

明确和扩大了民间资本进入金融服务的领域和范围，鼓励民间资本发起设立金融中介服务机构，参与证券、保险等金融机构的改组改制。截至 2020 年末，全国共有小额贷款公司 7118 家，贷款余额 8888 亿元[①]。这意味着民间资本在中小微企业融资中占有一定的比重，有望为中小微企业提供更多的金融服务。

（二）资本市场建设

目前，我国经济处于结构调整的关键期，筹资成本高、企业风险大、附加费用高、融资渠道少等问题严重制约着中小微企业的发展，中小微企业应充分利用多层次资本市场，拓宽其获取金融服务的渠道，减缓金融排斥。

1. 中小板、创业板中小微企业融资状况

Wind 数据显示，截至 2021 年 3 月底，中小企业板（简称中小板）共有上市公司 1004 家，总市值 130 923.37 亿元，流通市值 103 390.37 亿元。创业板共有上市公司 919 家，总市值 99 708.71 亿元，流通市值 64 603.84 亿元。2020 年，中小板和创业板的融资总额分别约为 366 亿元和 870 亿元，有效拓展了小微企业的融资渠道。

① 中国人民银行网站《2020 年四季度小额贷款公司统计数据报告》。

2. 新三板中小微企业融资状况

新三板已逐步发展成为非上市小微企业股权流转的平台、创业投资与股权私募基金的聚集中心、多层次资本市场上市资源的资金池。2020 年新三板挂牌企业总量 8187 家。新三板挂牌企业以中小微和高新技术企业为主，2020 年挂牌企业股票发行次数 716 次，相比 2019 年增加 79 次，发行融资金额 338.5 亿元，相比上年增加近 74 亿元。同时，新三板 2020 年全年的交易量达 260 亿股，成交金额达 1294 亿元①。随着新三板市场的不断发展和完善，各类新三板产品积极进入市场，为挂牌的中小微企业和高新技术企业提供持续的资金支持。

3. 科创板中小微企业融资状况

科创板是独立于现有主板市场的新设板块，重点支持新一代的高科技产业，并在该板块内进行注册制试点。科创板的设立和发展为新兴企业特别是高科技中小企业提供了非常便利的渠道，科创板也呈现出快速发展的趋势。从 2019 年 6 月 13 日开板至 2020 年底，共有 215 家企业先后在科创板上市。同时科创板的融资额也名列前茅，2020 年科创板融资额高达 2226 亿元，在各板块中排名第一，而主板、创业板和中小板的融资额之和为 2493 亿元。未来随着科创板的发展和注册制的完善，小微企业的资本补充渠道将进一步拓宽。

4. 债券市场中小微企业融资状况

与发达国家相比，我国债券市场无论是规模还是结构发展都相对滞后。但近年来，随着债券市场的创新，我国债券市场的广度和深度都得到了很大的提高，债券种类日益丰富，公司债、企业债、分离债、城投债、可转债、短期融资券等券种相继推出，其中中小企业集合债、中小企业集合票据、中小企业私募债、小微企业增信集合债等是服务于中小企业的主要创新品种。

第一只中小企业集合债是 2007 年 11 月发行的“07 深中小债”，这是中国债券市场为解决中小企业融资难问题而做出的一次有益尝试，中国的中小企业债市场也在不断发展。中国结算数据显示，2020 年，沪深交易所新增中小企业私募债 236 只，发债规模为 2396.4 亿元。相比于其他针对中小微企业融资的债权类融资工具，小微企业增信集合债具有单一融资规模大、成本低、审核快捷且发行便利，发展速度远超同期其他类产品的优点，为小微企业的融资发展提供了新的思路。

---

① 数据来自全国中小企业股份转让系统，http://www.neeq.com.cn/static/statisticdata.html。

（三）中小微企业金融支持政策

2008 年金融危机爆发后，国务院强调把信贷重点放在中小企业，金融切实为实体经济服务。在此背景下，相关监管部门出台了一系列文件，支持中小微企业发展，这些政策的出台有利于中小微企业金融服务可得性的提升，在一定程度上减缓了中小微企业的金融排斥程度。2013 年以来部分中小微企业金融支持政策如表 4-1 所示。

表 4-1 部分中小微企业金融支持政策（2013 年至今）

发布时间	政策名称	发布单位
2013 年 3 月	《引导银行业深化小微企业金融服务》	银监会
2013 年 9 月	《关于进一步做好小微企业金融服务工作的指导意见》	银监会
2014 年 3 月	《关于开办支小再贷款 支持扩大小微企业信贷投放的通知》	中国人民银行
2014 年 4 月	《关于小型微利企业所得税优惠政策有关问题的通知》	财政部、国家税务总局
2014 年 7 月	《关于完善和创新小微企业贷款服务提高小微企业金融服务水平的通知》	银监会
2014 年 10 月	《国务院关于扶持小型微型企业健康发展的意见》	国务院
2015 年 3 月	《关于 2015 年小微企业金融服务工作的指导意见》	银监会
2016 年 1 月	《关于 2016 年小微企业金融服务工作的指导意见》	银监会
2017 年 4 月	《关于提升银行业服务实体经济质效的指导意见》	银监会
2017 年 5 月	《关于保险业支持实体经济发展的指导意见》	保监会
2018 年 6 月	《关于进一步深化小微企业金融服务的意见》	中国人民银行等五部门
2019 年 2 月	《关于有效发挥政府性融资担保基金作用切实支持小微企业和“三农”发展的指导意见》	国务院办公厅
2020 年 1 月	《关于推动银行业和保险业高质量发展的指导意见》	银保监会
2020 年 7 月	《商业银行小微企业金融服务监管评价办法（试行）》	银保监会
2020 年 8 月	《关于深化银行业保险业“放管服”改革 优化营商环境的通知》	银保监会

注：银监会即中国银行业监督管理委员会；保监会即中国保险监督管理委员会

上述文件的出台反映了未来我国金融支持小微企业发展的几个趋势：第一，将银行业金融机构对小微企业融资支持纳入银行考核标准中；第二，除了关注银行对小微企业的支持，同时对金融环境建设、信用平台搭建以及资本市场发展等多个方面做出要求；第三，加强对金融机构市场行为规范的监管。这些金融政策措施的实施，为中小企业融资支持体系的建设创造了良好的制度环境。

三、城市弱势群体金融排斥与社区金融建设

（一）社区金融建设

在城市弱势群体的金融支持方面，以社区银行为主的社区金融建设目前是国际上较为成功的模式。对于社区金融的概念，我国一些学者给予了其不同层面的定义。刘小平（2000）指出社区金融所包含的金融活动主要存在于社区，包含于社区公众提出金融诉求，而社区中的组织满足这种金融诉求的过程中；钱进（2006）提出，社区金融主要是以社区银行服务内容为业务主体，针对社区中的居民、中小企业的需求提供的金融产品和服务。林秀琴和宋林辉（2010）指出社区银行可以有效降低道德风险，解决中小企业融资难问题，提高资金利用效率，填补金融服务空白地带，并且在西方发达国家已经形成较为成功的经营模式，未来在我国多元化金融服务体系建设中也有较大的发展空间。

社区金融的覆盖范围包括银行、证券、保险等金融机构，其中以社区银行为主体。王爱俭（2005）认为社区银行是为解决中小企业融资问题而设立的民营中小型商业金融机构，是符合我国现实国情的选择。虽然目前大部分社区银行仍在试点当中，但随着政策的推动以及市场需求的增加，以社区银行为主体的社区金融建设将进一步展开，这将为城市弱势群体获得金融服务提供便利，有效减缓金融排斥。

（二）城市弱势群体金融支持政策

为解决城市弱势群体金融排斥问题，提高弱势群体金融服务可得性，政府推出了相应的金融支持政策。针对家庭经济困难的学生，国家出台了一系列资助政策。2019 年，国家资助普通高校学生 4817.59 万人次，资助金额 1316.89 亿元，比上年增加 166.59 亿元，增幅 14.48%；其中，高校学生国家助学贷款 346.07 亿元①。针对下岗失业人群，2002 年以来，我国积极推动小额担保贷款政策，小额担保贷款发放范围逐步扩大，小额担保贷款业务已成为银行机构支持扩大就业和再就业的一项重要信贷政策，成为国家推动创业、促进就业的重要手段。近年来针对社区金融建设，政府出台了多项政策鼓励和引导社区银行的建设。例如，2013 年银监会颁布的《关于中小商业银行设立社区支行、小微支行有关事项的通知》支持符合条件的中小商业银行在风险可控、成本可测的前提下设立社区支行、小微支行，在政策层面对社区银行的发展给予了肯定。此外，许多地方政府出台农民工返乡创业计划、大学生创业计划、妇女创业计划等，联合当地金融机构为返乡农民工、创业大学生、

① 来自教育部《中国学生资助发展报告（2019 年）二》。

妇女提供贷款。金融支持政策提高了城市弱势群体的竞争力，为他们获得金融服务提供了便利，有利于金融排斥程度的降低以及普惠金融体系建设。

第三节　进一步减缓金融排斥的策略与举措

一、增强普惠金融服务供给能力

（一）鼓励正规金融机构的产品创新

目前，我国仍是以银行为主导的金融体系，因此以银行为代表的正规金融机构对于进一步减缓金融排斥，推动普惠金融发展必将发挥不可替代的重要作用。然而，我国目前的金融体制改革使得大量正规金融机构从偏远地区撤并，造成了这些地区一定程度的金融空白和银行体系的缺失，形成了严重的供给不足，加深了金融排斥程度。因此，国家在深化改革，提高管理水平的同时，需要鼓励正规金融机构积极创新，满足弱势地区、弱势群体的金融服务需求，推进普惠金融的发展。

1. 推动小额信贷产品创新

小额信贷又称微型金融，是在客户无力提供担保品的情况下，以不同于一般正规金融机构的风险管理技术，为那些被金融排斥的客户提供额度较小的金融服务。就小额信贷的设计初衷而言，其运行机制是利用社会担保和连带责任，以及客户自愿结合而成的小额信贷组，使小额信贷自动瞄准低收入人口，保证还款和贷款的透明度，筛选不良贷款户，增强还贷动力（郭沛，1999）。目前，我国小额信贷主要有以下几种风险管理机制：团体贷款机制、以借款额度为主要标的的动态激励机制、整借零还的分期还款制度、不同形式的担保替代安排，以及对妇女客户的特殊关注等（焦瑾璞，2007）。我国的小额信贷已从由非政府组织操作走向了正规金融机构，因此小额信贷正规化将成为一个必然的趋势。

由于小额信贷主要面向的群体为农户，因此其在减缓农村金融排斥方面发挥着重要作用。在农村金融体系中，正规金融机构的小额信贷主要服务低收入群体、一般传统种养业农户、小微企业等，而这些群体通常受到较为严重的金融排斥，难以通过传统的信贷产品从正规金融机构获得服务。因此小额信贷产品的创新为他们提供了良好的渠道，对传统的信贷产品提供了有力的补充，推进了普惠金融的发展。同时，农村信用社作为农村金融供给的主体，由其对小额信贷产品进行运作，可以针对不同地区独有的金融需求，设计个性化的小额信贷产品，实现信贷资金在供求主体之间的良好互动，从而较好地减缓农村地区的金融排斥。

2. 大力发展社区银行

从国际经验以及我国的实践探索来看，建立以社区银行为主体的社区金融体系，不但可以完善和丰富现有金融体系的层次，还可以在更大范围内面向更为广泛的弱势群体，有针对性地解决金融排斥问题。因为社区银行不仅面向农村地区，还面向城市地区下岗人群、低收入群体、妇女、老人等弱势群体，其覆盖面更广，服务对象更丰富。

我国社区银行的产生和发展是有其客观原因的，其所拥有的优于大型银行的特点使其在提供金融服务时更具针对性。第十届全国人大常委会副委员长成思危指出，"我们认为还要注意发展社区银行"①。中小企业融资的主要渠道并非大型银行，而是社区银行、担保公司、发展基金等。概括而言，社区银行的优势体现在以下几个方面。第一，人缘、地缘优势。由于社区银行存在于社区之中，服务于社区人民，其资金来源和运用局限于所在区域内，容易得到客户的信任以及认同，也更容易得到当地政府的支持。第二，成本优势。由于社区银行典型的地域操作性，运作机制较为简单，因此其在信息搜寻成本、谈判成本、监督成本等方面具有明显优势。第三，灵活便捷优势。由于社区银行对于其服务对象特点较为了解，因此对有关资信资料的要求和担保条件都可以适当放宽，大大提高了社区居民的金融服务可得性。综上所述，大力发展社区银行，完善社区金融体系的建设，将更好地服务当地居民，有利于更大范围地减缓城市、农村弱势群体的金融排斥。

3. 促进扶弱型保险的发展

保险分为商业性保险和政策性保险两大类。政策性保险又包括社会政策保险和经济政策保险两种类型。保险对于弱势群体的保障意义更为重要，在商业保险无法覆盖的地区，需要社会保险帮助弱势群体获得保障，预防风险，维持生活。我国政策性保险体系的建设步伐加快，对弱势领域投入了更多关注。一方面，我国社保体系不断完善。从法律层面来看，2011 年 7 月实施的《中华人民共和国社会保险法》为弱势群体的保险权益提供了法律基础。从具体实施来看，在农村地区推出了新型农村社会养老保险和新型农村合作医疗，在城市地区启动了城镇企业职工社会保险、城镇居民基本医疗保险、城镇居民社会养老保险等，为弱势群体提供了基本保障。另一方面，我国政策性保险不断推进。为解决"三农"问题，大力发展农业保险；为支持小微企业发展，提供小额贷款保证保险、贸易融资保险、贷款责任保险等。目前，我国在对弱势群体的保险支持方面，社保体系已基

① 第二届中国经济形势报告会 9 月 17 日直播内容回顾，http://www.ce.cn/ztpd/tszt/hgjj/2005/jyxsh/jyxshbj/200509/18/t20050918_4720280.shtml。

本实现全覆盖，但政策性保险的覆盖面尚不完全，且商业保险对弱势群体的支持积极性不高，需要进一步促进扶弱型保险的发展。

（二）引导非正规金融机构合理发展

弱势群体因面临地理排斥、条件排斥等问题，难以从正规金融机构获得资金和服务，因而大多转向非正规金融机构寻求帮助，非正规金融机构在服务弱势群体方面确实也发挥了重要作用。然而，由于缺乏法律和政策支持，缺乏正规的组织形式和良好的运作模式，非正规金融机构的发展存在较大的风险性。因此，需要对非正规金融机构进行积极的引导，促进其合理发展，在减缓金融排斥问题中发挥其内在优势，对正规金融机构起到有益补充。

1. 积极引导互助会合理发展

互助会一般由发起人（会首）邀请若干人参加（会脚、会员），每一期会员出资金额相同，集聚起来的资金轮流交由一人使用，会首优先使用第一期会金，以后各期资金按次序轮流交会脚（会员）使用，期数与参会人数基本一致。互助会作为一种特殊的非正规金融形式，既具有非正规金融的一般特征和优势，同时又以其高度的组织化而区别于一般的非正规金融形式，在发展中国家普遍存在，形式多样（罗德明和潘士远，2004）。与正规金融相比，互助会在信息、交易成本和风险控制上有其比较优势（Biggart，2001），这种比较优势使得互助会在特定的范围内能较好地动员储蓄，提供贷款资金并降低经济生活中的不确定性（Bouman，1995）。

但是，互助会也存在许多明显的弊端，如贷款规模小、期限短、范围有限等，最值得关注的是互助会是游离于监管之外的，其运作模式和风控体系不健全，一旦出现问题会对社会造成巨大危害，如2004年福建发生的“倒会”风波。因此，要采取有力措施促进互助会的合理发展，强化互助会的稳定性，使其更好地为弱势群体提供金融服务。首先，政府要积极引导互助会的发展，例如，适度地进行政策引导，引导社会各部门支持、关注互助会发展，尽可能多地提供信息，提高人们的教育水平和地区信息化水平等，营造良好的社会氛围；其次，要扩大互助会的金融中介范围，降低互助会的系统性风险和关联风险，提高会员间的信息对称性；再次，合理运用借贷市场力量，保证互助会运行的稳定性，控制其风险的蔓延；最后，积极研究合理的互助会利率和规模的最优值，从而尽可能地减少道德风险和逆向选择问题。

2. 关注私人借贷发展

除互助会之外，私人借贷是非正规金融的另一重要形式，尤其是在农村地区，私人借贷由来已久且普遍存在。农村地区大多地处偏远，金融机构网点较少，且农户的收入水平等条件难以达到正规金融机构的标准，加之其在金融知识方面的欠缺，正规金融机构的部分条款超出了其理解范围。基于以上诸多原因，农户更倾向于向亲友、熟人等进行私人借贷获取资金。

私人借贷的资金来源主要是自有资金，借款规模较小且期限较短，借款利率与期限灵活性较强，通常都是借贷双方商议而成。且由于借贷双方相互较为了解，无须进行额外的信用状况调查，贷款人对借款人有较强的控制力，借贷关系较为稳定。私人借贷对于满足不同人群不同的融资需求，减缓金融排斥发挥了重要作用。其除了能够促进和平滑居民的消费外，还有可能促进投资，推动新技术的推广和劳动的投入，并在一定程度上起到了金融中介的作用（Irfan et al.，1999）。私人借贷作为游离于监管之外的非正规金融形式，对遭到金融排斥的人们而言是一种良好的补充。当然，私人借贷由于不受监管，缺乏制度和法律保障，容易出现高利贷、非法集资等问题。因此，政府及监管机构在出台相关金融政策时应关注到私人借贷等非正规金融形式的消极面，充分发挥其积极作用，更好地为被排斥在正规金融体系之外的群体提供服务。

（三）支持互联网金融发展

近年来，随着信息技术的进步，互联网金融的飞速发展有力地促进了普惠金融的推进。互联网金融可以降低交易成本，有利于实现信息充分披露，提高资源配置效率，解决中小企业融资问题，促进民间金融规范化发展，有效地缓解了长期以来存在的地理排斥问题，从而有利于大众获取金融服务机会的均等化，是减缓金融排斥的有效途径，成为发展普惠金融的突破口。

互联网金融的模式之一是互联网企业提供金融服务。从发展趋势上看，互联网企业的作用已不局限于为客户提供支付便利，其经营范围正延伸至多种金融业务中，如小额信贷、理财产品等。互联网企业利用大数据、云计算等技术优势，以及其独有的信息优势，可能会创新出门槛较低、可获得性较强、灵活便捷的金融产品，为大众提供更便捷的服务，减缓金融排斥。互联网金融的另一种模式是提供交易平台，有别于传统意义的金融中介，其本质是信息服务平台，本身并不直接承担风险，需在相应的金融监管下方能健康发展。

近年来，互联网金融大力进军直接融资领域，债券众筹、股权众筹等融资方式蓬勃兴起。但互联网金融公司业务庞杂、关联交易复杂，其信用风险管理、操作风险管理和技术安全管理等缺乏经验，风控能力不强。而且，互联网金融各企业发展良莠不齐，互联网金融相关法律法规不健全，导致违约事件、非法集资等问题频发。因此，政府需尽快完善相关法律法规建设，出台相关政策规范互联网金融的发展。

二、挖掘弱势群体金融服务需求

从国际已有经验以及我国实践探索来看，减缓金融排斥的措施大多是从供给者角度着手，鼓励供给者进行产品、服务创新，降低交易成本，降低准入门槛，为弱势群体提供有针对性的服务。但要想从根本上解决金融排斥问题，除了关注供给方，更重要的是要从需求方入手，深挖弱势领域的金融需求，根据其需求的特点提供相应的服务。同时，注重弱势群体的金融教育普及，增强其通过正规金融渠道获取服务的意愿和能力，从根本上降低自我排斥程度。

（一）挖掘弱势群体的金融需求

1. 基本账户需求

虽然对于大部分人来说，获取银行基本账户不存在任何障碍，但部分偏远地区以及低收入人群的基本账户需求一直未能得到满足，他们无法通过安全的渠道进行储蓄，以及接受政府转移支付和他人的汇款。因此，金融机构要研究低收入人群的分层及其金融需求的差异，针对没有银行基本账户的人群，解决其在距离、成本和身份认证等方面的问题。具体措施一是延伸服务渠道，进行技术创新，加强基础设施的建设，解决距离问题；二是向低收入人群提供免收费、无年费等具有优惠政策的银行账户，解决成本问题；三是简化开户程序，减少开户文件，采用更加先进的身份认证手段，解决身份认证问题。

2. 消费信贷需求

1995 年世界银行在亚洲的一项调查显示，低收入农户金融需求的顺序是消费信贷、储蓄、生产性贷款和保险。2006 年诺贝尔和平奖获得者尤努斯也曾形象地呼吁“信贷权也是一种基本人权”，他认为每一个个体和家庭都拥有获得金融服务的基本权利。消费信贷在整个信贷中占 2/3，且 3/4 是短期需要，如看病、非收获季节的家庭开支等。弱势群体的消费信贷需求多用于生存、生活所需的必要开支，比起为提高生活品质而产生的信贷需求更加迫切，且更应得到满足。然而，弱势群体受收入水平、信用等级等条件的限制，其信贷需求往往难以得到满足。金融机构应特别关注弱势群体的特殊需求，开发出有针对性的小额信贷产品，使相应需求得到满足。

3. 农村保险需求

保险是风险管理的工具。农村生产生活中存在大量风险，而农户抵御风险的能力极弱，因此增加农户和涉农企业的保险投入至关重要。首先，需要丰富保险品种，针对农户的特殊需求进行产品开发，准确定位，提高投保率；其次，推广小额信贷保险，小额信贷保险是小额信贷与小额保险结合的产物，其发展对于促进农户信贷以及保险双重需求的满足具有重要作用；再次，提高保险服务质量，如加强产品宣传、简化保险办理程序、提高理赔速度、增加保险定损等，使农户的利益能够得到切实的保障。

4. 中小微企业需求

“从我国实践看，改革开放以来，特别是近年来，中小微企业（含个体工商户）占全部市场主体的比重超过 90%，贡献了全国 80%以上的就业，70%以上的发明专利，60%以上的 GDP 和 50%以上的税收”①。然而，占比巨大并且对国民经济发展非常重要的小微企业的需求却一直未能得到很好的满足，传统金融机构的融资模式与小微企业的运作模式不相符，小微企业的发展潜力被低估。

因此，金融机构应注重融资条件的灵活性，提供与中小微企业经营模式相匹配的融资模式。第一，部分中小微企业难以提供健全的财务信息，因此金融机构不应只局限于对其财务报告的要求，可以将交易账单、合同等作为评价企业发展的依据，此外，客户经理要深入企业内部，实行精细化的贷前调查。第二，中小微企业的资金需求具有短、频、急的特点，因此金融机构在进行贷款审批时需要简化手续、缩短时间、加快放款速度，这对于能否及时满足中小微企业的融资需求十分关键。第三，在相对发达的地区可以探索针对中小微企业的综合服务模式，在对中小微企业发放贷款的同时，提供专业的技术咨询和经营指导，与企业建立合作伙伴关系，促进中小微企业的健康发展。

5. 城镇弱势群体需求

我国对于金融排斥问题的关注大多集中在农村地区，忽视了城镇弱势群体领域。实际上，城市内部也存在不平等，居住在城镇的农民工、下岗失业工人、老年人和妇女等群体，各自面临不同的生存压力，有着各不相同的金融需求。城镇弱势群体的资金需求主要用于非义务教育、医疗、住房购置、购买耐用消费品等领域，而金融机构对城镇弱势群体的需求缺乏关注，个性化的产品有限，难以根据不同群体的消费习惯、风险偏好提供恰当的服务。金融机构应转变观念，深入社区了解情况，加强分类研究和产品开发，将金融服务延伸到城镇的各个角落。同时，政府也应出台相关政策，对金融机构予以资金和政策上的支持，鼓励金融机构对城镇弱势群体展开服务。

---

① 易纲行长在“第十届陆家嘴论坛（2018）”上的主旨演讲——关于改善小微企业金融服务的几个视角，http://www.pbc.gov.cn/goutongjiaoliu/113456/113469/3557760/index.html[2022-05-17]。

（二）加强金融教育普及

弱势群体通常受教育程度低，信息闭塞，对金融知识的了解匮乏，从正规渠道获得金融服务的意识欠缺。因此，要想从根本上缓解金融排斥问题，除了供给方需要针对弱势领域需求提供个性化的服务，还需要从需求方入手，加强金融教育普及。

1. 通过大众传媒进行金融教育

通过报刊、广播、电视、网络等多种大众传媒方式进行金融教育普及，覆盖范围较广，且不受地域限制，可以在不同地区、不同群体中加强金融知识的传播。例如，在全国及各地方电视台的农村节目或频道中开辟金融类节目档，采取电视剧、电视短片、公益广告、有奖知识竞猜等农民喜闻乐见的形式，向大众尤其是低收入人群传播金融知识，打造热门节目、品牌栏目。

2. 通过学校进行金融教育

可以将金融普及教育纳入义务教育范畴之内，特别是在偏远、欠发达地区。在中小学课程中增设经济、金融相关课程，为青少年教授基本的金融知识，让他们对基本概念有所了解。对青少年的金融教育要针对他们的生活环境，增加他们的实用金融知识，如学会记账、管理日常开支、增强自身信用等，并且通过他们将所学知识传播给身边的人，影响其父母的观念和行为。要想达到普及金融教育的目的，不仅需要学校的努力，还需要地方政府、教育主管部门的支持，需要金融机构和教育机构提供优良的教学资料，进行师资培训等。

3. 以村庄和社区为单元进行金融教育

为使金融教育的普及达到良好的效果，除了大范围地进行金融知识的传播外，还应注重以村庄、社区为单位的小范围的金融教育。各地村委会、居委会应积极配合，定期举办相应的活动，发放宣传单增强人们学习金融知识的意识。可以通过当地民间艺术形式进行教育普及，可以定期举办诸如信用卡、理财、假币识别、退休计划等相关话题的演讲和交流，促进主办方与听众之间的互动，提高教育成效。金融教育应由各地方金融主管部门负责，主动发起，鼓励专业团队、志愿者组织共同参与，提供更多非营利性普惠金融教育项目。

4. 将金融教育融入金融机构的经营活动中

弱势群体真正开始接触金融产品和金融服务时，正是其最需要金融知识的时候，学习欲望强烈，因此可能取得最佳的教育效果。因此，金融机构在进行日常经营活动时，就要关注弱势群体，安排专门部门、专门人员服务弱势群体，在向他们提供有针对性的服务的同时，适时地进行相关知识的补充，帮助他们更加准确地了解各项条款，提高其获取金融服务的意识。大厅的展板、宣传资料、自助服务终端管理员引导、电话咨询和回访等都是金融教育的途径。这种教育的优势，不仅在于自然、贴切，而且是金融机构维系客户关系的有效手段，有利于金融机构进一步开展业务。

三、建立健全普惠金融配套服务体系

金融行业倾向于服务高净值客户，而忽视那些相对风险较高的中小微企业、农户或者低收入群体，这使得这部分受到正规金融服务排斥的群体，需要借助非正规金融途径获得所需的金融服务。而非正规金融途径游离于监管之外，没有法律法规的保障，一旦出现问题可能引发一系列的社会风险。因此，普惠金融体系强调依靠基础设施完善、技术革新和人才培养，来推动金融市场向那些更加弱势和更加偏远的地区开放，并提供种类更加丰富、价格更加合理的金融产品。

（一）完善普惠金融基础设施建设

1. 支付结算体系建设

在金融国际化发展的大背景下，我国支付结算体系的建设要与国际接轨，加快国内外合作与融合，顺应金融市场化程度不断提升的趋势，完善我国支付清算体系的收费定价机制，形成具备商业可持续经营能力的定价策略，推动支付结算体系的市场化运作。同时，要加强网络信息技术在支付结算体系中的应用，实现跨境、跨地区、跨行业的智能互联互通，扩大支付结算网络在农村地区及弱势和偏远地区的覆盖范围。

2. 信用体系建设

国家可出台相应法律规范建设信用体系，对信用信息的收集、整理、交换、共享等环节做出规范性要求，保护信息主体的个人隐私和权益不受侵犯。同时，建立全国统一的信息共享平台，国家提供统一的基础服务，行业提供专业的业务服务，使国家平台和行业平台相互衔接，打破行业和部门之间的信息壁垒，使行业和部门之间的平台相联通，建立开放式公共信息查询平台，扩展平台的互动功能，便于及时更新和上传采集的信用信息，增强信用体验。

（二）建立普惠金融基础数据库

在我国与普惠金融相关的领域中，农村金融统计相对比较系统，但主要是供给层面的数据，主要来源于监管部门信息和金融机构上报的有关账户、存贷款等数据，缺乏在需求层面的系统性调查，尤其是对中小微企业、城市低收入人口的金融统计非常欠缺。进行这些调查需要耗费大量的人力、物力、财力，但唯有建立起较为全面系统的普惠金融数据库，对有关各方的金融排斥程度进行量化，才能准确把握普惠金融的发展成效以及推进进程，从而有利于制定更加有效的普惠金融政策和业务战略。

为推进普惠金融基础数据库的建设，可由中央银行下设专门机构，与研究机构合作，负责进行全国范围内的家庭金融调查、中小微企业财务普查以及非正规金融调查等。一些国际组织已经开始从需求层面对用户金融服务展开调查，例如，世界银行于2012年发布了全球普惠金融数据库，覆盖了148个经济体，在普惠金融研究领域填补了一个巨大空白。作为第一个国际可比、可持续监测的公共指标数据库，它具备三个突出特点：一是在统计思路上，指标更侧重反映用户方金融服务实际使用情况，而非单纯从金融供给方角度分析金融覆盖；二是在指标设计上，分为账户普及使用、储蓄行为、借贷行为、保险行为等四大类，并按性别、年龄、文化程度、收入、城乡等人群特点划分了多个维度；三是在数据来源上，通过对15岁以上的成年人口开展抽样调查获得数据，全球抽取了15万人，相对客观，不易受到外界因素干扰。世界银行发布的全球普惠金融数据库为我国建立普惠金融数据库提供了一个良好的借鉴，我国可参照其统计思路及方法，结合我国实际情况展开相关工作。

（三）培养普惠金融专业人才

目前，我国普惠金融面临前所未有的发展机遇，对各类人才的需求非常迫切。但我国高层次金融人才大多聚集在北京、上海、广州、深圳等一线城市，扎堆在传统大型金融机构，普惠金融从业人员专业素质普遍不高。因此，打造普惠金融人才培养体系迫在眉睫，特别是应着力培养普惠金融的行业领袖和高级专业人才，为普惠金融持续发展增添动力。具体而言，政府及教育管理部门应鼓励各专业院校开设小额信贷技术、中小金融机构管理、金融产品创新等方面的专业课程，引导学生树立为弱势群体提供金融服务的意识，增强学生从事普惠金融相关工作的意愿。此外，从事普惠金融工作的机构、企业应鼓励、吸引应届毕业生加入普惠金融工作队伍，为他们提供良好的专业培训和职业规划。规模较大的金融机构应开拓普惠金融业务，抽调优质的人力资源充实技术和管理各岗位，加强对其小额信贷部门、村镇银行网点员工的招聘和技能培训力度。

四、完善普惠金融法律法规建设

（一）建立健全普惠金融法律法规

健全的法律制度是保障我国普惠金融健康可持续发展的基础，目前我国的金融法律只有整体性的规范约束，单一的法律不能涵盖金融领域的各个方面，普惠金融领域的相关立法仍存在空白。具体表现在：①缺乏针对某些金融机构的法律法规，对于政策性银行、合作金融组织、小额贷款公司、互联金融公司等，均没有相关法律法规，其中有些还长期滞后于金融实践；②与普惠金融有关的配套法律法规体系不完善，如我国目前尚未颁布信用征集法、信用担保法、金融消费者保护法等法律，相关部门或企业的工作无法可依，规范性不足；③法律和监管的灰色地带仍然存在，与普惠金融密切相关的民间借贷、互联网金融等非正规金融渠道大多游离于监管之外，没有专门的监管机构对其进行约束，非法集资、跑路现象等问题频发。由此可见，我国普惠金融法律法规体系亟须完善。在推行新法条件不成熟的情况下，可以在现行相关法律中增补普惠金融条款。一旦条件成熟，应及时推行各项专门法律法规，可以借鉴发达国家的经验，制定“普惠金融促进法”作为全国普惠金融活动的基本法则。

（二）完善普惠金融的审慎监管

普惠金融体系涉及各种不同类型的部门、机构、企业，在监管方面存在较大的困难，监管机构应把握好金融开放与金融安全之间的平衡，加大对影子银行、互联网金融等金融创新模式的监管力度。具体而言，对普惠金融的监管，一是要做到保障存款人的安全。2015 年我国开始实施存款保险制度，这一保障机制的建立，特别有利于中小金融机构、新型金融机构取得公众信任，拓宽资金渠道。二是要做到维护金融体系的稳定。普惠金融涉及多方利益，金融体系的系统性风险有增无减，监管部门必须加强审慎监管，防止发生金融危机。三是要做到提高金融包容度。在保证上述目标的基础上，要为普惠金融机构和业务创造宽松的发展环境。

（三）落实普惠金融各项政策

1. 金融财政政策

政府促进普惠金融发展的财税和金融政策包括：对农村金融机构，特别是对金融空白乡镇设立网点的金融机构实行定向补贴，以降低机构起步时期的运营成本；对农户小额贷款给予充分的税收优惠，提供小额信贷贴息资金，建立风险分担机制；支持新型农村金融机构吸收商业性资金，为融资提供充足的政策性担保；对于坚持在县域进行信贷投放、风险控制较好的金融机构给予财政奖励，优先考虑其承办利润优厚的政府业务。这些政策给予了弱势领域金融，特别是农村金融一定的资金支持，且对金融机构来说是一种政策导向，有利于进一步减缓金融排斥。各地区政府部门以及政策的具体实施部门必须保证政策的切实落实，确保相关资金能够按时按量发放到对应的机构和个人，这样才能保证这些优惠政策的颁布能够发挥应有的作用。

2. 限制金融歧视

限制金融歧视是指监管部门要求金融机构消除金融限制和歧视性政策，向所有客户提供平等的金融服务。例如，美国《社区再投资法》(Community Reinvestment Act，CRA）鼓励获得联邦保险的银行和储蓄机构为其所在社区的中低收入群体提供信贷支持，联邦监管机构要定期检查评估金融机构执行 CRA 的情况，并将评估结果公之于众。设立类似法案的国际经验值得我国借鉴，应针对普惠金融机构的类似制度，明确规定地方性金融机构、农村金融机构等的主要职责、服务对象、服务范围，落实县域银行业法人机构将一定比例存款投放当地的政策。为更好地对金融歧视行为进行界定与监管，监管部门还应构建监控普惠金融机构服务弱势领域的指标体系，对各种金融歧视现象进行量化。

3. 金融机构跨区域经营政策

随着银监会对城市商业银行政策的开放，大量原本服务于社区、中小微企业的城商行转而寻求规模扩张和跨区域经营。然而这样的跨区域经营导致金融服务同质化严重，所提供的服务及产品个性化不足，缺乏针对性，且服务效率低下，服务面向群体过分集中，出现不同群体之间的不均衡，弱势群体的需求难以得到满足。对此，政府不仅应该施加必要的限制，而且要督导地方性金融机构立足于为本区域内的中小企业服务。对于那些有能力进行跨区域的机构，要鼓励其向周边的县域及乡镇扩张，遏制扎堆选址发达地区的状况。

第二篇　金融密度：理论、测度与比较

金融排斥导致了部分微观主体因主观或者客观原因无法享有主流金融机构的金融服务，被排斥在金融体系之外。金融供给方主动排斥、需求方自我排斥以及生态环境等因素导致了银行、证券、保险三大金融机构在金融资源配置上的差异性。因此，金融排斥导致金融密度差异，缓解区域性金融密度不均衡是实现普惠金融目标的重点所在。金融密度作为金融排斥与普惠金融的中介效应，一方面，在供给端连接着金融机构储蓄、贷款、投资、保险等选择性金融营销的行为，是金融排斥作用结果的体现；另一方面，在需求端连接着金融需求主体接触并使用金融资源的机会，是普惠金融程度的反映。因此，构建并测算我国金融密度指标体系，分析其差异性的影响因素，对缓解金融排斥、构建普惠金融体系具有非常重要的理论和现实意义。本篇从理论和实证角度研究我国金融密度的省际差异及其决定因素。

第五章　金融密度理论与测度

国内外理论界对金融排斥和普惠金融的相关研究较多，但对金融密度的界定、测算、影响因素分析，以及对经济增长、产业结构等经济后果的相关研究较少，本章将重点研究金融密度的理论与测度方法，并对中国金融密度状况进行计量分析。

第一节　国内外关于金融密度的研究评述

目前，国内外研究金融排斥的相关文献已经很丰富，但是研究金融密度的文献很少。金融密度指特定行政区域中提供金融服务的网点数量或者是人均网点数量，这一指标可以衡量某一特定区域所提供的金融服务的数量多少以及服务的完善程度（佘传奇和王强，2013）。金融密度从侧面反映出区域内的金融服务可得性，包括机构密度、存贷款水平、拥有银行账户的人数以及可及性壁垒等。

一、金融密度的理论内涵

金融密度作为衡量金融资源区域性配置状态的概念，国内学者对其的研究存在视角局限。国内首先使用“金融密度”概念的学者是石盛林（2011b），其借鉴物理学的“密度”概念，将金融密度界定为在特定行政区域内提供金融服务的金融机构网点数或人均机构网点数，并且从县域金融角度探究了金融发展与经济增长之间的关系。国内学者关于农村金融密度与农村经济增长关系的研究的主要观点是二者之间存在一种倒“U”形的关系，并且总体上我国目前处于倒“U”形曲线的左边，即农村金融密度与经济增长呈正相关关系（石盛林，2011a）。金融密度可以更好地反映金融机构对该地区经济发展潜力的预期，在服务能力一定的情况下，金融密度也反映了提供金融服务的数量和完善程度。同时，从区域差异来看，东部地区与西部地区农村金融密度对经济增长的影响显著，中部地区不显著（佘传奇和王强，2013）。陈莎和周立（2012）认为金融密度所反映出的金融排斥不仅具有省际差异，而且在中国的东、中、西部地区间也具有差异。常旭红（2014）将金融密度作为衡量金融成熟度的一个指标，研究了新疆农村金融成熟度的测度问题。李建军和韩珣（2017a）从银行、证券、保险三个维度，以及人口、地理、企业、产业四个层面构建了三维度、四层面的金融密度指标，并从理论和实证两个方面检验了金融密度地区差异的决定因素，提出了解决金融密度差异的措施。李建军和韩珣（2017b）研究发现我国金融排斥与金融密度存在着地区梯度效应。周天芸（2018）研究了中国的县域金融密度，将县域金融密度作为被解释变量，探究我国县域金融机构网点分布的影响因素。陈伟和顾丽玲（2018）研究发现区域的金融密度与上市公司的 IPO（initial public offering，首次公开发行）抑价概率呈现显著的负相关关系。程惠霞和杨璐（2020）以金融密度为衡量指标，考察了 2007～2018 年新型农村金融机构空间分布与扩散特征，分析发现中、西部地区要高于东部地区，村镇银行在西部地区得到了大力支持，发展较好。同时，以村镇银行为代表的新型农村金融机构也主要分布在西部地区。可见，现有有关金融密度的研究主要集中于金融密度的地区差异、影响因素等角度，并且研究领域也都局限于金融密度与经济增长之间的关系上。但是由于目前研究程度不够，因此对于金融密度的衡量方式缺乏统一的定义，在研究过程中使用何种指标衡量金融密度也缺乏一致性。

二、金融密度的理论分析视角

由于金融排斥对个人、企业和地区发展影响显著，寻求金融排斥问题的解决方案具有明确的现实意义。然而，寻求解决方案的第一步是恰当评估金融排斥。综合考虑之下，合理的金融排斥衡量指标应当兼顾可得性、有效性、可靠性和时效性，并且所用数据最好能够直接支持相关解决方案的制订与实施；此外，金融排斥的评估应当真实反映某国家或地区的实际情况，因此，所选用的评估方法还应具备灵活的可信度。

回顾前人研究，可以发现研究者曾经尝试过一些不同的量化方式来评估地区的金融排斥的程度；但是，总体来看，目前关于金融排斥量化的研究还比较有限。纵观国内外有关金融排斥测度的研究，对金融排斥程度的测度主要是基于 Kempson 和 Whyley（1999）六维评价标准的各种变形。然而，利用六维评价标准比较准确地衡量和测度金融排斥程度是存在很大困难的，主要是因为它采用主观测度的方法，需要采用问卷等方式收集数据，时效性、可得性都比较差，进行广域高精度评估的成本很高。国内首先使用“金融密度”概念的学者是石盛林（2011b），其使用金融密度指标的用意是研究金融发展与经济增长之间的关系，研究基本在金融发展理论的框架下进行。但我们发现，衡量区域内金融服务可得性、有效性的金融密度可以作为评估金融排斥的有力指标，其评估维度可以包括金融机构密度、存贷款水平、拥有银行账户的人数以及可及性壁垒等。

金融密度是借鉴物理学的“密度”概念产生的，其本意是指在特定区域内提供金融服务的金融机构网点数或人均机构网点数。目前，国内针对农村金融密度与农村经济增长关系的相关研究较多，研究县域金融密度和省际金融密度的文献也有一些，不过大都得出了比较一致的结论：金融密度可以更好地反映金融机构对该地区经济发展潜力的预期；在服务能力一定的情况下，金融密度也反映了提供金融服务的数量和服务的完善程度。同时，从区域差异来看，东部地区与西部地区农村金融密度对经济增长的影响显著，中部地区不显著（佘传奇和王强，2013）。从这些前人的研究中可以总结出，在大部分地区，金融密度对经济增长有着比较显著的作用。此外，金融密度这一指标从政府层面上看具有一定的可控性，有着成为政策干预着力点的潜质，这使得对该指标所做的相关研究更具有实践意义和政策价值。

思考选取金融密度作为金融排斥问题衡量指标的理论逻辑：对金融排斥的研究表明，金融排斥在一定程度上加剧了不同地区间经济发展的两极分化（Leyshon et al.，2008）；追溯金融排斥的源头，从最早被注意到的英国金融排斥问题到近期的发展中国家金融排斥问题，实际上金融服务的可得性差可以被认为是金融排斥现象的主要原因。金融排斥和金融密度低下也具有很强的相互作用：金融排斥现象影响地区经济发展，侧面反映了地区的发展水平低下，由于资本的逐利性，金融机构会撤出该地区的分支机构，从而导致了金融密度降低，恶性循环；金融排斥现象的存在必然会相应导致金融密度不均衡，进而影响到金融服务的均衡状态，最终影响人群的收入水平和地区的经济发展。金融密度低下和金融排斥实际上是如影随形的伴随关系。所以，金融密度可以在很大程度上反映金融排斥的程度，金融密度指标在理论上具有评估金融排斥的基础。

虽然还没有一个比较完善的指标体系，但金融密度作为金融排斥的评估指标已经具有了一定的实践基础。金融密度已有日渐成为金融排斥首选测度指标的趋势；在实际应用中，已有学者（田杰和陶建平，2012；陈莎等，2012）基于自建的金融密度指标进行评估，认为我国农村地区确实存在金融排斥的情况。

综上所述，金融密度作为衡量金融排斥的评估指标，首先已经具有完备的理论依据和一定的应用实践基础；其次，它兼顾了可测性、准确性和时效性，并能够充分利用已有数据；再次，金融密度这一指标具有灵活的颗粒度和高精度评估的潜质；最后，金融密度指标的特殊性使其很适合作为政府干预方案的着力点。因此，金融密度是规模化衡量金融排斥的良好选择。

本章在评估金融密度时从两个角度进行分析，一是从金融服务的金融宽度、金融效度和金融深度三个维度对金融密度的概念进行逐层深化；二是根据微观被排斥主体，从人口、地理、企业以及产业四个层面评估金融资源在特定群体之间的配置状态。金融密度评估视角如图 5-1 所示。

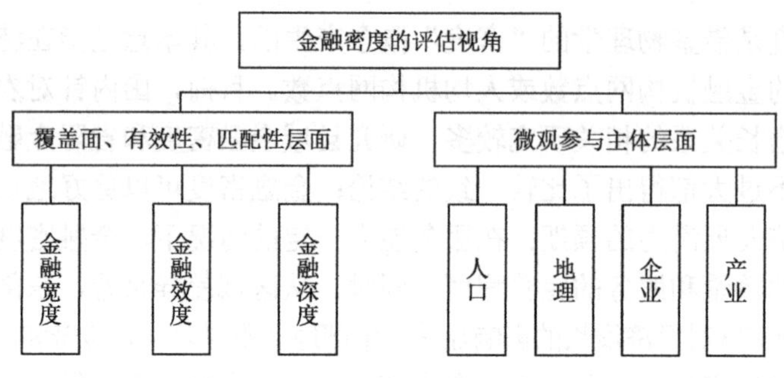

图 5-1　金融密度的评估视角

第二节　金融密度的测度指标体系设计

一、密度、经济密度与金融密度

（一）密度、经济密度与金融密度的产生与发展

“密度”这个概念来自物理学，是指物质每单位体积内的质量。相似地，经济学家试图用经济密度来衡量单位面积土地、单位人口数量上经济效益的水平。从狭义来看，经济密度是指区域国民生产总值与区域面积之比，代表了区域单位面积上经济活动的效率和土地利用的密集程度。

自 Clark（1951）首次研究城市人口经济密度方程以来，学者就开始了对人口与经济密度方程的研究。指数方程是密度方程中使用较为广泛也容易理解的一个方程，如式（5-1）所示：

$$\mathrm{Dr} = ae^{br} \tag{5-1}$$

其中，Dr 为到城市中心距离为 r 的人口密度；a 为常数；b 为密度斜率指数（通常为负）。这一模型的简单结论是，从市中心向外，人口密度逐渐降低。理论模型角度的研究是对经济密度的简化和抽象，特别是可以通过密度方程的动态化来揭示经济空间结构的变迁。随着经济普查数据的可得性增加，国内学者（孙铁山等，2009）逐渐开展了我国城市与区域经济密度的拟合研究工作。在维度方面，已有研究普遍使用人口经济密度和土地经济密度作为刻画经济密度的变量和指标；在尺度方面，目前主要有区域、城市和社区三个空间尺度。在能够理解、测算经济密度之后，研究重点逐渐转向经济密度的主体动力机制领域。总结目前的研究结果来看，经济增长是宏观动力、根本动力，产业结构的转变是中观动力，生产要素的流动是微观动力，而城市化是区域经济密度演变的内生动力。

经济密度可以用来衡量经济发展水平，经济密度提升在一定程度上促进了城市劳动生产率的提高，那么是否存在衡量金融发展水平的金融密度呢？国内首先使用“金融密度”概念的学者是石盛林（2011b），用于研究金融发展与经济增长之间的关系。实际上，金融密度也是借鉴物理学的“密度”概念，狭义上指在特定区域内提供金融服务的金融机构网点数或人均机构网点数，可以衡量某一特定区域所提供的金融服务的数量多少以及服务的完善程度（佘传奇和王强，2013）。结合金融排斥理论来看，金融密度计量金融排斥的后果，金融排斥导致了金融密度的差异，反映金融发展与经济社会发展的不匹配性。但是，金融密度作为一个客观反映金融排斥程度的新兴指标，国内学者对其的研究基本上是一片空白。目前，国内有关“农村金融密度与农村经济增长关系”的一篇文章中提到一个主要观点：农村金融密度与农村经济增长之间存在一种倒“U”形的关系，并且总体上我国目前处于倒“U”形曲线的左边，即农村金融密度与经济增长呈正相关关系。但目前关于金融密度与经济增长之间关系的分析基本是全国范围内县域的整体性分析，缺乏一个省内关于这两种指标之间关系的分析，对于全国范围的金融密度测算更是无从谈起。但实际上，金融密度这一指标可以直观地衡量区域金融发展水平与效率，同时在政府层面上具有一定的可控性，这使得该指标所做的相关研究更具有实践意义和政策价值。

（二）三维度金融密度指标体系的构建

对金融排斥的研究表明：金融排斥在一定程度上加剧了不同人群、不同地区间经济发展的两极分化，因此会相应导致金融密度不均衡，进而影响到金融服务的均衡状态。陈莎等（2012）在地理金融密度的基础上，仿照基尼系数的方法构建了地理金融密度不平等系数，用以衡量各省农村地区银行网点分布的不平等性，以此度量各省农村金融地理排斥的省际差异。但在中国金融密度测算研究方面，大多数研究都是结合农村金融针对地理维度的金融密度测算，特别是农村、边远地区的地理维度，而缺乏其他维度的测算，本书在深入测算地理金融密度的基础上，横向增加多类别的金融密度测算并加以合成；同时，本书利用不同年份、不同时间点的数据，分析了金融密度的时序特征与变化趋势。

总体来说，国内外相关文献提供了大量可借鉴的逻辑起点，但是统一的金融排斥测度指标并未建立，对于金融密度的统一计量方法也没有形成，评判标准模糊；同时，在没有考虑到自身特殊国情的情况下，直接运用国外的理论和方法对我国金融排斥进行解释，并进行深一步的测算和对比，其结论难免失之偏颇。本书在此基础上建立金融密度指标体系，用于衡量金融排斥，尝试利用建立的三维度、四层面指标体系对中国金融密度进行测算，反映金融发展与经济社会发展的匹配程度。

1. 构建原则

（1）综合多个维度指标。金融密度指标体系必须基于金融服务的可接触性、可获得性以及金融服务的成本进行测算，由此产生的金融密度差异进而导致了金融服务的普惠性差异。现有的研究中对于金融排斥的衡量、金融密度的测算大多只关注到了银行部门的金融服务，但随着金融服务的多层次和多元化发展，科学准确的金融密度测算需要银行、证券、保险等业务部门全面的金融服务数据来支撑。

（2）同时考虑横向与纵向比较。同一区域不同时间、同一时间不同区域金融发展程度存在差异，由此导致了金融密度的差异。因此，所建立的金融密度指标体系应该可以同时进行横向（跨地区）比较和纵向（跨时间）比较。作为一个动态过程，金融密度随着经济社会和金融体系的发展而不断变化。同一省份或地区在不同年份的金融密度会有所变化，不同省份或地区在同一年份由于禀赋、经济发展水平与结构、政策和制度的不同，金融密度也会存在差异。因此，金融密度指标的构建及指数的设计既要保证同一省份或地区的金融发展状况在不同年份上的纵向可比，也要保证同一时点上不同省份或地区的横向可比。

2. 指标体系

按照以上的构建原则，本书在现有研究的基础上，综合了银行部门、证券部门、保险部门的指标，结合原始数据的可得性和可靠性，从金融宽度、金融效度和金融深度三个维度来构建指标体系，一共包含了 20 个指标，试图可以客观全面地反映出金融服务的普惠性差异。

金融宽度方面，也即地理渗透性，是指具体金融服务的可接触性。这也是金融密度最初始的含义，用机构数/千米^2、从业人员数/万人、证券账户数/万人衡量三类部门的平均可触用户数。

金融效度方面，也即服务有效性，是指具体金融服务的可获得性。可获得性是指在可接触的前提下，究竟能够获得多大程度的金融服务。对于三类不同金融部门而言，人民币存款余额/人口、个人消费贷款余额/人口、人均证券交易额、上市公司数、保险密度（人均保费收入）与人均赔付可以反映出单位人口已经获得具体金融服务的状况。

金融深度方面，也即服务匹配性，是指具体金融服务对于经济发展的贡献程度。归纳而言，存款余额/GDP、贷款余额/GDP、建筑业贷款/第二产业、房地产贷款/第三产业、证券融资额（A 股+债券）/GDP、保险深度（保费收入/GDP）、保险赔付/GDP、农业保险收入/第一产业、农业保险赔付/第一产业都是衡量金融深度的有效指标。综合来看，金融密度指标体系的框架与指标内容如表 5-1 所示。

表 5-1　金融密度指标体系的框架与指标内容

一级维度	二级维度	银行部门	证券部门	保险部门
金融宽度	地理渗透性	机构数/千米^2 从业人员数/万人	机构数/千米^2 证券账户数/万人	机构数/千米^2
金融效度	服务有效性	人民币存款余额/人口 个人消费贷款余额/人口	人均证券交易额 上市公司数	保险密度（人均保费收入） 人均赔付
金融深度	服务匹配性	存款余额/GDP 贷款余额/GDP 建筑业贷款/第二产业 房地产贷款/第三产业	证券融资额（A 股+债券）/GDP	保险深度（保费收入/GDP） 保险赔付/GDP 农业保险收入/第一产业 农业保险赔付/第一产业

3. 计算方法

借鉴联合国人类发展指数的编制方法以及 Nathan（2008）等对其进行的改进，测算金融密度。由于各指标存在量纲差异，且不同指标绝对值差别较大，故采用极差法对原始数据进行归一化处理，将其映射到[0，1]区间内。由于各指标均为正向指标，即该指标越大，越有助于提高该维度的金融密度。具体采用式（5-2）进行映射操作。

$$a_{ij}=\frac{A_{ij}-\min_{ij}}{\max_{ij}-\min_{ij}} \tag{5-2}$$

其中，a_{ij} 为第 i（$i=1,2,3,\cdots$）个部门下第 j（$j=1,2,3,\cdots$）个指标映射后的值；A_{ij} 为第 i 个部门下第 j 个指标的实际值；$\min_{ij}$ 和 $\max_{ij}$ 分别为第 i 个部门下第 j 个指标的最小值和最大值。

如何确定各指标、各部门的权重是一个重点和难点问题。变异系数法简便易行，且体现了赋权的科学性和客观性，能够较为精确地反映各指标在衡量金融密度方面的实际重要性。鉴于此，本书采用变异系数法确定各指标及各部门权重。

首先是对单一部门内各指标赋权重：计算第 i 个部门下第 j 个指标的变异系数，计算公式如式（5-3）所示。

$$\mathrm{CV}_{ij}=\frac{S_{ij}}{\bar{A}_{ij}} \tag{5-3}$$

其中，CV_{ij}、S_{ij}、$\bar{A}_{ij}$ 分别为第 i 个部门下第 j 个指标的变异系数、标准差、平均值。那么，第 i 个部门下第 j 个指标的权重可以由式（5-4）计算得出。

$$w_{ij}=\frac{\mathrm{CV}_{ij}}{\sum_j \mathrm{CV}_{ij}} \tag{5-4}$$

其次是对各部门赋权重：计算各部门的变异系数，计算公式如式（5-5）所示。

$$\mathrm{CV}_i = \frac{S_i}{\overline{A}_i} \tag{5-5}$$

其中，CV_i、S_i、$\overline{A}_i$ 分别为第 i 个部门金融密度的变异系数、标准差、平均值。那么，第 i 个部门的权重可以由式（5-6）计算得出。

$$w_i = \frac{\mathrm{CV}_i}{\sum_i \mathrm{CV}_i} \tag{5-6}$$

在合成各部门密度时，通过测算各部门经过归一化处理后的指标值与理想值之间的欧氏距离，对其进行标准化并做反向处理形成测算结果。测算公式如式（5-7）所示。

$$\mathrm{FD}_i = 1 - \frac{\sqrt{\sum_{j=1}^{3} w_{ij}^2 (1 - a_{ij})^2}}{\sqrt{\sum_{j=1}^{3} w_{ij}^2}} \tag{5-7}$$

其中，FD_i 为第 i 个部门下的密度指数；a_{ij} 为经过归一化处理后的指标值；w_{ij} 为各指标权重。根据式（5-7）可以分别计算出银行、证券、保险维度下的维度指数。进一步合成各部门指数，以得到综合性的金融密度指数，如式（5-8）所示。

$$\mathrm{FD} = 1 - \frac{\sqrt{\sum_{i=1}^{3} w_i^2 (\max(\mathrm{FD}_i) - \mathrm{FD}_i)^2}}{\sqrt{\sum_{i=1}^{3} w_i^2}} \tag{5-8}$$

其中，$\max(\mathrm{FD}_i)$ 为 FD_i 的最大值，以示该维度得分的理想值；w_i 为 FD_i 的权重，以示 FD 的贡献程度。

各维度密度及综合密度的值位于[0，1]区间内，值越大表明金融服务水平越高。值得注意的是，指数从本质上讲是一种相对数，只能说明在所分析的区域和时期金融服务水平的差异。指数值为 1，并不能说明金融服务已经达到最高水平；指数值为 0，也并不意味着金融服务包容性水平最低。

二、四层面的金融密度衡量

（一）金融排斥与金融密度

金融排斥使得社会中的低收入群体、农村或偏远地区人口、中小企业以及弱势产业等被排斥在金融体系之外，无法通过正规渠道获得储蓄、信贷、投资、保险等金融服务。在现有金融制度下，资金借贷并非完全由资金需求者的预期清偿能力决定，社会关系缺失以及“金融租金门槛”将一些微观主体排除在金融体系之外（何德旭和苗文龙，2015）。商业银行等传统金融机构通过设置投资理财金融门槛、营业网点向经济中心区集中、对经济主体施加准入限制等方式将金融资源集中配置于低风险、高收益的人群、地区、企业和产业。金融排斥导致的金融资源分配的不均衡直接导致了金融密度分布的区域性差异。

金融密度这一概念本质源于金融地理学，石盛林（2011b）借鉴保险密度的概念，最早对金融密度的概念进行界定，认为金融密度是在特定区域空间内设立的金融机构网点数量或者按人口计算的人均金融机构网点数。金融密度代表在现有金融结构、市场经济环境背景下，特定区域范围内正规金融机构承接金融服务以及提供金融产品的能力，是区域性金融发展程度的衡量指标（石盛林，2011a）。本书在界定金融密度时仍沿用物理学“密度”的定义，但其内涵更为宽泛。金融密度是指金融机构基于成本效益分析、风险评估约束、金融制度安排以及政府政策的考虑，通过营业网点布局、定向产品销售、金融产品门槛设置以及价格调整等方式将部分弱势群体排斥在金融体系之外，进而形成了金融产品以及服务的差异性区域分布现象。

金融排斥的主要特征是某些特殊群体无法通过适当、正规的渠道获得必需的主流金融服务。金融排斥与金融密度差异都会导致地区性非平衡发展，但金融排斥是社会中某些群体缺乏足够的途径接触主流金融机构，导致金融需求无法得到有效满足的一种现象（Leyshon et al.，2008），也是行为主体的一种趋利性行为选择机制。金融密度则是在特定区域范围内，微观主体评估排斥、价格排斥、营销排斥、自我排斥等行为机制导致的金融产品或服务的一种状态分布。正规金融机构基于政策导向、社会网络关系、风险评估以及成本效益等因素，将营业网点、金融从业人员、存贷款等集中配置到特定微观主体，进而引起了金融密度的差异性分布。

（二）人口、地理、企业、产业金融密度

1. 人口金融密度

随着国内外学者对金融排斥的进一步深入研究，我们认为金融排斥是一个多主体、多维度的动态符合概念，包括地理排斥、评估排斥、条件排斥、价格排斥、营销排斥以及自我排斥（Kempson and Whyley，1999）。地理排斥是指被排斥对象无法就近获得金融服务，而不得不到距离较远的金融机构，从而产生的排斥。评估排斥是金融机构出于贷款主体的社会关系、抵押品价值、逾期还款能力等方面的考虑，通过严格的风险评估手段限制客户的储蓄、贷款、理财以及保险等金融需求。条件排斥则通过附加条件的方式，将部分群体排斥在金融体系之外。价格

排斥是金融机构通过难以负担的价格将部分群体排除在金融体系之外。营销排斥则以市场定位以及差异性营销等方式将某类人群排除在外。从微观主体来看，低收入以及农村群体是金融排斥的主要对象，低收入群体在教育水平、工作状况、宗教信仰、认知以及心理因素等方面具有共同的特征（Osili and Paulson，2008）。低收入居民的个体特征导致提供金融服务的成本较高，预期违约风险较高。在信息不对称条件下，金融机构很难有效识别弱势群体的风险，因此更倾向于将资金分配给优质客户以降低经营风险，提高盈利水平。信贷、储蓄、理财以及保险等金融资源在弱势群体以及高收入客户上的不均衡性分布导致了人口金融密度差异。

人口金融密度是指在特定区域范围内的居民能够接触并获取金融服务的机会，其中人均机构网点数、人均从业人数反映了金融供给方策略性营销手段，营业网点的布局结构将直接影响微观主体获取金融服务的交通成本和信息传递渠道，从而影响金融服务的覆盖面。人均储蓄存款、人均贷款、人均证券交易额以及人均保费收入支出，则从储蓄、信贷、投资、保险的金融服务层面衡量了地区居民从正规金融体系获取金融服务的规模。

2. 地理金融密度

金融排斥的研究早期主要集中在金融网络的地理可达性，大型商业银行关闭农村以及偏远地区的营业网点，将重点业务向发达地区转移，地区经济发展的两极分化以及正规金融机构的金融重构趋势均引起了国内外学者对于地理排斥的关注。金融机构在网点布局、从业人员配置以及产品营销上的地理倾向性，在金融密度上则表现为落后偏远地区与一线、二线城市之间的金融资源配置的区域性差异。地理金融密度反映在一定区域面积内，微观主体能够以恰当合理的方式获得金融服务的状态，这里的金融服务既包括储蓄等无风险金融产品，也包括证券、基金等风险性金融产品，还包括保险以及信贷。地理金融密度可以用单位面积的机构网点数、人民币存贷款额、证券投资额、保费收入以及保费支出等指标来衡量。

3. 企业金融密度

目前，国内外学者关注到了偏远地区以及低收入群体的金融排斥现象，从地理区域层次以及居民层次对金融服务的可及性、空间分布差异以及影响因素等方面进行了研究（李涛等，2010；田霖，2011）。随着金融排斥现象的日益加剧，我们注意到，除了弱势群体和偏远地区外，中小企业以及弱势产业也因金融制度安排、社会关系支配以及产业扶持政策等因素受到正规金融机构的歧视。中小企业在吸纳就业、推进经济增长等方面发挥着重要的作用，但因其抵押品不足、财务报表披露不足、缺乏政府担保等很难从银行获得贷款，存在严重的信贷配给问题。商业银行可以在借款人资质审查、材料复核、风险评估、产品定价等阶段将中小企业排斥在外。企业金融密度是金融机构通过评估排斥、营销排斥、价格排斥等手段，将信贷资源优先分配给国有上市公司，从而形成金融密度差异的省际分布。户均企业存贷款、地区上市公司占比、户均财产保险保费收入以及支出从银行、证券、保险三个方面反映了企业金融密度的分布和集聚状态。

4. 产业金融密度

在我国长期金融抑制的微观环境下，政府重点产业扶持、财政补贴等偏向型政策对金融机构的贷款对象、贷款规模以及利率水平有一定的引导规制作用。在政治背景以及经济社会环境的双重作用下，我国早期选择优先发展国防业以及重工业，行业排斥现象就此形成。随着经济快速发展、金融市场的不断完善以及工业的崛起，重点行业优先发展战略目的逐渐被弱化，取而代之的是规制放松带来的资本趋利性流动。例如，房地产和金融业的高额利润吸引了大量资本的流入，这些资金既包括商业银行通过正规渠道融入的资金，也包括以银信合作、信托公司、小额贷款公司、互联网金融等新型影子银行体系为通道，从影子信贷市场吸纳的资金。金融机构的逐利性行为直接导致了资金向房地产、信息技术以及新兴行业的聚集，农业等传统、低利润行业的资金融通受到限制。因此，产业金融密度可以用行业贷款/行业生产总值、上市公司市值/对应行业生产总值、农业保险收入及支出/第一产业指标来衡量。

（三）四层面金融密度指标体系的设计

1. 指标体系构建

本章从两个视角设计了金融密度指标体系，一是从地理渗透性、服务有效性以及服务匹配性三个角度出发，从金融宽度、金融效度和金融深度三个维度逐层推进。从可触性到使用性，再到对地区经济发展的贡献性，体现了金融资源配置的三个层次，使得金融密度区域分布的层次性得以呈现。二是从微观主体的视角，从人口、地理、企业以及产业四个层面探究金融密度的差异性分布状态。本书在金融密度界定、表现、成因分析的基础上，以金融密度的内涵为基础，在遵循综合性、均衡性、可比性、连续性以及可行性的基础上，拟从人口、地理、企业以及产业四个层面，银行、证券以及保险三个维度构建金融密度指标体系。具体的指标选择如表 5-2 所示。

表 5-2 四层面金融密度衡量体系

金融密度指标	层面	指标定义	指标计算	指标性质
人口金融密度	银行	银行网点密度	银行机构数量/地区人数	正向
		银行从业人员密度	银行从业人数/地区人数	正向
		银行居民储蓄存款密度	人民币存款/地区人数	正向
		银行个人消费贷款密度	个人消费贷款/地区人数	正向
	证券	证券公司营业网点密度	证券公司数量/地区人数	正向
		证券投资密度	证券公司开户数/地区人数	正向
		证券交易密度	证券交易额/地区人数	正向
	保险	保险公司营业网点密度	保险公司数量/地区人数	正向
		保险公司有效保单密度	人身保险有效保单数/地区人数	正向
		保费收入密度	人身保险保费收入/地区人数	正向
		保费支出密度	人身保险保费支出/地区人数	正向
地理金融密度	银行	银行网点密度	银行机构数量/区域面积	正向
		银行从业人员密度	银行从业人数/区域面积	正向
		银行存款密度	人民币各项存款/区域面积	正向
		银行贷款密度	人民币各项贷款/区域面积	正向
	证券	证券公司营业网点密度	证券公司数量/区域面积	正向
		证券投资密度	证券公司开户数/区域面积	正向
		证券交易密度	证券交易额/区域面积	正向
	保险	保险公司营业网点密度	保险公司数量/区域面积	正向
		保险公司有效保单密度	（人身保险有效保单数＋财产保险有效保单数）/区域面积	正向
		保费收入密度	保费收入/区域面积	正向
		保费支出密度	保费支出/区域面积	正向
企业金融密度	银行	银行企业存款密度	人民币存款/企业数目	正向
		银行企业票据融资密度	票据融资/企业数目	正向
	证券	证券公司上市企业密度	上市公司数量占比	正向
		证券融资密度	企业融资额/企业数目	正向
	保险	保费收入密度	企业财产保险保费收入/企业数目	正向
		保费支出密度	企业财产保险保费支出/企业数目	正向
产业金融密度	银行	银行建筑业贷款密度	建筑业贷款/第二产业	正向
		银行房地产贷款密度	房地产贷款/第三产业	正向
	证券	工业类上市公司市值密度	工业类上市公司市值/第二产业	正向
	保险	农业保险收入密度	农业保险收入/第一产业	正向
		农业保险支出密度	农业保险支出/第一产业	正向

2. 原始数据处理

1）指标无量纲化方法

本章借鉴联合国人类发展指数编制以及 Nathan 等（2008）对其改进的方法，从人口、地理、企业、产业四个层面，银行、证券、保险三个维度测算金融密度指数。由于指标性质和计量单位的不同，需要对原始数据进行无量纲化处理，以便于指标之间的对比和综合评价指标体系的构建。现有文献大多采用极差法测算普惠金融和金融排斥指数（吕勇斌等，2015；李建军和卢盼盼，2016）。极差法可以实现数据的归一化处理，但仍存在两方面的问题，一是极差法将最大值或者最小值作为上下限，但在最大值或最小值出现极端值或异常值的情况下，会导致映射后指标值的异常；二是极差法不会影响指标的横向可比性，但会导致不同年份地区的基准发生变化，消除了数据原有的时间变化趋势，使得处理后的指标纵向不可比。鉴于以上两点，本章对极差法在原有基础上改进，并做出如下处理。

首先，对所有数据在 5%水平下进行极端值处理，并且将初始年份高于指标实际值 95%分位数设为上限 max，低于 5%分位数为下限 min，然后采用改进后的极差法对数据进行归一化处理，如式（5-9）所示。极差法处理后基期指标的映射值均在[0，1]区间，之后年份映射后的指数则可能小于 0，也可能大于 1，指标的正负以及大小反映了时间变化趋势。计算方法如式（5-9）所示。

$$d_{i,j,z} = \frac{X_{i,j,z} - \min_{i,j,z}}{\max_{i,j,z} - \min_{i,j,z}} \tag{5-9}$$

式（5-9）中均为经过 5%极端值处理之后的数据。其中，i 为指标维度，分别对应银行、证券、保险金融密度指标；j 为各维度下对应的分项指标；z（$z=1,2,3,4$）为人口、地理、企业、产业四个指标体系层次；$d_{i,j,z}$ 为在 z 层次 i 维度下第 j 个指标映射后的值；$X_{i,j,z}$ 为在 z 层次 i 维度下第 j 个指标的实际值；$\max_{i,j,z}$ 与 $\min_{i,j,z}$ 分别为初始时间节点指标在 z 层次 i 维度下第 j 个指标的最大值与最小值。

对于初始时间节点的数据，归一化处理后的数据均位于[0，1]区间，之后年份的数据则可能小于 0，也可能大于 1，反映了截面数据相对于基期的时间序列趋势，不仅使得单一维度指标以及合成指数横向可比，去量纲化的数据也保留了原有指标的时间变化趋势。

2）权重确定方法

在多维度指标体系中，权重的确定将直接影响到综合评价的结果。权重的确定方法大致可以分为主观赋权法和客观赋权法两大类。主观赋权法凭借以往经验主观判断而得，这类方法的客观性较差。客观赋权法则依据各指标的具体数值计算得到，包括主成分分析法、方差赋权法、变异系数法等，其中变异系数法确定权重具有一定的科学性、客观性以及可操作性，能够较为准确地反映不同层次的金融密度指数。因此，本章拟采用客观赋权法中的变异系数法来确定各维度权重。金融密度指标赋权时，涉及单一维度以及多维度指标赋权，计算方法如式（5-10）和（5-11）所示。

$$\mathrm{CV}_{i,j,z} = \frac{\mathrm{SD}_{i,j,z}}{\bar{X}_{i,j,z}} \tag{5-10}$$

$$w_{i,j,z} = \frac{\mathrm{CV}_{i,j,z}}{\sum_j \mathrm{CV}_{i,j,z}} \tag{5-11}$$

其中，$\mathrm{CV}_{i,j,z}$、$\mathrm{SD}_{i,j,z}$、$\bar{X}_{i,j,z}$、$w_{i,j,z}$分别为在 z 层次 i 维度下第 j 个分项指标的变异系数、标准差、平均值和权重。

3）指数合成方法

在多维指标体系中，指数合成能够将多个指标的不同方面进行综合反映，从而得到一个更为全面、完善、准确的指标体系。本章运用加权算术平均法进行指数合成，如式（5-12）所示。

$$d_z = \sum_i w_{i,z} d_{i,z} = \sum_i \frac{\mathrm{CV}_{i,z}}{\sum_j \mathrm{CV}_{i,z}} \sum_j \frac{\mathrm{CV}_{i,j,z}}{\sum_j \mathrm{CV}_{i,j,z}} d_{i,j,z} \tag{5-12}$$

其中，d_z、$w_{i,z}$和 $d_{i,z}$分别为在 z 层次银行、证券、保险三维度金融密度合成指标、i 维度指标权重以及 i 维度金融密度合成指数；$\mathrm{CV}_{i,z}$ 和 $\mathrm{CV}_{i,j,z}$ 分别为在 z 层次 i 维度、z 层次 i 维度下第 j 个分项指标的变异系数。$d_{i,j,z}$为 z 层次 i 维度下 j 指标的映射值。

第三节　中国金融密度的测算与分析

一、三维度的金融密度测算

根据上文的密度测算方法，本书测算了全国 31 个省区市的金融密度指数，时间跨度为 2006～2019 年。本书首先从银行、证券、保险三个不同的部门维度分别测算了金融宽度指数、金融效度指数、金融深度指数，并在此基础上合成了综合金融密度。2006～2019 年 31 个省区市的金融宽度指数、金融效度指数、金融深度指数和综合金融密度分别如表 5-3、表 5-4、表 5-5、表 5-6 所示。

表 5-3　2006～2019 年中国金融密度——金融宽度

区域	省区市	2006 年	2007 年	2008 年	2009 年	2010 年	2011 年	2012 年	2013 年	2014 年
东部	北京	0.5560	0.6291	0.9511	0.9769	1.0653	0.5695	0.6118	0.6223	0.6083
	天津	0.3836	0.4198	0.4154	0.4362	0.3813	0.3893	0.4187	0.4212	0.4431
	河北	0.2216	0.2656	0.0480	0.0524	0.0456	0.0468	0.0540	0.0574	0.0602
	上海	0.8454	0.8167	0.8316	0.8169	0.9061	0.9035	0.7854	0.7969	0.8109
	江苏	0.1412	0.1547	0.1654	0.1774	0.1488	0.1541	0.1738	0.1882	0.2028
	浙江	0.1473	0.1719	0.1860	0.2003	0.1686	0.1800	0.1993	0.2121	0.2191
	福建	0.0949	0.1030	0.1115	0.1214	0.1009	0.1030	0.1171	0.1245	0.1287
	山东	0.3253	0.4394	0.4520	0.4705	0.0784	0.0796	0.0918	0.0991	0.1053
	广东	0.4142	0.4847	0.5292	0.5439	0.1319	0.1328	0.1511	0.1566	0.7978
	海南	0.0951	0.0903	0.0889	0.0898	0.0742	0.0762	0.0845	0.0868	0.0881
	均值	0.3225	0.3575	0.3779	0.3886	0.3101	0.2635	0.2687	0.2765	0.3464
中部	山西	0.1131	0.0535	0.0615	0.0643	0.0486	0.0533	0.0602	0.0619	0.0647
	安徽	0.1982	0.2305	0.2621	0.2920	0.0392	0.0389	0.0461	0.0501	0.0548
	江西	0.0449	0.0327	0.0317	0.0406	0.0329	0.0365	0.0403	0.0466	0.0518
	河南	0.2994	0.3801	0.4125	0.4253	0.0446	0.0472	0.0523	0.0541	0.6940
	湖北	0.0517	0.0604	0.0643	0.3059	0.0561	0.0593	0.0668	0.0710	0.0729
	湖南	0.1566	0.2004	0.2290	0.0401	0.0351	0.0365	0.0405	0.0447	0.0485
	均值	0.1440	0.1596	0.1769	0.1947	0.0428	0.0453	0.0511	0.0547	0.1644
西部	内蒙古	0.0384	0.0552	0.0645	0.0748	0.0415	0.0434	0.0500	0.0518	0.0517
	广西	0.0881	0.1097	0.1298	0.1429	0.0232	0.0238	0.0279	0.0312	0.0324
	重庆	0.1882	0.2155	0.2315	0.2578	0.0597	0.0640	0.0698	0.0760	0.0822
	四川	0.0237	0.0294	0.0317	0.0349	0.0405	0.0410	0.0465	0.0494	0.0507
	贵州	0.0465	0.0574	0.0681	0.0771	0.0097	0.0108	0.0123	0.0151	0.0179
	云南	0.0050	0.0055	0.0067	0.0094	0.0099	0.0106	0.0135	0.0155	0.0172
	西藏	0.0394	0.0406	0.0463	0.0434	0.0309	0.0311	0.0373	0.0403	0.0439
	陕西	0.0418	0.1705	0.1899	0.2072	0.0451	0.0461	0.0520	0.0567	0.0598
	甘肃	0.0327	0.0405	0.0521	0.0658	0.0254	0.0254	0.0284	0.0344	0.0344
	青海	0.0210	0.0615	0.0610	0.0230	0.0442	0.0426	0.0484	0.0910	0.0955
	宁夏	0.0096	0.1242	0.0801	0.1428	0.0674	0.0691	0.0771	0.0785	0.0792
	新疆	0.0516	0.0547	0.0601	0.0634	0.0595	0.0363	0.0427	0.0657	0.0426
	均值	0.0488	0.0804	0.0852	0.0952	0.0381	0.0370	0.0422	0.0505	0.0506
东北	辽宁	0.2695	0.2889	0.3458	0.3448	0.4450	0.1218	0.1336	0.1414	0.1495
	吉林	0.1786	0.1989	0.2075	0.2174	0.0629	0.0601	0.0666	0.0693	0.0692
	黑龙江	0.0581	0.0487	0.0629	0.0676	0.0486	0.0500	0.0551	0.0571	0.0569
	均值	0.1687	0.1788	0.2054	0.2099	0.1855	0.0773	0.0851	0.0892	0.0918

续表

区域	省区市	2015 年	2016 年	2017 年	2018 年	2019 年
东部	北京	0.6334	0.6298	0.6930	0.6916	0.6990
	天津	0.4976	0.4936	0.5547	0.5777	0.5964
	河北	0.0690	0.0710	0.0839	0.0883	0.0904
	上海	0.8432	0.8545	0.8822	0.8957	0.9087
	江苏	0.2315	0.2376	0.3699	0.8151	0.8124
	浙江	0.8511	0.8755	0.3147	0.3495	0.3566
	福建	0.1430	0.1494	0.1775	0.1875	0.1914
	山东	0.7146	0.1266	0.1498	0.1537	0.1573
	广东	0.1877	0.2077	0.2373	0.2399	0.2712
	海南	0.0962	0.0993	0.1161	0.3720	0.2634
	均值	0.4267	0.3745	0.3579	0.4371	0.4347
中部	山西	0.0709	0.0770	0.0886	0.0919	0.0975
	安徽	0.0613	0.0655	0.0773	0.0797	0.0834
	江西	0.0606	0.0638	0.0747	0.0769	0.0798
	河南	0.6798	0.6969	0.6267	0.6236	0.6097
	湖北	0.0832	0.0862	0.1014	0.1061	0.1083
	湖南	0.0547	0.0593	0.0704	0.0723	0.0758
	均值	0.1684	0.1748	0.1732	0.1751	0.1757
西部	内蒙古	0.0589	0.0607	0.0700	0.0733	0.1196
	广西	0.0370	0.0381	0.2248	0.2293	0.2280
	重庆	0.0903	0.0968	0.1086	0.1106	0.4217
	四川	0.0559	0.2942	0.2778	0.2796	0.2746
	贵州	0.0212	0.0254	0.0318	0.0321	0.0346
	云南	0.0203	0.0215	0.0248	0.0252	0.0313
	西藏	0.0445	0.0465	0.0544	0.0610	0.0589
	陕西	0.0686	0.0707	0.0842	0.0868	0.0893
	甘肃	0.0403	0.0413	0.0494	0.0515	0.0525
	青海	0.1063	0.1058	0.4110	0.4247	0.4299
	宁夏	0.0899	0.0935	0.1087	0.1147	0.1154
	新疆	0.0466	0.0462	0.0772	0.0267	0.0803
	均值	0.0567	0.0784	0.1269	0.1263	0.1613
东北	辽宁	0.1636	0.1665	0.1928	0.1991	0.2024
	吉林	0.0764	0.0781	0.2902	0.2979	0.2860
	黑龙江	0.0622	0.0626	0.1824	0.0741	0.0743
	均值	0.1007	0.1024	0.2218	0.1904	0.1876

注：本表均值数据由原始数据计算得出

表 5-4　2006～2019 年中国金融密度——金融效度

区域	省区市	2006 年	2007 年	2008 年	2009 年	2010 年	2011 年	2012 年	2013 年	2014 年
东部	北京	0.7318	0.9739	1.0298	1.3553	1.4031	1.3557	1.7471	1.7995	1.8611
	天津	0.1933	0.2835	0.3128	0.4188	0.4448	0.3903	0.4507	0.5983	0.8729
	河北	0.1907	0.2107	0.2183	0.2421	0.2457	0.2416	0.2726	0.3154	0.4513
	上海	0.7951	1.1010	1.1500	1.4432	1.5403	1.7028	1.7152	1.7936	1.8569
	江苏	0.1194	0.1676	0.2165	0.3093	0.3354	0.3224	0.4033	0.5504	0.9735
	浙江	0.1873	0.3086	0.3522	0.5059	0.5409	0.4657	0.5840	0.7645	1.3749
	福建	0.0837	0.1525	0.1729	0.2780	0.3262	0.3027	0.3970	0.5292	1.0417
	山东	0.0435	0.0723	0.0941	0.1474	0.1639	0.1589	0.1973	0.2605	0.4426
	广东	0.1575	0.2330	0.2728	0.3688	0.3861	0.3879	0.5390	0.7486	1.3591
	海南	0.0190	0.0393	0.0528	0.0935	0.1197	0.1097	0.1701	0.2138	0.3666
	均值	0.2521	0.3542	0.3872	0.5162	0.5506	0.5438	0.6476	0.7574	1.0601
中部	山西	0.0151	0.0522	0.0817	0.1071	0.1156	0.1217	0.1447	0.1824	0.3170
	安徽	0.0008	0.0144	0.0377	0.0691	0.0967	0.1019	0.1297	0.1834	0.3066
	江西	0.0017	0.0189	0.0354	0.0652	0.0879	0.0848	0.1305	0.1852	0.2621
	河南	0.0000	0.0144	0.0287	0.0565	0.0751	0.0699	0.0927	0.1310	0.2400
	湖北	0.0123	0.0463	0.0647	0.1041	0.1241	0.1223	0.1756	0.2509	0.4582
	湖南	0.0012	0.0209	0.0379	0.0631	0.0750	0.0760	0.1110	0.1580	0.3016
	均值	0.0052	0.0278	0.0477	0.0775	0.0957	0.0961	0.1307	0.1818	0.3142
西部	内蒙古	0.0020	0.0283	0.0556	0.0954	0.1279	0.1400	0.1702	0.2150	0.3247
	广西	0.0048	0.0120	0.0176	0.0420	0.0625	0.0672	0.0994	0.1467	0.2345
	重庆	0.0231	0.0680	0.0995	0.1615	0.1980	0.1967	0.2557	0.3370	0.5801
	四川	0.0093	0.0404	0.0659	0.1076	0.1363	0.1383	0.1838	0.2459	0.3168
	贵州	0.0000	0.0007	0.0072	0.0133	0.0297	0.0435	0.0722	0.1064	0.1735
	云南	0.0058	0.0183	0.0358	0.0596	0.0714	0.0751	0.1147	0.1472	0.2285
	西藏	0.0108	0.0171	0.0253	0.0343	0.0352	0.0542	0.0737	0.0991	0.1501
	陕西	0.0125	0.0433	0.0653	0.1052	0.1330	0.1375	0.1742	0.2359	0.3991
	甘肃	0.0000	0.0101	0.0186	0.0378	0.0516	0.0481	0.0731	0.1046	0.1993
	青海	0.0005	0.0069	0.0190	0.0339	0.0434	0.0560	0.0800	0.1149	0.1957
	宁夏	0.0096	0.0305	0.0439	0.0779	0.1071	0.1140	0.1514	0.1847	0.3171
	新疆	0.0250	0.0528	0.0714	0.1013	0.1184	0.1165	0.1650	0.2147	0.3427
	均值	0.0086	0.0274	0.0437	0.0725	0.0929	0.0989	0.1344	0.1793	0.2885
东北	辽宁	0.0496	0.1127	0.1335	0.1965	0.2103	0.1974	0.2465	0.3417	0.5742
	吉林	0.0074	0.0470	0.0571	0.0860	0.0974	0.1004	0.1347	0.1914	0.3324
	黑龙江	0.0151	0.0582	0.0850	0.1104	0.1169	0.1240	0.1669	0.2074	0.3516
	均值	0.0241	0.0726	0.0919	0.1310	0.1415	0.1406	0.1827	0.2468	0.4194

续表

区域	省区市	2015 年	2016 年	2017 年	2018 年	2019 年
东部	北京	1.9273	1.9477	1.9542	1.9474	1.9290
	天津	1.0158	1.1096	1.1210	0.9929	1.0885
	河北	0.4739	0.5028	0.5209	0.4801	0.5218
	上海	1.8854	1.9477	1.9542	1.9371	1.9290
	江苏	1.1623	1.2602	1.3852	1.2756	1.6468
	浙江	1.5940	1.5076	1.4909	1.3053	1.5831
	福建	1.3054	1.3820	1.3402	1.1699	1.4444
	山东	0.5042	0.5375	0.5706	0.5587	0.6980
	广东	1.4798	1.7423	1.4674	1.6713	1.7473
	海南	0.4313	0.3123	0.5029	0.4808	0.5819
	均值	1.1779	1.2250	1.2308	1.1819	1.3170
中部	山西	0.3264	0.3197	0.3810	0.3821	0.4611
	安徽	0.3709	0.4038	0.4592	0.4425	0.4905
	江西	0.3304	0.5328	0.2383	0.4489	0.5631
	河南	0.2951	0.3262	0.3680	0.3460	0.4264
	湖北	0.5225	0.5920	0.6323	0.6272	0.8095
	湖南	0.3644	0.3887	0.4093	0.3870	0.4834
	均值	0.3683	0.4272	0.4147	0.4389	0.5390
西部	内蒙古	0.3523	0.4189	0.4735	0.4357	0.4556
	广西	0.2675	0.3084	0.3230	0.3445	0.3910
	重庆	0.6980	0.6646	0.7398	0.6638	0.5797
	四川	0.5031	0.5186	0.6056	0.5459	0.6347
	贵州	0.2125	0.2315	0.2701	0.2714	0.3309
	云南	0.3103	0.3024	0.2782	0.2881	0.3392
	西藏	0.4911	0.8983	1.1776	1.2683	1.4638
	陕西	0.4453	0.4618	0.5130	0.5312	0.6108
	甘肃	0.2326	0.2167	0.2315	0.2229	0.2660
	青海	0.2349	0.2897	0.2898	0.2622	0.2727
	宁夏	0.3619	0.3576	0.4211	0.4312	0.5570
	新疆	0.3520	0.3269	0.3553	0.3309	0.3957
	均值	0.3718	0.4163	0.4732	0.4663	0.5248
东北	辽宁	0.6276	0.6054	0.6207	0.5615	
	吉林	0.3878	0.4416	0.4732	0.4317	0.5091
	黑龙江	0.3881	0.4203	0.4771	0.4509	0.5538
	均值	0.4678	0.4891	0.5237	0.4814	0.5315

注：本表均值数据由原始数据计算得出

表 5-5　2006～2019 年中国金融密度——金融深度

区域	省区市	2006 年	2007 年	2008 年	2009 年	2010 年	2011 年	2012 年	2013 年	2014 年
东部	北京	0.3117	0.9970	1.7478	1.8625	1.9746	2.2392	1.9729	1.7184	2.0360
	天津	0.1440	0.5440	0.3696	0.4211	0.4288	0.3698	0.4281	0.4942	0.6433
	河北	0.0897	0.1812	0.2313	0.2532	0.2466	0.3237	0.3300	0.3993	0.4558
	上海	0.6151	1.3472	1.1204	1.2621	1.3826	2.1162	1.6247	1.5265	1.6600
	江苏	0.0818	0.1116	0.1415	0.2170	0.2855	0.2521	0.2431	0.2517	0.3155
	浙江	0.1182	0.2304	0.2688	0.3504	0.4009	0.3332	0.3098	0.3457	0.4171
	福建	0.0587	0.2270	0.2106	0.1561	0.1877	0.1680	0.1483	0.1728	0.2637
	山东	0.0488	0.0765	0.1134	0.1639	0.1637	0.1560	0.2424	0.2093	0.2013
	广东	0.1546	0.3327	0.2295	0.2685	0.3342	0.2621	0.3138	0.4012	0.3014
	海南	0.4569	0.1285	0.0727	0.1749	0.4539	0.3863	0.4700	0.3980	0.6706
	均值	0.2079	0.4176	0.4505	0.5130	0.5859	0.6607	0.6083	0.5917	0.6965
中部	山西	0.4669	0.1517	0.2151	0.2335	0.3839	0.3123	0.3337	0.4814	0.4355
	安徽	0.0451	0.1580	0.2631	0.3982	0.5121	0.4489	0.3814	0.4819	0.4458
	江西	0.0293	0.1000	0.0973	0.1439	0.2691	0.1971	0.2385	0.2351	0.2744
	河南	0.0306	0.0333	0.1079	0.1134	0.1380	0.1471	0.1738	0.2345	0.2140
	湖北	0.0398	0.0882	0.1905	0.2308	0.2523	0.1873	0.1644	0.1753	0.2257
	湖南	0.0303	0.3029	0.3417	0.4038	0.3263	0.3380	0.3177	0.3203	0.3955
	均值	0.1070	0.1390	0.2026	0.2539	0.3136	0.2718	0.2683	0.3214	0.3318
西部	内蒙古	0.0110	0.4131	0.4777	0.5661	0.6214	0.6633	0.6190	0.7252	0.7369
	广西	0.0265	0.0631	0.0774	0.0952	0.1246	0.1049	0.0836	0.1612	0.1923
	重庆	0.0770	0.1702	0.1959	0.2842	0.3889	0.3433	0.2670	0.3480	0.3849
	四川	0.1047	0.3305	0.3449	0.4512	0.4718	0.4629	0.4298	0.4315	0.5043
	贵州	0.1012	0.2079	0.2707	0.2512	0.2353	0.1549	0.1620	0.1813	0.2823
	云南	0.1492	0.2704	0.2975	0.4194	0.3637	0.3546	0.3077	0.4955	0.4461
	西藏	0.0493	0.0741	0.1002		0.4183	0.5127	0.4917	0.6605	0.5549
	陕西	0.0926	0.1478	0.2984	0.2085	0.2719	0.1369	0.1732	0.2306	0.3345
	甘肃	0.1022	0.1723	0.2117	0.5729	0.1757	0.2625	0.4127	0.6124	0.5325
	青海	0.0342	0.4087	0.0925	0.1457	0.1485	0.3813	0.4170	0.3917	0.4077
	宁夏			0.1826	0.5489	0.2802	0.3584	0.5326	0.5190	0.9183
	新疆	0.3100	0.7523	0.8613	0.7979	0.7976	0.7558	0.9230	0.9650	1.2031
	均值	0.0962	0.2737	0.2843	0.3947	0.3582	0.3743	0.4016	0.4768	0.5415
东北	辽宁	0.2895	0.2851	0.1741	0.3430	0.3858	0.3992	0.3056	0.3158	0.5166
	吉林			0.3539	0.3532	0.4112	0.3580	0.2203	0.3609	0.4561
	黑龙江	0.1838	0.1636	0.6641	0.5872	0.6534	0.3928	0.4358	0.7712	0.6050
	均值	0.1898	0.2408	0.3691	0.4195	0.4521	0.3811	0.3408	0.4812	0.5298

续表

区域	省区市	2015 年	2016 年	2017 年	2018 年	2019 年
东部	北京	2.0497	2.1007	1.9514	1.7247	1.6965
	天津	0.7521	0.8947	1.0173	0.9108	1.1491
	河北	0.6136	0.6012	0.5177	0.4547	0.4954
	上海	1.7535	1.8576	1.7458	1.1640	1.2124
	江苏	0.3569	0.5144	0.3694	0.4344	0.3853
	浙江	0.4915	0.7371	0.6068	0.3759	0.6065
	福建	0.3456	0.3827	0.2549	0.1738	0.1813
	山东	0.3010	0.3656	0.4190	0.4103	0.3748
	广东	0.4106	0.5142	0.4548	0.4022	0.3729
	海南	0.4314	0.7689	0.6299	0.5364	0.4344
	均值	0.7506	0.8737	0.7967	0.6587	0.6909
中部	山西	0.7640	0.7628	0.7020	0.6632	0.7311
	安徽	0.4871	0.8052	0.5727	0.4347	0.3924
	江西	0.3040	0.4121	0.3390	0.3061	0.3150
	河南	0.2993	0.4529	0.4804	0.4003	0.5563
	湖北	0.2470	0.3446	0.3031	0.2898	0.4637
	湖南	0.3797	0.4371	0.6271	0.4403	0.3867
	均值	0.4135	0.5358	0.5041	0.4224	0.4742
西部	内蒙古	0.9779	0.9045	1.2039	0.6776	0.6440
	广西	0.2944	0.3017	0.2284	0.2533	0.3256
	重庆	0.4102	0.4247	0.3335	0.2997	0.3778
	四川	0.6251	0.6448	0.5911	0.4933	0.4235
	贵州	0.2865	0.3709	0.3007	0.3334	0.3254
	云南	0.4462	0.5055	0.4344	0.3198	0.2851
	西藏	1.0121		1.4561	1.3992	
	陕西	0.3992	0.4779	0.4703	0.2993	0.3390
	甘肃	0.7397	0.8591	0.7584	0.6020	0.7384
	青海	0.8648	1.0791	0.8090	0.7471	0.8291
	宁夏	0.7931	1.4024	1.0406	0.9460	1.2507
	新疆	1.3019	1.3970	1.5630	1.3479	1.0782
	均值	0.6793	0.7607	0.7658	0.6432	0.6015
东北	辽宁	0.6798	0.5707	0.6128	0.4908	
	吉林	0.5676	0.8040	0.8255	0.7477	0.7231
	黑龙江	0.6804	1.0889			0.8340
	均值	0.6518	0.8061	0.7347	0.6272	0.7195

注：本表均值数据由原始数据计算得出

表 5-6　2006～2019 年中国综合金融密度指数

区域	省区市	2006 年	2007 年	2008 年	2009 年	2010 年	2011 年	2012 年	2013 年	2014 年
东部	北京	0.5332	0.8667	1.2429	1.3982	1.4810	1.3881	1.4440	1.3801	1.5018
	天津	0.2403	0.4158	0.3659	0.4254	0.4183	0.3831	0.4325	0.5046	0.6531
	河北	0.1673	0.2192	0.1659	0.1826	0.1793	0.2041	0.2189	0.2574	0.3224
	上海	0.7519	1.0883	1.0340	1.1741	1.2763	1.5742	1.3751	1.3723	1.4426
	江苏	0.1141	0.1446	0.1745	0.2346	0.2566	0.2429	0.2734	0.3301	0.4973
	浙江	0.1509	0.2369	0.2690	0.3522	0.3701	0.3263	0.3643	0.4408	0.6704
	福建	0.0791	0.1609	0.1650	0.1852	0.2049	0.1912	0.2208	0.2755	0.4780
	山东	0.1392	0.1960	0.2198	0.2606	0.1354	0.1315	0.1772	0.1897	0.2497
	广东	0.2421	0.3501	0.3438	0.3937	0.2841	0.2609	0.3347	0.4355	0.8194
	海南	0.1904	0.0860	0.0714	0.1194	0.2159	0.1907	0.2415	0.2329	0.3751
	均值	0.2609	0.3765	0.4052	0.4726	0.4822	0.4893	0.5082	0.5419	0.7010
中部	山西	0.1984	0.0858	0.1194	0.1350	0.1827	0.1624	0.1796	0.2419	0.2724
	安徽	0.0814	0.1343	0.1876	0.2531	0.2160	0.1966	0.1857	0.2385	0.2691
	江西	0.0253	0.0505	0.0548	0.0832	0.1300	0.1061	0.1364	0.1556	0.1961
	河南	0.1100	0.1426	0.1830	0.1984	0.0859	0.0881	0.1063	0.1399	0.3827
	湖北	0.0346	0.0649	0.1065	0.2136	0.1442	0.1229	0.1356	0.1657	0.2522
	湖南	0.0627	0.1747	0.2029	0.1690	0.1455	0.1502	0.1564	0.1743	0.2485
	均值	0.0854	0.1088	0.1424	0.1754	0.1507	0.1377	0.1500	0.1860	0.2702
西部	内蒙古	0.0171	0.1655	0.1993	0.2454	0.2636	0.2822	0.2797	0.3307	0.3711
	广西	0.0398	0.0616	0.0749	0.0934	0.0701	0.0653	0.0703	0.1131	0.1531
	重庆	0.0961	0.1512	0.1756	0.2345	0.2155	0.2013	0.1975	0.2536	0.3491
	四川	0.0459	0.1335	0.1475	0.1979	0.2162	0.2140	0.2200	0.2423	0.2906
	贵州	0.0492	0.0887	0.1153	0.1139	0.0916	0.0698	0.0822	0.1009	0.1579
	云南	0.0533	0.0981	0.1134	0.1628	0.1483	0.1468	0.1453	0.2194	0.2306
	西藏	0.0331	0.0439	0.0572	0.0388	0.1615	0.1993	0.2009	0.2666	0.2496
	陕西	0.0490	0.1205	0.1845	0.1736	0.1500	0.1068	0.1331	0.1744	0.2644
	甘肃	0.0450	0.0743	0.0941	0.2255	0.0843	0.1120	0.1714	0.2505	0.2554
	青海	0.0186	0.1591	0.0575	0.0675	0.0787	0.1600	0.1818	0.1992	0.2330
	宁夏	0.0096	0.0774	0.1022	0.2565	0.1516	0.1805	0.2537	0.2607	0.4382
	新疆	0.1289	0.2866	0.3309	0.3209	0.3252	0.3029	0.3769	0.4151	0.5295
	均值	0.0488	0.1217	0.1377	0.1776	0.1631	0.1701	0.1927	0.2355	0.2935
东北	辽宁	0.2029	0.2289	0.2178	0.2947	0.3470	0.2395	0.2286	0.2663	0.4134
	吉林	0.0930	0.1230	0.2062	0.2189	0.1905	0.1728	0.1405	0.2072	0.2859
	黑龙江	0.0857	0.0902	0.2707	0.2550	0.2730	0.1889	0.2193	0.3452	0.3378
	均值	0.1272	0.1474	0.2316	0.2562	0.2702	0.2004	0.1961	0.2729	0.3457

续表

区域	省区市	2015 年	2016 年	2017 年	2018 年	2019 年
东部	北京	1.5368	1.5594	1.5329	1.4546	1.4415
	天津	0.7552	0.8327	0.8977	0.8272	0.9447
	河北	0.3855	0.3917	0.3742	0.3411	0.3692
	上海	1.4940	1.5533	1.5274	1.3323	1.3500
	江苏	0.5836	0.6707	0.7082	0.8417	0.9482
	浙江	0.9789	1.0401	0.8041	0.6769	0.8487
	福建	0.5980	0.6380	0.5909	0.5104	0.6057
	山东	0.5066	0.3432	0.3798	0.3742	0.4100
	广东	0.6927	0.8214	0.7199	0.7711	0.7971
	海南	0.3196	0.3935	0.4163	0.4631	0.4265
	均值	0.7851	0.8244	0.7951	0.7593	0.8142
中部	山西	0.3871	0.3865	0.3906	0.3791	0.4299
	安徽	0.3064	0.4248	0.3697	0.3190	0.3221
	江西	0.2317	0.3362	0.2173	0.2773	0.3193
	河南	0.4247	0.4920	0.4917	0.4567	0.5308
	湖北	0.2842	0.3410	0.3456	0.3410	0.4605
	湖南	0.2663	0.2950	0.3689	0.2999	0.3153
	均值	0.3167	0.3793	0.3640	0.3455	0.3963
西部	内蒙古	0.4630	0.4614	0.5825	0.3955	0.4064
	广西	0.1996	0.2161	0.2588	0.2757	0.3149
	重庆	0.3995	0.3954	0.3940	0.3581	0.4597
	四川	0.3947	0.4859	0.4915	0.4396	0.4443
	贵州	0.1734	0.2093	0.2009	0.2123	0.2303
	云南	0.2590	0.2765	0.2458	0.2110	0.2185
	西藏	0.5159	0.4724	0.8960	0.9095	0.7614
	陕西	0.3043	0.3368	0.3559	0.3058	0.3464
	甘肃	0.3375	0.3724	0.3464	0.2921	0.3523
	青海	0.4020	0.4915	0.5032	0.4780	0.5106
	宁夏	0.4150	0.6178	0.5235	0.4973	0.6411
	新疆	0.5668	0.5900	0.6652	0.5685	0.5181
	均值	0.3692	0.4105	0.4553	0.4120	0.4337
东北	辽宁	0.4903	0.4475	0.4754	0.4171	0.2024
	吉林	0.3439	0.4413	0.5296	0.4924	0.5061
	黑龙江	0.3769	0.5239	0.3297	0.2625	0.4874
	均值	0.4037	0.4709	0.4449	0.3907	0.3986

注：本表均值数据由原始数据计算得出

表 5-3 是金融宽度指数测算结果，分别在银行部门使用机构数/千米 ^{2}、从业人员数/万人，在证券部门使用机构数/千米 ^{2}、证券账户数/万人，在保险部门使用机构数/千米 ^{2} 进行密度测算，通过这五个指标的加权合成来反映金融服务的地理渗透性以及具体金融服务的可接触性。利用上文列出的金融密度指数的计算公式，对各省区市金融宽度水平进行具体测度，测度结果详见表 5-3。从表 5-3 中可以看出，2006～2019 年 31 个省区市中大部分省区市金融宽度水平呈上升趋势，但个别省区市会受到某些异常年份值的影响；但总的来看，这个阶段的金融宽度指数反映出银行、保险、证券三类部门服务的可触达性在逐渐改善。分地区来看，金融宽度指数呈现出明显的分化格局：高值主要集聚于经济发达的东部沿海地区，而广大的中、西部以及东北地区则整体上比较低。而且，通过计算发现，2006 年东部、中部、西部和东北地区金融宽度指数的均值分别为 0.3225、0.1440、0.0488、0.1687，而 2019 年四个地区该指数的均值分别为 0.4347、0.1757、0.1613、0.1876，分别变化了 34.79%、22.01%、230.53%、11.20%。可见，东部地区的金融宽度改善程度明显高于中部和东北地区，西部地区金融宽度提升幅度较大，但在四个地区中依旧是最低的。

金融效度指数的测算分别在银行部门使用人民币存款余额/人口、个人消费贷款余额/人口，在证券部门使用人均证券交易额、上市公司数，在保险部门使用保险密度（人均保费收入）、人均赔付进行密度测算，通过这六个指标的加权合成来反映金融服务的有效性。人民币存款余额/人口、个人消费贷款余额/人口可以反映人均获得银行部门基础服务的具体程度，人均证券交易额可以反映人均获得证券部门基础服务的具体程度，上市公司数量则可以衡量该省区市在证券业发展的状况，保险密度（人均保费收入）及人均赔付则反映人均获得保险部门基础服务的具体程度，以上六个指标都能反映出具体部门在某个省区市的发展水平。基于上文列出的金融密度指数的计算公式，对各省区市金融效度水平进行具体测度，测度结果详见表 5-4。从表 5-4 中可以看出，2006～2019 年 31 个省区市总体金融效度水平呈上升趋势，反映出综合银行、保险、证券三类部门的金融服务有效性、金融活动的发展在不断加强，特别是贵州、青海、甘肃、西藏等金融服务欠发达地区，金融效度指数上升幅度比较大。分地区来看，金融效度指数也呈现出明显的分化格局：高值主要集聚于经济发达的东部沿海地区，而广大的中、西部以及东北地区则整体比较低。而且，通过计算发现，2006 年东部、中部、西部和东北地区金融效度指数的均值分别为 0.2521、0.0052、0.0086、0.0241，而 2019 年四个地区该指数的均值分别为 1.3170、0.5390、0.5248、0.5315。同时，东部地区的金融效度指数由于金融服务原本发展程度高，其增长的幅度不及初期发展程度较低的中、西部省区市，但四个地区的金融效度指数都有着显著的增加，这个阶段的金融服务水平是显著提升的。

表 5-5 是金融深度指数测算结果，分别在银行部门使用存款余额/GDP、贷款余额/GDP、建筑业贷款/第二产业、房地产贷款/第三产业，在证券部门使用证券

融资额（A 股+债券）/GDP，在保险部门使用保险深度（保费收入/GDP）、保险赔付/GDP、农业保险收入/第一产业、农业保险赔付/第一产业进行密度测算，通过这九个指标的加权合成来反映金融服务的匹配性，进而衡量综合金融服务对于地区经济发展水平的贡献。基于上文列出的金融密度指数的计算公式，对各省区市金融深度水平进行具体测度，测度结果详见表 5-5。从表 5-5 中可以看出，2006～2019 年 31 个省区市中大多数省区市金融效度水平呈波动上升趋势，反映出综合银行、保险、证券三类部门的金融服务从总体上来看对经济发展的贡献是增加的。但是，从波动性分析来看，虽然北京、上海的金融服务发展对经济发展一直有着很高的贡献程度，其金融深度指数却有着很强的波动性（北京市金融深度指数标准差 50.58%，上海市金融深度指数标准差 37.86%）。分地区来看，金融深度指数也呈现出明显的分化格局：高值主要集聚于经济发达的东部沿海地区，广大的中、西部以及东北地区则整体比较低，但是其发展速度相对较快。而且，通过计算发现，2006 年东部、中部、西部和东北地区金融深度指数的均值分别为 0.2079、0.1070、0.0962、0.1898，而 2019 年四个地区该指数的均值分别为 0.6909、0.4742、0.6015、0.7195，分别变化了 232.32%、343.18%、525.26%、279.08%。由于金融深度指数波动性的存在，如果仅仅观察均值的变化率可能无法得到准确的变化规律，故本章考虑了其波动性的代表指标即标准差：2006～2019 年四个地区的金融深度指数标准差分别为 17.04%、13.14%、19.86%、18.93%。一个对于金融深度指数的波动性的可能解释是，各地区在 2006～2019 年的经济结构受到经济环境、经济周期以及政府的相应产业政策影响。

基于上文的研究已经得到了三维度的金融密度，对于综合金融密度指数，本书采取简单的算术平均方法来反映某省区市的金融密度指数及其变化趋势，如表 5-6、图 5-2 所示。就综合金融密度指数而言，2006～2019 年 31 个省区市金融服务呈现小幅度的波动上升趋势，同时高值主要集聚于经济发达的东部沿海地区，而广大的中、西部以及东北地区则整体比较低。

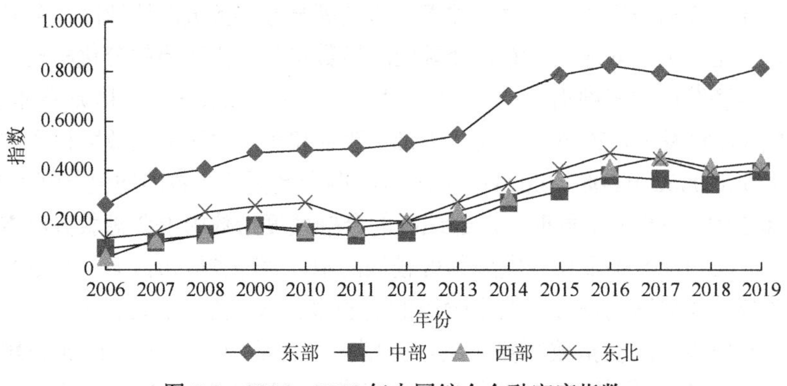

图 5-2　2006～2019 年中国综合金融密度指数

总的来看，短期内这种地区间的分化格局不具有收敛趋势。这一结论也在一定程度上印证了以往文献的研究结论：金融资源禀赋、经济发展水平、社会分工状态、经济发展结构与产业政策调整等在地域上存在着明显的非均质性特征，使得金融资源集中于条件优越的地区，从而经济发达地区金融服务水平较高，而欠发达地区则比较低。

二、四层面的金融密度测算

（一）数据来源

本章选取中国 31 个省区市作为金融密度指标体系的样本，从银行、证券、保险三个维度，人口、地理、企业、产业四个层面测算 2006～2019 年金融密度的区域性分布状态，其中企业数目只包括 2010～2012 年、2014～2017 年、2019 年的数据，因此，受限于数据的可得性，只测算这九年的金融密度指数，数据来源于《中国区域金融运行报告》、《中国证券期货统计年鉴》、国泰安数据库以及 Wind 数据库。

（二）测算结果

1. 人口金融密度

人口金融密度能够反映单位人口能够获得主流金融服务的密度水平。根据金融密度指标体系的构建以及三维度指标合成的方法，本章测算了 2006～2019 年各省区市人口金融密度指数，如表 5-7 所示。纵向来看，2006～2019 年人口金融密度指数整体呈上升趋势，这反映了银行、证券、保险三大正规金融机构通过增设营业网点，增加证券公司开户数，提供存贷款、融资、保险等金融产品的方式增加金融资源的区域性配置。

表 5-7　人口金融密度指数

地区	省区市	2006 年	2007 年	2008 年	2009 年	2010 年	2011 年	2012 年	2013 年	2014 年
东部	北京	0.7483	0.9703	0.8804	1.1129	1.1026	1.0927	1.3121	1.1919	1.1641
	天津	0.3034	0.3896	0.3832	0.4508	0.4113	0.4081	0.4498	0.4709	0.6129
	河北	0.0627	0.0866	0.0756	0.0970	0.0937	0.1102	0.1318	0.1314	0.2112
	上海	0.8674	1.0601	1.0182	1.1999	1.1066	1.3090	1.3171	1.1944	1.1771
	江苏	0.1366	0.1936	0.2039	0.2909	0.2790	0.2924	0.3507	0.3916	0.5702

续表

地区	省区市	2006 年	2007 年	2008 年	2009 年	2010 年	2011 年	2012 年	2013 年	2014 年
东部	浙江	0.1795	0.2802	0.2838	0.3951	0.3824	0.3780	0.4516	0.5008	0.7372
	福建	0.1274	0.1723	0.1820	0.2581	0.2735	0.2841	0.3543	0.3884	0.5898
	山东	0.0714	0.1146	0.1329	0.2385	0.1345	0.1465	0.1780	0.1873	0.2797
	广东	0.1958	0.2591	0.2815	0.3513	0.2888	0.3150	0.4021	0.4618	0.8347
	海南	0.0821	0.0927	0.1105	0.1266	0.1335	0.1319	0.1735	0.1895	0.2343
	均值	0.2775	0.3619	0.3552	0.4521	0.4206	0.4468	0.5121	0.5108	0.6411
中部	山西	0.0691	0.1403	0.1019	0.1222	0.1195	0.1355	0.1541	0.1426	0.2354
	安徽	0.0254	0.0446	0.0630	0.0904	0.0740	0.0832	0.1035	0.1120	0.1688
	江西	0.0247	0.0417	0.0427	0.0761	0.0797	0.0852	0.1125	0.1352	0.1717
	河南	0.0325	0.0551	0.0772	0.1070	0.0631	0.0852	0.0990	0.0964	0.3357
	湖北	0.0440	0.1220	0.0861	0.1670	0.1249	0.1383	0.1758	0.1930	0.2795
	湖南	0.0442	0.0706	0.0779	0.0706	0.0747	0.0838	0.1085	0.1185	0.1829
	均值	0.0400	0.0790	0.0748	0.1056	0.0893	0.1019	0.1256	0.1329	0.2290
西部	内蒙古	0.0582	0.0997	0.1344	0.1745	0.1201	0.1354	0.1662	0.1788	0.2502
	广西	0.0309	0.0409	0.0481	0.0771	0.0595	0.0661	0.0879	0.1067	0.1418
	重庆	0.0651	0.1739	0.1231	0.1814	0.1580	0.1744	0.2104	0.2256	0.3411
	四川	0.0328	0.0514	0.0715	0.0968	0.1189	0.1285	0.1656	0.1861	0.1983
	贵州	0.0095	0.0115	0.0167	0.0275	0.0160	0.0257	0.0387	0.0919	0.0870
	云南	0.0047	0.0085	0.0169	0.0340	0.0394	0.0451	0.1317	0.0806	0.1212
	西藏	0.0727	0.0820	0.1095	0.1087	0.0968	0.1039	0.1213	0.2528	0.1933
	陕西	0.0475	0.1003	0.1159	0.1689	0.1189	0.1414	0.1641	0.1749	0.2663
	甘肃	0.0339	0.0647	0.0666	0.1033	0.0818	0.0839	0.1040	0.1113	0.1651
	青海	0.0296	0.0813	0.0862	0.0388	0.0898	0.0993	0.1148	0.1357	0.1890
	宁夏	0.0360	0.1332	0.0980	0.1909	0.1538	0.1649	0.2005	0.2024	0.2788
	新疆	0.1232	0.1157	0.1602	0.1811	0.3022	0.1290	0.1681	0.3704	0.2341
	均值	0.0453	0.0803	0.0873	0.1152	0.1129	0.1081	0.1394	0.1764	0.2055
东北	辽宁	0.1702	0.2165	0.2448	0.2842	0.3607	0.2379	0.2771	0.3035	0.4735
	吉林	0.1033	0.1411	0.1608	0.1969	0.1319	0.1437	0.1744	0.1833	0.2603
	黑龙江	0.0722	0.0928	0.0999	0.1469	0.1367	0.1607	0.1901	0.1759	0.2540
	均值	0.1152	0.1501	0.1685	0.2093	0.2098	0.1808	0.2138	0.2209	0.3293

续表

地区	省区市	2015 年	2016 年	2017 年	2018 年	2019 年
东部	北京	1.1755	1.1870	1.2587	1.2482	1.2505
	天津	0.6738	0.7338	0.7964	0.7636	0.8334
	河北	0.2423	0.2705	0.3024	0.2871	0.3162
	上海	1.1574	1.1722	1.2422	1.2360	1.2527
	江苏	0.6512	0.7216	0.8578	0.9821	1.1253
	浙江	1.0574	1.0873	0.9206	0.8559	1.0176
	福建	0.6791	0.7495	0.8083	0.7434	0.8656
	山东	0.5959	0.3722	0.4075	0.3849	0.4677
	广东	0.7039	0.8704	0.7969	0.8946	0.9600
	海南	0.2809	0.2523	0.3618	0.4997	0.4914
	均值	0.7218	0.7417	0.7753	0.7895	0.8580
中部	山西	0.2489	0.2702	0.3188	0.3231	0.3761
	安徽	0.2015	0.2293	0.2924	0.2601	0.2904
	江西	0.2115	0.2903	0.2078	0.2993	0.3614
	河南	0.4291	0.4649	0.4538	0.4436	0.4767
	湖北	0.3270	0.3728	0.4236	0.4261	0.5310
	湖南	0.2181	0.2391	0.2703	0.2620	0.3260
	均值	0.2727	0.3111	0.3278	0.3357	0.3936
西部	内蒙古	0.2753	0.3156	0.3570	0.3506	0.5446
	广西	0.1650	0.1923	0.3424	0.3527	0.3680
	重庆	0.3916	0.4093	0.4592	0.4251	0.5108
	四川	0.3181	0.5417	0.5589	0.3528	0.5681
	贵州	0.1084	0.1278	0.1559	0.1529	0.1907
	云南	0.1551	0.1613	0.1655	0.1656	0.2148
	西藏	0.2965	0.4395	0.6108	0.6956	0.6896
	陕西	0.3006	0.3341	0.3816	0.3895	0.4617
	甘肃	0.1899	0.2092	0.2172	0.2173	0.2482
	青海	0.2140	0.2398	0.4016	0.4052	0.4043
	宁夏	0.3223	0.3371	0.4018	0.4144	0.4891
	新疆	0.2527	0.2469	0.4652	0.2209	0.4224
	均值	0.2491	0.2962	0.3764	0.3452	0.4260
东北	辽宁	0.4692	0.4796	0.5291	0.4925	0.5390
	吉林	0.2946	0.3301	0.3692	0.5446	0.5741
	黑龙江	0.2843	0.3062	0.5464	0.3594	0.4284
	均值	0.3494	0.3720	0.4815	0.4655	0.5139

资料来源：作者计算

注：本表均值数据由原始数据计算得出

各地区横向比较，我们发现人口金融密度存在明显的区域性分布差异，金融密度较高的地区集中于经济发展水平较高的东部地区，北京和上海两地的人口金融密度指数远远高于其他地区。2006 年北京和上海的人口金融密度指数分别为 0.7483 和 0.8674，2019 年对应指数为 1.2505 和 1.2527，远高于 2006 年和 2019 年东部地区平均值。东北地区的金融资源配置的人口密度远低于东部地区的平均水平，但高于中、西部的金融密度指数，2006～2019 年，东北人口金融密度平均值由 0.1152 上升到 0.5139，人口金融资源分布密度有显著上升趋势。相较于东部和东北地区，我国中、西部地区的人口金融密度远低于全国平均水平，且同一地区的省区市之间存在严重的金融密度配置不均衡现象。中、西部地区的江西、安徽、甘肃、广西、云南、贵州等 2006～2019 年人口金融密度的均值小于 0.20，地区人口金融资源配置严重不足。

2. 地理金融密度

地理金融密度反映了在一定区域面积内，金融服务需求方能够接触并且获得储蓄、信贷、投资、保险等金融服务的资源分布状态。本章在地理密度指标体系构建的基础上，从银行、证券、保险三个维度测算各省区市的地理金融密度指数，结果如表 5-8 所示。

表 5-8　地理金融密度指数

区域	省区市	2006 年	2007 年	2008 年	2009 年	2010 年	2011 年	2012 年	2013 年	2014 年
东部	北京	0.4424	0.5857	0.6118	0.7768	0.8174	0.7400	0.8303	0.8600	0.8782
	天津	0.2084	0.2562	0.2713	0.3212	0.3384	0.3441	0.3808	0.4274	0.5168
	河北	0.1236	0.1299	0.1063	0.1154	0.1258	0.1275	0.1349	0.1410	0.1470
	上海	0.9355	0.9666	0.9772	0.9799	1.0001	0.9913	0.9763	0.9774	0.9814
	江苏	0.0879	0.1104	0.1194	0.1478	0.1490	0.1554	0.1773	0.2079	0.2645
	浙江	0.0731	0.0955	0.1039	0.1273	0.1371	0.1417	0.1601	0.1799	0.2343
	福建	0.0340	0.0386	0.0421	0.0519	0.0555	0.0577	0.0667	0.0755	0.0992
	山东	0.0753	0.0977	0.1057	0.1863	0.0788	0.0818	0.0915	0.1018	0.1258
	广东	0.1059	0.1267	0.1401	0.1607	0.1143	0.1204	0.1402	0.1624	0.3348
	海南	0.0242	0.0257	0.0285	0.0304	0.0319	0.0340	0.0389	0.0430	0.0543
	均值	0.2110	0.2433	0.2506	0.2898	0.2848	0.2794	0.2997	0.3176	0.3636
中部	山西	0.0239	0.0761	0.0219	0.0253	0.0280	0.0296	0.0330	0.0358	0.0439
	安徽	0.0416	0.0486	0.0657	0.0657	0.0378	0.0394	0.0446	0.0692	0.0609
	江西	0.0182	0.0179	0.0184	0.0231	0.0236	0.0250	0.0282	0.0336	0.0434

续表

区域	省区市	2006年	2007年	2008年	2009年	2010年	2011年	2012年	2013年	2014年
中部	河南	0.1121	0.0723	0.0817	0.0916	0.0458	0.0494	0.0551	0.0603	0.1865
	湖北	0.0227	0.0320	0.0305	0.0642	0.0358	0.0374	0.0426	0.0664	0.0601
	湖南	0.0326	0.0397	0.0448	0.0261	0.0277	0.0289	0.0324	0.0373	0.0469
	均值	0.0418	0.0478	0.0438	0.0494	0.0331	0.0349	0.0393	0.0504	0.0736
西部	内蒙古	0.0010	0.0024	0.0032	0.0039	0.0016	0.0018	0.0021	0.0024	0.0030
	广西	0.0183	0.0210	0.0244	0.0293	0.0152	0.0159	0.0180	0.0209	0.0245
	重庆	0.0407	0.0661	0.0542	0.0664	0.0457	0.0489	0.0547	0.0617	0.0773
	四川	0.0105	0.0121	0.0139	0.0160	0.0182	0.0188	0.0216	0.0254	0.0294
	贵州	0.0108	0.0129	0.0151	0.0181	0.0103	0.0112	0.0129	0.0201	0.0193
	云南	0.0043	0.0052	0.0058	0.0072	0.0079	0.0083	0.0133	0.0111	0.0136
	西藏	0.0000	0.0000	0.0000	0.0000	0.0000	0.0000	0.0000	0.0000	0.0000
	陕西	0.0130	0.0324	0.0327	0.0388	0.0209	0.0227	0.0249	0.0281	0.0352
	甘肃	0.0045	0.0058	0.0067	0.0087	0.0046	0.0047	0.0054	0.0068	0.0084
	青海	0.0003	0.0004	0.0000	0.0000	0.0000	0.0000	0.0001	0.0438	0.0528
	新疆	0.0038	0.0152	0.0123	0.0200	0.0178	0.0188	0.0216	0.0234	0.0723
	宁夏	0.0013	0.0013	0.0018	0.0020	0.0045	0.0007	0.0009	0.0055	0.0015
	均值	0.0090	0.0146	0.0142	0.0175	0.0122	0.0127	0.0146	0.0208	0.0281
东北	辽宁	0.0521	0.0627	0.0711	0.0785	0.1160	0.0566	0.0619	0.0717	0.0918
	吉林			0.0317	0.0347	0.0183	0.0189	0.0209	0.0234	0.0280
	黑龙江	0.0063	0.0071	0.0076	0.0099	0.0097	0.0102	0.0114	0.0132	0.0147
	均值	0.0292	0.0349	0.0368	0.0410	0.0480	0.0286	0.0314	0.0361	0.0448

区域	省区市	2015年	2016年	2017年	2018年	2019年
东部	北京	0.9011	0.9368	0.9597	0.9457	0.9515
	天津	0.5763	0.6046	0.6274	0.6506	0.6798
	河北	0.1545	0.1532	0.1586	0.1597	0.1906
	上海	0.9874	0.9893	0.9968	0.9986	1.0011
	江苏	0.2993	0.3174	0.3688	0.4443	0.4941
	浙江	0.3798	0.3844	0.2922	0.3085	0.3754
	福建	0.1138	0.1224	0.1284	0.1301	0.1478
	山东	0.2470	0.2056	0.2106	0.1704	0.1848

续表

区域	省区市	2015 年	2016 年	2017 年	2018 年	2019 年
东部	广东	0.2513	0.3236	0.3017	0.3016	0.3355
	海南	0.0585	0.0624	0.0678	0.1114	0.1001
	均值	0.3969	0.4100	0.4112	0.4221	0.4461
中部	山西	0.0466	0.0505	0.0555	0.0577	0.0624
	安徽	0.0692	0.0754	0.0885	0.0878	0.0955
	江西	0.0499	0.0596	0.0557	0.0599	0.0668
	河南	0.1986	0.2078	0.1943	0.1968	0.2049
	湖北	0.0690	0.0753	0.0820	0.0860	0.0986
	湖南	0.0529	0.0576	0.0624	0.0639	0.0717
	均值	0.0810	0.0877	0.0897	0.0920	0.1000
西部	内蒙古	0.0034	0.0039	0.0044	0.0045	0.0126
	广西	0.0276	0.0301	0.0623	0.0650	0.0674
	重庆	0.0876	0.0924	0.1006	0.1012	0.1616
	四川	0.0355	0.0796	0.0760	0.0748	0.0780
	贵州	0.0226	0.0256	0.0293	0.0309	0.0341
	云南	0.0159	0.0167	0.0175	0.0182	0.0208
	西藏	0.0001	0.0002	0.0003	0.0004	0.0006
	陕西	0.0396	0.0431	0.0475	0.0495	0.0540
	甘肃	0.0096	0.0107	0.0110	0.0118	0.0123
	青海	0.0599	0.0644	0.1166	0.1200	0.1231
	新疆	0.0321	0.0344	0.0390	0.0413	0.0439
	宁夏	0.0017	0.0019	0.0059	0.0023	0.0061
	均值	0.0280	0.0336	0.0425	0.0433	0.0512
东北	辽宁	0.0948	0.0977	0.1027	0.1035	
	吉林	0.0310	0.0335	0.0685	0.0695	0.0700
	黑龙江	0.0162	0.0174	0.0371	0.0193	0.0210
	均值	0.0473	0.0495	0.0694	0.0641	0.0455

资料来源：作者计算

注：本表均值数据由原始数据计算得出

2006～2019 年地理金融密度整体呈上升趋势，并且地理金融密度指数存在严重的区域性分布不均衡的问题。东部地区地理金融密度远高于中、西部以及东北地区。从整体来看，东部地区中北京、上海、广东、江苏、天津、浙江的地理金融密度指数较高，河北和海南指数相对较低。西部地区的地理金融密度水平在四个地区中是最低的，2006～2019 年地理金融密度水平排在后十位的省市中，西部地区占有九个，分别是西藏、青海、新疆、内蒙古、甘肃、云南、贵州、四川以及广西。因此，我国西部地区存在严重的空间金融资源分布不足的问题，在一定范围内网点分布、金融从业人员以及金融产品和服务供给不足，会增加微观主体获取金融服务的成本和难度，导致西部地区金融体系发展受阻，实体经济缺少金融支持等问题，从而进一步加剧地区经济发展不平衡的问题。因此，地理金融密度与人口金融密度呈现出相对一致的截面数据特征，即东部地区的地理金融密度和人口金融密度指数远高于中、西部和东北地区，金融资源分布存在严重的地区倾向性以及非均衡性。

3. 企业金融密度

企业金融密度反映了区域内一定数目的企业获得银行、证券以及保险服务的分布状态，可以通过人民币存款/企业数目、票据融资/企业数目、上市公司数量占比、企业融资额/企业数目、企业财产保险保费收入/企业数目以及企业财产保险保费支出/企业数目来测算。表 5-9 是 2010～2012 年、2014～2017 年、2019 年各省区市的企业金融密度指数，我们可以看出企业金融密度与地理金融密度、人口金融密度呈现出完全不同的时间序列以及截面特征。

2010～2019 年，东部、中部、西部和东北四个地区内企业金融密度相对平稳，存在明显的时间序列趋势。从各个地区来看，2010～2019 年东部、中部、西部和东北地区企业金融密度指数的均值分别为 0.2104、0.1208、0.2907、0.1964，企业金融密度的地区性差异并不明显。

表 5-9　企业金融密度指数

区域	省区市	2010 年	2011 年	2012 年	2014 年	2015 年	2016 年	2017 年	2019 年
东部	北京	0.3548	0.3752	0.4640	0.2890	0.3367	0.3535	0.4035	0.4077
	天津	0.2310	0.2082	0.2243	0.1014	0.0343	−0.0275	−0.0426	0.0817
	河北	0.1993	0.2541	0.2083	0.1497	0.1239	0.0260	−0.0422	−0.0656
	上海	0.3272	0.3519	0.2902	0.4057	0.4983	0.5611	0.5219	0.7838
	江苏	0.0801	0.0867	0.0774	0.0911	0.0818	0.0567	0.0195	0.0587
	浙江	0.1239	0.1192	0.1095	0.0831	0.1045	0.1416	0.1137	0.1469
	福建	0.1622	0.1682	0.1473	0.1187	0.1039	0.0377	0.0189	0.0190
	山东	0.0665	0.0846	0.1053	0.0891	0.0318	−0.0148	−0.0380	−0.0638
	广东	0.2211	0.2001	0.1841	0.1716	0.2177	0.2635	0.1881	0.0413
	海南	0.5748	0.5856	0.6531	0.6929	0.5619	0.6162	0.4584	0.2811
	均值	0.2341	0.2434	0.2464	0.2192	0.2095	0.2014	0.1601	0.1691

续表

区域	省区市	2010年	2011年	2012年	2014年	2015年	2016年	2017年	2019年
中部	山西	0.2820	0.2782	0.2427	0.2827	0.1703	0.0251	−0.0282	−0.0485
	安徽	0.2442	0.2352	0.1808	0.1574	0.1250	0.1002	0.0198	0.0136
	江西	0.2489	0.1991	0.1482	0.1325	0.1068	0.0442	−0.0109	0.0144
	河南	0.1873	0.2091	0.2329	0.0975	0.0512	0.0335	0.0078	−0.0453
	湖北	0.1105	0.0974	0.0703	0.0622	0.0461	0.0319	−0.0154	0.0349
	湖南	0.1898	0.1989	0.1788	0.2121	0.2038	0.1471	0.1331	0.1565
	均值	0.2104	0.2030	0.1756	0.1574	0.1172	0.0637	0.0177	0.0210
西部	内蒙古	0.3574	0.3946	0.3332	0.2451	0.3071	0.1317	0.0775	0.1024
	广西	0.1321	0.0968	0.0524	0.0627	0.0512	−0.0195	−0.0559	−0.0714
	重庆	0.1817	0.1095	0.0333	0.0341	−0.0004	−0.0460	−0.0609	−0.0347
	四川	0.3832	0.4382	0.4399	0.4337	0.4747	0.4195	0.3383	0.1262
	贵州	0.3660	0.3507	0.2916	0.1446	0.0666	0.0104	−0.0377	−0.0565
	云南	0.2307	0.1919	0.1568	0.1770	0.0914	0.0222	−0.0116	−0.0158
	西藏	1.0000	1.0000	0.9647	0.9078	0.9884	0.3759	0.9581	0.8137
	陕西	0.4203	0.3244	0.2881	0.3733	0.2927	0.1099	0.0869	−0.0106
	甘肃	0.2452	0.3474	0.3665	0.2582	0.2467	0.2197	0.2432	0.2110
	青海	0.4141	0.5893	0.4652	0.3282	0.3405	0.2891	0.0713	0.1055
	宁夏	0.4124	0.4406	0.3947	0.4029	0.2911	0.2299	0.2141	0.1694
	新疆	0.6628	0.6734	0.7635	0.4769	0.4975	0.4106	0.4276	0.3526
	均值	0.4005	0.4131	0.3792	0.3204	0.3040	0.1795	0.1876	0.1410
东北	辽宁	0.1161	0.1378	0.0687	0.0386	0.0765	0.0784	0.0046	0.0254
	吉林	0.2566	0.2856	0.3203	0.3210	0.3663	0.3466	0.3235	0.3356
	黑龙江	0.1809	0.1484	0.1729	0.2740	0.2883	0.2562	0.1125	0.1779
	均值	0.1845	0.1906	0.1873	0.2112	0.2437	0.2271	0.1468	0.1796

资料来源：作者计算

注：本表均值数据由原始数据计算得出

4. 产业金融密度

产业金融密度反映了我国不同行业获得信贷、储蓄和保险服务的水平。本章在四层面、三维度金融密度指标构建以及指标合成方法的基础上，从银行、证券、保险三个维度测算了2006～2019年各省区市的产业金融密度，如表5-10所示。从表5-10中，我们可以看到2006～2019年各地区产业金融密度有增加的趋势，并且东部地区产业金融密度远大于其他三个地区。各个省区市之间产业金融密度差距较大，北京、上海 2006～2019 年平均产业金融密度指数为 1.9292 和 1.7092，远高于全国平均值 0.5175。中部地区产业金融密度较低，中部六个省份产业金融密度全部小于全国均值，河南（0.1975）、山西（0.3399）、湖北（0.2337）的产业金融密度小于 0.40。因此，产业金融密度分布存在一定的区域不平衡现象，东部地区产业金融资源较充足，其他三个地区产业金融支持明显不足。

表 5-10　产业金融密度指数

区域	省区市	2006 年	2007 年	2008 年	2009 年	2010 年	2011 年	2012 年	2013 年	2014 年
东部	北京	0.3580	0.9680	1.5628	2.1456	2.1453	2.2293	2.1931	2.1677	2.1834
	天津	0.0933	0.1951	0.1580	0.2861	0.3057	0.2293	0.3024	0.3740	0.4686
	河北	0.0050	0.0657	0.0752	0.1553	0.1399	0.0988	0.1582	0.2093	0.2616
	上海	0.7270	1.5224	1.0820	1.4620	1.3799	1.8056	1.7906	1.7449	2.0195
	江苏	0.0340	0.0858	0.0813	0.1877	0.2464	0.2011	0.2251	0.2594	0.3428
	浙江	0.0793	0.1895	0.1502	0.2861	0.3165	0.2563	0.2826	0.3773	0.4040
	福建	0.0667	0.1352	0.0853	0.1461	0.1738	0.1210	0.1302	0.1413	0.1863
	山东	0.0161	0.0873	0.0479	0.1343	0.1229	0.0899	0.1539	0.1884	0.1596
	广东	0.0682	0.1635	0.1053	0.2037	0.2489	0.1800	0.2843	0.3387	0.3911
	海南	0.0983	0.1979	0.1124	0.2548	0.3262	0.2960	0.3116	0.3768	0.6100
中部	山西	0.0632	0.1349	0.0624	0.1478	0.1257	0.1242	0.2132	0.2836	0.3297
	安徽	0.0898	0.2126	0.1414	0.4286	0.5325	0.3842	0.4123	0.4388	0.4652
	江西	0.0444	0.1679	0.0737	0.2136	0.2908	0.1841	0.2082	0.1977	0.2598
	河南	0.0020	0.0430	0.0508	0.1027	0.0896	0.0599	0.1144	0.1678	0.1680
	湖北	0.0539	0.1415	0.1441	0.2474	0.2441	0.1590	0.1635	0.2002	0.2343
	湖南	0.0506	0.3746	0.2748	0.3436	0.3027	0.3034	0.3348	0.2595	0.3094
西部	内蒙古	0.0365	0.4401	0.3964	0.6946	0.6564	0.5394	0.5314	0.6321	0.7237
	广西	0.0259	0.0907	0.0649	0.1259	0.0945	0.0596	0.0496	0.0608	0.1357
	重庆	0.1027	0.1989	0.1550	0.3002	0.2804	0.2172	0.2346	0.2893	0.3169
	四川	0.1335	0.5147	0.3049	0.4731	0.4792	0.3724	0.3665	0.3509	0.3503
	贵州	0.3783	0.5925	0.5500	0.6754	0.5502	0.5284	0.5056	0.3697	0.4927
	云南	0.1329	0.3655	0.1840	0.4795	0.3914	0.3095	0.3461	0.3779	0.4449
	西藏	0.1857	0.2252	0.1433	0.7165	0.6773	1.0528	1.1026	1.2373	1.0744
	陕西	0.0407	0.1152	0.0714	0.1453	0.1286	0.0708	0.0892	0.1503	0.2280
	甘肃	0.0115	0.1291	0.0685	0.2301	0.1718	0.1405	0.2668	0.3565	0.4852

续表

区域	省区市	2006 年	2007 年	2008 年	2009 年	2010 年	2011 年	2012 年	2013 年	2014 年
西部	青海	0.1892	0.4995	0.4070	0.4610	0.4120	0.4400	0.6118	0.4487	0.4774
	宁夏	0.1074	0.2455	0.1196	0.3323	0.3116	0.2456	0.4154	0.4715	0.8305
	新疆	0.3368	0.9139	0.8095	1.0631	0.8086	0.6174	0.6819	0.8042	1.1360
东北	辽宁	0.0721	0.1840	0.0853	0.3488	0.2077	0.1665	0.1896	0.1842	0.3779
	吉林	0.0720	0.8928	0.2619	0.4164	0.3892	0.2542	0.1319	0.2670	0.3468
	黑龙江	0.2030	0.0994	0.5010	0.5499	0.5168	0.2688	0.3633	0.6035	0.4869

区域	省区市	2015 年	2016 年	2017 年	2018 年	2019 年
东部	北京	2.2521	2.2358	2.2359	2.1638	2.1679
	天津	0.6639	0.7348	1.0746	1.1284	1.4699
	河北	0.4509	0.3876	0.4264	0.4519	0.5208
	上海	2.2203	2.1133	2.1222	1.8733	2.0655
	江苏	0.4633	0.4641	0.4368	0.3897	0.5754
	浙江	0.6880	0.6899	0.7764	0.6146	0.7819
	福建	0.2842	0.3026	0.2750	0.2411	0.2851
	山东	0.2766	0.2840	0.3847	0.4440	0.5378
	广东	0.5950	0.5416	0.6782	0.6110	0.8265
	海南	0.6677	0.5220	0.6303	0.5829	0.7036
中部	山西	0.5337	0.5442	0.6447	0.6607	0.8910
	安徽	0.5956	0.7360	0.6295	0.5687	0.5982
	江西	0.3227	0.3421	0.3663	0.3454	0.4137
	河南	0.2643	0.3540	0.4350	0.4261	0.4877
	湖北	0.3074	0.3085	0.3526	0.3103	0.4046
	湖南	0.4221	0.4057	0.5528	0.4711	0.5445
西部	内蒙古	0.9106	0.8858	1.4389	1.0012	0.9938
	广西	0.2270	0.1921	0.2112	0.2336	0.3361
	重庆	0.3840	0.3385	0.3384	0.3459	0.3968
	四川	0.6071	0.5955	0.6902	0.5730	0.6998
	贵州	0.5648	0.6589	0.9370	0.9818	1.1453
	云南	0.4773	0.4642	0.4569	0.3541	0.4041
	西藏	1.3302	1.7317	2.0065	1.8244	1.9198
	陕西	0.3359	0.3362	0.3544	0.3206	0.3979
	甘肃	0.7133	0.8016	0.9844	0.8042	1.0263

续表

区域	省区市	2015 年	2016 年	2017 年	2018 年	2019 年
西部	青海	0.8182	0.9846	1.1437	1.1071	1.2859
	宁夏	0.8735	1.1593	1.1010	1.0730	1.4655
	新疆	1.3337	1.2747	1.3723	1.3269	1.4152
东北	辽宁	0.5219	0.5191	0.5399	0.5061	0.6590
	吉林	0.4580	0.5628	0.7620	0.7608	0.9311
	黑龙江	0.6875	0.8922	0.6933	0.6525	1.0031

图 5-3 是各省区市人口、地理、企业、产业金融密度的年平均值，我们可以看到，四层面金融密度指数体系存在比较明显的区域性差异。东部地区的人口、地理以及产业金融密度要明显高于中部、西部、东北地区，企业金融密度在各个省区市之间的差异性并不显著。中部、西部地区人口、地理以及产业金融密度明显低于东部地区，说明银行、证券、保险等金融机构对中部、西部地区存在比较明显的金融排斥行为。正规金融机构通过营业网点移出、信贷歧视等手段将金融资源集中配置到经济较为发达的东部地区，从而导致了区域性金融密度差异的形成。

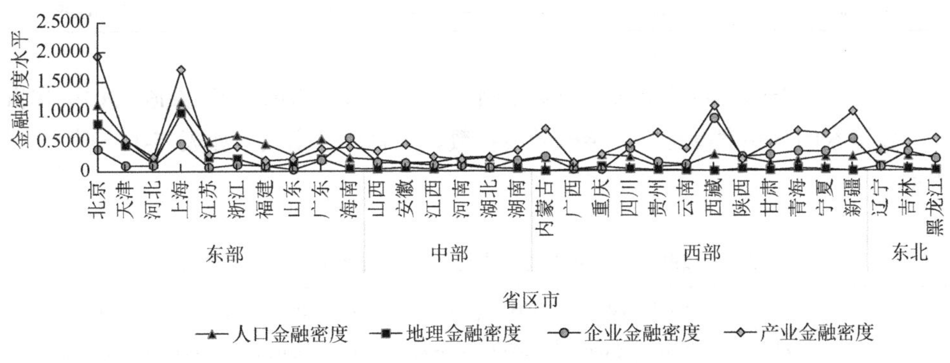

图 5-3　2006～2019 年东部、中部、西部、东北地区四层面金融密度指数

第四节　金融密度的国际比较

沿袭上文的思路，本节测算了世界主要国家的金融密度指数，时间跨度为 2006～2019 年。本章对世界主要国家的界定是基于各国的经济体量排名，所选取的前二十大国的经济总量占全球经济体量的 70%，涵盖了世界各大洲（除南极洲），

具有较强的代表性。其中，国家类型的分类参考国际货币基金组织（International Monetary Fund，IMF）《世界经济展望》的年度报告，使用的国家和分类如表 5-11 所示。

表 5-11 样本对象

类型	国家名
发达国家	法国、日本、韩国、荷兰、美国、澳大利亚、意大利、瑞士、加拿大、德国、英国、西班牙
发展中国家	中国、巴西、墨西哥、沙特阿拉伯、土耳其、印度尼西亚、印度、俄罗斯

本书从银行、证券两个不同的部门维度分别测算了金融宽度指数、金融效度指数、金融深度指数，并在此基础上合成了综合金融密度①，所使用的指标如表 5-12 所示。

表 5-12 金融密度指标体系

一级维度	二级维度	银行部门	证券部门
金融宽度	地理渗透性	商业银行分支机构（每 10 万成年人）/千米 ^{2}	国内上市公司/千米 ^{2}
金融效度	服务有效性	居民储蓄余额/人口	股票交易总额/人口
金融深度	服务匹配性	居民储蓄余额/GDP	上市公司市值/GDP

基于上述指标，并采用前文的密度测算方法，本章测算出了 2006～2019 年世界主要国家的金融宽度指数、金融效度指数、金融深度指数，如表 5-13～表 5-15 所示。

表 5-13 2006～2019 年世界主要国家金融密度——金融宽度

类型	国名	2006 年	2007 年	2008 年	2009 年	2010 年	2011 年	2012 年	2013 年	2014 年
发达国家	法国	0.0964	0.0940	0.0917	0.0871	0.0847	0.0827	0.0784	0.0744	0.0735
	日本	0.2556	0.2520	0.2517	0.2482	0.2457	0.2457	0.2467	0.3386	0.3401
	韩国	0.5676	0.5637	0.5688	0.5674	0.5688	0.5690	0.5688	0.5685	0.5591
	荷兰	0.6220	0.6401	0.6130	0.5379	0.4900	0.4574	0.4235	0.3579	0.3163
	美国	0.0169	0.0166	0.0149	0.0142	0.0139	0.0135	0.0133	0.0135	0.0139
	澳大利亚	0.0077	0.0083	0.0084	0.0082	0.0083	0.0086	0.0085	0.0085	0.0084
	意大利	0.1591	0.1651	0.1718	0.1643	0.1609	0.1621	0.1579	0.1484	0.1440

① 考虑到国际数据的可得性，本节对金融密度的测算未包含保险部门。

续表

类型	国名	2006年	2007年	2008年	2009年	2010年	2011年	2012年	2013年	2014年
发达国家	瑞士	0.7447	0.7508	0.7460	0.7473	0.7378	0.7379	0.7325	0.7296	0.7355
	加拿大	0.0115	0.0116	0.0116	0.0113	0.0114	0.0121	0.0122	0.0115	0.0118
	德国	0.0012	0.0944	0.0931	0.0892	0.0878	0.0864	0.0827	0.0819	0.0771
	英国	0.4423	0.3953	0.3745	0.3446	0.3343	0.3175	0.2979	0.3047	0.3024
	西班牙	0.3405	0.3516	0.3542	0.3422	0.3304	0.3159	0.3048	0.2943	0.3001
	均值	0.2721	0.2786	0.2750	0.2635	0.2562	0.2507	0.2439	0.2443	0.2402
发展中国家	中国	0.0034	0.0037	0.0039	0.0043	0.0054	0.0063	0.0068	0.0068	0.0072
	巴西	0.0007	0.0009	0.0009	0.0009	0.0008	0.0009	0.0009	0.0009	0.0010
	墨西哥	0.0040	0.0044	0.0049	0.0047	0.0049	0.0050	0.0052	0.0053	0.0054
	沙特阿拉伯	0.0017	0.0021	0.0024	0.0026	0.0027	0.0028	0.0029	0.0029	0.0031
	土耳其	0.0204	0.0216	0.0228	0.0229	0.0240	0.0243	0.0238	0.0244	0.0240
	印度尼西亚	0.0056	0.0062	0.0067	0.0071	0.0077	0.0104	0.0115	0.0121	0.0125
	印度	0.0450	0.0449	0.0456	0.0463	0.0473	0.0481	0.0489	0.0503	0.0523
	俄罗斯	0.0004	0.0005	0.0006	0.0006	0.0006	0.0009	0.0007	0.0007	0.0007
	均值	0.0102	0.0105	0.0110	0.0112	0.0117	0.0123	0.0126	0.0129	0.0133

类型	国名	2015年	2016年	2017年	2018年	2019年
发达国家	法国	0.0727	0.0720	0.0694	0.0676	0.0658
	日本	0.3423	0.3428	0.3469	0.3485	0.3490
	韩国	0.5529	0.5464	0.5397	0.5347	0.5286
	荷兰	0.3054	0.2827	0.2731	0.2580	0.2228
	美国	0.0138	0.0135	0.0135	0.0135	0.0131
	澳大利亚	0.0084	0.0082	0.0085	0.0083	0.0080
	意大利	0.1423	0.1376	0.1307	0.1222	0.1179
	瑞士	0.7333	0.7304	0.7320	0.7407	0.7451
	加拿大	0.0113	0.0098	0.0094	0.0094	0.0094
	德国	0.0725	0.0692	0.0612	0.0587	0.0584
	英国	0.2880	0.2793	0.2743	0.2710	0.3136
	西班牙	0.3083	0.2906	0.2638	0.2499	0.2388
	均值	0.2376	0.2319	0.2269	0.2235	0.2225

续表

类型	国名	2015 年	2016 年	2017 年	2018 年	2019 年
发展中国家	中国	0.0078	0.0084	0.0097	0.0099	0.0104
	巴西	0.0009	0.0009	0.0008	0.0007	0.0007
	墨西哥	0.0050	0.0051	0.0052	0.0051	0.0051
	沙特阿拉伯	0.0032	0.0032	0.0034	0.0035	0.0035
	土耳其	0.0301	0.0287	0.0278	0.0274	0.0268
	印度尼西亚	0.0127	0.0128	0.0130	0.0135	0.0140
	印度	0.0547	0.0543	0.0524	0.0469	0.0465
	俄罗斯	0.0005	0.0004	0.0004	0.0002	0.0002
	均值	0.0144	0.0142	0.0141	0.0134	0.0134

注：本表均值数据由原始数据计算得出

表 5-14　2006～2019 年世界主要国家金融密度——金融效度

类型	国名	2006 年	2007 年	2008 年	2009 年	2010 年	2011 年	2012 年	2013 年	2014 年
发达国家	法国	0.3587	0.4660	0.4366	0.2926	0.2880	0.3037	0.2677	0.2722	0.2842
	日本	0.4301	0.4771	0.4734	0.3503	0.3899	0.3951	0.3570	0.4467	0.3826
	韩国	0.2999	0.3842	0.2769	0.3184	0.3471	0.3933	0.3585	0.3387	0.3506
	荷兰	0.5935	0.8606	0.7154	0.5031	0.4862	0.4922	0.4355	0.4634	0.4734
	美国	0.7354	0.7820	0.7880	0.7722	0.8027	0.8099	0.7711	0.8088	0.8600
	澳大利亚	0.4474	0.6234	0.5032	0.4924	0.5977	0.6712	0.6209	0.5467	0.5025
	意大利	0.2586	0.3801	0.3068	0.2274	0.1947	0.2240	0.2029	0.2037	0.3388
	瑞士	0.5050	1.0509	1.0537	0.9866	1.0569	1.0161	0.8345	0.9067	0.9280
	加拿大	0.4434	0.5477	0.5111	0.3960	0.4446	0.4895	0.4701	0.4637	0.4647
	德国	0.3364	0.4809	0.5598	0.3292	0.3231	0.3620	0.3161	0.3263	0.3465
	英国	0.3883	0.5139	0.3844	0.3439	0.3990	0.3938	0.3427	0.2735	0.3549
	西班牙	0.3315	0.4439	0.3851	0.3000	0.2978	0.2677	0.2172	0.2292	0.2413
	均值	0.4273	0.5842	0.5329	0.4427	0.4690	0.4849	0.4329	0.4400	0.4606
发展中国家	中国	0.0118	0.0402	0.0395	0.0595	0.0689	0.0714	0.0707	0.0873	0.1110
	巴西	0.0203	0.0390	0.0434	0.0401	0.0625	0.0689	0.0626	0.0566	0.0494
	墨西哥	0.0361	0.0419	0.0396	0.0285	0.0356	0.0403	0.0419	0.0405	0.0414
	沙特阿拉伯	0.4876	0.3371	0.3542	0.2064	0.2232	0.3148	0.3661	0.3001	0.3085
	土耳其	0.0485	0.0644	0.0623	0.0539	0.0665	0.0673	0.0737	0.0791	0.0788

续表

类型	国名	2006年	2007年	2008年	2009年	2010年	2011年	2012年	2013年	2014年
发展中国家	印度尼西亚	0.0000	0.0000	0.0021	0.0031	0.0107	0.0150	0.0146	0.0131	0.0121
	印度	0.0007	0.0028	0.0019	0.0026	0.0026	0.0005	0.0003	0.0000	0.0008
	俄罗斯	0.0618	0.1067	0.1184	0.0523	0.0734	0.1042	0.0988	0.0866	0.0751
	均值	0.0833	0.0790	0.0827	0.0558	0.0679	0.0853	0.0911	0.0829	0.0847

类型	国名	2015年	2016年	2017年	2018年	2019年
发达国家	法国	0.2523	0.2291	0.2226	0.2333	0.2309
	日本	0.4166	0.4276	0.4566	0.4839	
	韩国	0.4242	0.3977	0.4642	0.5244	0.4411
	荷兰	0.4216	0.3805	0.3746	0.3937	0.3929
	美国	0.8646	0.8720	0.8845	0.8312	0.6518
	澳大利亚	0.4432	0.4311	0.4662	0.4606	0.4777
	意大利	0.3275	0.3346	0.3489	0.3700	0.3797
	瑞士	1.0569	0.9923	1.0594	1.0542	1.0581
	加拿大	0.3620	0.3545	0.3924	0.4100	0.4194
	德国	0.3286	0.3031	0.3488	0.3684	0.3421
	英国	0.3440	0.3116	0.3064	0.3052	0.2958
	西班牙	0.2300	0.1846	0.2131	0.2085	0.2042
	均值	0.4559	0.4349	0.4615	0.4703	0.4449
发展中国家	中国	0.2290	0.1371	0.1382	0.1290	0.1571
	巴西	0.0277	0.0294	0.0352	0.0358	0.0337
	墨西哥	0.0356	0.0309	0.0338	0.0357	0.0376
	沙特阿拉伯	0.1972	0.1698	0.1685	0.2010	0.2015
	土耳其	0.0727	0.0642	0.0714	0.0683	0.0625
	印度尼西亚	0.0108	0.0118	0.0140	0.0147	0.0164
	印度	0.0009	0.0011	0.0032	0.0033	0.0030
	俄罗斯	0.0489	0.0418	0.0539	0.0667	0.0679
	均值	0.0779	0.0608	0.0648	0.0693	0.0725

注：本表均值数据由原始数据计算得出

表 5-15　2006～2019 年世界主要国家金融密度——金融深度

类型	国名	2006年	2007年	2008年	2009年	2010年	2011年	2012年	2013年	2014年
发达国家	法国	0.3900	0.3729	0.1795	0.2256	0.2277	0.1782	0.2288	0.2841	0.2588
	日本	0.4311	0.4027	0.2585	0.2168	0.2459	0.1810	0.1816	0.3026	0.3271
	韩国	0.4694	0.5420	0.2610	0.5075	0.5609	0.4707	0.5221	0.5207	0.4882

续表

类型	国名	2006 年	2007 年	2008 年	2009 年	2010 年	2011 年	2012 年	2013 年	2014 年
发达国家	荷兰	0.5038	0.5313	0.2142	0.3320	0.3794	0.3300	0.3786	0.4437	0.4297
	美国	0.4434	0.3796	0.2523	0.2536	0.2916	0.2922	0.3404	0.4648	0.5198
	澳大利亚	0.5906	0.5771	0.2856	0.5682	0.5058	0.3978	0.4108	0.3853	0.3884
	意大利	0.1684	0.1677	0.0176	0.0504	0.0308	0.0144	0.0197	0.0477	0.0469
	瑞士	0.7736	0.7828	0.8635	0.7629	0.7765	0.7992	0.8030	0.8007	0.8155
	加拿大	0.5313	0.5657	0.2898	0.3942	0.4552	0.4190	0.4293	0.4429	0.4692
	德国	0.2551	0.3233	0.1223	0.1589	0.2032	0.1587	0.2002	0.2377	0.2226
	英国	0.4052	0.3158	0.1719	0.2156	0.3393	0.3396	0.3290	0.3229	0.3093
	西班牙	0.4218	0.4569	0.2274	0.3422	0.2735	0.2364	0.2461	0.2846	0.2481
	均值	0.4486	0.4515	0.2620	0.3357	0.3575	0.3181	0.3408	0.3781	0.3770
发展中国家	中国	0.5571	0.8847	0.3769	0.6822	0.6688	0.5143	0.5402	0.5313	0.5738
	巴西	0.2002	0.3151	0.0847	0.2159	0.2212	0.1446	0.1409	0.0974	0.0470
	墨西哥	0.1263	0.1423	0.0315	0.1399	0.1640	0.1267	0.1678	0.1275	0.1151
	沙特阿拉伯	0.7245	0.8772	0.4209	0.5852	0.6714	0.5364	0.5689	0.6144	0.5183
	土耳其	0.1510	0.1945	0.0627	0.1378	0.1435	0.0849	0.1468	0.1062	0.1154
	印度尼西亚	0.2383	0.2818	0.1216	0.3055	0.3854	0.3371	0.3495	0.3040	0.3277
	印度	0.5064	0.7219	0.3001	0.5197	0.5489	0.3451	0.4138	0.3710	0.4167
	俄罗斯	0.5747	0.6036	0.1528	0.2604	0.3504	0.2642	0.2554	0.2029	0.1499
	均值	0.3848	0.5027	0.1939	0.3558	0.3942	0.2941	0.3229	0.2943	0.2830

类型	国名	2015 年	2016 年	2017 年	2018 年	2019 年
发达国家	法国	0.3198	0.3210	0.3988	0.3311	0.3381
	日本	0.4474	0.4103	0.5245	0.4494	
	韩国	0.5188	0.5270	0.6331	0.4986	0.4733
	荷兰	0.4724	0.5129	0.6376	0.6843	0.7093
	美国	0.4767	0.4902	0.5477	0.5345	0.5370
	澳大利亚	0.3664	0.4078	0.4632	0.3737	0.4584
	意大利	0.0384	0.0440	0.0462	0.0374	0.0444
	瑞士	0.8156	0.8073	0.7995	0.8269	0.8201
	加拿大	0.3767	0.4708	0.5317	0.4277	0.4081
	德国	0.2526	0.2489	0.3050	0.2244	0.2631
	英国	0.3021	0.2806	0.3017	0.3275	0.3103
	西班牙	0.2367	0.2110	0.2571	0.1903	0.2261
	均值	0.3853	0.3943	0.4538	0.4088	0.4171

续表

类型	国名	2015 年	2016 年	2017 年	2018 年	2019 年
发展中国家	中国	0.6170	0.5749	0.6034	0.4663	0.5247
	巴西	–0.0061	0.0463	0.0617	0.0779	0.1410
	墨西哥	0.1101	0.1086	0.1333	0.1137	0.1237
	沙特阿拉伯	0.3412	0.3895	0.4200	0.4390	0.8523
	土耳其	0.1180	0.1188	0.1539	0.1505	0.1443
	印度尼西亚	0.2900	0.3164	0.3518	0.3210	0.3193
	印度	0.3855	0.3699	0.4460	0.3894	0.3601
	俄罗斯	0.1928	0.2600	0.2346	0.2544	0.2271
	均值	0.2561	0.2731	0.3006	0.2765	0.3366

注：本表均值数据由原始数据计算得出

表 5-13 是金融宽度指数测算结果，分别在银行部门使用商业银行分支机构（每 10 万成年人）/千米^2，在证券部门使用国内上市公司/千米^{2}进行密度测算，通过这两个指标的加权合成来反映金融服务的地理渗透性以及具体金融服务的可接触性。利用上文列出的金融密度指数的计算公式，对世界主要国家金融宽度水平进行具体测度，测度结果详见表 5-13。从表 5-13 可以看出，金融宽度指数呈现出明显的分化格局：高值主要集聚于瑞士、韩国等发达国家，而俄罗斯、巴西等发展中国家则比较低。并且，从发达国家和发展中国家的均值来看，在 2006～2019 年，发达国家的平均金融宽度水平始终是发展中国家的平均水平的 15～27 倍①。值得注意的是，荷兰、美国等金融业起步较早的发达国家，其金融宽度水平在 2006～2019 年不再上升，反而有所下降。这并不意味着发达国家金融服务可接触性的下降：一方面，金融业的高度发达使各金融部门面对竞争极为激烈的市场，盈利水平降低，从而过度扩张的规模得以缩减；另一方面，经过多年持续的大规模并购重组，商业银行机构数量大幅度减少。令人欣喜的是，尽管发展中国家的金融宽度水平远低于发达国家，但各发展中国家的金融宽度水平均表现出良好的上升态势。

表 5-14 是金融效度指数测算结果，分别在银行部门使用居民储蓄余额/人口，在证券部门使用股票交易总额/人口进行密度测算，通过这两个指标的加权合成来反映金融服务的有效性。居民储蓄余额/人口可以反映人均获得银行部门基础服务的具体程度，股票交易总额/人口可以反映人均获得证券部门的基础服务的具体程度。基于上文列出的金融密度指数的计算公式，对世界主要国家的金融效度水平进行具体测度，测度结果详见表 5-14。从表 5-14 可以看出，2006～2019 年世界主要国家的金融效度水平年度之间有一定的起伏，这反映出综合银行、证券等部门金融

① 根据原始数据计算得出。

服务的有效性在不同年份受经济环境影响而发生变化。金融效度上升明显的国家主要有印度尼西亚、中国等发展中国家。

表 5-15 是金融深度指数的测算结果，分别在银行部门使用居民储蓄余额/GDP，在证券部门使用上市公司市值/GDP 进行密度测算，通过这两个指标的加权合成来反映金融服务的匹配性，进而衡量综合金融服务对地区经济发展水平的贡献。基于上文列出的金融密度指数的计算公式，对世界主要国家金融深度水平进行具体测度，测度结果详见表 5-15。从表 5-15 可以看出，除瑞士的金融深度水平在 2006～2019 年始终在高水平附近波动，未发生显著的趋势变化，其余国家的金融深度水平在 2006～2019 年整体上呈波动上升趋势，这意味着银行、证券部门的金融服务对于经济发展的贡献在整体上是增加的。

基于上文的研究已经得到了三维度的金融密度，对于综合金融密度指数，本书采取简单的算术平均方法来反映世界某主要国家的金融密度指数及其变化趋势。如表 5-16、图 5-4 所示，就综合金融密度指数而言，世界主要国家的综合金融密度指数呈现小幅度的波动趋势，同时高值主要集聚于发达国家，而发展中国家则比较低。

表 5-16　2006～2019 年世界主要国家综合金融密度指数

类型	国名	2006 年	2007 年	2008 年	2009 年	2010 年	2011 年	2012 年	2013 年	2014 年
发达国家	法国	0.2817	0.3110	0.2359	0.2018	0.2001	0.1882	0.1916	0.2102	0.2055
	日本	0.3722	0.3773	0.3279	0.2718	0.2938	0.2740	0.2618	0.3626	0.3499
	韩国	0.4456	0.4966	0.3689	0.4644	0.4923	0.4777	0.4831	0.4760	0.4660
	荷兰	0.5731	0.6773	0.5142	0.4576	0.4519	0.4265	0.4126	0.4217	0.4065
	美国	0.3986	0.3927	0.3517	0.3467	0.3694	0.3719	0.3749	0.4290	0.4645
	澳大利亚	0.3486	0.4029	0.2657	0.3563	0.3706	0.3592	0.3467	0.3135	0.2998
	意大利	0.1954	0.2376	0.1654	0.1474	0.1288	0.1335	0.1268	0.1333	0.1765
	瑞士	0.6744	0.8615	0.8878	0.8322	0.8571	0.8511	0.7900	0.8123	0.8263
	加拿大	0.3287	0.3750	0.2708	0.2672	0.3038	0.3069	0.3039	0.3061	0.3153
	德国	0.1976	0.2995	0.2584	0.1924	0.2047	0.2023	0.1997	0.2153	0.2154
	英国	0.4119	0.4083	0.3103	0.3014	0.3575	0.3503	0.3232	0.3004	0.3222
	西班牙	0.3646	0.4175	0.3222	0.3281	0.3006	0.2733	0.2560	0.2694	0.2632
	均值	0.3827	0.4381	0.3566	0.3473	0.3609	0.3512	0.3392	0.3542	0.3593
发展中国家	中国	0.1908	0.3095	0.1401	0.2487	0.2477	0.1973	0.2059	0.2085	0.2307
	巴西	0.0737	0.1183	0.0430	0.0856	0.0948	0.0714	0.0681	0.0516	0.0325
	墨西哥	0.0555	0.0629	0.0253	0.0577	0.0682	0.0573	0.0717	0.0578	0.0539

续表

类型	国名	2006年	2007年	2008年	2009年	2010年	2011年	2012年	2013年	2014年
发展中国家	沙特阿拉伯	0.4046	0.4055	0.2591	0.2647	0.2991	0.2846	0.3126	0.3058	0.2766
	土耳其	0.0733	0.0935	0.0493	0.0715	0.0780	0.0588	0.0814	0.0699	0.0727
	印度尼西亚	0.0813	0.0960	0.0435	0.1052	0.1346	0.1208	0.1252	0.1097	0.1175
	印度	0.1840	0.2565	0.1159	0.1895	0.1996	0.1313	0.1544	0.1404	0.1566
	俄罗斯	0.2123	0.2370	0.0906	0.1044	0.1414	0.1231	0.1183	0.0967	0.0752
	均值	0.1594	0.1974	0.0959	0.1409	0.1579	0.1306	0.1422	0.1301	0.1270

类型	国名	2015年	2016年	2017年	2018年	2019年
发达国家	法国	0.2150	0.2074	0.2303	0.2107	0.2116
	日本	0.4021	0.3936	0.4427	0.4272	0.3490
	韩国	0.4986	0.4904	0.5457	0.5192	0.4810
	荷兰	0.3998	0.3920	0.4284	0.4453	0.4416
	美国	0.4517	0.4586	0.4819	0.4597	0.4006
	澳大利亚	0.2726	0.2823	0.3126	0.2808	0.3147
	意大利	0.1694	0.1721	0.1753	0.1765	0.1807
	瑞士	0.8686	0.8433	0.8636	0.8739	0.8744
	加拿大	0.2500	0.2784	0.3112	0.2824	0.2790
	德国	0.2179	0.2071	0.2383	0.2171	0.2212
	英国	0.3114	0.2905	0.2941	0.3012	0.3066
	西班牙	0.2583	0.2288	0.2446	0.2162	0.2231
	均值	0.3596	0.3537	0.3807	0.3675	0.3570
发展中国家	中国	0.2846	0.2402	0.2504	0.2017	0.2307
	巴西	0.0075	0.0255	0.0326	0.0381	0.0585
	墨西哥	0.0502	0.0482	0.0574	0.0515	0.0554
	沙特阿拉伯	0.1805	0.1875	0.1973	0.2145	0.3524
	土耳其	0.0736	0.0706	0.0844	0.0821	0.0778
	印度尼西亚	0.1045	0.1136	0.1263	0.1164	0.1166
	印度	0.1471	0.1418	0.1672	0.1465	0.1365
	俄罗斯	0.0807	0.1007	0.0963	0.1071	0.0984
	均值	0.1161	0.1160	0.1265	0.1197	0.1408

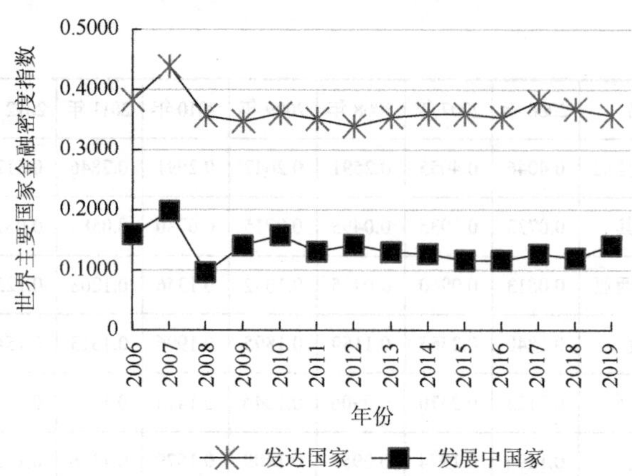

图 5-4　2006～2019 年世界主要国家综合金融密度指数

总的来看，短期内这种国际分化格局不具有收敛趋势。这一结论也在一定程度上印证了以往文献的研究结论：由于金融资源禀赋、经济发展水平、社会分工状态、经济发展结构与产业政策调整等在地域上存在着明显的非均质性特征，金融资源集中于条件优越的地区，经济发达国家金融服务水平较高，而经济欠发达国家则比较低。同时也注意到，世界各国的综合金融密度指数在 2007 年达到峰值，随后回落，于后几年企稳回升。这可能与 2008 年爆发的全球性金融危机有关。2008 年爆发的全球性金融危机对世界经济产生巨大冲击，全球化收益也伴随着金融危机的爆发应声下落，从而也对各国金融服务的宽度、效度和深度产生了一定的负面冲击。从 2019 年来看，发达国家金融密度发展趋于稳定，但有下降趋势，而发展中国家金融发展呈现出上升势头。

第六章　金融密度差异的决定因素与经济影响

金融排斥本质上是金融供给方基于成本-收益、风险评估、社会网络关系等方面的考虑，将部分群体排斥在服务对象之外的选择性行为机制。金融机构的金融歧视现象导致了金融资源的差异性分布，金融密度能够从地理渗透性、使用有效性以及服务匹配性三个层面反映金融产品与服务的不平衡配置状态，因此，金融密度实质上是微观主体金融排斥的结果。本章对金融密度的内涵突破了经济地理的概念，拓展到金融资源与金融服务在地理空间、产业、企业、群体等的分布情况，并分析金融密度的决定因素与经济影响。

第一节　金融密度与金融排斥的关系

一、金融排斥与金融密度差异

金融密度反映了区域范围内金融资源的分布情况，从侧面反映出区域内金融服务的可得性、使用性以及匹配性，可以用网点密度、从业人员密度、存贷款密度、证券交易密度以及保险密度等指标来衡量。金融密度差异在一定程度上是金融机构自我选择的结果，可以反映金融机构对该地区经济发展潜力的预期，在服务能力一定的情况下，金融密度也能够体现提供金融服务的数量和服务的完善程度。金融最核心的功能是资源配置功能，实体经济的发展、提高弱势群体收入水平、产业升级等都需要金融体系的支持（李建军和韩珣，2017b）。资本趋利性导致了金融机构在服务对象的选择上存在一定的偏向性，金融机构更倾向于为信用风险较低、抵押品质量较高、拥有政府背景的人群、地区、企业以及产业提供金融服务，从而形成了对特定微观主体的金融歧视现象。因此，金融供给方的主动排斥在一定程度上加剧了金融资源分配不均的现象，从而导致了金融密度差异的形成。

从金融机构的差异性排斥方式来看，Kempson 和 Whyley（1999）从地理排斥、营销排斥、评估排斥、条件排斥、价格排斥以及自我排斥六个维度分析了金融供给方对特定群体的金融歧视行为机制。地理排斥使得部分偏远地区、农村人口无法就近获取金融服务，不得不负担较高的成本到达相距较远的金融中介。我国农村地区以及偏远地区受到严重的地理排斥，这类地区一般人口分布分散、金融意识薄弱、信用风险较高，金融机构在这些地区开展业务面临着成本-收益不对等的困境。因此，金融中介机构通过营业网点的撤出等方式，将弱势地区排斥在金融体系之外，金融机构的地理排斥行为直接引起了网点密度的差异。营销排斥指主流金融机构的目标营销策略，往往会将某类人群有效排除的现象，金融从业人员密度在一定程度上可以反映正规金融机构的倾向性营销策略。评估排斥是金融中介出于安全性和盈利性的考虑，通过较为严格的风险评估标准与手段限制客户的行为。条件排斥则是附加不限于评估标准和手段的其他条件，使得经济主体无法获取金融产品。价格排斥是金融机构索取超出某些主体偿付能力之外的价格，将某些群体排斥在金融服务对象之外的现象。值得注意的是，金融排斥的具体表现形式既可能是居民为获得某些金融服务进行了努力却最终无法成功的被动金融排斥，也可能是需求方自身因素导致的自我排斥，即居民有获取金融服务的潜在意愿，但是出于被拒绝的担忧而放弃寻求金融服务的机会（李涛等，2010）。自我排斥是被排斥主体主动将自身排斥在主流金融体系之外，受到金融需求方薄弱的金融意识、不悦的借贷经历等因素影响。金融需求方自我排斥将会降低金融机构提供金融服务的积极性，从而成为金融中介机构主动排斥的内生因素。

我国长期处于金融抑制、金融行业高准入门槛以及国有银行垄断经营的市场环境中，正规金融机构存在一定的金融歧视问题。随着监管部门对银行监管和规制政策的放松，正规金融机构的政策性色彩逐渐减弱，经营理念和模式逐渐与以利润最大化为目标的企业趋同，“金融功能观”逐渐被弱化，取而代之的是资本的逐利性。银行通过对需求方的获取金融服务意愿、经济禀赋、成本效益、信息对称程度等方面的综合评估，更倾向于将资金输送到能够为银行带来高收益的人群、地区、企业和产业。正规金融机构通过地理排斥、评估排斥、条件排斥、价格排斥的方式将特定微观主体排除在金融体系之外，导致部分微观主体无法获得储蓄、贷款、证券投资以及保险等金融服务，从而引起银行、证券、保险金融密度的区域性差异。其中，地理排斥和营销排斥主要体现在网点密度以及金融从业人员密度差异，评估排斥、条件排斥以及价格排斥则导致了金融服务使用性密度的差异，包括存款密度、贷款密度、证券投资密度、证券交易密度以及保险密度的差异。因此，金融密度差异是金融供给方金融排斥行为的结果，金融中介通过营销策略、风险评估、材料审核、产品定价等方式将特定的微观主体排斥于金融服务对象之外，从而导致了金融资源的差异性分布状态。

从金融机构的排斥深度来看，可以将其区分为接触性排斥以及使用性排斥。接触性排斥表现在特定群体没有渠道接触到金融产品与服务。例如，偏远地区银行分支机构的关闭以及金融从业人员不足，都会导致金融需求方很难接触到金融中介机构。因此，接触性排斥的直接表现为网点密度以及从业人员密度差异。使用性排斥是指城市居民、中小企业不能以恰当合理的方式获取储蓄、基金、保险、贷款等金融服务，金融产品与服务的可用性直接影响银行吸收存款和发放贷款、证券公司交易和融资、人身保险和财产保险等金融密度指数。

从被排斥对象上来看，正规金融机构通过地理排斥、营销排斥、评估排斥、条件排斥、价格排斥、自我排斥等渠道，从接触性排斥以及使用性排斥两个层面将弱势群体排斥在传统金融服务之外。低收入居民、偏远地区、中小企业以及弱势产业常常是被排斥的主要对象。因此，本书从人口、地理、企业以及产业四个角度分析金融密度差异形成的原因。金融密度差异的形成机制如图 6-1 所示。

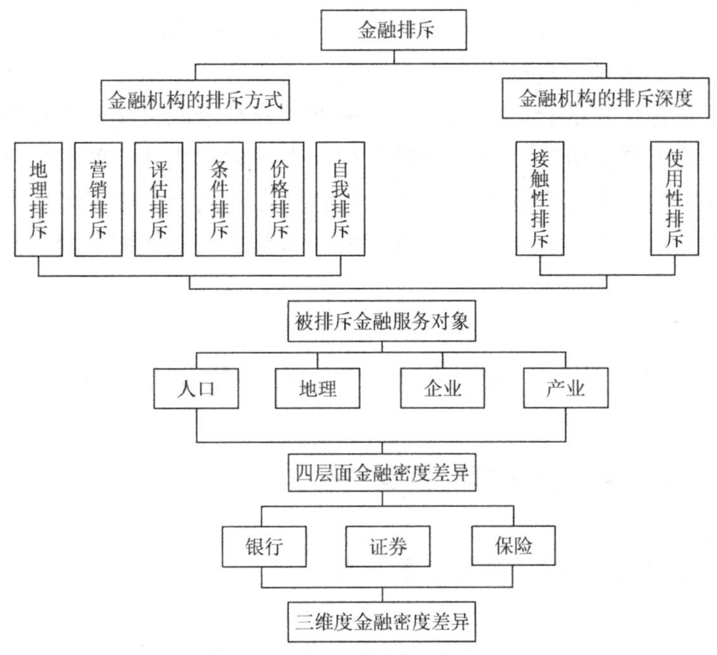

图 6-1　金融密度差异的形成机制

二、金融密度差异的其他影响因素

金融排斥是在“市场化驱动”和“所有制歧视”经济环境下，金融机构选择性地将特定微观主体排除在金融体系之外的现象。金融排斥直接导致了资本对弱势地区、人口、产业以及企业的“挤出效应”，从而导致了区域性金融密度差异。有很多文献从不同角度分析了金融排斥形成的原因。张国俊等（2014）从经济因素、社会因素和地理因素三个方面分析金融排斥度的影响因素，并且研究发现城市化水平、地区收入水平、人口密度、政府经济行为以及教育程度均为金融排斥的影响因素。田霖（2011）结合需求引致、供给诱导和社会环境等三个方面剖析金融排斥的动因。其中，需求引致关注金融需求方自身特征引发的排斥，如收入水平、年龄结构、教育水平、种族、财富状况、不悦的借贷经历等；供给诱导则着力解决金融机构在产品多样性、金融基础设施、价格水平、市场营销策略等金融供给状况；社会环境则主要涉及收入差距、劳动力结构、市场化程度等因素。孟德锋等（2012）基于经济因素、人口因素、基础设施因素以及政策因素，从金融排斥形成机制角度对其影响因素进行了分析，研究发现地区经济发展水平、收入和就业、人口年龄结构、金融基础设施以及政策因素是导致农村地区金融排斥的主要因素。吕勇斌（2015）从经济增长、产业结构、人口结构以及交通便利程度四个方面探究金融排斥的影响因素，并且发现经济增长、产业结构和人口结构均对金融排斥有显著的影响，交通便利程度的影响并不显著。

金融密度是金融机构综合多方面因素，在人口、地理、企业以及产业等四个层面进行资源配置的行为机制。金融密度差异是金融机构基于自身利益最大化原则而引起的资金分布状态。金融机构在不同微观主体之间的资金配比受到多种因素的影响，本章在现有文献研究的基础上，结合金融密度的内涵和形成机制，拟从需求因素、政策因素、信息因素以及经济发展因素分析金融密度影响因素。

第二节　金融密度差异的决定因素检验

一、金融密度差异决定因素的模型构建

（一）人口金融密度决定因素模型构建

金融机构对不同人口群体的金融排斥现象可能会受到性别、年龄、教育水平、家庭结构、宗教信仰等多方面因素的影响。通常情况下，女性的风险厌恶程度要明显高于男性，因此，金融机构会根据性别结构导致的风险承受能力差异采取不同策略来提供金融产品和服务（李涛，2010）。但是，女性风险规避的倾向并非与生俱来，也受到年龄、收入状况、教育水平等因素的影响（Christiansen et al.，2007），考虑到性别结构的内生影响路径，我们认为单纯由性别因素导致的金融排斥可能并不明显。教育水平也是导致弱势群体歧视的重要因素，一般而言，受教育程度较高的居民的金融认知能力更强，更能理解资源跨期配置、高杠杆以及收益不确定性的金融本质，并且受教育水平更高的人，违约风险也相对更低，金融机构更愿意将其作为首选客户（王修华等，2013；Guiso et al.，2005）。Devlin（2005）提出居民的财富状况也会影响其受金融排斥的程度，收入水平高、家庭资产多、家庭负债少的家庭意味着其受到的信贷约束较弱，因为这类居民往往是金融机构

青睐的服务对象。此外，人口金融排斥还受到客户的主观信贷、不悦的借贷经历、对金融机构的信任度以及社会互动程度等多种主观因素的影响。

本章兼顾数据的可获得性，综合从需求因素、政策因素、信息因素以及经济发展因素四个方面构建人口金融密度差异决定因素模型。需求因素主要从人口结构、教育水平和收入水平三个方面选取指标。政策因素用财政支出水平来反映地方政府对经济的支持力度。互联网和移动互联网的发展有助于弥合数字鸿沟，在一定程度上反映了当地的技术发展水平和基础设施情况，因此，手机普及率作为信息因素的代理指标（Geach，2007）。经济发展因素采用经济发展水平（地区生产总值/全国 GDP）和物价水平（地区物价环比指数）两个指标来衡量，反映该地区的宏观环境的优劣。人口金融密度决定因素模型构建如式（6-1）所示。

$$\begin{aligned}\ln(\text{DensityP})_{it} = {} & \alpha_1 + \alpha_2\ln(\text{Rural})_{it} + \alpha_3\ln(\text{Edu})_{it} + \alpha_4\ln(\text{Personalrev})_{it} \\ & + \alpha_5\ln(\text{Telusers})_{it} + \alpha_6\ln(\text{Policy})_{it} + \alpha_7\ln(\text{GDP})_{it} + \alpha_8\ln(\text{CPI})_{it} \\ & + \mu_i + e_t + \varepsilon_{it}\end{aligned} \tag{6-1}$$

其中，DensityP 为人口金融密度；Rural 为人口结构（乡村人口占比）；Edu 为教育水平（高中学历以上人口数占比）；Personalrev 为收入水平（国民总收入与地区人口数的比值）；Telusers 为手机普及率（移动电话用户数与地区人口数的比值）；Policy、GDP、CPI 分别为财政支出水平（地方政府财政支出占比）、经济发展水平（地区生产总值占 GDP 比重）和物价水平（地区物价环比指数）；μ_i、e_t 分别为个体固定效应和时间固定效应。

（二）地理金融密度决定因素模型构建

国内外最早对金融排斥方面的研究主要集中在金融网络的地理可及性上。20 世纪 90 年代以后，随着金融管制的放松以及银行业竞争加剧，越来越多的金融机构开始以“利润最大化”目标为经营战略导向，通过成本、风险和收益的权衡，在不断进行金融产品创新的同时，开始选择性地对一些相对落后的地区进行金融歧视（王修华和邱兆祥，2011）。部分金融中介机构选择关闭农村偏远地区、小城市的营业网点，而将金融服务对象集中于大、中型发达城市，以实现资本迅速增值。金融机构这一地理排斥行为直接导致了弱势地区金融资源配置的稀缺性（许圣道和田霖，2008）。田霖（2011）从城市互动耦合的角度剖析了在城乡二元结构中金融排斥的空间差异及其诱因，研究结果表明，技术、收入、教育对城乡金融系统的作用渠道和影响强度不尽相同。董晓林和徐虹（2012）从金融供给方角度探究我国农村金融排斥的决定因素，实证结果显示，人口规模小、社会消费品零售总额小、基础设施状况差的县域更容易受到金融歧视。我国农村金融排斥的区域性差异明显，收入水平、金融效率水平、就业率以及农业化水平均会成为农村地区区域差异形成的因素（高沛星和王修华，2011）。地理金融密度差异是金融机构在不同区域经济发展情况、固定资产投资水平、信息技术发展水平、区域人口结构等多方面因素综合考察的结果。因此，我们同样从需求因素、政策因素、信息因素和经济发展因素四个方面构建地理金融密度差异决定因素模型，具体如式（6-2）所示。

$$\begin{aligned}\ln(\text{DensityG})_{it} = \alpha_1 + \alpha_2\ln(\text{Village})_{it} + \alpha_3\ln(\text{Fixassetinv})_{it} \\ + \alpha_4\ln(\text{Telcover})_{it} + \alpha_5\ln(\text{Policy})_{it} + \alpha_6\ln(\text{GDP})_{it} \\ + \alpha_7\ln(\text{CPI})_{it} + \mu_i + e_t + \varepsilon_{it}\end{aligned} \quad (6\text{-}2)$$

其中，DensityG 为地理金融密度；Village 为区域结构（乡村面积占比）；Fixassetinv 为区域固定资产投资水平（地区固定资产投资总额与地区生产总值的比值）；Telcover 为手机覆盖率（移动电话用户数与地区面积的比值）；μ_i、e_t 分别为个体固定效应和时间固定效应。

（三）企业金融密度决定因素模型构建

我国中小企业在吸纳就业、推动经济增长、促进产业结构升级等方面起着重要的作用，但因其抵押品价值较低、财务报表披露不足、缺乏政府隐性担保等，受到正规金融机构的金融排斥。不同规模企业在信贷可活动性方面存在较大差异，大型企业在获取投融资服务方面处于优势地位，中小企业受到严重的信贷歧视（尹志超等，2015）。李建军和张丹俊（2015）从地理排斥、评估排斥、条件排斥、自我排斥和信息排斥角度构建五维度金融排斥指标体系，测度了中小企业金融排斥的省际差异及不同金融排斥构成因素的贡献程度。

银行对中小企业的金融歧视问题可以从银行竞争结构、规模效应以及所有制歧视等三个层面分析。我国长期处于国有银行垄断经营的市场环境中，随着金融管制的放松，银行之间的竞争日益激烈，金融资本的逐利性趋势日益增强，大型金融机构单位贷款处理成本与贷款规模的联动效应决定了其必然会忽视中小企业的融资需求（Loury，1998）。企业金融排斥的“规模效应”源于中小企业与金融供给方之间的信息不对称。银行一般很难有效识别企业内部的风险以及发生违约的概率。企业规模往往成为企业还款能力的潜在信号，规模较大的企业抵押品价值更高、发生破产的风险更低，所以金融机构的“规模歧视”行为也将中小企业排斥在金融体系之外。以往的研究表明，大量信贷资金流向国有企业部门，民营企业获得的融资支持与其经济贡献程度存在严重偏离（卢峰和姚洋，2004），银行“所有制歧视”进一步加剧了对中小企业金融排斥现象。可见，主流金融机构对大型国有企业和中小企业的金融排斥行为，导致了企业在信贷、投资、资产管理、保险等金融资源配置的差异性，引起金融密度差异。企业金融密度差异实际上是商业银行基于对企业的风险评估、成本-收益分析，将资本向能够给企业带来最大利益的微观主体输出的选择性行为，与企业的经营情况、企业财务风险、地方政府支持力度、企业信息化水平以及当地的经济发展水平直接相关。因此，我们将企业结构、企业经营水平和企业财务状况作为企业需求因素进行考察，信息因素用企业信息化发展指数来反映，实证模型如式（6-3）所示。

$$\begin{aligned}\ln(\text{DensityE})_{it} = &\alpha_1 + \alpha_2\ln(\text{Nature})_{it} + \alpha_3\ln(\text{ROA})_{it} + \alpha_4\ln(\text{Lev})_{it} \\ &+ \alpha_5\ln(\text{innet})_{it} + \alpha_6\ln(\text{Policy})_{it} + \alpha_7\ln(\text{GDP})_{it} \\ &+ \alpha_8\ln(\text{WEB})_{it} + \mu_i + e_t + \varepsilon_{it}\end{aligned} \tag{6-3}$$

其中，DensityE 为企业金融密度；Nature 为企业结构（国有企业法人单位数占比）；ROA 和 Lev 分别为企业经营状况（上市公司平均资产收益率）和企业财务状况（上市公司资产负债率）；WEB 为每百家企业拥有网站数，innet 为进行电子商务的企业占比，用以反映当地企业信息化水平；μ_i、e_t 分别为个体固定效应和时间固定效应。

（四）产业金融密度决定因素模型构建

我国金融机构在资源配置上存在明显的产业金融排斥行为，银行信贷资金大部分流向工业、房地产行业，农业等弱势产业很难获得金融支持。银行对农业等弱势产业的排斥行为主要取决于两点，其一，产业自身的收益与风险，以农业为例，农业在中国仍属于弱质型产业，具有收入低、季节性变化大、风险高、生产周期长等特点，农业贷款面临交易成本高、贷款额度小、贷款难度大、道德风险较高等问题，这就导致了金融机构通过更为严格的农村信贷发放条件以及较高的贷款成本将农业排斥在金融服务产业之外的现象。其二，政府对重点产业的偏向型政策也会导致资源有意识地向这些产业流动，弱势产业很难获得金融服务和金融产品（宋凌云和王贤彬，2013）。随着供给侧结构性改革大幕的拉开，金融机构在投融资服务方面产业政策的倾向性将会更加明显。金融资源在重点产业与弱势产业之间信贷歧视的行为将会扩大产业金融密度差异，我们将以产业结构、财政支出水平、信息产业占比以及经济发展水平构建金融密度决定因素模型，如式（6-4）所示。

$$\begin{aligned}\ln(\text{DensityI})_{it} = &\alpha_1 + \alpha_2\ln(\text{Industhird})_{it} + \alpha_3\ln(\text{Indusecond})_{it} \\ &+ \alpha_4\ln(\text{Posttelpro})_{it} + \alpha_5\ln(\text{Policy})_{it} + \alpha_6\ln(\text{GDP})_{it} + \mu_i + e_t + \varepsilon_{it}\end{aligned} \tag{6-4}$$

其中，DensityI 为产业金融密度水平；Industhird 和 Indusecond 分别为第三产业与第二产业的比值和第二产业与第一产业的比值，是产业结构的代理变量；Posttelpro 为交通运输、仓储及邮电通信业占第三产业的比重，反映当地信息产业占比；μ_i、e_t 分别为个体固定效应和时间固定效应。表 6-1 给出了对应变量测算方法。

表 6-1 金融密度影响因素模型变量含义及测算方法

四层面金融密度	影响因素	选取变量	测算方法
人口金融密度	需求因素	人口结构	地区乡村人口数/地区人口数
		教育水平	高中学历以上人口数/地区人口数
		收入水平	国民总收入/地区人口数
	政策因素	财政支出水平	地方政府财政支出/地区生产总值
	信息因素	手机普及率	移动电话用户数/地区人口数
	经济发展因素	经济发展水平	地区生产总值/GDP
		物价水平	地区物价环比指数
地理金融密度	需求因素	区域结构	地区乡村面积/地区面积
		区域固定资产投资水平	地区固定资产投资/地区生产总值
	政策因素	财政支出水平	地方政府财政支出/地区生产总值
	信息因素	手机覆盖率	移动电话用户数/地区面积
	经济发展因素	经济发展水平	地区生产总值/GDP
		物价水平	地区物价环比指数
企业金融密度	需求因素	企业结构	国有企业法人单位数/法人单位数
		企业经营水平	上市公司平均资产收益率
		企业财务状况	上市公司资产负债率
	政策因素	财政支出水平	地方政府财政支出/地区生产总值
	信息因素	企业信息化水平	每百家企业拥有网站数
			进行电子商务的企业占比
	经济发展因素	经济发展水平	地区生产总值/GDP
产业金融密度	需求因素	产业结构 1	第三产业/第二产业
		产业结构 2	第二产业/第一产业
	政策因素	财政支出水平	地方政府财政支出/地区生产总值
	信息因素	信息产业占比	交通运输、仓储及邮电通信业/第三产业
	经济发展因素	经济发展水平	地区生产总值/GDP

二、金融密度差异决定因素的实证检验

本章以人口、地理、企业、产业在银行、证券、保险三个维度金融密度指标

体系测算为依据，从需求因素、政策因素、信息因素和经济发展因素对金融密度决定因素进行实证检验。利用 Stata14 软件对 2006～2019 年 31 个省区市人口、地理、企业、产业金融密度的影响因素模型进行实证检验。其中，企业金融密度由于数据可得性的限制，仅得到 2010～2012 年、2014～2017 年、2019 年等八个年度的数据。数据来源为 Wind 数据库、《中国证券期货统计年鉴》、《中国区域金融运行报告》、工业和信息化部网站。

（一）人口金融密度决定因素的实证检验

表 6-2 为人口金融密度具体指标描述性统计的结果，我们可以看到人口金融密度合成指标的均值为 0.3213，最大值和最小值分别为 1.3171 和 0.0047，银行、证券、保险三个维度的金融密度指数的均值分别为 0.4027、0.2854，0.3165，区域性三维度金融密度指数存在较大差异。此外，不同省区市在人口结构、教育水平、收入水平、财政支出水平、信息因素和经济发展因素等方面差距明显。

表 6-2 人口金融密度变量描述性统计

变量	样本量	均值	标准差	最小值	最大值
DensityP	434	0.3213	0.3001	0.0047	1.3171
DensityP_Insurance	434	0.3165	0.2643	−0.0045	1.3289
DensityP_Bank	434	0.4027	0.3449	0.0000	1.4845
DensityP_Security	434	0.2854	0.3663	0.0000	1.6294
Personalrev	434	1.7810	1.0808	0.3943	6.9442
Rural	433	0.4610	0.1422	0.0991	0.7739
Edu	403	0.0996	0.0613	0.0106	0.4546
Telusers	434	0.8051	0.3205	0.1727	1.8946
Policy	433	0.2707	0.1965	0.0948	1.3538
GDP	434	0.0323	0.0262	0.0012	0.1175
CPI	434	100.4940	0.5767	98.7000	102.2000

为了探究银行、证券、保险三个维度下以及合成的金融密度指数的决定因素，我们将四个层面下的人口金融密度、银行人口金融密度（DensityP_Bank）、证券人口金融密度（DensityP_Security）、保险人口金融密度（DensityP_Insurance）分别作为被解释变量，检验金融密度空间分布差异的影响因素，如表 6-3 所示。

表 6-3　人口金融密度决定因素模型实证检验结果

变量	(1)	(2)	(3)	(4)
	DensityP	DensityP_Bank	DensityP_Security	DensityP_Insurance
Rural	−0.2628 (0.2594)	−0.5936** (0.2402)	−0.0289 (0.3604)	−0.2150 (0.4980)
Edu	0.5808*** (0.2216)	1.0329*** (0.2052)	1.1193*** (0.3078)	−0.2762 (0.4254)
Personalrev	0.0750*** (0.0207)	0.1488*** (0.0191)	0.2004*** (0.0287)	−0.1699*** (0.0397)
Policy	−0.0166 (0.1267)	0.1863 (0.1173)	0.2659 (0.1760)	−0.5111** (0.2432)
Telusers	−0.0907 (0.0799)	−0.1047 (0.0740)	−0.2281** (0.1110)	0.2051 (0.1533)
GDP	−0.3289 (1.9586)	−1.8114 (1.8136)	1.5605 (2.7210)	−0.7554 (3.7602)
CPI	0.0261* (0.0152)	0.0039 (0.0141)	0.0457** (0.0211)	0.0217 (0.0292)
常数	−2.2750 (1.5188)	0.0121 (1.4063)	−4.7035** (2.1100)	−1.4228 (2.9158)
样本量	402	402	402	402
R^2	0.9299	0.9549	0.9094	0.6619
个体固定效应	已控制	已控制	已控制	已控制
时间固定效应	已控制	已控制	已控制	已控制

注：括号中报告的是标准误

*、**、***分别表示回归系数在 10%、5%和 1%的统计水平上显著

表 6-3 中，模型（1）是人口金融密度决定因素的实证结果，我们可以看到教育水平和收入水平的影响在 1%的水平上是显著的。教育水平高、收入水平高的地区的居民更容易获得金融服务。可见，金融机构基于违约风险和还款能力的考虑，更倾向于将金融资源从弱势、高风险群体向高学历、高收入群体转移。模型（2）对应银行人口金融密度，结果表明乡村人口占比对银行人口金融密度产生了显著的负向影响，而收入水平和教育水平的提升则会显著提升银行人口金融密度。模型（3）对应证券人口金融密度，教育水平以及收入水平均显示出了显著为正的影响，但是手机普及率则表现出一定的负向影响，这可能是随着替代性金融体系的发展，移动金融将逐步取代传统金融机构营业网点的模式，会在一定程度上减少传统金融机构的数量，而对金融密度产生反向影响。模型

（4）对应保险人口金融密度决定因素的实证结果。其中，收入水平、财政支出水平均对保险人口金融密度有显著负向效应。因此，政府可以通过改善人口结构、加强金融教育、完善收入分配制度等方式，从根本上解决金融密度在不同人群分配不均的问题。

（二）地理金融密度决定因素的实证检验

表 6-4 详细给出了相关指标的描述性统计，可以发现银行、证券、保险三个维度下的地理金融密度以及合成金融密度指标的标准差大于均值，即变异系数大于 1，说明地理金融密度指标的离散程度较大。地理金融密度合成指标的均值为 0.1329，最大值和最小值分别为 1.0011 和 0.0000，反映了金融资源配置存在明显的地理偏向性。区域结构、区域固定资产投资水平也存在较为明显的地区差异性。

表 6-4　地理金融密度变量描述性统计

变量	样本	均值	标准差	最小值	最大值
Village	433	0.4610	0.1422	0.0991	0.7739
Policy	433	0.2707	0.1965	0.0948	1.3538
GDP	434	0.0323	0.0262	0.0012	0.1175
DensityG_Bank	432	0.1480	0.2551	0.0000	1.0500
DensityG_Security	434	0.1184	0.2364	0.0000	1.0010
DensityG_Insurance	433	0.1367	0.2095	0.0000	0.9586
DensityG	431	0.1329	0.2287	0.0000	1.0011
Fixassetinv	373	0.7686	0.2767	0.2201	1.5965
Telcover	434	0.0434	0.0849	0.0001	0.6322
CPI	434	100.4940	0.5767	98.7000	102.2000

从表 6-5 中可以得到地理金融密度主要受区域内信息化程度影响的结论，手机覆盖率每增加 1%，地理金融密度提高 0.6290%，其他因素的效应不明显。在模型（3）证券维度下地理金融密度的决定因素中，区域固定资产投资水平对证券地理金融密度有显著的负向影响，区域固定资产投资水平增加 1%，证券地理金融密度水平降低 0.0611%。模型（2）和模型（4）对应银行、保险地理金融密度的实证结果，只有手机覆盖率的系数是显著为正的，区域结构、财政支出水平和经济发展因素对银行、保险地理金融密度几乎没有影响。

表 6-5　地理金融密度决定因素模型实证检验结果

变量	(1)	(2)	(3)	(4)
	DensityG	DensityG_Bank	DensityG_Security	DensityG_Insurance
Village	0.1542 (0.1448)	0.1507 (0.1495)	0.2281 (0.1590)	−0.0028 (0.2244)
Fixassetinv	−0.0227 (0.0214)	−0.0137 (0.0221)	−0.0611** (0.0243)	0.0097 (0.0344)
Policy	−0.0826 (0.0669)	−0.0724 (0.0690)	−0.1180 (0.0753)	0.0114 (0.1063)
Telcover	0.6290*** (0.1383)	0.8019*** (0.1428)	0.5922*** (0.1564)	0.7542*** (0.2207)
GDP	0.8337 (1.1397)	0.9191 (1.1762)	1.3554 (1.3001)	0.9816 (1.8354)
CPI	0.0059 (0.0076)	0.0013 (0.0078)	0.0081 (0.0086)	0.0091 (0.0122)
常数	−0.5565 (0.7621)	−0.0898 (0.7865)	−0.8043 (0.8703)	−0.8577 (1.2287)
样本量	370	370	372	372
R^2	0.9694	0.9741	0.9632	0.9019
个体固定效应	已控制	已控制	已控制	已控制
时间固定效应	已控制	已控制	已控制	已控制

注：括号中报告的是标准误

*、**、***分别表示回归系数在 10%、5%和 1%的统计水平上显著

（三）企业金融密度决定因素的实证检验

表 6-6 是主要变量的描述性统计回归，企业金融密度的平均值是 0.2166，标准差是 0.2165，最大值和最小值分别为 1.0001 和−0.0778，三维度下企业金融密度指数的平均值分别为 0.2002、0.1977 和 0.3602，从金融密度的离散程度可以看出金融资源在企业之间分布状态不尽相同。从需求因素来看，不同省区市企业结构、企业经营水平和企业财务状况也存在较大的差距。

表 6-6　企业金融密度变量描述性统计

变量	样本	均值	标准差	最小值	最大值
Policy	309	0.2930	0.2099	0.1130	1.3538
GDP	310	0.0323	0.0259	0.0012	0.1108
DensityE_Bank	310	0.2002	0.2050	0.0022	1.0000

续表

变量	样本	均值	标准差	最小值	最大值
DensityE_Security	310	0.1977	0.2806	−0.1612	1.0001
DensityE_Insurance	310	0.3602	0.2724	0.0000	1.0544
DensityE	310	0.2166	0.2165	−0.0778	1.0001
Nature	310	0.0376	0.0279	0.0072	0.2420
innet	217	8.3393	3.7461	1.5000	22.2000
ROA	310	0.0331	0.0586	−0.4077	0.6568
Lev	310	0.4854	0.1495	0.3148	2.0330
WEB	217	0.5243	0.1018	0.1470	0.7400

表 6-7 给出了企业金融密度影响因素的回归结果。模型（1）中，企业结构和每百家企业拥有网站数的系数显著为正。可见，国有企业占比越高、拥有网站的企业占比越高的地区，企业金融密度水平越高。金融机构基于抵押品价值、政府隐性担保、经营风险的考虑，更倾向于将资产分配到国有、信息化程度高的企业，当地政府财政支出水平和经济发展水平对企业金融密度几乎没有影响。模型（2）、模型（3）和模型（4）分别是银行、证券、保险企业金融密度决定因素的实证检验结果，其中企业所有制性质依然是银行、证券、保险资源倾向性配置的决定性因素。但是从证券企业金融密度来看，进行电子商务的企业占比越高反而导致证券金融密度显著降低。这主要是由于企业进行电子商务时，其实际运营成本降低，对于资金的需求程度降低，从而使得其所需融资额降低，同时纯电子商务企业数目的增加又会对企业金融密度进一步产生负向的影响。从保险企业金融密度来看，财政支出水平的提高会在一定程度上提升保险金融密度水平。

表 6-7　企业金融密度决定因素模型实证检验结果

变量	（1）	（2）	（3）	（4）
	DensityE	DensityE_Bank	DensityE_Security	DensityE_Insurance
Nature	5.1637*** （0.9575）	1.3137* （0.7826）	4.3140*** （1.3330）	6.8839*** （1.3064）
ROA	−0.2735 （0.3027）	−0.0178 （0.2474）	0.0338 （0.4214）	−0.2766 （0.4130）
Lev	−0.0949 （0.1042）	−0.0063 （0.0852）	−0.0655 （0.1451）	0.0164 （0.1422）
Policy	0.2142 （0.3000）	0.1381 （0.2452）	−0.4756 （0.4176）	1.1270*** （0.4093）
GDP	3.0238 （4.4400）	1.9455 （3.6290）	−1.1363 （6.1809）	−0.5399 （6.0578）

续表

变量	(1)	(2)	(3)	(4)
	DensityE	DensityE_Bank	DensityE_Security	DensityE_Insurance
WEB	0.2801* (0.1586)	0.1789 (0.1296)	0.2576 (0.2208)	0.2644 (0.2164)
intnet	–0.0066 (0.0044)	0.0014 (0.0036)	–0.0147** (0.0061)	–0.0034 (0.0060)
常数	–0.1738 (0.2152)	–0.0539 (0.1759)	0.1994 (0.2996)	–0.2627 (0.2936)
样本量	216	216	216	216
R^2	0.8995	0.9253	0.8622	0.8898
个体固定效应	已控制	已控制	已控制	已控制
时间固定效应	已控制	已控制	已控制	已控制

注：括号中报告的是标准误

*、**、***分别表示回归系数在 10%、5%、1%的统计水平上显著

（四）产业金融密度决定因素的实证检验

产业金融密度指标由银行、证券、保险三个维度下的指数根据变异系数法赋权之后得到，银行单一维度下的产业金融密度是“建筑业贷款与第二产业的比值”和“房地产贷款与第三产业的比值”两个指标，用变异系数法加权平均之后的金融密度指数，银行金融密度反映了第三产业金融密度水平。证券金融密度则用“工业类上市公司市值与第二产业的比值”来间接衡量，体现了第二产业金融资源配置情况。保险金融密度则通过农业保险收入和农业保险支出与第一产业的比值进行测算。表 6-8 是产业金融密度模型中变量的描述性统计结果，从表中我们可以看到产业金融密度在不同地区之间存在较大的差异，其中保险产业金融密度指数的标准差为 0.9085，最大值为 3.4630，最小值为 0.0000，离散程度远大于第二产业和第三产业的金融密度水平。Industhird 和 Indusecond 分别为第三产业与第二产业之比、第二产业与第一产业之比，不同地区之间的产业结构差异较大。

表 6-8　产业金融密度变量描述性统计

变量	样本量	均值	标准差	最小值	最大值
Policy	433	0.2707	0.1965	0.0948	1.3538
GDP	434	0.0323	0.0262	0.0012	0.1175
DensityI_Bank	434	0.3190	0.2365	–0.0011	1.0951

续表

变量	样本量	均值	标准差	最小值	最大值
DensityI_Insurance	434	0.7717	0.9085	0.0000	3.4630
DensityI_Security	434	0.4324	0.4774	0.0000	1.8233
DensityI	434	0.5175	0.4900	0.0020	2.2521
Industhird	434	1.1017	0.6211	0.4971	5.1692
Indusecond	434	13.4305	34.3500	1.3403	267.1573
Posttelpro	430	0.1200	0.0444	0.0347	0.2535

表 6-9 给出了产业金融密度决定因素的实证结果，模型（1）表明产业金融密度与产业结构紧密相关，第二产业与第一产业的比值的提高，以及交通运输、仓储及邮电通信业占第三产业比重的降低会增加产业金融资源的配置水平。同时，财政支出水平的提高也会提升产业金融资源的配置水平，其他因素对产业资源的空间分布状态几乎没有影响。模型（2）的被解释变量是建筑业贷款和房地产贷款合成密度指数，从银行角度测算了第三产业金融密度水平，可以看到，第二产业与第一产业的比值的提高会降低银行产业金融密度水平。财政支出水平的提高也会增加银行在建筑业和房地产行业信贷资金的配给。从模型（3）和模型（4）来看，第二产业与第一产业的比值的增加、财政支出水平的提高会提升证券产业金融密度和保险产业金融密度。

表 6-9　产业金融密度决定因素模型实证检验结果

变量	（1）	（2）	（3）	（4）
	DensityI	DensityI_Bank	DensityI_Security	DensityI_Insurance
Industhird	0.0083 （0.0589）	0.0479 （0.0392）	0.0303 （0.0703）	−0.0403 （0.1372）
Indusecond	0.0014** （0.0006）	−0.0014*** （0.0004）	0.0015** （0.0007）	0.0029** （0.0015）
Posttelpro	−0.9831* （0.5620）	−1.1606*** （0.3735）	0.2913 （0.6710）	−2.1343 （1.3091）
Policy	1.3278*** （0.2055）	0.8049*** （0.1366）	0.5920** （0.2454）	2.0749*** （0.4787）
GDP	−16.1382*** （3.7596）	−6.3556** （2.4988）	−12.7126*** （4.4887）	−32.3281*** （8.7574）
常数	0.7662*** （0.1860）	0.4121*** （0.1236）	0.5944*** （0.2221）	1.5034*** （0.4333）

续表

变量	(1)	(2)	(3)	(4)
	DensityI	DensityI_Bank	DensityI_Security	DensityI_Insurance
样本量	429	429	429	429
R^2	0.9009	0.8148	0.8537	0.8411
个体固定效应	已控制	已控制	已控制	已控制
时间固定效应	已控制	已控制	已控制	已控制

注：括号中报告的是标准误

*、**、***分别表示回归系数在10%、5%、1%的统计水平上显著

三、金融密度差异决定因素的结果分析

本书从被歧视经济主体的差异出发，构建三维度、四层面金融密度指标体系，并且在金融密度指数测算的基础上，实证检验了人口、地理、企业和产业金融密度差异的影响因素。从金融密度测算结果可以看出，我国金融资源在人口、地理、企业和产业之间存在分布不均衡现象，储蓄、信贷、投资理财以及保险在东部地区的密集度高于中、西部地区，但地区之间企业金融密度的差异较小。通过对金融密度差异性决定因素进行实证检验发现，乡村人口占比低、教育水平高、收入水平高的地区，人口金融密度水平高。手机覆盖率会对地理金融密度产生一定的影响。企业所有制结构是决定其能否获得金融资源的关键所在。产业结构会显著影响产业金融资本的分布状态。此外，地方政府财政支出占比、当地经济发达程度等外部因素也会对人口、地理、企业和产业金融密度造成一定的影响。

基于以上结论，我们认为，建设中国普惠金融体系应当从改进金融密度入手。要改善经济主体的自身因素和外部环境，鼓励银行、证券、保险向弱势群体提供金融产品和服务，缩小金融密度差异，以缓解金融资源区域性分布不均衡的问题。对于加强金融需求方自身竞争力方面，首先，在弱势人口层面，应当对教育程度较低的居民以及农村居民加强金融知识的培训，使其更能理解贷款还款付息的本质以及投资理财的风险，以期提高低收入人口和农村人口的金融参与度，降低违约概率。政府部门则应完善收入分配政策，推进金字塔形收入分配结构向橄榄形收入分配结构的演进。其次，偏远地区需要关注所在区位的地理特征，切忌盲目投资，应当关注到空间区域主体之间的协同和制约机制。对于网点布局成本高、贷款主体风险高的地区，可以通过提高网络和手机的覆盖率，借助互联网金融解决传统金融机构成本-收益不配比导致的金融资源移出的困境。再次，通过拓宽企业融资渠道、提高企业资产担保能力等手段减少正规金融机构对于中小企业的歧视行为。最后，对于农业等弱势产业，仅依靠商业银行、保险公司意愿提供金融

服务，必然会导致金融有效供给不足。因此，政府应当通过财政补贴、设计具有针对性的金融产品等方式为弱势产业提供最基本的贷款和保险服务。同时，完善产业结构、发挥优势产业引领作用，改善目前产业资本布局失衡的状态。此外，地方政府还可以通过适当提高财政支出水平、调整税制结构、增加财政补贴、加强金融基础设施建设、提升经济增长活力等方式吸引资本回流，实现公平性、包容性的金融发展策略。

第三节　金融密度差异的经济影响与应对

一、金融密度差异的经济影响

（一）金融密度差异与经济增长

金融发展与经济增长之间的关系及作用机制一直是国内外研究的重点和难点。从宏观层面上看，金融体系具有资金融通、风险管理和价格发现等功能，能够通过资本积累和促进技术创新实现经济增长。从微观层面上分析，金融发展促进了市场价格的透明化，有助于促进改善公司治理，优化企业和产业结构，从而推动经济增长。关于金融体系对经济增长的作用，目前主要存在两种观点，分别是供给主导理论和需求遵从理论（武志，2010）。供给主导理论认为金融在储蓄动员、风险管理、交易便利等方面的积极作用能够在一定程度上推动经济增长（Patrick，1966）。需求遵从理论的观点则是金融发展附属于经济增长，即通过经济增长所引致的新增金融服务需求来产生影响。闫丽瑞和田祥宇（2012）基于我国省际面板数据检验了金融发展对经济增长的影响，实证结果表明金融发展对经济增长发挥着重要作用。

金融密度差异实际上是金融供给方主动排斥和需求方自我排斥共同作用的结果。石盛林（2011a）运用数据包络分析（data envelopment analysis，DEA）方法分析了县域金融对经济增长的影响机制，研究发现金融对经济增长主要是通过贷款、金融密度和贷款质量等变量实现的，此外当地经济政策、金融制度、资源禀赋和生态环境等外部因素也会导致金融密度对经济增长的作用机制产生一定的差异性。金融资源地区性的非均衡分布直接导致了弱势地区的实体经济无法获得金融支持，对地区经济增长有负面影响。因此，金融密度差异是导致区域性经济增长差异的重要原因。

（二）金融密度差异与产业结构

金融密度差异的经济效应还包括产业结构效应，即金融发展以及金融机构的调整能够有效促进该区域的产业结构升级。我国长期处于国有银行垄断经济金融环境中，银行在产业资源配置上具有明显的政策倾向性。金融发展能够通过技术创新的水平效应和结构效应加速产业结构转型（易信和刘凤良，2015）。曾国平和王燕飞（2007）提出中国金融畸形发展的非常态模式对产业结构变迁的影响，表现出一定的扭曲效应，从产业结构上来看，第三产业受其影响最为显著；从产值视角来看，第一产业所受影响显著，第二、第三产业与金融发展的长期关系不显著。一般而言，银行信贷资源流向的产业将是政府重点支持和资本回报率相对较高的新兴产业，金融资源在产业之间的差异性分布状态会直接影响到产业结构的变迁。

（三）金融密度差异与提高弱势群体收入水平

2005 年普惠金融概念的提出及其相关研究实践的丰富为金融扶持低收入群体提供了新的思路。普惠金融致力于建立一个可以为人们持续提供金融产品和服务的金融体系。普惠金融给予弱势群体获得储蓄、信贷、投资和保险等金融服务的机会，让更多被排斥在金融体系之外的微观主体能够借助金融机构完成正常的生产经营活动。金融密度则是建立和衡量中国普惠金融程度的关键所在，提高金融密度水平，降低区域性金融密度差异有助于通过经济增长、收入分配等途径提高弱势群体收入水平。

二、缩小金融密度差异的宏观策略

（一）金融宽度：机构布局与新技术应用

金融宽度是金融机构地理渗透性的概念，在一定区域内，增设营业网点以及增加金融服务人员可以降低居民获取金融服务的成本，加快金融产品的信息传递速度，使得微观群体更加便捷地获得接触金融产品和金融服务的机会，从而扩大金融服务的可及性。

为了提高金融的可接触性，我们可以通过合理扩大基层金融机构网点数量、优化金融服务人员配置、完善金融基础设施建设等方式，提高地区金融密度的覆盖面。金融机构要充分考虑到区域在人口分布、地理空间、企业类型以及重点产业层面的差异性，合理机构布局，扩大金融服务的范围，鼓励金融产品和模式创新，以金融科技为途径，互联网和移动互联网为载体，大数据、云计算、人工智能和区块链技术为支持，引导金融资源在人口、地理、企业和产业之间合理、均衡地配置，从而提高金融宽度，改善金融资源的地理渗透性。

（二）金融效度：公平性与实效性

金融效度反映了居民、企业等主体金融服务的使用情况，体现了金融机构服务的有效性。如果说金融宽度单纯从覆盖面角度反映了金融服务的可接触性，那么金融效度则是更进一步衡量了微观主体在金融地理及人口渗透度的基础上，从金融机构获得储蓄、信贷、投资、保险等一系列金融产品、服务的数量。金融包容性体系的构建，不仅要求金融可及性的提高，更加重要的是原有被排斥在主流金融机构之外的弱势群体、弱势产业和弱势企业能否获得信贷、储蓄和基金等服务，真正发挥金融在资源配置、规避风险等方面的积极作用。

目前，国内外一些学者关注到信贷资源在农村偏远地区的配置过程中存在二次排斥的现象。在我国金融压抑的背景下，农贷精英俘获机制导致弱势、偏远地区群体很难拿到低息优质贷款。因此，提高金融效度水平的核心是降低金融服务的门槛，将低收入人群、偏远落后地区、中小企业和弱势产业等被歧视群体纳入金融服务对象，同时要消除制度机制设计不合理导致的金融资源二次排斥现象，为异质性微观主体提供定制性、差异性的金融产品和服务，公平性和实效性是加强金融服务有效性的关键所在。

（三）推展金融深度，推进包容性发展

金融深度是金融密度最深层次的表现，主要体现在现有金融体系与地区发展的匹配程度。金融体系根植于实体经济，在区域性社会环境、产业结构、政策目标的基础上，金融体系与区域经济存在特定的匹配，以发挥金融机构资金融通、风险管理、信息提供等功能，实现促进实体经济发展的积极作用。

我国金融体系中国有银行处于垄断经营地位，银行信贷产品具有较强的垄断性和行政指令计划特性（李建军和王德，2015）。以国有银行垄断经营的经济发展模式在金融管制和监管方面起到了重要的作用，但也会造成金融资源错配的问题。我国的信贷资金大多流向国有企业，而对经济增长和产业升级发挥重要作用的中小企业却因融资约束问题在生死边缘徘徊。影子银行体系的发展本质上就是在资金供求不均衡以及金融抑制环境下的“产品式”和“机构式”金融创新行为。金融宽度和金融效度单纯反映了金融服务覆盖面和使用性，而金融深度则进一步深化了金融资源与服务对象需求、经济增长、产业结构之间的配比关系。因此，提高金融深度水平需要强化金融服务的包容性，立足资源配置的策略性，将金融资源合理分配给能够带来最大收益的人口、地区、企业和产业上，将资源优势转化为金融优势，努力促成区域间形成良好的逐级传导、协调发展机制。

第三篇　普惠金融与经济发展：理论、实践与绩效

普惠金融问题的提出主要是为了解决由金融的商业属性造成的金融排斥问题。本篇首先分析了普惠金融的提出及背景，以及国内外的已有研究；其次，从历史演进和国别对比视角对普惠金融理论及实践发展做了系统梳理，构建普惠金融发展评价指标体系及其应用；最后，基于我国 2005～2019 年的省级面板数据，对发展普惠金融与经济发展的关系进行实证研究。

第七章　普惠金融理论与评价方法

本章通过对普惠金融的发展进程进行学术研究文献的梳理，揭示普惠金融理念的产生背景和发展逻辑。之后，归纳出普惠金融体系框架的目标和内容，在梳理普惠金融发展评价的理论基础上提出评价方法，介绍和对比国内外普惠金融评价的方法。

第一节　国内外关于普惠金融理论研究评述

虽然普惠金融概念从2005年才被正式提出，但普惠金融思想的存在与发展却已经有了相当长的历史，在实践上的探索也一直没有停止：15世纪意大利修道士开展信贷业务抑制高利率，18世纪20年代在爱尔兰诞生的“贷款基金”，19世纪在欧洲、日本和其他国家出现的小额储蓄、支付服务以及信用合作社，20世纪70年代在孟加拉国、巴西及其他国家出现的小额信贷等，都记录下了普惠金融理念早期的兴起和发展（焦瑾璞，2010b）。

普惠金融理论在中国的发展较为迅速，在普惠金融概念提出之后迅速由杜晓山（2007）、焦瑾璞（2010b）等引入了国内，并由这些学者结合中国的国情给予了初始的定义。随着研究的进展，学者对普惠金融含义的界定也越来越丰富和多元化，并根据定义的不同逻辑起点逐渐区分为了两大定义——金融体系观和金融服务观（王清星，2016）。其中，金融体系观从普惠金融体系的宏观职能入手，自上而下地揭示了普惠金融的内涵；而金融服务观则从金融需求者的微观需求入手，自下而上地界定了普惠金融的含义。此外，杜晓山（2010）认为普惠金融系统实际上是小额信贷和微型金融服务整合而成的一个“微型金融产业”，这种体系应当惠及包括原来被排斥在体系外的低收入群体在内的所有人（夏园园，2010；郭田勇和丁潇，2015），主要针对弱势群体、弱势产业和弱势地区（吴国华，2013；尹振涛和舒凯彤，2016），进而更好地实现传统金融支付清算、资源配置和风险管理的三大职能（李建军，2014）。在金融服务方面，学者认为普惠金融的核心是一种每个人平等享受金融服务的权利的理念（Kodan and Chhikara，2013；杨光，2015），主要是在盈利能力可持续的前提下，提供多样化的金融产品和金融服务渠道（朱民武等，2015；任碧云和张彤进，2015；焦瑾璞等，2015）。其宗旨是在增加获得信贷、储蓄、保险和资金转移等金融服务的机会，从而使低收入和中等收入国家的弱势和低收入家庭能够提高福利、把握机会、减轻冲击并最终摆脱低收入泥淖（Duvendack and Mader，2019）。金融体系观和金融服务观虽然从不同的视角入手，但都揭示了普惠金融共同的特征。

对于普惠金融的发展目标，学者主要是从普惠金融的微观定义方面入手，提出普惠金融应该追求覆盖面、可持续性和福利效应所组成的三元目标（周孟亮和张国政，2009；夏园园，2010；吴国华，2013；何德旭和苗文龙，2015），其中可持续性是基础，覆盖面是中间指标，福利效应是终极目标，只有三者协同，才能发挥金融体系的普惠性（杨光，2015）。在三元目标的基础上，一些学者又对普惠金融的发展目标提出了补充，包括企业和居民对金融服务的满意程度（宋汉光，2016），以及金融机构和金融体系的稳健性（李建军和张丹俊，2016）。

关于普惠金融的发展绩效，国内外学者在进行了一系列实证检验后发现，在微观层面，普惠金融的发展能够通过放松流动限制，进而改善储蓄、投资的方式（Giuliano and Ruiz-Arranz，2009；Anzoategui et al.，2014），提高居民的收入水平和教育水平（Sarma and Pais，2011；刘丹等，2019），减少低收入群体和不平等的存在（Chibba，2009；Jones，2008；Park and Mercado，2015；Bauer，2018；卢盼盼和张长全，2017；马彧菲和杜朝运，2017；朱一鸣和王伟，2017；韩晓宇，2017；梁双陆和刘培培，2019；张艳和沈惟维，2020；李连梦和吴青，2021；顾宁和张甜，2019；方莹等，2019）；在宏观方面，普惠金融的发展在促进经济增长（Kpodar and Andrianaivo，2011；Kodan and Chhikara，2013；Mushtaq and Bruneau，2019；Ofeimun，2020；Dabla-Norris et al.，2019；刘亦文等，2018；谢升峰和路万忠，2014；李梦雨，2019；钱海章等，2020）、促进消费（Li et al.，2020；傅秋子和黄益平，2018；易行健和周利，2018；夏仕龙，2020；张梦林和李国平，2021；孙玉环等，2021）、缩小城乡收入差距（宋晓玲，2017；张贺和白钦先，2018；肖端等，2020；赵丙奇，2020）、提高金融体系稳定性方面也起到了重要作用（Hannig and Jansen，2010；Ahamed and Mallick，2019）。但也有研究对普惠金融在经济增长、提高居民收入水平等方面的积极作用质疑（Mader，2018）。

随着数字技术的迅速发展，有学者关注了数字金融的影响（Pan et al.，2016；Ozili，2018；Rosavina et al.，2019；Zhang et al.，2020），喻微锋等（2020）利用中国数据研究发现商业银行设立普惠金融事业部能够显著提高小微企业的信贷可得性。吴雨等（2020）研究发现数字金融发展从供给和需求层面对中国传统私人借贷产生了一定的替代效应。

在中国，由于金融抑制的长期存在，农村普惠金融的发展程度并不高，仍然存在着金融网点普及率低、金融领域竞争极度弱化、法律法规不完善等一系列的问题（杜晓山，2007；尹振涛和舒凯彤，2016），小微企业和农村弱势群体的金融需求远远得不到满足（马九杰等，2013），金融服务价格较高，只能以高昂的代价获得有限且不可持续的金融服务，最终陷入恶性循环（孟飞，2009；梁骞和朱博文，2014）。而低收入水平也会抑制居民的有效需求，进而对中国经济增长造成明显的消极影响（贝多广，2016）。因此，普惠金融的发展在经济发展、改善就业率、提升居民收入等方面都有积极的推动意义（焦瑾璞，2010）。

从现有的文献研究中可以看出，学者对于普惠金融的研究主要集中在对普惠金融的含义界定、特征识别、作用发挥上。定性方面，学者普遍认为普惠金融尤其是数字普惠金融的发展能够显著促进经济增长，改善农民和低收入人口的生活质量。但普惠金融的发展程度具体怎样？普惠金融与经济增长之间到底存在怎样的具体因果？目前的文献在定量研究的领域仍有欠缺，并且还不能给我们较为明确和一致的答案。

第二节　普惠金融体系架构

一、普惠金融的内涵界定

（一）普惠金融范畴的演进脉络

普惠金融问题的提出，主要是为了解决由金融的商业属性造成的金融排斥问题。在不同的时期，人们在实践中采用不同的方式加以应对。理论发展的主要脉络如下。

“普惠金融”雏形的真正出现是在20世纪70年代，在此之后“普惠金融”的发展经过了小额信贷、微型金融、普惠金融三个阶段，经过了近些年的不断演变，最终演化成今天人们共同认可的“普惠金融”概念。第一个阶段是小额信贷阶段，在这一阶段，小额信贷还主要是由政府主导，主要以扶持低收入群体融资为目的。小额信贷真正突破扶持低收入群体融资的概念要到20世纪80年代，这时人们意识到小额信贷机构应该自身实现盈亏平衡，在实现自身可持续发展的基础之上向小微企业和低收入人口提供更加全面的金融服务，至此小额信贷在商业的范围内真正实现了独立。到了20世纪90年代，政府和金融机构开始意识到仅仅提供贷款不足以满足小微企业和低收入居民的金融需求。随后，“小额信贷”的范畴逐渐被更加全面的“微型金融”的概念所取代。微型金融在原来小额信贷的基础上，衍生出了一系列包括借贷、储蓄、保险、支付的金融服务，使小微企业和低收入居民所接受的金融服务更加全面。进入21世纪后，许多学者又在微型金融的基础上提出应当以各个独立的微型金融机构为基础，建立起一个包容性的微型金融体系，提倡用“普惠金融”的概念继续深化“微型金融”的概念。这种转变意味着金融服务外延和内涵都进一步扩大，更加重视金融服务的广度和深度。

从普惠金融的发展进程可以看出，普惠金融的概念并不是凭空出现的，而是人们在实践中为了解决金融排斥问题而进行的一次次尝试积累而成。普惠金融从最初的信贷合作社、贷款基金，到现代意义的小额信贷，再到服务全面多样化的微型金融，最后到体系更加健全的普惠金融体系，虽然形式和范围变了又变，但解决金融排斥，让所有人平等地获得金融服务的理念却一直流传了下来，这也是普惠金融真正的内涵范畴。

（二）普惠的内涵界定

金融排斥的问题很早便已经出现，但真正提出从普惠金融的范畴解决金融排斥问题的想法，还只能追溯到 2005 年。联合国于 2005 年国际小额信贷年提出了普惠金融的概念，在 2006 年出版的 *Building Inclusive Financial Sectors for Development* 中对普惠金融体系的前景如此描绘：每个发展中国家应该通过政策、立法和规章制度的支持，建立一个持续的、可以为人们提供合适产品和服务的金融体系。

在对联合国提出的定义的理解之上，中国的学者将“inclusive”翻译成了“普惠”。它的核心也应当从两个方面进行理解：第一，作为一个体系，普惠金融体系应当将各个微型金融的主体包含其中，将其外延尽可能地扩大，尽可能让所有人都能享受到更加全面的金融服务。第二，普惠金融体系的目的，是要让所有人都能从这个系统中受益，让所有人都能够得到自己需要的金融服务，通过金融服务改善经济状况，让金融在促进国民经济发展中发挥更大作用。

对于普惠金融的真正内涵，虽然学者的定义众说纷纭，但从其根源出发，普惠金融的内涵理解还是要回到金融概念的理解上来。通常而言，金融的主要功能是支付清算、汇兑、配置资源、管理风险以及资产定价。但在金融排斥地区，包括支付清算在内的很多金融功能无法被满足。普惠金融最主要的目的就是解决金融排斥地区金融功能的缺失问题，即构建能够惠及所有人的金融体系，更好地实现金融的核心职能。

二、普惠金融理论架构

经过近十年来的发展，普惠金融的理论研究方面已经日益成熟，并形成了较为全面的普惠金融体系架构。本节通过对普惠金融理论的研究进行梳理，从宏观层面把握普惠金融理论的系统架构。

（一）普惠金融的目标

根据普惠金融的内涵，普惠金融的目标主要应该从以下四点出发：第一点是要实现可持续的发展，实际上就是要提供长期的金融服务；第二点是要让金融服务的需求者以合理的成本能够获得广泛的金融服务；第三点是通过金融服务的竞争性，来促进金融服务的多样化；第四点主要是促进金融机构和金融体系的稳健性。从微观的内部而言，那就应该是有一个严控的体系，从外部而言，就应该是有一个高效的或者是有一个健全的金融规制，这是它的基本目标。

（二）普惠金融服务框架

在普惠金融体系的建立过程中，应当建立起从宏观支持到微观服务的一整套金融服务体系，这样才能将更多的低收入居民纳入普惠金融的框架当中，通过普惠金融体系改善生活状况。在具体的建设过程当中，应当从下列三个维度进行建设：第一，在微观领域层面，普惠金融体系仍然应当以微观金融机构为主，向小微企业和低收入者提供全方位、多层次的金融服务，形式上可以有小微贷款机构、银行网点等各种类型。第二，在中观领域层面，应当重点以基础设施的建设为主，将所有的微观金融机构串联，通过规模效应的方式降低提供金融服务的成本，加强信息共享，扩大金融服务的覆盖面和服务深度，让整个普惠金融体系能够更有效率地运行。第三，在宏观领域层面，以中央银行为首的政府机构应当为普惠金融体系的建立和发展提供良好的法律环境和政策环境，通过政策的鼓励和支持吸引更多的金融机构，并通过适宜的法律法规为普惠金融提供良好的生长土壤，让整个普惠金融体系能够良好、持续地发展。

（三）普惠金融体系的基础制度保障

构建普惠金融体系需要有三个基础制度保障：第一，在法律和监管政策方面提供适当空间，实施差别化政策，给予基础性金融服务提供商更多的包容性。第二，大力发展小额信贷类和微型金融服务，鼓励正规银行等传统金融机构面向其客户中的弱势群体开展小额信贷及其他专属化的金融服务。第三，加强社会信用体系建设，信用体系建设同样需要包容性的理念，突破传统的信用评价范式，推进创新。在这三条基础保障中，加强社会信用体系建设最为关键。

第三节　普惠金融发展评价理论基础与方法

1994 年，Yaron 提出兼顾覆盖面和财务可持续性的普惠金融双重标准评价体系（Yaron，1994），在此基础上，后来学者从不同角度更加深入地进行普惠金融发展评价，逐渐完善了普惠金融发展评价理论。

一、普惠金融发展评价理论基础

Yaron（1994）的普惠金融发展评价覆盖面指标由三类指标构成。第一，市场渗透率，主要包括渗透率指标（农信社会员数量与全部参与经济的人数的比值）、储蓄和贷款账户的数量和年度增长率、贷款余额和存款余额及年度增长率、营业所和员工数量。第二，相对指标，主要包括平均贷款额、非城镇客户的比例、女性客户所占比例。第三，服务质量指标，主要包括交易费用、金融服务的灵活性和持久性等。

后来有文献（Pitt and Khandker，2002）从社会福利影响角度研究微型金融机构。国内学者试图建立新的理论框架。朱建芳（2010）考虑到小额信贷与正规金融机构在提供金融服务上具有显著的协同性，提出了协同性的新内涵，建立四维绩效框架。但是有关协同性方面的研究很少。

二、普惠金融评价角度

国内外学者从财务可持续性、覆盖面和社会绩效三个层面对已有框架进行评价。

从财务可持续和覆盖面出发，国内外学者积极构建财务可持续和覆盖面的评价指标，不仅对普惠金融发展进行了评价，也探讨了财务可持续和覆盖面之间的关系。Cull 等（2007）对全球 49 个国家的 124 个微型金融机构的数据进行了微型金融绩效分析，构建了财务自足率、经营自足率、经调整的资产收益率、女性借款人比例等财务可持续性数据和覆盖面数据，进行对比分析，研究表明，财务绩效与覆盖面之间存在矛盾关系。

普惠金融理念引入中国后，很多国内学者进行了相关的研究。谢平等（2006）利用问卷调查收集各区域的农村信用社的利润、不良贷款率、贷款平均利差、农户贷款比例、信用贷款比例等指标数据并进行了简要分析。发展普惠金融具有巨大的社会绩效，这已是各界的共识。国内外学者在进行了一系列实证检验后发现，在微观层面，普惠金融的发展能够通过放松流动限制，进而改善储蓄、投资的方式（Giuliano and Ruiz-Arranz，2009；Anzoategui et al.，2014），提高居民的收入水平和教育水平（Sarma and Pais，2011；Fungáčová and Weill，2015），减少低收入群体和不平等的存在（Chibba，2009；Jones，2008；Park and Mercado，2016）；在宏观方面，普惠金融的发展在促进经济增长（Kpodar and Andrianaivo，2011；Kodan and Kablana，2013；谢升峰和路万忠，2014）、提高金融体系稳定性方面也起到了重要作用（Hannig and Jansen，2010）。

在中国，由于金融抑制的长期存在，我国农村普惠金融的发展程度并不高，仍然存在着金融网点普及率低、金融领域竞争极度弱化以及法律法规不完善等一系列的问题（杜晓山，2007；尹振涛和舒凯彤，2016），小微企业和农村弱势群体的金融需求远远得不到满足（马九杰等，2013），只能以高昂的代价获得有限且不可持续的金融服务，最终陷入恶性循环（孟飞，2009；梁骞和朱博文，2014）。而低收入也会抑制居民的有效需求，进而对中国经济增长产生明显的消极影响（贝多广，2016）。

因此，普惠金融的发展在经济发展、创造就业、增加收入、改善小微企业经营状况等方面都有极为重要的社会意义（焦瑾璞，2010b）。

三、普惠金融评价指标体系与方法

（一）G20 的普惠金融指标体系

G20（Group of 20，二十国集团）普惠金融指标体系由 G20 旗下的普惠金融全球合作伙伴（Global Partnership of Finance Inclusive，GPFI）整理发布，在 2016 年中国 G20 峰会的要求下，普惠金融全球合作伙伴提供了更多的数字金融数据，包含电子支付和电子基础设施两方面的数据。

2016 年 11 月 27 日的数据显示，G20 普惠金融指标体系按金融服务的使用情况、可获得性和质量等三个维度，制定了 19 个大项指标，包含 34 个子项指标。其中，包括正规金融账户、存款等在内的 10 项指标用以衡量金融服务的使用情况；包括网点数量、借记卡拥有量等在内的 4 项指标用以衡量金融服务的可获得性；信息披露要求等 5 项指标用以衡量金融服务质量。

34 个子项指标来自世界银行的 7 项调查，经济合作与发展组织（简称经合组织）的 2 项调查，以及国际货币基金组织和盖洛普各 1 项调查，指标数值在普惠金融全球合作伙伴官网可查询。

（二）世界银行的指标体系

全球普惠金融调查数据库从性别、年龄、收入和农村地区等角度提供关于全球成年人的 884 项金融数据。截至 2017 年 2 月，共有 2011 年和 2014 年两个版本的调查数据。在 2014 年的调查中，世界银行对 144 个国家和地区的 15 万名 15 岁以上的成年人进行了面对面访谈或电话访谈，按银行账户使用情况、储蓄、借款、支付和应急基金等五大类形成了 474 个普惠金融指标。

（三）国际货币基金组织的指标体系

根据中央银行、监管部门和相关统计机构的数据，国际货币基金组织于2009年开始开展金融服务可获得性调查（Financial Access Survey，FAS），提供世界各国的个人和企业的金融服务可获得性和使用情况，从供给端评估普惠金融。该指标体系分为综合指标、金融服务可获得性、金融服务使用情况等三个维度，总共 242 个指标，为 G20 普惠指标体系中 7 项指标的指定数据库，并展示了 15 个指标数据。其中，综合指标类包括人口数、存款需求、国土面积和 GDP 等；金融服务可获得性类细分为金融机构、金融机构分支机构、ATM 和移动货币代理网点的总数、单位面积数和人均数；金融服务使用情况类细分为储蓄、贷款、保险和移动货币的人数、账户数、余额等。

（四）经合组织的指标体系

经合组织涉及普惠金融的调查共有三项，分别为国际成人金融素养调查（International Survey of Adult Financial Literacy Competence）、中小企业和企业家金融状况调查（Financing SMEs and Entrepreneurs Scoreboard）和国际学生评估项目（Program for International Student Assessment）中的金融素养调查部分。

国际成人金融素养调查从需求端评估金融知识、金融态度和金融行为等方面内容，目的在于发掘大众的金融知识需求，以指导相关金融教育项目的制定。其中，金融知识主要指对部分金融名词的认知；金融态度主要指提前消费、对金钱的认知等消费观；金融行为包括消费决定、按时支付账单、长期金融规划、了解金融时事、家庭预算、主动储蓄和投资、金融产品信息收集、分析与决策等。

中小企业和企业家金融状况调查集中在企业贷款保有情况、贷款种类、贷款条件、贷款使用和违约情况、贷款利率及差异情况、抵押情况、付款延期情况和破产情况等 13 个核心指标，2014 年经合组织公布了 2014 年版本的报告 *Financing SMEs and Entrepreneurs 2014*，涉及 31 个国家的中小企业和企业家的融资状况以及金融监管趋势状况。

国际学生评估项目的对象为 15 岁的学生，金融教育调查从 2012 年开始纳入了金融素养内容，评估包括金融教学综合情况、学生金融知识教育、金融知识教育和学生背景的关联性，以及学生的金融经验、观念和行为等方面内容，从需求端每三年评估一次。

（五）中国人民银行的指标体系

中国人民银行《中国普惠金融指标分析报告（2019 年）》显示，中国人民银行所使用的普惠金融指标包括以下三大类。一是金融服务使用程度指标：银行结算账户和银行卡人均拥有量、活跃使用账户拥有率、电子支付普及率、移动支付业务量、非银行支付机构网络支付规模、购买投资理财产品成年人比例、普惠小微贷款增长、建档立卡低收入人口贷款覆盖面。二是金融服务可得性指标：银行网点乡镇覆盖率、助农取款服务点村级行政区覆盖率、人均银行网点数、ATM 机具数、POS（point of sale，电子付款机）机具数。三是金融服务质量指标：金融消费权益保护制度和机制建设、国民金融素养、农户信用贷款比例、金融信用信息基础数据库收录的自然人数和企业等。

（六）国内外学者的指标体系及普惠金融指标指数构建

为简化普惠金融评价过程，增强普惠金融发展的可比性，许多国内外学者进行了普惠金融单一指数构建的研究和实践。

印度经济学家 Sarma（2008）率先成功构建了普惠金融指数，其采用线性功效函数法和欧氏距离法建立了普惠金融指数，最后计算了 55 个三维度的普惠金融指数来衡量不同国家普惠金融发展状况。

后来许多学者在 Sarma（2008）的基础上做出改进和发展。Chakravarty 和 Pal（2010）采用了度量普惠金融发展的公理化测量方法，它在 Sarma（2008）提出的普惠金融指数基础上进行改进，使得该指数可以用来确定各种因素的贡献率。Arora（2010）在改进 Sarma（2008）三维指标的基础上，以银行服务覆盖率、交易便利性和交易成本的三维度指标，构建了金融可获得性指数（financial access index，FAI），比较了 98 个国家的差异，并提出把金融可获得性纳入人类发展指数计算范围的建议。

Gupte 等（2012）则综合了 Chakravarty 和 Pal（2010）、Arora（2010）的两篇文献的指标体系，设计了更为全面的包含银行服务覆盖率、交易便利性和交易成本等多维度的指标体系，并以此为基础构建普惠金融指数。

国内学者大多在国外研究的基础上，结合中国国情分析中国普惠金融的发展状况。根据 Sarma（2008）编制金融普惠指数的方法，王伟等（2011）运用 2008 年的数据测算中国金融排斥度（由于数据原因，只用了三维中的两维变量来测算），在中国 31 个省区市中，9.7%的省区市金融排斥度低，54.8%的省区市存在严重的金融排斥，其余省区市存在中等程度的金融排斥。邢乐成和赵建（2019）

从语义学、功能主义、金融学、社会学和伦理学等多个视角探讨了中国普惠金融的文化根源、根本目的和技术基础，并提出了基础功能主义的“三三原则”作为实践指引。黄益平和陶坤玉（2019）对中国数字金融的发展、影响和风险进行全面的梳理与分析。陆岷峰和徐博欢（2019）从发展现状、风险特征与管理研究剖析了我国普惠金融发展状况。杜朝运和耿玉刚（2021）设计了从企业、城乡和个人三个维度出发的基于公平性的普惠金融评价指标体系，并采用变异系数法对省际面板数据进行赋权，得出2010～2018年各省区市普惠金融公平指数，发现中国各区域普惠金融发展公平性程度总体呈现提高趋势，但仍存在地区不平衡现象。李金龙和王颖纯（2020）基于全国31个省区市普惠金融发展面板数据，对普惠金融的竞争性和排他性进行了分析，界定了普惠金融的产品属性，并按照普惠金融发展机会平等、商业可持续性和合理成本的三个方面要求对其进行了深入分析，确定了普惠金融发展的总体水平。沈丽等（2019）通过Dagum基尼系数分解与扩展的分布动态学模型考察了中国普惠金融的区域差异及分布动态演进。

2016年北京大学互联网金融研究中心、上海新金融研究院和蚂蚁金服集团组成联合课题组从数字技术角度构建了普惠金融指数，称之为“数字普惠金融指数”，它们利用蚂蚁金服的交易数据，编制了“北京大学数字普惠金融指数”，该指数覆盖了2011年至2015年的省级、城市和县域三个层级的数据，并在总指数基础上，从不同维度（覆盖广度、使用深度和数字支持服务程度，以及支付、保险、货币基金、征信、投资、信贷等业务分类指数）细分了数字普惠金融指数。郭峰等（2020）利用该数据库编制了一套2011～2018年覆盖中国31个省区市、337个地级以上城市、约2800个县域的“北京大学数字普惠金融指数”。

第八章　国内外普惠金融实践发展经验

本章从实践角度梳理普惠金融理念在世界范围内的实践经验，横向比较世界各国的经验，纵向分析中国普惠金融的发展，从观察世界到深入中国。首先，介绍国外普惠金融发展的经验，并从中得出启示。其次，着重分析我国普惠金融发展历程。最后，归纳世界普惠金融的主要模式，进而深入剖析我国普惠金融主要模式。

第一节　国外普惠金融发展的经验

本节分别介绍国际组织的普惠金融实践、发达国家与新兴市场国家的普惠金融实践经验、发展中国家与欠发达国家普惠金融的实践经验，最后归纳得出对我国构建普惠金融体系的启示。

一、国际组织普惠金融的实践

20世纪末以来，许多国际组织在普惠金融领域进行了积极探索，为世界各国在理论研究、政策制定、技术资金等方面给予了有力的支持，下面主要介绍世界银行、联合国、普惠金融联盟（Alliance for Financial Inclusion，AFI）、G20等国际组织的普惠金融实践。

（一）世界银行

作为最早开始探索普惠金融领域的国际组织之一，世界银行于1995年6月成立了扶贫协商小组（Consultative Group to Assist the Poor，CGAP），并提出了微型金融概念。2012年4月世界银行发展研究小组开始建立全球普惠金融数据库，并发布了2011年全球普惠金融数据库。随后，世界银行又相继发布了《2014年全球金融发展报告：金融包容性》《2014年全球普惠金融调查报告》《2017年全球普惠金融指数数据库：度量普惠金融和金融科技革命》《2018年普惠金融数据小手册》等报告，更新并详细分析了全球普惠金融指标数据，反映了全球普惠金融的最新发展，为进一步推动全球普惠金融发展指明了方向。具体见表8-1的统计。

表 8-1　世界银行普惠金融实践与研究

时间	内容
1995 年 6 月	下设扶贫协商小组，提出了微型金融概念
2012 年 4 月	建立全球普惠金融数据库
2013 年 11 月	发布《2014 年全球金融发展报告：金融包容性》
2015 年 4 月	发布《2014 年全球普惠金融调查报告》
2016 年 8 月	表示要在 2020 年实现普惠金融
2018 年 4 月	发布《2017 年全球普惠金融指数数据库：度量普惠金融和金融科技革命》
2018 年 4 月	发布《2018 年普惠金融数据小手册》
2019 年 4 月	发布《支付之外的普惠金融：数字化储蓄的政策考虑》

资料来源：作者统计

（二）联合国

联合国在 2005 年提出了普惠金融这一概念，其是指以可负担的成本为有金融服务需求的社会各阶层和群体提供适当、有效的金融服务，小微企业、农民、城镇低收入人群等弱势群体是其重点服务对象。2006 年，联合国发布了“Building inclusive financial sectors for development”报告，第一次提出了建设普惠金融体系的大致思路，该文在建设零售和微型金融机构、政府和政策、法律制度和监管措施等方面给出了有益的分析和启示。2018 年 11 月，联合国宣布成立数字金融促进可持续发展目标工作小组。2020 年 8 月，联合国发布《每个人的金融：数字金融打造可持续未来》报告，讨论了数字金融在疫情突发事件中发挥的优势。具体见表 8-2 的统计。

表 8-2　联合国实践表

时间	内容
2005 年	在 2005 年“国际小额信贷年”提出普惠金融概念
2006 年	发布“Building inclusive financial sectors for development”报告，第一次提出了建设普惠金融体系的大致思路
2018 年	成立数字金融促进可持续发展目标工作小组
2020 年	发布《每个人的金融：数字金融打造可持续未来》

资料来源：作者统计

（三）普惠金融联盟

普惠金融联盟创立于 2008 年，是首个专为发展中国家和新兴国家的普惠金融政策制定者设计的全球知识共享和对等交流网络。2011 年，普惠金融联盟成员集体通过了《玛雅宣言》（*Maya Declaration*），各国承诺了将发展普惠金融作为核心国策，做出了具体和可测量的承诺，并采取行动。2013 年，普惠金融联盟发布了《2013 年玛雅宣言进展报告》，描述了 2013 年整体和区域工作进展情况，并展望了未来发展前景。2013 年 3 月，普惠金融战略同行学习小组制定了一份国家普惠金融战略时间表，记录了其成员国为发展和执行普惠金融战略所做出的努力。2020 年召开了第五届年度会议，敦促成员国采取措施应对受疫情影响更为严重的弱势群体的金融服务问题。2021 年发布了《青年普惠金融政策框架》，号召成员国提高对青年群体被排斥在正规金融体系之外的问题认识。具体见表 8-3 的统计。

表 8-3 普惠金融联盟的实践

时间	内容
2008 年	普惠金融联盟创立
2011 年	成员集体通过了《玛雅宣言》
2013 年	发布了《2013 年玛雅宣言进展报告》
2013 年 3 月	共同制定了一份国家普惠金融战略时间表
2020 年	发布了《2020 年全球普惠金融发展政策趋势》
2021 年	发布了《青年普惠金融政策框架》

资料来源：作者统计

（四）G20

2009 年，G20 领导人峰会就承诺要提高低收入人群对金融服务的可获得性，并成立了普惠金融专家组（Financial Inclusion Experts Group，FIEG）。2010 年，G20 核准了创新型普惠金融原则，批准建立普惠金融全球合作伙伴，同年 6 月，制定了一整套 G20 创新型普惠金融原则，旨在支持用创新型方法加快向低收入人群提供金融服务。2013 年 9 月，G20 通过了普惠金融全球合作伙伴制定的 G20 金融包容性指标（G20 financial inclusion indicators）。该指标全面涵盖了全球的普惠金融数据，包括三个维度，即金融服务的可获得性、金融服务的使用和金融服务的质量（包括金融认知能力）。随着互联网的普及和信息技术的发展，2016 年 9 月，中国通过了《G20 数字普惠金融高级原则》和《G20 普惠金融指标体系》升级版以及《G20 中小企业融资行动计划落实框架》。G20 则于 2018 年通过了《G20 普惠金融政策指南》，在考虑各自国情的同时，就促进数字金融服务提供了自愿性政策建议，并通过了《普惠金融全球合作伙伴路线图》。2020 年 G20 通过了《G20 面向青年、妇女和中小企业的普惠数字金融高级别政策指南》《G20 普惠金融行动计划》，以指导普惠金融全球伙伴关系未来三年的工作。具体见表 8-4 的统计。

表 8-4　G20 的实践

时间	内容
2009 年 12 月	成立了普惠金融专家组
2010 年 6 月	核准了创新型普惠金融原则，批准建立普惠金融全球合作伙伴
2012 年 6 月	发表了一份正式公报，启动 G20 金融包容性同行学习计划
2013 年 9 月	通过了普惠金融全球合作伙伴制定的 G20 金融包容性指标
2016 年 9 月	通过了《G20 数字普惠金融高级原则》和《G20 普惠金融指标体系》升级版以及《G20 中小企业融资行动计划落实框架》
2018 年 12 月	通过了《G20 普惠金融政策指南》和《普惠金融全球合作伙伴路线图》
2020 年 11 月	通过了《G20 面向青年、妇女和中小企业的普惠数字金融高级别政策指南》和《G20 普惠金融行动计划》

资料来源：作者统计

二、发达国家与新兴市场国家的实践经验

（一）美国：社区银行模式

在美国，社区银行通常是指主要从事传统银行业务，为当地居民、中小企业和农户提供存款、贷款和结算服务的商业银行。美国社区银行模式的典型代表是富国银行，截至 2019 年末，社区业务收入占总收入的比重达到 53%，是富国银行最核心的部门。富国银行的非个人客户中，年销售额不足百万美元的企业数量占比达九成以上。富国银行连续 19 年保持美国小企业贷款排名第 1 位，在 2015 年末银行市值排名取得全美第 1 位，截至 2020 年 7 月，银行市值仍高居全美第四。它的社区银行模式值得借鉴。

一是低廉的资金成本。借助大量低议价能力的小微企业和个人客户，富国银行可以通过设立密布的网点设备和便捷的网上银行服务获取稳定的资金来源，同时付出较低的资金成本。

二是个性的服务方式。基于对社区和客户需求的深入了解，富国银行能够为客户提供针对性服务。在大量的社区网点、自主存款设备以及电子银行等渠道的基础之上，富国银行通过交叉销售为客户提供综合全面的金融产品。据年报，2015 年末，零售业务交叉销售 6.11 个产品，公司业务则为 7.3 个。

三是良好的客户关系。富国银行通过参与社区事务的机会，与社区居民建立

良好的关系。根据富国银行年报，富国银行每年捐赠大量金额用于教育改善、社区发展，从而帮助银行建立了良好的客户关系。

四是灵活的放贷模式。富国银行建立了小微客户的专业化放贷模式，采取自动化审批过程，无须定期审核财务报表，综合考虑了借款人的性格、品质、职业、婚姻状况以及社区关系等信息。客户可以通过邮件、电话、网络等渠道申请贷款。

（二）法国：政策支农模式

法国农业信贷银行、互助信贷联合银行、大众银行和法国土地信贷银行等农业信贷机构及法国的农业保险（即“4+1”模式）是法国支持“三农”发展的主要金融机构，为农业发展做出了贡献。政府政策重点是提供资金支持、提供农业保险、进行价格补贴、减免税收等，其中，农业信贷银行系统是法国的农村金融组织体系的核心。

农业信贷银行系统是典型的半官半民体制模式。根据互助主义和分权原则，该体系由地方农业信贷互助银行、地区（省）农业信贷互助银行和中央农业信贷银行（法国农业信贷银行总行）三级组成。地方农业信贷互助银行是基层组织，由个人成员和集体成员入股组成，下设服务网络营业所，服务于会员；地区（省）农业信贷互助银行属于半官办性质，是各省农业信贷互助银行的法人代表。

（三）德国：合作金融模式

德国是世界合作金融组织的发源地，其组织形式表现为合作银行。德国的合作银行体系分为三个层次。最高层是全国性的中央管理机构，即德国中央合作银行（属于信贷合作联合会）。第二层是三家地区性的合作银行，即 GZB 银行、SGZ 银行和 WSZ 银行。最底层是地方性基层信用合作社，包括舒尔茨信用合作社和雷发巽农业信用合作社等。

（四）俄罗斯：金融扫盲模式

2011 年，俄罗斯政府开始实施一项为期 5 年、拥有 1.13 亿美元（含 2500 万美元的世界银行贷款）支持的国家工程来支持金融教育和消费者保护。这是世界上首个与世界银行合作开展的兼具规模、创新性和复杂性的金融扫盲项目，其最终目标是提高俄罗斯公民的金融素养和金融消费者保护的效率。

该项目针对低收入和社会弱势群体以及年轻人，包括学生和积极的、潜在的使用金融服务的中低收入人群。目前，金融扫盲行动已经取得预期进展，主要包括制定了学校儿童和成人的金融核心竞争力知识框架，开展了关于 15 岁年龄段高中学生的金融知识水平调查和国民金融行为调查，编写了针对目标人群的教育资料，培养了一大批国家级专家和地区级教师与助教等。

三、发展中国家与欠发达国家的实践经验

（一）孟加拉国：乡村银行

孟加拉国乡村银行也称格莱珉银行，其主要模式如下。

（1）孟加拉国乡村银行将贷款对象定位为农村低收入群体，并将贷款资源向农村妇女、贫困户倾斜。

（2）孟加拉国乡村银行借贷模式实行小组责任制，贷款对象自行组成 5 人（户）小组，其目的在于互相帮助和监督，发挥联保作用，形成内部约束机制。

（3）孟加拉国乡村银行贷款制度要求小额、有偿、付息、按周还款、实行强制储蓄。

（二）印度尼西亚：小额贷款

印度尼西亚小额贷款在治理结构、激励机制和管理方式上进行了卓有成效的改革，具体如下。

（1）建立了良好的组织结构和体制。小额贷款业务部下设地区办公室、分行和村银行。具体而言，共有 13 个地区办公室、324 个分支、163 个次级分支和 4046 个村级银行，遍及印度尼西亚全国。

（2）施行了有效的激励机制。印度尼西亚的村级银行都是独立核算的基本经营单位，每个村银行都成为一个利润中心，职员的大部分工资是由村银行所创造的利润决定的。

（3）瞄准了中低收入者和小企业主。较低的贷款限额有效地降低了政治权力干预的可能性，印度尼西亚小额贷款的对象主要是挣固定工资和能提供抵押品的人，这也是小额贷款能够进一步在农村地区扩大覆盖率的主要因素。

（三）巴西：银行代理机构

巴西代理银行模式的成功经验，对中国发展普惠金融具有借鉴意义。巴西共有各类银行代理机构约 15 万个，覆盖全国所有城镇。广泛的银行网点覆盖使得低收入人群有更大的可能性获得金融服务。并且，银行与代理机构签订协议后，代

理机构网点会安装 POS、条形码扫描仪、电脑以及 ATM 等电子网络设备，代理的所有金融业务由签约银行服务器确认并备份，以保证信息的共享和安全。

（四）肯尼亚：手机银行

肯尼亚手机银行为无数低收入人群提供了高价值的金融服务，其模式的主要内容如下。

（1）银行业务完全通过手机办理。目前，肯尼亚手机银行业务范围已扩展到存取款、汇款、便捷支付、薪酬发放等方面。通过与 30 多家银行的合作，已经实现在 ATM 上的无卡取现，甚至可办理贷款业务，已与银行功能相差无二。

（2）技术门槛低且安全性高。几乎任何手机都能为开展银行业务提供支持，故技术门槛低。

（3）代理商网络庞大且高效。肯尼亚手机银行将大中型移动通信业务零售商作为主代理商，同时其代理网络已包括超市、加油站等小型零售店铺，拥有 8 万多个代理点。

四、世界主要国家发展普惠金融实践的启示

（一）提高金融服务需求的有效性

一方面，为缓解低收入群体由于知识、性别、年龄以及对金融机构的消极心理等因素而产生的金融排斥，我国政府可以借鉴俄罗斯的金融扫盲五年计划，提供金融知识普及教育，构建金融消费者权益保护框架，在国家战略层面提高大众更好地利用金融服务的意识；而金融机构可借鉴孟加拉国乡村银行向借款人进行必要的金融知识培训这一特色服务，更进一步提高服务对象的金融理念。另一方面，为解决小微企业和个体户由于法律身份、企业类型、治理结构和企业财务可信度等因素而面临的融资困境，政府应该通过立法明确相关小微企业的类型与定位，同时企业也应该逐步完善治理机制和财务信息披露机制。

（二）改善金融服务供给与需求的匹配性

普惠金融的本质含义是在每个客户领域尤其是被传统金融忽略的客户领域，能够持续性地提供与客户需求相匹配的金融服务。为提高金融服务供给与需求的匹配性，可以通过可持续的方式将不同层次的客户纳入金融服务体系，一是开展多层次机构合作，二是发挥政策性和公益性金融组织的作用。

1. 金融机构多层次化实现机构合作

各国普惠金融体系均包括不同类型金融机构，如商业银行、储蓄联盟、保险机构、租赁公司、专业机构和非政府组织等多种机构形式。金融机构间的合作可增加金融服务供给。一方面，不同类型的金融机构加强合作能够满足不同的金融需求，商业银行、乡村银行、保险机构等金融机构可以通过自身产品服务或资源条件的整合提高金融服务的覆盖率，甚至金融机构与非金融机构之间的合作也可有效提高金融服务供给的广度与深度，如巴西银行代理网点模式；另一方面，不同规模的金融机构可以合作互补，大银行与小银行合作，既拓宽了大型商业银行的服务范围，也满足了小银行发展的要求，同时也增加了低收入群体的金融服务可获得性。

2. 政策性和公益性金融组织作为必要补充

商业性金融服务并没有为低收入群体提供其所需的金融服务。低收入群体遭受风险后没有任何其他经济来源偿还贷款，这不符合商业性金融机构的可持续经营目标，因此需要政策性金融服务和公益性金融服务作为商业性金融服务的补充，商业性金融服务甚至需要与后者合作而服务于赤贫人群。比如，法国支农模式和日本保险制度就很好地保障了低收入群体的生产生活需要，提高了低收入群体的福利。

（三）建设普惠金融基础设施

普惠金融基础设施是指普惠金融体系运行所依赖的一系列辅助性服务。高效的普惠金融基础设施对于整个普惠金融体系功能的发挥至关重要。普惠金融基础设施大致包括支付体系、技术支持服务（如专业培训、信息咨询）、信用管理体系、互联网技术等方面。肯尼亚手机银行就解决了肯尼亚落后的金融基础设施带来的发展瓶颈，实现了金融服务的覆盖。

（四）改善宏观政策、法律和监管环境

在国际普惠金融体系的建设中，各国政府一直发挥着重要作用。

1. 改善政策环境

宏观来讲，政策环境主要包括经济增长环境、交易环境以及金融体系环境。一方面，政府需要加强普惠金融体系的政策定位。在国家层面给予普惠金融政策支持，将其纳入国家整体的金融体系当中；另一方面，政府需要配套的经济政策

来引导普惠金融的发展。只有金融政策与财税政策协调合作，兼顾价格的市场形成机制，资金才能自发流向低收入群体，金融机构向低收入群体提供金融服务的可持续性才能得到提升。

2. 改善法律环境

一方面，改善普惠金融体系的法律环境的首要重点是给金融体系中的每一个金融机构一个明确的法律地位。根据普惠金融发展的国际经验，法律地位的模糊性以及不稳定性会影响金融机构对未来前景的预期，减弱其提供相应服务的积极性。另一方面，改善法律环境将推动金融机构的透明化，保护金融消费者权益。金融机构中不乏信息不透明的传统金融机构和新型互联网金融机构，消费者尤其是投资者和储蓄者面临较严重的信息不对称，其权益面临较大风险。

3. 改善监管环境

普惠金融体系监管的宗旨是建立一个既有利于促进普惠金融创新，又维护金融稳定以及消费者利益的监管环境。纵观全球，普惠金融发展较好的国家针对普惠金融体系一般都有比较健全的监管模式，并特别强调监管方式的针对性，对不同形态的普惠金融机构监管，应当分为银行法、特定普惠金融法以及自我监管三个层次，从而促进普惠金融的健康发展。

第二节　中国普惠金融发展情况

本节在回顾中国普惠金融发展的历程的基础上，梳理中国普惠金融发展取得的成果，从宏观经济视角和微观财务视角分析中国普惠金融发展中的阻力与存在的问题。

一、中国普惠金融发展回顾

本部分综合参考了吕晶晶（2014）、焦瑾璞等（2015）关于中国普惠金融发展阶段的划分，认同中国普惠金融实践的发展大致可以划分为四个阶段：公益性小额信贷阶段、发展性微型金融阶段、综合性普惠金融阶段和创新性数字普惠金融阶段。

（一）公益性小额信贷阶段

公益性小额信贷是针对穷人的金融支持服务形式，为贫困人口提供小额、无息或低息信用贷款支持，满足生产或生活应急之需。1993 年，中国社会科学院农村发展研究所在河北易县建立了中国首家小额信贷机构——易县扶贫经济合作社。随着国内外的非政府组织相继发起成立了不同的小额信贷机构，公益性小额信贷在我国之前的贫困地区有一定的发展，但是规模都不大。

（二）发展性微型金融阶段

在 20 世纪末国有企业改革的背景下，我国城市出现几千万下岗职工，市场资金需求旺盛，人民对金融服务也提出了更高的需求。银行等正规金融机构开始提供小额信贷服务，有效满足了城市失业人群和农村居民的资金需求。在发展性微型金融阶段，小额信贷的主流作用已非公益性质，而在于提高城乡居民收入生活水平，并且兼顾营利性；其参与主体不再是以非政府组织、半政府组织为主，而是大型银行、农村信用社等正规金融机构。在政府政策和营利激励的推动下，发展性微型金融的发展惠及广大城乡居民，能够满足部分低收入人群的融资需求，并提高他们的收入水平、改善生活状况。

（三）综合性普惠金融阶段

2005 年，中央一号文件明确提出“有条件的地方，可以探索建立更加贴近农民和农村需要、由自然人或企业发起的小额信贷组织”，标志着我国的小额信贷发展进入综合性普惠金融阶段。2005 年商业性小额信贷组织试点工作开启，2008 年小额贷款公司全面试点，小额信贷公司迅速发展。至 2020 年 12 月末，我国共有小额贷款公司 7118 家，贷款余额 8888 亿元。与此同时，农村金融机构经历改革，涌现了村镇银行、农商银行等金融机构，其他金融机构也不断兴起，如典当行、融资性担保公司。在综合性普惠金融阶段，从资金的提供方看，金融机构呈现多元化、精细化，城乡地区的金融服务机构不断涌现；从资金需求角度来看，低收入者和小微企业的融资难问题不断引起社会的关注，相关的金融服务也处在不断完善之中。

（四）创新性数字普惠金融阶段

2013 年是创新性数字普惠金融阶段的开始。一方面，随着互联网技术的发展和互联网的普及，第三方支付、互联网消费金融和供应链金融等开始快速发展；另一方面，传统金融企业也开始不断利用互联网技术发展金融业务，如商业银行大力发展手机银行、电子商城，基本能实现线上贷款业务。该阶段的特点是金融和互联网技术的结合降低了交易成本与获取金融服务的门槛，提高了金融服务的可获得性。截至 2020 年 12 月，我国互联网网民规模达到 9.89 亿，互联网普及率达到了 70.4%，手机网民规模达 9.86 亿，数字金融的发展延伸了普惠金融的边界，推动普惠金融的发展。

二、中国普惠金融发展取得的成果

（一）普惠金融需求方

普惠金融的需求方是指被正规金融排除在外的低收入者和中小企业。2012 年世界银行扶贫协商小组发布的《中华人民共和国的金融普惠状况》把普惠金融需求方分为四类群体：农民、低薪工人、中小企业、失业人员。

（1）农民。由于居住偏远、资产有限、收入低等原因，许多农民往往难以获得银行贷款及其他服务。2015 年我国农村贫困发生率为 5.7%，到了 2019 年下降为 0.6%，随着脱贫攻坚战胜利结束，我国现行标准下农村低收入人口全部实现脱贫①，低收入农民数量持续减少，这与我国的金融扶持低收入群体政策和支持“三农”的金融政策是息息相关的。

（2）低薪工人，以农民工为主。低薪工人难以获得银行服务是因为他们的收入很少，几乎没有抵押品，广大农民工都是外来户，居无定所。国家统计局《2019 年农民工监测调查报告》数据显示，2019 年，全国农民工总量 29 077 万人，比上年增长 0.8%。其中，外出农民工 17 425 万人，同比增长 0.9%；本地农民工 11 652 万人，同比增长 0.7%。近些年，农民工的数量增长变缓，其所能获得金融服务范围确实在增加，但是广大农民工在城市的金融需求仍需要关注。

（3）中小企业。中小企业很难获得银行服务，一是因为自身偿还能力弱，资产有限等劣势，二是因为有隐性担保的大型国有企业占用了金融资源。根据《中国中小微企业金融服务发展报告（2018）》数据，中小微企业的融资环境已经得到改善，具体表现为信贷投放持续增加、利率水平稳步下降、覆盖面不断拓宽。

（4）失业人员，特别是国企下岗职工和农村进城求职人员。他们获得银行服务困难是因为向这一群体（没有固定收入）发放贷款进行就业和创业的风险很高。2018 年末、2019 年末城镇登记失业率分别是 3.80%、3.62%，受新冠疫情影响，2020 年末城镇登记失业率升至 5.2%。普惠金融服务的普及在一定程度上促进了我国新增就业人数和较低失业率的稳定。

---

① 资料来源：《2015 年国民经济和社会发展统计公报》《2019 年国民经济和社会发展统计公报》《2020 年国民经济和社会发展统计公报》。

总体而言，近几年普惠金融的推广和发展，在一定程度上缓解了低收入者和中小企业的融资难问题，改善了城乡居民的生活和中小企业的发展状况，但普惠金融的需求仍然旺盛，亟待普惠金融服务能力的提高。

（二）普惠金融提供者[①]

我国普惠金融产品和服务的主要提供者分为两类，一类是银行业金融机构，另一类是非银行机构。金融服务提供机构近年来获得了快速的发展，据银保监会统计数据，截至 2020 年 6 月底，我国银行业金融机构包括 1 家开发性金融机构、2 家政策性银行、4 家金融资产管理公司、6 家国有大型商业银行、12 家股份制商业银行、135 家城市商业银行、19 家民营银行、1500 家农村商业银行、27 家农村合作银行、695 家农村信用社、1 家中德住房储蓄银行、1633 家村镇银行、42 家农村资金互助社等、13 家贷款公司、255 家企业集团财务公司、25 家汽车金融公司、26 家消费金融公司、71 家金融租赁公司、68 家信托公司、41 家外资法人银行等。各类金融机构不断发展，推动普惠金融服务能力不断增强。

（1）金融脱贫攻坚精准发力。截至 2019 年 6 月末，全国扶贫小额信贷累计发放 3834.15 亿元，余额 2287.57 亿元；累计支持建档立卡贫困户 960.14 万户次，余额户数 566.62 万户。扶贫开发项目贷款余额 4274.04 亿元。全国 334 个深度贫困县各项贷款余额 17 365.89 亿元，较年初增长 1274.27 亿元，增速 7.92%。产业精准扶贫贷款余额 1.24 万亿元，带动建档立卡贫困人口 805 万人（次）脱贫发展[②]。

（2）小微企业金融服务水平不断提升。银保监会数据显示，截至 2020 年末，普惠型小微企业贷款余额 15.3 万亿元，同比增速超过 30%。2020 年 1 月至 11 月银行业新发放普惠型小微企业贷款利率 5.88%，较 2019 年下降 0.82 个百分点。

（三）普惠金融基础设施[③]

普惠金融基础设施属于普惠金融框架的中观层面，即基础性金融设施和一系列金融服务的总和。根据《中国金融稳定报告 2016》，本部分从支付基础设施、会计标准体系、信用环境、其他服务机构等方面进行梳理。

（1）支付基础设施不断完善。一是第二代支付系统在全国推广，实现了银行机构以法人为单位在支付系统“一点清算”，进一步提高了支付清算效率。二是人

① 本部分内容数据引自《中国支付体系发展报告 2015》《中国支付体系发展报告 2016》。

② 数据来源：银保监会《2019 年中国普惠金融发展报告》。

③ 本部分内容数据和材料引自《中国金融稳定报告 2016》。

民币跨境支付系统（一期）正式投产运行，进一步整合现有人民币跨境支付结算渠道和资源。三是完成中央银行会计核算数据集中系统综合前置子系统在北京、上海等23省（市）上线推广工作。

（2）会计标准体系建设进一步完善。一是持续完善企业会计准则体系，解决企业会计准则在执行中出现的问题，实现企业会计准则与国际财务报告准则持续趋同和等效，清理会计规范性文件，《信托业务会计核算办法》等39项文件被废止或自动失效；2015年发布《企业会计准则解释第7号》等重要文件，并启动金融工具相关会计准则的修订。二是全面推进建设权责发生制政府综合财务报告制度，发布《财政总预算会计制度》等文件，并就存货等4项政府会计具体准则征求意见；三是进一步扩大可扩展商业报告语言（extensible business reporting language，XBRL）技术的运用，发布了2015版《企业会计准则通用分类标准》。

（3）信用环境不断改善。在推动中小企业和农村信用信息数据库建设方面，截至2019年6月末，全国累计为261万户中小微企业和1.87亿农户建立信用档案，比2015年分别增加2万户、0.28亿农户。个人和企业数据库分别接入机构3642家和3524家；共收录9.99亿自然人、2757.5万户企业和其他组织的相关信息。中国人民银行共备案企业征信机构130家。

（4）普惠金融的其他服务机构正在兴起。近年来，我国高校、企业等单位相继成立普惠金融行业协会或研究中心，进行普惠金融的相关研究；国际普惠金融机构为我国提供了资金技术支持，建立了一些小额贷款机构。但是，我国独立的普惠金融评级机构、咨询技术机构等普惠金融的服务提供机构还未出现，健全的普惠金融指标体系亟待建立。

（四）普惠金融法律监管及政策环境

自20世纪末以来，我国在普惠金融法律法规建设方面取得了较快的进展，为普惠金融监管和政策环境的营造创造了条件。由国务院、中国人民银行、银监会为主体的政府和部门在中小企业、下岗工人和农村金融等方面制定实施了一系列的行政法规、规章制度等，各地方政府也根据本地情况制定了相应的法规制度。

1. 中小企业与就业创业金融支持政策

为了解决中小企业融资难问题，自1998年以来，中国人民银行、国家经济贸易委员会、财政部等部门先后出台了《关于进一步改善对中小企业金融服务的意见》《关于加强和改进对小企业金融服务的指导意见》《关于建立中小企业信用担保体系试点的指导意见》《中小企业融资担保机构风险管理暂行办法》，这些文件为中小企业融资提供了政策条件。2002年颁布的《中华人民共和国中小企业促进法》第一次以法律形式确立了国家对中小企业融资的支持。2010 年出台的《关于进一步做好中小企业金融服务工作的若干意见》则要求各方为中小企业完善多元化的融资渠道，包括信贷融资、资本市场融资等。

自 2013 年以来，随着小微企业关注度的提升，《国务院办公厅关于金融支持小微企业发展的实施意见》《国务院关于扶持小型微型企业健康发展的意见》相继推出。银监会则从信贷计划、内部考核、金融创新、规范收费等方面提出具体要求，要求商业银行进一步改进小微企业金融服务，出台《银监会关于进一步落实小微企业金融服务监管政策的通知》《关于 2015 年小微企业金融服务工作的指导意见》。新冠疫情暴发后，监管部门根据中小微企业实际情况及时出台了相关应对措施。具体见表 8-5 的统计。

表 8-5　中小企业和城市下岗工人相关法律法规

时间	相关法律法规
1998 年	中国人民银行《关于进一步改善对中小企业金融服务的意见》
1999 年	中国人民银行《关于加强和改进对小企业金融服务的指导意见》、国家经济贸易委员会《关于建立中小企业信用担保体系试点的指导意见》
2001 年	财政部《中小企业融资担保机构风险管理暂行办法》
2002 年	中国人民银行《关于进一步加强对市场、有效益、有信用中小企业信贷支持的指导意见》
2002 年	《中华人民共和国中小企业促进法》
2002 年	中国人民银行、财政部、国家经济贸易委员会、劳动和社会保障部《下岗失业人员小额担保贷款管理办法》
2004 年	中国人民银行、财政部、劳动和社会保障部《关于进一步推进下岗失业人员小额担保贷款工作的通知》
2006 年	中国人民银行、财政部、劳动和社会保障部《关于改进和完善小额担保贷款政策的通知》
2008 年	《关于进一步改进小额担保贷款管理积极推动创业促就业的通知》
2009 年	《国务院关于进一步促进中小企业发展的若干意见》
2010 年	中国人民银行、银监会、证监会、保监会《关于进一步做好中小企业金融服务工作的若干意见》
2013 年	《国务院办公厅关于金融支持小微企业发展的实施意见》
2014 年	《国务院关于扶持小型微型企业健康发展的意见》
2015 年	《银监会关于进一步落实小微企业金融服务监管政策的通知》
2019 年	《银保监会、发改委关于深入开展“信易贷”支持中小微企业融资的通知》
2020 年	《银保监会、人民银行、发展改革委、工业和信息化部、财政部关于对中小微企业贷款实施临时性延期还本付息的通知》
2020 年	《银保监会商业银行小微企业金融服务监管评价办法（试行）》

资料来源：作者整理

在扶持城市下岗工人方面，相关部门也出台了一系列扶持就业创业的金融措施。2002 年，中国人民银行、财政部、国家经济贸易委员会、劳动和社会保障部联合发布《下岗失业人员小额担保贷款管理办法》，优先为再就业人员申请小额担保贷款。为进一步推进下岗失业人员小额担保贷款工作，2004 年《关于进一步推进下岗失业人员小额担保贷款工作的通知》鼓励各商业银行、农村合作银行和城乡信用社对新增就业岗位吸收下岗失业人员达到一定比例的劳动密集型小企业给予信贷支持，同时提出了一系列针对下岗工人和银行的政策优惠措施。2006 年，《关于改进和完善小额担保贷款政策的通知》完善了小额担保贷款的管理办法，提出了建立创业培训与小额担保贷款联动机制，利用社区劳动保障工作平台，逐步建立和完善长效机制。2008 年发布的《关于进一步改进小额担保贷款管理积极推动创业促就业的通知》则提出创新小额担保贷款管理模式和服务方式、改进财政贴息资金管理、加大对劳动密集型小企业的扶持力度等措施。为改革完善相关体制机制，构建普惠性政策扶持体系，2015 年国务院印发《国务院关于大力推进大众创业万众创新若干政策措施的意见》，2019 年国务院印发《关于进一步做好稳就业工作的意见》。

2. *发展农村金融和其他金融机构政策*

农村金融发展工作一直是我国政府关注的一项重要工作，2004～2016 年中央一号文件每年都涉及农村金融问题。农村金融机构的改革和发展催生了相应的金融法规。2003 年银监会出台《农村商业银行管理暂行规定》和《农村合作银行管理暂行规定》，规范管理农村信用社改制后的农村商业银行和农村合作银行。2007 年银监会又相继推出了《村镇银行管理暂行规定》《贷款公司管理暂行规定》《农村资金互助社管理暂行规定》来培育和发展新型农村金融机构，并制定了相应的政策规范。2010 年银监会、国家发展和改革委员会等多部门出台了《融资性担保公司管理暂行办法》。

随着其他金融机构（如典当行、小额贷款公司等）不断兴起，相关部门分别颁布了试点法规，使得其他金融机构的发展有法可依。2005 年商务部联合公安部推出《典当管理办法》，2008 年中国人民银行和银监会颁布了《关于小额信贷公司试点的指导意见》，2009 年银监会出台《消费金融公司试点管理办法》，并于 2010 年批准首批试点消费金融公司。2016 年 10 月银监会出台了《P2P 网络借贷风险专项整治工作实施方案》，要求各部门对 P2P 网络借贷平台进行摸底排查、分类处置、总结督导。具体见表 8-6 的统计。

表 8-6 地方金融和互联网金融相关法律法规

时间	相关法律法规
1999 年	中国人民银行《农村信用社农户小额信用贷款管理暂行办法》
2001 年	中国人民银行《农村信用社农户小额信用贷款管理指导意见》
2003 年	银监会《农村商业银行管理暂行规定》《农村合作银行管理暂行规定》
2005 年	商务部联合公安部《典当管理办法》

续表

时间	相关法律法规
2006 年	《农民专业合作社法》
2007 年	银监会《村镇银行管理暂行规定》《贷款公司管理暂行规定》和《农村资金互助社管理暂行规定》
2008 年	中国人民银行和银监会《关于小额信贷公司试点的指导意见》
2009 年	银监会《消费金融公司试点管理办法》，2010 年批准首批试点消费金融公司
2009 年	银监会《小额贷款公司改制设立村镇银行暂行规定》
2010 年	银监会、国家发展和改革委员会多部门《融资性担保公司管理暂行办法》
2011 年	中国人民银行成立中国小额信贷机构联席会，以作为小额贷款公司的全国性平台
2012 年	商务部《典当行业监管规定》
2014 年	国务院《国务院办公厅关于金融服务“三农”发展的若干意见》
2016 年	国务院《互联网金融风险专项整治工作实施方案的通知》
2016 年	银监会《P2P 网络借贷风险专项整治工作实施方案》
2017 年	银保监会《关于加强商业保理企业监督管理的通知》
2019 年	银保监会《关于加强地方资产管理公司监督管理工作的通知》
2019 年	国务院《关于促进平台经济规范健康发展的指导意见》
2004～2020 年	中央一号文件每年都涉及农村金融问题

资料来源：作者整理

为了进一步提升金融服务实体经济的能力，提高防范化解金融风险的能力，2017 年成立了国务院金融稳定发展委员会，并将小额贷款公司、融资担保公司、区域性股权市场、典当行、融资租赁公司、商业保理公司、地方资产管理公司等七类金融机构，以及投资公司、农民专业合作社、社会众筹机构、地方各类交易所等统一划归至新组建的地方金融监管局进行监管。

3. 普惠金融发展规划

为推进普惠金融发展，提高金融服务的覆盖率、可得性和满意度，增强所有市场主体和广大人民群众对金融服务的获得感，2015 年 12 月国务院制定了《推进普惠金融发展规划（2016—2020 年）》，该规划成为我国首个发展普惠金融的国家级战略规划，确立了推进普惠金融发展的指导思想、基本原则和总体目标，从普惠金融服务机构、产品创新、基础设施、法律法规和教育宣传等方面提出了系列政策措施和保障手段，对推进普惠金融实施、加强领导协调、试点示范工程等方面做出了相关安排。

根据国务院《推进普惠金融发展规划（2016—2020 年）》，中国银监会于 2016 年 2 月印发了《中国银监会办公厅关于 2016 年推进普惠金融发展工作的指导意见》，对银行业金融机构和各级监管部门推进普惠金融发展工作提出了系列指导意见。2016 年 9 月，财政部推出了《普惠金融发展专项资金管理办法》，提出了旨在加强普惠金融发展专项资金管理，提高财政资金使用效益的系列措施。2019 年 9 月，为了进一步优化完善财政支持普惠金融发展方式，更好发挥财政资金引导撬动作用，切实提高普惠金融服务水平，推动大众创业、万众创新，服务乡村振兴战略，助力打好防范化解重大风险攻坚战，财政部对 2016 年发布的《普惠金融发展专项资金管理办法》进行了修订和完善。其他相关政策具体见表 8-7 的统计。

表 8-7　普惠金融相关法律法规

时间	相关法律法规
2015 年 12 月	国务院《推进普惠金融发展规划（2016—2020 年）》
2016 年 2 月	《中国银监会办公厅关于 2016 年推进普惠金融发展工作的指导意见》
2016 年 9 月	财政部《普惠金融发展专项资金管理办法》
2019 年 9 月	财政部修订发布《普惠金融发展专项资金管理办法》

资料来源：作者整理

三、中国普惠金融实践存在的问题

（一）宏观经济视角：中国普惠金融发展的阻力与问题

1. 普惠金融的相关政策法规不健全

1）纲领性政策规划细节不够，普惠金融政策环境不完善

作为我国首个发展普惠金融的国家级战略规划，《推进普惠金融发展规划（2016—2020 年）》虽然确立了推进普惠金融发展的指导思想、基本原则和总体目标，但是，该纲领性的政策规划仍存在许多细节问题。第一，内容过于粗线条，许多重要内容未能细化；第二，提出的许多内容没有明确的时间表，贯彻落实还尚待检验；第三，规划的落实缺乏明确的责任归属和强有力的领导机构。

因此，纲领性政策规划没有解决我国普惠金融政策环境不完善的问题。政府还需要进一步完善普惠金融的制度设计，在给予配套政策支持的同时，落实监管考核机制，积极丰富细化《推进普惠金融发展规划（2016—2020 年）》的内容，最终稳步推进规划的实施。

2）缺少专门性普惠金融法律，普惠金融服务主体法律未明确

尽管我国已经制定了一系列行政法规、部门规章或地方性法规，有利于完善普惠金融服务和规范普惠金融服务主体，但是，由于立法层次较低、法律效力较

弱，这些政策法规在实际操作中遇到许多障碍。美国普惠金融法律体系的核心之一《社区再投资法》规定，商业银行在中低收入社区的信贷服务需要满足一定要求，并由联邦监管机构负责考核其在中低收入社区履行金融服务的表现。我们需要借鉴国外经验把政策法规上升为专门性的法律，对普惠金融的基本思想、基本要求、监管机制等方面做出具体的规定，以满足弱势群体和中小企业的金融服务需求。

另外，由于法律规范的缺失或落后，许多普惠金融服务主体法律规范不明确，导致部分市场主体利用法律漏洞进行“伪金融创新”。例如，曾经发展迅速的 P2P 网络借贷出现了众多擅自挪用资金、资金链断裂，甚至跑路现象，给投资者造成了巨大损失，带来了重大金融风险。又如，扶持低收入群体小额信贷业务的组织或机构在我国兴起和发展已久，但是一直没有解决其法律定位问题，成为限制其发展的重要因素。此外，典当行、小额贷款公司、融资担保公司、农民信用合作社等普惠金融服务主体都需要进一步确定法律规范。

2. 符合国情的适度监管体系未建立

1）普惠金融相关监督机制不完善

由于法律法规的不完善以及政府部门自身原因，普惠金融监督机制存在一些问题。第一，传统金融监管职能定位不清，不仅集监管与发展职能于一身，还承担了部分财政职能，导致金融领域出现诸多资源错配、风险并存的现象。第二，大量从事金融活动的机构由于未被定义为“金融机构”而处于监管缺位的状态，同时在税制、司法等领域得不到有效的政策支持和保障。

2）弱势群体金融服务保护不到位

及时查处侵害金融消费者合法权益行为，保护金融消费者权益，是普惠金融发展的基本要求。而在实际中，金融消费者尤其是弱势群体的权益经常没有得到很好的保护。弱势群体往往缺乏维护自身消费权益的知识和能力，监管当局需要逐步建立适合我国国情的金融消费纠纷解决机制，保护弱势群体的金融服务消费权益。农村地区非法集资和诈骗事件发生相对较多，受害者多是缺乏金融知识的农民甚至老年人群体。

3. 金融商业属性下的普惠理念缺失

以营利为目的的金融商业属性导致金融服务主体在经营过程中缺乏普惠理念。一方面，在中国，普惠金融理念启蒙较晚。在 20 世纪 90 年代普惠金融理念才正式引入中国，我国才出现了以扶持低收入群体为目的的小额信贷机构，但是发展规模有限。另一方面，许多立法指导服务于“三农”和中小企业的金融机构偏离了初衷。小额贷款公司、典当行等为了追逐利润，在实际经营过程中把资金投向房地产等热门行业，信用合作社为了追求绩效，更多地向更富裕的农户或企业提供服务。

（二）微观财务视角：中国普惠金融发展的阻力与问题

1. 普惠金融供给的商业不可持续

从供给方的财务角度来看，普惠金融服务主体在经营发展中面临的瓶颈是商业不可持续。本章认为商业不可持续主要有两个原因。第一，普惠金融服务风险收益不均衡导致服务主体财务亏损。普惠金融需求分散化、碎片化以及需求方信用的脆弱性抬升了普惠金融服务主体的经营难度、业务成本和产品风险，许多福利性质甚至商业性质的微型机构，往往难以维持正常的资金运转，即使能勉强经营，在碰到意外风险事故（如自然灾害引起的大量农民破产）时也会面临损失甚至破产。第二，在普惠金融业务发展遇阻和其他业务利益的驱动之下，普惠金融服务主体偏离了服务于弱势群体和中小企业的初衷。一边是普惠金融业务风险收益不平衡，另一边是风险收益明显更合理的金融业务，金融机构出于自身财务利益的考量自然倾向于选择风险收益更为优化的业务。比如，在为同一笔资金选择客户时，农村信用合作社的信贷员自然更愿意把资金借给农村大中企业而不是若干低收入农户。

2. 弱势群体和中小企业的金融需求受抑制

从需求方的角度来看，弱势群体和中小企业的金融需求受到内外两方面的抑制。第一，外在金融排斥带来的需求抑制。被正规金融系统排除在客户名单外，比如，边远地区的农民享受不到银行服务（地理排斥），小微企业没有通过风险评估而被银行拒贷（评估排斥）。第二，弱势群体和中小企业由自身因素导致的需求抑制。自身因素包括受教育程度、自我认识等原因，比如，农民因为文化程度低而存在沟通障碍，难以办理金融服务，或者弱势群体和中小企业因为金融知识不够而认为自身条件不足以获得金融服务，把自己排除在金融服务之外。

第三节　普惠金融实践的经验归纳：国内外比较视角

本节综合归纳国内外普惠金融实践的经验和普惠金融的主要模式，梳理普惠金融主要模式在中国的发展情况，最后从五大方面对中国普惠金融主要模式进行了比较分析。

一、普惠金融的主要模式

综合国内外普惠金融实践经验，普惠金融的主要模式分为五种：小贷与微型金融模式、商业银行模式、合作金融模式、政策导向模式、金融创新模式。

小贷与微型金融模式是指提供小额信贷的机构以及在此基础上发展起来的能提供除小额信贷以外其他服务的微型金融机构，其主要服务对象为被正规金融排斥的低收入农民以及小微企业，该模式的典型代表有孟加拉国乡村银行、孟加拉国社会进步协会、非政府组织小额信贷机构、中国的小额贷款公司等。

商业银行模式是指商业银行向中小微企业以及个人提供的金融服务。不同的商业银行在服务中小企业和个人上的贡献不同。小型商业银行的贡献较大，而大型商业银行的普惠金融服务贡献较小。

合作金融模式一般是指农村的个人或企业单位发起成立的旨在解决成员融资等问题的金融组织，这一模式较为古老，起源于德国，现在为全世界所采用。其典型的代表有德国合作银行、中国的农村信用合作社、农村资金互助社等。

政策导向模式是指由政府组织设立并由政策主导的政策性金融机构或项目，该类机构或项目往往是非营利性质的，旨在为低收入人口、小微企业和农业等提供政策金融服务。其典型的代表有法国“4 + 1”金融支农模式、日本保险和信用保障制度、中国农业发展银行、助学贷款免息项目、政策性保险项目等。

金融创新模式是指在制度、组织、技术等层面进行创新而形成的金融模式，其核心是运用了金融创新从而为个人或中小企业提供普惠金融服务。在组织制度创新层面上，本章把代理银行制度纳入金融创新模式，如巴西代理银行。在技术创新层面上，本章把信息化金融纳入金融创新模式，如肯尼亚手机银行、网络银行、网络小额贷款平台等。

二、中国的普惠金融主要模式

在中国，这五种主要的普惠金融模式也得到了不同程度的发展。下面举例分析中国各普惠金融模式的发展状况。

（一）小贷与微型金融模式

小贷与微型金融模式在我国的典型代表有非政府组织小额信贷机构、小额贷款公司、典当行、消费金融公司、民间借贷组织等。下面我们主要介绍非政府组织小额信贷机构和小额贷款公司。

（1）非政府组织小额信贷机构。1993 年，中国社会科学院农村发展研究所在河北易县建立了中国首家小额信贷机构——易县扶贫经济合作社，从而标志着我国公益性小额信贷阶段的开启。随后，国内外的非政府组织相继发起成立了不同的小额信贷机构，这些小额信贷大部分属于公益性质。它们的主要资金来源是个人或国际机构的捐助以及软贷款。这些小额贷款机构大多数注册为社会团体、基金会、私人经营的非营利性企业和机构，通常被统称为非政府组织小额信贷机构。最大的扶贫小额信贷机构之一是中国扶贫基金会。中国扶贫基金会旗下的中和农信项目管理有限公司（简称中和农信），运用小额信贷的方式解决贫困农户贷款难问题，截至 2019 年底，中和农信在全国设立 345 家分支机构，贷款余额 112 亿元，在贷客户 42 万户。已累计发放小额信贷 341.6 万笔，571.8 亿元，超过 600 多万农村百姓从中受益。大多数其他非政府组织小额信贷机构规模很小。

（2）小额贷款公司。2005 年 10 月，我国在五省开展了小额贷款公司的试点。2005 年 12 月，两家小额贷款公司在山西平遥获准成立并开始发放贷款。2008 年《关于小额贷款公司试点的指导意见》的出台规范了小额贷款公司的发展，其明确指出小额贷款公司不得吸收公众存款，只能在其所在地行政区域范围内经营。小额贷款公司的客户主要是“三农”、小微企业，多数资质很难满足银行贷款要求，小额贷款公司的发展为普惠金融事业做出了有益的贡献。截至 2020 年末，全国共有小额贷款公司 7118 家，贷款余额 8888 亿元。

（二）商业银行模式

不同的商业银行在服务中小企业和弱势群体上的专注程度不同。小型商业银行[①]更为专注于普惠金融，大型商业银行凭借规模优势也提供了大量的普惠贷款。据 2020 年银保监会发布的数据，普惠金融资产规模较大的依次为农村金融机构、大型商业银行、股份制商业银行和城市商业银行，其服务于小微企业的贷款余额份额分别为 34.90%、31.19%、17.69%和 14.57%。具体见表 8-8 的统计。

表 8-8　2020 年银行业用于普惠型小微企业的贷款情况表

项目机构	小微企业贷款	
	余额/亿元	占比
商业银行合计	563 130	100.00%
大型商业银行	175 636	31.19%
股份制商业银行	99 601	17.69%

① 在我国，小型商业银行主要指股份制商业银行、城市或农村商业银行、农村合作银行、村镇银行等。

续表

项目机构	小微企业贷款	
	余额/亿元	占比
城市商业银行	82 037	14.57%
农村金融机构	196 556	34.90%
其他	9 300	1.65%

资料来源：银保监会

注：①自 2018 年起，银保监会重点监测统计普惠型小微企业贷款，即单户授信总额 1000 万元以下（含）小微企业贷款。②自 2019 年起，邮政储蓄银行纳入大型商业银行汇总口径

（三）合作金融模式

从合作金融属性来看，在我国属于合作金融模式的有农村信用合作社、农村资金互助社。其中，农村资金互助社属于传统的合作金融范畴，而农村信用合作社实际经营过程中兼具了传统合作金融属性和商业银行属性，下面我们对它们做一些简要分析。

1. 农村信用合作社

2003 年 6 月 27 日，国务院下发了《深化农村信用社改革试点方案》，该方案再次启动了农村信用改革的新一轮创新，试点工作在浙江等 8 个省进行。2004 年 8 月底，试点地区进一步扩大到了 21 个省区市，许多农村信用社被改制成农村合作银行和农村商业银行，农村商业银行和农村合作银行通过股份制改造后的股权结构和业务范围与传统信用合作社有了较大的区别。作为银行类金融机构农村信用合作社有如下的特点。

（1）组织形式。农村信用合作社是由农民和农村的其他个人集资联合组成，以互助为主要宗旨的合作金融组织，其业务经营是在民主选举基础上由社员指定人员管理经营，并对社员负责。其最高权力机构是社员代表大会，负责具体事务的管理和业务经营的执行机构是理事会。

（2）主要业务。农村信用合作社的资金来源是合作社成员缴纳的股金、留存的公积金和吸收的存款；贷款主要用于解决其成员的资金需求。起初主要发放短期生产生活贷款和消费贷款，后随着经济发展，渐渐拓宽放款渠道，和商业银行贷款没有区别。

（3）服务对象。农村信用合作社以农村地区的农户、个体工商户和中小企业为主要服务对象，其推出的小额贷款（农户保证贷款和农户联保贷款单户的最高贷款额度为 5 万元，商户保证或联保贷款最高金额为 10 万元）作用突出，采用了多种保证和担保形式，在很大程度上满足了广大农民的小额资金需求。

农村信用合作社在服务“三农”上有巨大的优势。农村信用合作社系统（包括农商银行、农村合作银行和农村信用合作社）网点遍布农村，具有天然的服务农民的优势。截至 2020 年 6 月底，全国共有 27 家农村合作银行和 695 家农村信用合作社。

2. 农村资金互助社

2007 年，银监会出台《农村资金互助社管理暂行规定》，规定农村资金互助社是指经银行业监督管理机构批准，由乡（镇）、行政村农民和农村小企业自愿入股组成，为社员提供存款、贷款、结算等业务的社区互助性银行业金融机构。农村资金互助社实行社员民主管理，以服务社员为宗旨，谋求社员共同利益。

农村资金互助社只要有 10 名以上发起人，以及较低的注册资本（在乡镇设立的，注册资本最低 30 万元）就可以注册成为独立的企业法人。农村资金互助社资本金基本由会员存款构成，由于农村资金互助社需要官方批准才能增加会员，而又不能吸收非会员的存款，所以农村资金互助社发展较为困难。截至 2020 年 6 月底，我国共有 42 家农村资金互助社。农村资金互助社的“民主、合作、自愿”的特点，有利于调动社员的积极性，满足农民的资金需求，是合作金融领域的有益补充。

（四）政策导向模式

在政策性金融方面，我国主要机构或项目有中国农业发展银行、国家开发银行、中国进出口银行以及扶贫相关的项目（如大学生助学贷款项目）等。三大政策性银行面向中小企业提供相应的政策金融服务，扶贫项目则在政府、银行等单位共同支持下运转。下面我们主要介绍中国农业发展银行。

中国农业发展银行作为政策性银行，为“三农”发展提供资金支持，较好地履行了政策性银行的责任和义务，为我国农村普惠金融的发展做出了重要的贡献。截至 2019 年底全年累计投放粮棉油贷款 6619 亿元，其中粮棉油收购贷款 2982 亿元，同比增长 563 亿元。2019 年累计投放扶贫贷款 4045 亿元，同比增长 152 亿元。

（五）金融创新模式

在我国，金融创新模式发展迅速，在组织制度创新层面上，邮政代理金融模式（即邮政储蓄银行模式）在中国发展已久，在技术创新层面上，信息化金融发展迅速，如手机银行、网络银行等。手机银行又称移动银行（mobile banking），是指利用移动通信技术和设备来进行各种银行和金融服务。移动银行可安装在手机、平板等智能移动终端，能集合用户的碎片时间，可完成转账、支付、充话费、购买理财产品等功能，拥有无与比拟的便捷性，具有较好的用户体验。国内的手机银行起步较晚，基本上是网络银行的手机化。

三、中国普惠金融发展模式比较

由于我国普惠金融模式的发展状况不同，不同普惠金融发展模式之间存在着较大的差别，本部分从主要客户、金融服务、营利模式、服务形式、监管归属、风险状况等方面对不同普惠金融模式进行了对比分析，并通过表 8-9 形式较为简明地列示了它们之间的差异。

表 8-9 我国不同普惠金融模式的对比

项目	小贷与微型金融模式	商业银行模式	合作金融模式	政策导向模式	金融创新模式
主要客户	低收入居民（非政府组织小额信贷机构）、有一定信用基础的居民和中小企业（小额贷款公司、典当行、消费金融公司等）	普通居民和中小企业	农村地区的农户和中小企业	低收入居民、国家政策扶持的企业	普通居民（如代理银行模式），以及具有金融知识的个人或企业（信息化金融模式）
金融服务	优惠贷款或无偿捐款（非政府组织小额信贷机构）、高息贷款（小额贷款公司、典当行）	贷款、支付结算、理财、保险等一系列金融服务	贷款、支付结算为主	免息贷款或优惠贷款	贷款、支付结算、理财、保险等一系列金融服务
营利模式	非营利性机构（非政府组织小额信贷机构），以利息收入、手续费为主的营利性机构（小额贷款公司、典当行等）	以利差收入、手续费为主的营利性机构	营利性的合作金融机构	非营利性的政策机构或项目	营利性机构
服务形式	捐赠，信用贷款，抵押、质押贷款等多种形式	信用担保、联保、抵押、质押等多种形式	信用担保、联保等多种形式	信用贷款为主	信用担保、联保、抵押、质押等多种形式；信息化金融具有互联网或移动终端在线服务的特点
监管归属	地方金融监督管理局、银保监会、商务部	银保监会	银保监会	财政部门	根据机构属性确定监管归属，代理银行模式的主体是银行，自然由银保监会监管，一些信息化金融新业态处于监管探索中，多为多部门联合监管

续表

项目	小贷与微型金融模式	商业银行模式	合作金融模式	政策导向模式	金融创新模式
风险状况	非政府组织小额信贷机构数量小、规模小，风险很小；小额贷款公司、典当行、消费金融公司等机构风险较高	风险可控，商业银行风险控制能力较强	风险可控	需要建立信用诚信档案和惩戒机制，监督居民和企业履约	信息化金融模式风险较大

资料来源：作者整理

在主要客户方面，不同模式之间差异较大。小贷与微型金融模式服务的往往是被正规金融排斥在外的低收入居民（非政府组织小额信贷机构）、有一定信用基础的居民和中小企业（小额贷款公司、典当行、消费金融公司等）；商业银行模式服务于普通居民和中小企业；合作金融模式服务于农村地区的农户和中小企业；政策导向模式服务于低收入居民、国家政策扶持的企业；金融创新模式服务于普通居民（如代理银行模式），以及具有金融知识的个人或企业（信息化金融模式）。

在金融服务方面，不同模式之间也有所差异。小贷与微型金融模式往往提供优惠贷款或无偿捐款（非政府组织小额信贷机构）、高息贷款（小额贷款公司、典当行）；商业银行模式提供贷款、支付结算、理财、保险等一系列金融服务；合作金融模式以贷款、支付结算为主；政策导向模式则提供免息贷款或优惠贷款；金融创新模式下的不同机构提供相应的贷款、支付结算、理财、保险等一系列金融服务，另外，信息化金融服务需要一定的互联网等信息技术的支持。

在营利模式方面，除了政策导向模式和小贷与微型金融模式中的非政府组织小额信贷机构外，都属于营利性机构。小贷与微型金融模式是以利息收入、手续费为主的营利性机构（小额贷款公司、典当行等）；商业银行模式、合作金融模式和金融创新模式都是以利差收入、手续费为主的营利性机构。

在服务形式方面，不同模式之间略有差异。小贷与微型金融模式有捐赠，信用贷款，抵押、质押贷款等多种形式；商业银行模式、合作金融模式都有信用担保、联保等多种形式；政策导向模式一般以信用贷款为主；金融创新模式的服务形式取决于其机构主体，也呈现多样化的特征，但信息化金融具有互联网或移动终端在线服务的特点。

在监管归属方面，不同机构归属不同。非政府组织小额信贷机构等机构一般由地方政府管理；典当行等机构由商务部管理；商业银行、农村合作金融机构、小额贷款公司、消费金融公司等金融机构由银保监会管理；而政策导向模式由国家财政部门运行和管理；创新金融模式下的金融机构根据机构属性确定监管归属，代理银行模式的主体是银行，自然由银保监会监管，一些信息化金融新业态一般为多部门联合监管。

在风险状况方面，监管程度和行业特点不同引致的风险也不同。非政府组织小额信贷机构数量小、规模小，风险很小；小额贷款公司、典当行、消费金融公司等机构风险较高；商业银行、农村合作金融机构风险控制能力较强；政府政策导向的机构和项目面临一定风险，需要建立信用诚信档案和惩戒机制，监督居民和企业履约；金融创新模式的风险因机构而异，但信息化金融模式风险较大。

从外部来看，国际普惠金融实践越来越丰富，为我国普惠金融的发展提供了重要的借鉴和参考。反观自身，自 20 世纪末以来，我国普惠金融在金融供求方匹配、基础设施、政策环境、法律监管等方面都有很大的进步，但也存在一定的问题。这就需要我们具体分析实际情况，不断发展和完善我国的普惠金融体系，实现普惠金融发展的目标。

第九章　普惠金融与经济发展的实证检验

党的十八大以来，党中央、国务院高度重视普惠金融工作。党的十八届三中全会通过的《中共中央关于全面深化改革若干重大问题的决定》中正式提出要“发展普惠金融。鼓励金融创新，丰富金融市场层次和产品”。2016 年国务院专门制定《推进普惠金融发展规划(2016—2020 年)》，明确提出了推进普惠金融发展的指导思想、基本原则和总体目标。2017 年全国金融工作会议进一步要求建设普惠金融体系。国内外较多的研究都指出构建普惠金融体系具有重要的意义，但较少有学者对普惠金融促进经济发展的制度条件、传导机制进行探讨，也较少有学者关注中国的普惠金融对经济发展的两个方面，即经济增长和收入分配的影响。本章基于我国 2005～2019 年的省级面板数据，对这一问题进行了实证研究。本章认为，提高我国金融体系的普惠程度能够显著地促进经济增长，并且能够显著改善城乡收入分配差距。构建普惠金融体系应当注意区域平衡和制度条件，增强普惠金融对经济平衡增长的促进作用及对城乡收入差距的缓解作用，从而兼顾效率与公平。

第一节　普惠金融与经济发展的理论分析

一、普惠金融与经济发展关系研究评述

一些国外研究指出，普惠金融能够促进家庭储蓄，从而汇集更多的金融资源（Aportela，1999）；普惠金融还能够促进消费和激励企业家的生产性投资，从而支持经济增长（Dupas and Robinson，2009）。一些国内学者也认为，发展普惠金融有助于金融服务实体经济（周小川，2013），能够提高资源配置效率（焦瑾璞等，2015），从而促进经济增长。然而，李涛等（2016）基于跨国样本的实证研究并未发现普惠金融对经济增长存在显著影响。理论分析与实证结果的不一致可能与样本选择、模型差异有关。普惠金融发展对中国经济增长的影响究竟如何，是本章要回答的第一个问题。

普惠金融发展与经济增长的关系可能因区域不同、经济发展水平不同而不同。这背后反映的是，普惠金融发展促进经济增长可能依赖于某些制度条件。直观地理解，普惠金融体系旨在改善金融排斥者的金融服务可得性，通过改善市场提高中小企业的融资机会也是普惠金融发展的重要内容。缓解融资约束将有助于企业

投资，而企业投资有助于经济增长，因而投资者保护、投资机会、投资环境等制度条件就成为普惠金融促进企业投资进而促进经济增长的重要前提。不同省份的经济发展水平不同，制度条件也不同，导致普惠金融对经济增长的作用在不同省份间呈现较大的差异。普惠金融对我国经济增长的促进作用是否存在区域非平衡性，普惠金融促进经济增长的制度条件又是什么，是本章要回答的第二个问题。

经济发展包括经济增长和改善收入分配两个方面，分别对应了效率和公平。效率与公平是一对矛盾而又统一的目标。世界银行提出“普惠金融”这一带有“公平”意义的概念，正是为了呼吁各国更加注重公平，在关注经济增长的同时也重视收入分配问题。经历了三十多年的高速增长，我国经济发展水平有了较大的提高，但区域间的收入不平衡、城乡收入差距等问题也逐步显现出来（国务院发展研究中心农村部课题组，2014）。构建中国的普惠金融体系，关注经济落后地区、落后产业和农村的经济发展，推动包容性增长至关重要（国务院发展研究中心和世界银行联合课题组，2014）。在中国的实践中，普惠金融发展究竟是更促进经济增长，还是更改善收入分配，是本章要回答的第三个问题。

事实上，我国普惠金融的发展存在显著的区域不平衡性，这势必会带来普惠金融发展对经济增长作用的区域间差异，从而加剧区域发展失衡。自 1992 年以来，受改革开放政策的影响，东部沿海地区发展较快，因而，东部地区的普惠金融发展水平较高。始于 2000 年的西部大开发政策和始于 2004 年的中部地区崛起战略使大量的资金被转移到中、西部地区以支持经济发展，从整体上提高了这些地区的普惠金融水平，然而，云南、贵州、广西、江西、湖南等西南省区因自然地理因素而落后于其他中、西部省区市。从动态过程看，各地区的普惠金融发展程度呈现了明显的分化趋势。图 9-1 报告了全国各省区市 2005 年和 2019 年普惠金融

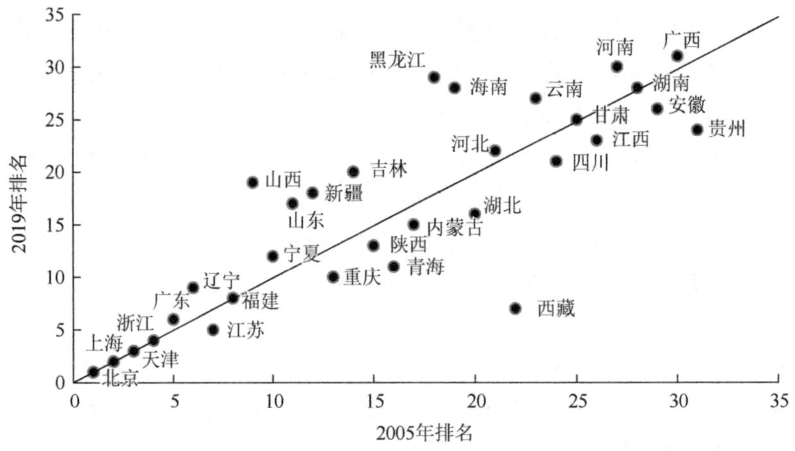

图 9-1　2005 年和 2019 年各省区市普惠金融的排名变化（自小到大排序）

指标的排序（自小到大排序）。45 度线以下即普惠金融排名上升的省区市包括青海、西藏、陕西和内蒙古等，主要是西部地区，反映了西部地区的普惠金融发展较快；而黑龙江、吉林、云南、河南等省份的普惠金融发展较慢，这与前文分析的因素一致。普惠金融发展较慢的地区正是经济发展较慢的地区，这也从侧面表明，普惠金融与经济发展之间有着重要的联系，而经济增长不平衡也可能与普惠金融发展的不平衡有关。

为了回答上述问题，弥补现有研究的不足，本章构建了 2004～2019 年我国 31 个省区市的普惠金融指数，对普惠金融、经济增长与收入分配的关系进行了实证研究。与现有研究相比，本章研究的贡献至少包含以下三个方面，一是从经验中证明了普惠金融发展能够促进我国的经济增长；二是揭示了我国的普惠金融发展改善了经济增长的区域失衡，且在改善区域间城乡收入分配方面有效；三是提出了普惠金融促进经济增长的制度条件。

二、普惠金融促进经济增长的机制分析

普惠金融之所以重要在很大程度上是因为它对经济增长具有促进作用。传统的金融发展理论多从金融深化角度入手，即从金融中介和金融市场两个方面关注金融深化对经济增长的影响（King and Levine，1993）。而普惠金融从金融服务公平性的角度，延伸了金融发展的内涵，针对金融发展过程中的“市场失灵”，提供更为公平和广泛的金融服务，促进经济增长。

第一，普惠金融有助于储蓄的形成（Aportela，1999），从而促进经济增长。根据凯恩斯主义的现金持有理论（Baumol，1952），人们会在持有现金的机会成本和交易成本之间进行权衡，从而决策最优的现金持有比例。增加现金持有量意味着减少了储蓄和投资，丧失了获得收益的可能；而减少现金持有量，则会因从投资中撤出现金的频率增加而导致交易成本上升。在偏远地区，金融机构的覆盖密度不足，使居民难以方便地存取款，是现金持有的交易成本提高的重要原因。如果提高普惠金融水平，增加金融机构或 ATM 的覆盖密度，将有助于降低持有现金的边际交易成本，使偏远地区居民的最优现金持有量下降，进而使其持有的银行储蓄增加。这一方面提高了偏远地区居民的利息收入，另一方面也使金融机构汇集了更多的金融资源，提高储蓄投资转化率进而促进经济增长。此外，这也会使原本被排斥在金融体系之外的低收入居民享有基础性的存款服务，能使这部分位于金融体系之外的资金进入金融体系中。

第二，普惠金融有助于缓解企业的融资困难、促进企业投资（Dupas and Robinson，2009；邹伟和凌江怀，2018），从而促进经济增长。在资本市场和信贷市场中受到歧视的中小企业是普惠金融体系的扶持目标之一。这些企业受制于金

融排斥和投资项目的门槛限制，不能够便利地、及时地把握具有高附加值、高回报率的投资机会，降低了资源的配置效率（李涛等，2016）。有效降低这些企业遭遇的金融排斥，将有助于缓解它们面临的融资约束，进而促进企业投资。从某一时点看，中小企业是那些风险较高、抵押品不足的企业，但是，从发展的眼光看，中小企业也是未来大型企业的初创和成长阶段。将中小企业排斥在金融体系之外，不利于中小企业的成长，也不利于企业部门的整体发展和进步。而普惠金融可通过提供金融服务、降低交易成本、提升风险管理、促进能力创新等机制实现扩大再生产，进而影响实体经济产出（王修华和赵亚雄，2019）。

第三，普惠金融有助于激发市场活跃度（张勋等，2019；滕磊和马德功，2020）。电子商务和通信技术等的快速发展能够降低传统金融对物理网点的依赖，使得数字普惠金融具有更强的地理穿透性和低成本优势（李继尊，2015），从而有助于降低信息不对称和交易费用（王博等，2017），降低市场主体的创新成本，促进企业创新（Beck et al.，2018；唐松等，2020；谢雪燕和朱晓阳，2021）和区域创新（黄漫宇和曾凡惠，2021；徐子尧等，2020），提升区域全要素生产率（贺茂斌和杨晓维，2021），促进创业（李建军和李俊成，2020；谢绚丽等，2018）。

此外，普惠金融还能够促进产业结构优化（杜金岷等，2020）、提升居民消费（张勋等，2020；何宗樾和宋旭光；2020），进而促进经济增长。

三、普惠金融对收入分配的改进作用

已有研究指出，普惠金融是一个均衡器，它可以促进经济增长并使所有公民从中获益（Kapoor，2013）；如果没有包容性金融体系，将导致持续的收入不均现象和经济增速放缓（Beck et al.，2007）。也就是说，普惠金融在促进经济增长的同时也能够促进收入分配公平（Zhang and Posso，2019）。具体地，普惠金融对收入分配有以下两个方面的影响。

第一，普惠金融有助于农村经济和农业发展，缩小城乡收入差距。新中国成立初期，我国曾实施了“工业优先”的发展战略，农业在一定程度上对工业进行了补贴，从而使农业被排斥在金融体系之外（何德旭和苗文龙，2015），导致大量资金从“三农”领域外流（钟腾等，2020）。相对农村而言，城市经济发展水平相对较高，金融需求的种类较多，从而金融创新和服务主要集中在城市中。我国广大农户的金融服务（包括存款、汇兑等最基本的服务）需求还没有得到满足，金融排斥现象在农村仍然存在（邓莉和冉光和，2006；董晓林和徐红，2012）。事实上，农村经济发展也需要金融服务的支持（吴国华，2013）。我国当前实施的“支农”的结构性货币政策就是为了引导银行信贷支持农村经济发展（彭俞超和方意，2016）。农业信贷有助于农民扩大生产规模，提高生产效率，支持农业经济效率的提高；有助于现代农业建设，提高农业生产附加值。我国农村经济发展具有小规模、高风险和高成本的特点，提供农林业相关的保险产品，建立农村金融风险补偿和分散机制，也将有助于农村经济增长。因此，应大力发展普惠金融（尹志超和张栋浩，2020），尤其是发展数字普惠金融（孙继国和赵俊美，2019；王永静和李慧，2021；谢升峰等，2021；周利等，2021；殷贺等，2020；杨波等，2020），提高农村和农民对金融服务的可得性，能够提高农业的经营效率和农村居民的收入水平，从而有效地缩小城乡收入差距。

第二，普惠金融有助于教育公平，使低收入人群的知识水平提高。税收和转移支付等手段仅能直接地缓解收入差距，却并不能提高低收入人口的长期收入水平。收入差距抑制教育公平从而反作用于收入差距，是收入差距不断持续和放大的重要原因。普惠金融将基础的金融服务提供给欠发达地区和低收入人群，如助学贷款等，使低收入人群的资源约束得到缓解。当低收入人群拥有足够的资金，就可以通过获得公平的教育来提升其未来的收入水平。因此，提高金融体系的普惠性，对低收入人群提供平等的借贷服务，能够通过改善教育公平来缩小收入分配差距。

第三，普惠金融有助于促进家庭财富积累（Célerier and Matray，2019），尤其是增加农民收入。商业金融的营利性要求与普惠金融的非营利性本质之间的矛盾，抑制了银行家为农民提供金融服务的积极性，进一步限制了本已狭窄的农村低收入家庭融资渠道，使他们无法跳出低收入陷阱。在政府干预下，普惠金融与提升收入水平之间存在着相互促进的关系。一方面，向农民提供负担得起的、有补贴的金融服务，可以帮助农民稳步增加收入；另一方面，机构通过扩大业务规模、拥有深厚的忠诚客户基础和公众的认可，获得了良好的回报，这反过来又刺激机构提供更多的金融产品，提高服务质量，扩大对低收入农民的投资规模（Zhao and Chen，2019）。

四、普惠金融对经济增长和收入分配协调性的改进

普惠金融既能够促进经济增长，也能够改善收入分配，但收入分配和经济增长之间是存在着一定矛盾的。支持低收入人群和中小企业的普惠金融体系能够改善收入分配，提高经济发展的公平性，但也可能使金融资源配置的效率降低，阻碍经济增长。事实上，普惠金融政策的实施目标和实施方式决定了促进经济增长和改善收入分配之间的协调性。

第一，纠正“市场失灵”的普惠金融发展将能够同时促进经济增长和改善收入分配。把更多的资源配置在生产率更高的领域，才能够实现资源配置效率的提高。但是，以银行为主导的金融体系在配置资源时是以风险和短期收益为导向的。

短期收益较高的行业并不一定是符合经济发展长期战略的行业，也不一定是生产效率高的行业。比如，房地产行业因投机需求的增加可能存在较高的短期回报率，而其他高技术产业、高效率产业的投资收益率在短期内则低于房地产行业。银行把金融资源配置到短期收益较高但生产效率较低的产业中，就造成了“市场失灵”，导致一些风险合理、效率较高、长期收益率较高的企业受到不同程度的金融排斥。此外，当前金融体系把农村居民排斥在金融体系之外也是“市场失灵”的体现。农业和农村经济发展相对滞后，推动金融资源流向农村可能在短期内不利于经济增长，但是，改善城乡收入差距能够促进社会稳定，对长期经济发展是有利的。如果构建普惠金融体系，能够使因“市场失灵”而受到金融排斥的企业和居民得到应有的金融服务，就能够提高资源配置效率，在改善收入分配的同时，也促进经济增长。

第二，对落后地区的经济增长促进作用更强的普惠金融政策能够兼顾增长和分配。区域间平衡也是收入分配的一个方面。对不同区域具有异质性效果的普惠金融政策就可能在促进经济增长的同时，也兼顾收入分配。地区经济增长的非平衡是我国当前的现状，它有一定的历史原因，也受到国家经济战略的影响。就当前我国的状况而言，中、西部地区较为落后，东部沿海地区较为发达，提高普惠金融对中、西部地区的支持可能更能够促进经济平衡增长。

第二节　普惠金融指标测算与实证模型构建

一、普惠金融的度量指标

现有研究常采用银行服务的可得性来度量普惠金融，并使用世界银行的全球普惠金融数据库进行研究，如 Fungáčová 和 Weill（2015）使用全球普惠金融数据库的部分数据研究了中国普惠金融的决定因素。然而，在这一数据库中，只有 4184 个观察样本来自中国，并不适合本章的研究。一方面，样本过少难以反映全国各地的普惠金融情况；另一方面，这些样本并非分布在所有省区市，不利于分析普惠金融对经济增长影响的区域差异。因此，我们采用宏观统计数据和地理数据，并根据 Amidžić 等（2014）的方法，来计算我国各省区市每年的普惠金融程度。

（一）普惠金融的三个维度

通过对普惠金融内涵的理解，我们可以将普惠金融的内涵分为金融服务的可得性、使用情况和服务质量三个维度（焦瑾璞等，2015）。Allen 等（2016）以银行账户的拥有情况、储蓄情况及账户使用的频率来度量普惠金融，这恰好对应于普惠金融的三个维度。

第一，金融服务的可得性是普惠金融的最基本要求，指的是金融需求者从物理上与金融机构接触的可能性。根据世界银行的调查，在被访人群中，超过 20% 的金融排斥者认为距离金融机构网点太远是造成其不愿（或不能）拥有银行账户的原因。我国中、西部地区地域辽阔，生活在农村的人民难以便利地接触到存在于城镇中的金融机构，这是造成其难以享受到金融服务的最基本原因（许圣道和田霖，2008）。根据金融服务可得性的定义，参考李建军和卢盼盼（2016）、李建军等（2019）的研究，我们采用金融机构的网点密度（Branch density）来度量，即金融机构网点数量与区域面积之比[①]。如果居民均匀地分布在某个区域中，较高的网点密度就意味着人们能够更便利地获得金融服务。此外，国外文献中也常采用单位面积中的 ATM 数目来度量金融服务的可得性，然而，这一数据在我国难以获得。

第二，金融服务的使用情况是普惠金融的重要组成，反映了金融服务的有效性。金融需求者即使能够接触到金融机构，但不能得到公平的对待，也难以实现金融需求。例如，企业因抵押品不足而无法获得贷款，低收入消费者因征信系统不完善而享受不到贷款服务等。金融服务的使用情况能够衡量个人享受金融系统服务的多少。

储蓄存款和银行贷款是金融体系中最主要的两种金融服务。储蓄是人们实现投资和财富保值的重要方式，包括存款、理财产品、共同基金、信托等；而贷款是企业和居民用以缓解自身流动性约束的重要方式。因而，我们分别从存款和贷款两个方面来衡量金融服务的使用情况。现有研究中，Fungáčová和 Weill（2015）采用存款家庭占总家庭数量的比重作为代理变量。考虑到数据的可得性，我们采用给定区域内存款与人口的比率即存款密度（Deposit density）来作为衡量存款服务使用情况的代理变量。较高的存款密度表明有更多的人享受了该地区的存款服务，这与金融服务使用情况的定义类似。与存款服务类似，我们采用给定区域内贷款与人口的比率即贷款密度（Loan density）来衡量贷款服务的使用。较高的贷款密度表明，人们能够从银行借到更多的钱来支持他们的商业活动和消费支出。

第三，金融服务的质量是普惠金融较高级的目标。当金融需求者能够获得一定的金融服务时，金融服务的质量就成为进一步的要求。金融服务的质量不仅体

① 现有研究中也采用了金融机构网点工作人员数量占人口的比重作为网点密度的代理变量，考虑到该指标与网点密度较为相近，在基准模型中未采用。但是，在稳健性分析中，我们将该指标作为替代性指标对经济增长进行了回归分析，发现普惠金融对经济增长的影响是稳健的。

现在金融服务的定价上，更要反映在金融从业人员素质的提高和金融机构效率的提升上。现有国外研究中一般采用银行账户的使用频率来度量金融服务的质量（Allen et al.，2016），然而，这一数据在我国难以获得。因此，本章主要采用普惠金融的前两个维度中的三个指标——网点密度、存款密度和贷款密度来合成普惠金融指数[①]。

图 9-2 展示了我国 2005～2019 年存款密度、贷款密度和网点密度的时间变化趋势。三个指标均呈上升趋势，这表明 2005～2019 年，我国金融体系的普惠程度是提高的。其中，存款密度与贷款密度上升较为显著，分别从 2005 年的 2.2 万元/人和 1.5 万元/人上升至 2019 年的 13.8 万元/人和 10.9 万元/人，均增长了 5 倍以上。银行网点是金融机构网点的主要组成部分。我国银行业经历了多次的撤销、合并，但网点密度变化却相对平稳，从 2005 年的每百平方千米 2.1 家网点，上升到每百平方千米 2.3 家网点。这表明，在网点撤并的同时，我国银行也在一些普惠金融程度较低的地区新增了一些网点，从而使总的网点密度保持平稳。

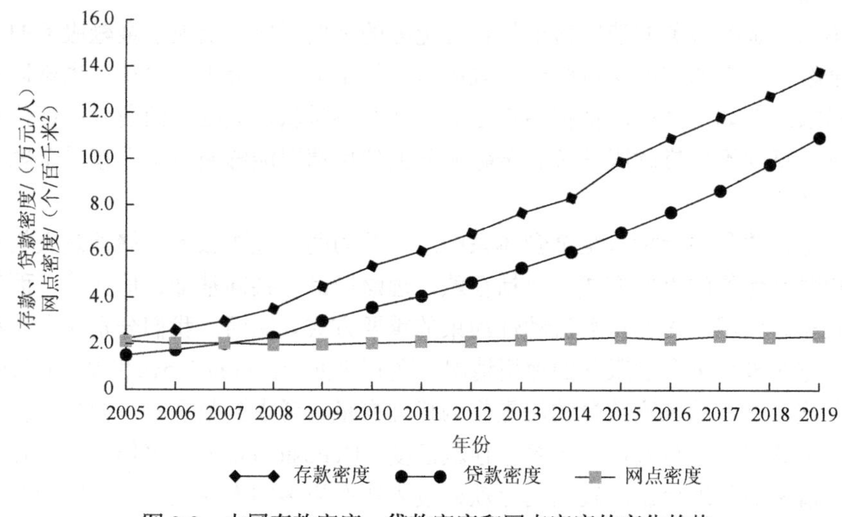

图 9-2　中国存款密度、贷款密度和网点密度的变化趋势

（二）普惠金融指数合成

借鉴 Amidžić等（2014）的研究，我们采用因子分析（factor analysis）法对网

① 关于普惠金融的度量，我们主要采用银行类指标，有以下几个方面的考虑。一是我国是银行主导的金融体系，银行规模占金融规模的绝大部分；二是对于被显著排斥在金融体系之外的人群，银行服务是最迫切需要的服务，衡量银行服务的普惠性足以代表普惠金融；三是证券市场类指标波动率过大，更多反映了其本身的发展状况，不适于本章的研究。

点密度、存款密度和贷款密度三个指标进行降维，合成为普惠金融指数。首先，通过除以每年的最大值，将这三个变量标准化为 0 到 1 之间的值。其次，利用因子分析法找出这三个变量的公因子。由于第一个因子解释了这三个变量超过 90%的信息，因此，我们只选择第一个因子作为合成指标的基础。最后，根据因子分析法得出的权重，将三个指标合成为普惠金融指数。在基准模型中，我们使用的是加权算术平均值的合成方法，记为 FinInc。在稳健性检验中，我们还将采用不同的度量指标、不同的因子分析方法和不同的合成方法对普惠金融指数进行计算。

二、实证模型构建

（一）普惠金融与经济增长的基准模型

参考金融发展和经济增长的有关研究（Levine，2005），我们使用动态面板回归模型来分析普惠金融对经济增长的影响，如式（9-1）所示。

$$\ln Y_{i,t} = \beta_0 + \beta_1 \ln Y_{i,t-1} + \beta_2 \text{FinInc}_{i,t} + \gamma X_{i,t} + \vartheta_i + \mu_t + e_{i,t} \tag{9-1}$$

其中，下标 i 和 t 分别为省份和年份（t=2004～2015）；因变量 ln$Y$ 为人均实际 GDP 的自然对数值，度量经济发展水平，同时，我们将 $\ln Y_{i,t}$ 的一阶滞后纳入方程，若 β_1 的估计值小于 1，则表明在经济发展水平越低的地区经济增长越快，即存在经济增长的 β 收敛效应；自变量 FinInc 为普惠金融指数，我们预计系数 β_2 的估计值大于 0，即普惠金融与经济增长正相关。参考彭俞超（2015）的研究，在回归方程中控制了影响经济增长的其他因素（X）。具体而言，在回归方程中加入居民消费价格指数（CPI）以控制通货膨胀，加入贸易开放程度（Trade）和外商直接投资（FDI）以控制当地的经济对外开放程度，加入教育水平（Edu）以控制人力资本的积累，加入政府规模（Gov）来控制当地政府的作用，加入邮电业务（Post&Com）和路网覆盖率（Road）以控制当地的基础设施建设。详细定义如表 9-1 所示。模型控制了省份固定效应（ϑ_i）和年份固定效应（μ_t），$e_{i,t}$ 是未观测的随机误差项。在基准情况下，我们先使用固定效应估计对模型（9-1）进行估计；在稳健性检验中，我们采用两阶段系统 GMM（generalized method of moments，广义矩估计）对模型进行敏感性分析。

考虑到普惠金融与经济增长的关系可能随着普惠金融发展程度的不同而不同，我们在模型（9-1）中加入普惠金融的二次项，得

$$\ln Y_{i,t} = \beta_0 + \beta_1 \ln Y_{i,t-1} + \beta_2 \text{FinInc}_{i,t} + \beta_3 \text{FinInc}_{i,t}^2 + \gamma X_{i,t} + \vartheta_i + \mu_t + e_{i,t} \tag{9-2}$$

如果普惠金融的二次项系数 β_3 大于 0，则表明普惠金融对经济增长的作用随

着普惠金融的发展先下降后上升，存在门槛效应。反之，如果普惠金融的二次项系数 β_3 小于 0，普惠金融对经济增长的作用随着普惠金融的发展先上升后下降，即存在着最优的普惠金融发展水平，使普惠金融对经济增长的作用最强。

表 9-1　变量定义一览表

变量	描述	度量
ln*Y*	经济发展水平	人均实际 GDP 的自然对数值
Inequality	城乡收入差距	城镇人均可支配收入与农村人均纯收入之比
FinInc	普惠金融指数	因子分析法
Branch density	网点密度	金融机构网点总数与行政地区面积之比（个/百千米 ^{2}）
Loan density	贷款密度	贷款总额与人口数量之比（万元/人）
Deposit density	存款密度	存款总额与人口数量之比（万元/人）
BrchEml_pop	人均工作人员数	金融机构网点工作人员与人口数量之比
Trade	贸易开放程度	出口值与 GDP 之比
FDI	外商直接投资	外商直接投资与 GDP 之比
Marketization	市场化指数	樊纲等（2011）提出的市场化指数
Uncertainty	经济不确定性	三年实际经济增长率的方差
Mpk	农业-工业相对边际资本产出率	农业边际资本产出率与工业的比值
Edu	教育水平	每十人中的高中在校学生数
CPI	居民消费价格指数	居民消费价格指数（上年＝100）
Gov	政府规模	政府支出占 GDP 比重
Post&Tele	邮电业务	邮电业务总量与 GDP 之比
Road	路网覆盖率	公路里程总长度与行政地区面积之比（千米/千米 ^{2}）

（二）普惠金融对经济增长影响的区域平衡性

为了考察普惠金融对经济增长的作用是否在不同的区域存在差异，我们在不同的子样本中对模型（9-1）进行估计。首先，我们将整个样本分为两个子样本：发达地区和欠发达地区。我们将每年的样本中人均实际 GDP 大于中位数的省份归为发达地区，其他的省份归为欠发达地区。若在发达地区的子样本中，普惠金融指标系数更高或更为显著，则表明普惠金融对经济增长的影响在发达地区更强。由于发达地区往往具有更好的投资环境（如健全的法律和制度、丰富的投资机会等），企业家的投资积极性更强，因此，普惠金融发展对经济增长的影响可能在发达地区更强，与此同时，与欠发达地区相比，发达地区也往往意味着经济增长的潜力受限，所以，普惠金融发展也可能会对欠发达地区的经济增长的作用更强。其次，我们将样本划分为东部、中部和西部三个子样本①，进一步考察区域间的普惠金融发展的异质性及其影响。为了探索普惠金融对经济增长的影响机制，我们在基本模型（9-1）中纳入了交叉项，构建模型如式（9-3）所示。

$$\ln Y_{i,t} = \beta_0 + \beta_1 \ln Y_{i,t-1} + \beta_2 \mathrm{FinInc}_{i,t} + \beta_4 \mathrm{FinInc}_{i,t} \times \mathrm{IE}_{i,t} + \beta_5 \mathrm{IE}_{i,t} + \gamma X_{i,t} + \vartheta_i + \mu_t + e_{it} \tag{9-3}$$

其中，IE 为刻画投资环境的变量，如贸易开放程度（Trade）、外商直接投资（FDI）、市场化指数（Marketization）和经济不确定性（Uncertainty）。作为转型经济体，我国经历了多年的市场化改革。樊纲等（2011）构建的市场化指数是文献中衡量制度环境的重要指标。在市场化程度高的省份，企业投资环境更好，但同时也意味着市场竞争更加激烈，金融资源更加丰富，促进普惠金融发展对经济增长的作用未必明显。

（三）普惠金融与城乡收入分配

经济增长的区域平衡性体现了区域间的收入分配情况，而城乡收入差距反映了区域内的收入分配情况。为了研究普惠金融发展对城乡收入分配的影响，本章设计如下模型：

$$\mathrm{Inequality}_{i,t} = \beta_0 + \beta_1 \mathrm{FinInc}_{i,t} + \gamma X_{i,t} + \vartheta_i + \mu_t + e_{i,t} \tag{9-4}$$

其中，$\mathrm{Inequality}_{i,t}$ 为 i 省第 t 年的城乡收入差距，定义为该省当年城镇人均可支配收入与农村人均纯收入之比。其余变量与模型（9-1）一致。由于普惠金融的发展能够减缓农村地区的金融排斥和融资约束，促进农村收入增长，因此，我们预期在普惠金融程度越高的地区，城乡收入差距应当越小，即普惠金融指数的系数小于 0。

为了探索普惠金融发展对城乡收入差距的影响机制，我们在模型（9-4）中引入交叉项，

$$\mathrm{Inequality}_{i,t} = \beta_0 + \beta_1 \mathrm{FinInc}_{i,t} + \beta_2 \mathrm{FinInc}_{i,t} \times \mathrm{Mpk}_{i,t} + \beta_3 \mathrm{Mpk}_{i,t} + \gamma X_{i,t} + \vartheta_i + \mu_t + e_{i,t} \tag{9-5}$$

其中，Mpk 为农业-工业相对边际资本产出率，用以衡量农业相对工业对资本的吸引程度。农村经济中的主要产业是农业，农业增长决定了农村收入的提高；与之相对应，工业是城市的支柱产业，工业增长对于城市收入的提高影响更大。城乡收入

① 东部地区包括 12 个省区市，分别是辽宁、北京、天津、河北、山东、江苏、上海、浙江、福建、广东、广西、海南；中部地区包括山西、吉林、黑龙江、安徽、江西、河南、湖北、湖南等 8 个省；西部地区包括陕西、甘肃、青海、宁夏、内蒙古、新疆、四川、重庆、云南、贵州、西藏等 11 个省区市。

差距与工业和农业的相对发展情况有关。普惠金融发展缓解了企业和农户的融资约束，使更多的金融资源流向工业和农业。当农业的资本产出率相对工业提高时，反映了农业中资本回报率相对工业有所提升，则金融资源流向农业的比例也会上升。因而，对于农业-工业相对边际资本产出率较高的省份和地区，普惠金融发展更能相对均衡地促进农业和工业的经济增长，进而缓解城乡收入差距，我们预期普惠金融指数与农业-工业相对边际资本产出率的交乘项系数 $\beta_2 < 0$ 。在度量农业-工业相对边际资本产出率时，我们假设农业和工业的生产函数均是规模报酬不变的柯布-道格拉斯形式。沿用 Jorgenson 和 Gollop（1992）、Vollrath（2009）、谢千里等（2008）的参数校准，我们设定农业部门中资本和土地的产出弹性分别为 $\alpha^{A} = 0.2$、$\beta^{A} = 0.2$ ；设工业部门中资本和土地的产出弹性分别为 $\alpha^{B} = 0.4$、$\beta^{B} = 0$ 。农业用地以农村种植面积衡量，就业、产业增加值等均来自《中国统计年鉴》。

三、数据说明及统计描述[①]

本章使用 2005～2019 年我国省级数据作为样本。经济数据如 GDP、出口、外商直接投资来源于国家统计局；普惠金融的相关数据，如金融机构网点数量、贷款和存款数据来源于历年《中国金融年鉴》；其余省级特征变量数据来源于历年《中国统计年鉴》。此外，2014 年和 2015 年各省区市行政区域面积数据缺失，考虑到地区面积几乎不变，本章使用 2013 年各省区市行政区域面积作为缺失年份的代理数据。变量的均值、标准差、中位数和观测数见表 9-2。

表 9-2　统计描述

变量名	描述	均值	标准差	中位数	观测数
ln*Y*	经济发展水平	10.4440	0.6465	10.5113	465
Inequality	城乡收入差距	2.8392	0.5490	2.7322	465
FinInc	普惠金融指数	0.1035	0.1051	0.0767	465
Branch density	网点密度	6.9596	10.4211	3.9882	465
Loan density	贷款密度	5.5757	5.1997	4.1627	465
Deposit density	存款密度	7.9553	9.2992	5.6733	465
BrchEml_pop	人均工作人员数	26.4144	9.2791	24.5461	465
Law	地区执法水平	0.2882	0.4534	0.0000	465

① 篇幅所限，变量的相关性结果在此省略汇报，各解释变量的相关系数都低于共线性门槛值 0.7（Lind et al.，2002）。

续表

变量名	描述	均值	标准差	中位数	观测数
Senior	老年人比重	0.0970	0.0214	0.0950	465
Trade	贸易开放程度	0.1432	0.1617	0.0721	465
FDI	外商直接投资	0.0205	0.0198	0.0167	465
Marketization	市场化指数	6.4018	2.1058	6.3200	465
Uncertainty	经济不确定性	0.0027	0.0043	0.0013	465
Mpk	农业-工业相对边际资本产出率	1.9922	1.2885	1.8031	465
Edu	教育水平	0.3137	0.0727	0.3205	465
CPI	居民消费价格指数	102.6763	1.7891	102.3000	465
Gov	政府规模	0.2270	0.1706	0.1891	465
Post&Tele	邮电业务	0.0578	0.0398	0.0477	465
Road	路网覆盖率	0.8239	0.4961	0.8120	465

第三节　普惠金融对经济增长和收入分配的实证分析

一、中国普惠金融与经济增长的量化关系

（一）基准模型

我们用固定效应模型对模型（9-1）和模型（9-2）进行了估计，结果如表 9-3 所示。固定效应控制了未观测到的样本个体异质性，提高了估计的准确性。第（1）列和第（2）列报告了普惠金融与经济增长的基本关系，相比第（1）列，第（2）列增加了三个控制变量[①]。我们发现，普惠金融的系数为 0.2728［以第（2）列为例］，且在至少 1%的统计水平上显著，表明普惠金融对经济增长有显著的促进作用，这与理论分析部分的结论一致。人均实际 GDP 的自然对数值一阶滞后项的系数为 0.9229，且在 1%的显著水平上显著，表明中国各省区市之间的经济增长存在 β-收敛，即经济发展水平较高的地区，经济增长率较低。居民消费价格指数、教育水平、路网覆盖率等变量的系数都显著，表明对经济增长的影响比较明显。贸

① 在稳健性检验中，我们控制了不同的信息集，结果均是稳健的。

易开放程度和外商直接投资的系数虽然为正，但并不显著，表明对经济增长的影响不明显。

表 9-3　普惠金融与经济增长的基准回归

变量	(1)	(2)	(3)	(4)
	$\ln Y_{i,t}$	$\ln Y_{i,t}$	$\ln Y_{i,t}$	$\ln Y_{i,t}$
$\ln Y_{i,t-1}$	0.9235*** (0.0082)	0.9229*** (0.0127)	0.9354*** (0.0130)	0.9219*** (0.0150)
$FinInc_{i,t}$	0.1986** (0.0773)	0.2728*** (0.0791)	0.0024 (0.1841)	0.2963 (0.2160)
$FinInc_{i,t}^2$			0.2098 (0.1786)	−0.0235 (0.2015)
$CPI_{i,t}$	0.0148 (0.0014)	0.0146*** (0.0014)	0.0147*** (0.0014)	0.0146*** (0.0014)
$Trade_{i,t}$	−0.0315 (0.0555)	0.0046 (0.0554)	−0.0491 (0.0575)	0.0072 (0.0599)
$Edu_{i,t}$	0.2683*** (0.0596)	0.3226*** (0.0602)	0.2542*** (0.0608)	0.3241*** (0.0617)
$FDI_{i,t}$	0.2301 (0.1624)	0.2279 (0.1603)	0.1922 (0.1655)	0.2310 (0.1626)
$Post\&Tele_{i,t}$		−0.1141* (0.0626)		−0.1167* (0.0666)
$Road_{i,t}$		0.0752* (0.0406)		0.0740* (0.0418)
$Gov_{i,t}$		−0.1890** (0.0639)		−0.1921*** (0.0692)
常数项	−0.7201 (0.1787)	−0.7345 (0.1873)	−0.8118 (0.1949)	−0.7269 (0.1985)
样本量	434	434	434	434
R^2	0.9882	0.9988	0.9882	0.9888
省份数	31	31	31	31
年份固定效应	已控制	已控制	已控制	已控制
省份固定效应	已控制	已控制	已控制	已控制

注：括号中报告的是标准误

*、**、***分别表示回归系数在 10%、5%、1%的统计水平上显著

表 9-3 第（3）列和第（4）列在基准模型的基础上添加了普惠金融指数的二次项，来考察普惠金融对经济增长的非线性影响。普惠金融指数二次项 $\text{FinInc}_{i,t}^2$ 的系数为–0.0235［第（4）列］，但不显著，表明基于普惠金融发展程度的不同，普惠金融与经济增长的关系尚无法确定。

（二）稳健性检验

1. 不同度量方式

在基准模型中，我们采用因子分析法对网点密度、存款密度和贷款密度三个指标进行分析，先求出权重，再利用算术加权平均的方法合成了普惠金融指数。在稳健性检验中，我们先采用网点密度、存款密度和贷款密度的简单加权平均对模型（9-1）进行了估计，如表 9-4 第（1）列所示。普惠金融的系数在 1%的统计水平下显著大于 0，与基准模型中的回归结果较为接近。接着，我们分别采用网点密度、存款密度和贷款密度三个指标单独对经济增长进行回归，来考察每个维度的普惠金融对经济增长影响的异同。如表 9-4 第（2）列至第（4）列所示，存款密度和贷款密度的系数均显著为正（1%的统计水平），网点密度的系数为正但是不显著。考虑到单位面积的网点覆盖主要考察的是人们到达网点的距离或交通成本，而单位人口的网点工作人员数考察的是人们在享受银行服务时的等待时间或等待成本，进一步采用人均工作人员数作为网点密度的替代变量，如表 9-4 第（5）列所示，该指标的系数在统计水平上虽然为正但不显著。

表 9-4　普惠金融对经济增长：普惠金融的替代变量

变量	（1）	（2）	（3）	（4）	（5）	（6）
	$\ln Y_{i,t}$	$\ln Y_{i,t}$	$\ln Y_{i,t}$	$\ln Y_{i,t}$	$\ln Y_{i,t}$	$\ln Y_{i,t}$
$\ln Y_{i,t-1}$	0.9237*** （0.0125）	0.9262*** （0.0123）	0.9240*** （0.0131）	0.9389*** （0.0121）	0.9366*** （0.0131）	0.9254*** （0.0128）
$\text{FinInc}_{i,t}$	0.0051*** （0.0014）					
Deposit $\text{density}_{i,t}$		0.0031*** （0.0008）				
Loan $\text{density}_{i,t}$			0.0045*** （0.0017）			
Branch $\text{density}_{i,t}$				0.0017 （0.0018）		

续表

变量	(1)	(2)	(3)	(4)	(5)	(6)
	$\ln Y_{i,t}$	$\ln Y_{i,t}$	$\ln Y_{i,t}$	$\ln Y_{i,t}$	$\ln Y_{i,t}$	$\ln Y_{i,t}$
$\text{BrchEml\_Pop}_{i,t}$					0.0003 (0.0011)	
$\text{FinIncYDPJZ}_{i,t}$						0.2451*** (0.0854)
样本量	434	434	434	434	434	434
R^2	0.9888	0.9889	0.9886	0.9885	0.9884	0.9887
省份数	31	31	31	31	31	31
年份固定效应	已控制	已控制	已控制	已控制	已控制	已控制
省份固定效应	已控制	已控制	已控制	已控制	已控制	已控制

注：括号中报告的是标准误

***表示回归系数在1%的统计水平上显著

此外，考虑到普惠金融对经济增长的作用可能存在时间滞后性，我们分别考察了普惠金融发展从 t 期到 t–1 期、t–2 期、t–3 期的移动平均值（$\text{FinIncYDPJZ}_{i,t}$）对经济增长的影响［表 9-4 第（6）列］，结果显示在 1%的统计水平下显著大于 0。我们还尝试采用不同的平均方法和不同的因子分析方法合成了替代的普惠金融指数，分别对模型（9-1）进行了估计，均得到了普惠金融发展显著促进经济增长的结论。总体而言，对于不同的普惠金融的度量方式，普惠金融与经济增长的关系是稳健的。

2. 内生性问题

由于普惠金融水平与经济发展水平有关，如人均存款也反映了居民财富水平，因此，普惠金融与经济增长之间可能存在内生性。为了克服内生性带来的估计偏差，本书认为，当年的经济发展水平不会影响上一年的普惠金融发展水平，但上一年的普惠金融发展水平会通过影响当年的普惠金融发展水平间接影响当年的经济发展。因此，可以考虑选择普惠金融指数的滞后 1 期（L.FinInc）作为当期的普惠金融发展的工具变量。表 9-5 报告了采用滞后一期的普惠金融指数作为普惠金融发展的工具变量的回归结果，普惠金融对经济增长的作用在 1%的统计水平上显著。经过弱工具变量检验，发现 F 统计量值远大于 5%水平下的 Wald 检验临界值，这说明本书选取的工具变量是有效的。

表 9-5　普惠金融对经济增长的 2SLS 工具变量法估计结果

被解释变量	工具变量回归
$\ln Y_{i,t-1}$	0.9314*** （0.0064）
$\text{FinInc}_{i,t}$	0.1676*** （0.0455）
样本量	434
R^2	0.9930
省份数	31
工具变量	L.FinInc
年份固定效应	已控制
省份固定效应	已控制

注：括号中报告的是标准误；2SLS 即 two stage least square，两阶段最小二乘法

***表示回归系数在 1%的统计水平上显著

此外，还采用两阶段系统 GMM 对模型（9-1）进行了稳健性检验，普惠金融对经济增长仍然具有显著的正向影响。总之，在考虑内生性可能的情况下，采用工具变量法和系统 GMM，均能得到普惠金融与经济增长呈现正相关关系的结论，即本章的估计结果是稳健的。

3. 其他稳健性检验

除了普惠金融的不同度量方式和模型可能存在的内生性，我们还对模型（9-1）的其他方面进了稳健性检验，均得到了与基准模型一致的回归结果。第一，不同的信息集。逐个加入影响经济增长的变量，重新对普惠金融与经济增长的关系进行实证分析，不改变普惠金融的系数。除了基准模型中控制的变量，我们还增加了固定资产投资占 GDP 比重作为控制变量，也均不改变现有结论。第二，经济增长的不同指标。以人均实际 GDP 增长率作为因变量，不改变普惠金融系数的方向和显著性。以人均 GDP 的自然对数值作为因变量，以它的一阶滞后项作为解释变量，普惠金融的系数仍然显著为正。因此，对于不同的经济增长度量方式，普惠金融与经济增长的关系是稳健的。第三，剔除直辖市的样本。由于直辖市较其他省份和自治区受到更多的政策倾斜，尤其北京和上海分别是政治中心和金融中心，普惠金融发展水平较高，与其他省区市相差较大，因此，我们采用剔除四个直辖市（北京、上海、天津和重庆）的样本对模型（9-1）进行了估计，得到的结果与基准模型一致。第四，金融危机的影响。普惠金融对经济增长的影响可能在金融危机前后不同。实证研究发现，金融危机之后，普惠金融对经济增长的作用仍然是显著为正。

二、普惠金融与地区经济增长不平衡

（一）不同的经济发展水平

为了考察普惠金融对经济增长的影响是否在不同的区域下不同，我们分别在不同子样本下对模型（9-1）进行了估计。表 9-6 报告了普惠金融与经济增长在不同子样本下的估计结果。第（1）列和第（2）列分别是经济发展水平较高的地区和经济发展水平较低的地区两个子样本。我们发现，在经济发展水平较高和较低的两个子样本中，普惠金融的系数均大于 0，且都在 1%的显著水平上，表明在不同区域，普惠金融均能促进经济增长。但是，通过比较系数的大小，可以看出，在经济发展水平低的地区，普惠金融对经济增长的作用更强。这可能意味着，在经济发展水平较低的地区，往往意味着有更多的发展空间，缓解企业融资约束能够使得企业更好地投资，从而更好地促进经济增长。

表 9-6　不同区域下普惠金融对经济增长的影响差异

变量	（1）	（2）	（3）	（4）	（5）
	发达地区	欠发达地区	东部	中部	西部
$\ln Y_{i,t-1}$	0.9447*** （0.0181）	0.9040*** （0.0216）	0.9253*** （0.0227）	0.8884*** （0.0368）	0.9102*** （0.0209）
$\text{FinInc}_{i,t}$	0.2723*** （0.0841）	0.9036*** （0.2714）	0.3547*** （0.0998）	2.007*** （0.5994）	0.0951 （0.2478）
样本量	224	210	168	112	154
R^2	0.9897	0.9897	0.9859	0.9904	0.9937
省份数	16	15	12	8	11
年份固定效应	已控制	已控制	已控制	已控制	已控制
省份固定效应	已控制	已控制	已控制	已控制	已控制

注：括号中报告的是标准误

***表示回归系数在 1%的统计水平上显著

表 9-6 第（3）列至第（5）列分别用我国东、中、西部三个子样本估计了模型（9-1）。根据实证分析结果，普惠金融的系数在东部和中部的子样本中显著且为正，而在西部的子样本中不显著。这表明，普惠金融对经济增长的影响在东部和中部，尤其是在中部地区更强（系数值为 2.007，大于 0.3547），这与不同经济发展水平下的结果保持了一致。由于东部地区较早改革开放，经济发展水平要远

高于中、西部地区，而且东部地区的经济基础设施、对外开放程度和市场化程度都较中、西部地区更高。

因此，东部地区提高普惠金融发展水平对经济增长的支持作用可能没有中部地区大，至于西部地区不显著的原因可能在于普惠金融发展对经济增长的作用存在一个阈值，超过该阈值，比如，基础设施水平达到一定程度后，进一步提高普惠金融水平才能促进经济增长。

（二）机制检验：投资环境的影响

普惠金融对经济增长的作用在经济欠发达的地区更强，是由于经济欠发达的地区有更大的发展空间。为了验证这一点，我们分别引入投资机会、投资环境与普惠金融指数的交叉项，考察普惠金融对经济增长的作用是否因投资机会差异和投资环境差异而不同。我们用外商直接投资和贸易开放程度来度量投资机会。更多的外商直接投资一方面反映了该地区的资本账户开放程度较高，有利于跨境资本流动；另一方面，也反映了投资项目质量较高，受到国际资本的青睐。更高的贸易开放程度有利于该地区的企业进行跨境贸易，参与全球价值链，获得更广阔的市场。我们用樊纲等（2011）提出的市场化指数和经济不确定性来度量投资环境。市场化指数衡量了地区的政府与市场关系、非国有经济的发展、产品市场的发育程度、要素市场的发育程度和法律制度环境等五个方面。市场化指数越高反映了市场竞争越激烈，投资回报越低。

如表 9-7 所示，第（1）列至第（3）列分别报告了在受外商直接投资、贸易开放程度和市场化指数影响的情况下，普惠金融对经济增长的异质性影响。虽然实证结果并不显著，但系数为负，也可见在一定程度上市场越活跃的地方，普惠金融发展对经济增长的作用越小。这与我们的理论预期一致，一个地区的市场化程度较低、对外贸易较少往往意味着该地区经济发展较为落后，此时缓解企业融资约束往往能够起到“四两拨千斤”的作用。

表 9-7　普惠金融促进经济增长的制度条件

变量	（1）	（2）	（3）
	$\ln Y_{i,t}$	$\ln Y_{i,t}$	$\ln Y_{i,t}$
$\ln Y_{i,t-1}$	0.9201^{***} （0.1279）	0.9228^{***} （0.0128）	0.9149^{***} （0.0133）
$\text{FinInc}_{i,t}$	0.3232^{***} （0.0850）	0.2756^{***} （0.0904）	0.6358^{***} （0.2148）

续表

变量	(1)	(2)	(3)
	$\ln Y_{i,t}$	$\ln Y_{i,t}$	$\ln Y_{i,t}$
$FinInc_{i,t} \times FDI_{i,t}$	−0.9633 (0.6043)		
$FinInc_{i,t} \times Trade_{i,t}$		−0.0236 (0.3697)	
$FinInc_{i,t} \times Marketization_{i,t}$			−0.0298 (0.0187)
$Marketization_{i,t}$			−0.0066* (0.0036)
样本量	434	434	434
R^2	0.9889	0.9888	0.9890
省份数	31	31	31
年份固定效应	已控制	已控制	已控制
省份固定效应	已控制	已控制	已控制

注：括号中报告的是标准误

***表示回归系数在 1%的统计水平上显著

三、普惠金融与城乡收入分配

本章的实证结果表明普惠金融对经济增长的作用存在地区异质性，也就是说，若经济发展水平高和经济发展水平低的地区普惠金融水平都提高，区域间的经济增长差异可能会更大，进而导致经济发展水平的差异更大。因此，全国性的普惠金融体系建设对缩小区域间的收入差距的作用可能为正，也可能为负。同样的逻辑，普惠金融是否能够缩小省内收入差距？本部分以城乡收入差距（Inequality）作为因变量，对这一关系进行检验，检验结果见表 9-8。

表 9-8　普惠金融对城乡收入差距的影响

变量	(1)	(2)	(3)	(4)	(5)	(6)	(7)
	全样本	发达地区	欠发达地区	东部	中部	西部	全样本
$FinInc_{i,t}$	−0.9408*** (0.2883)	0.4635 (0.3060)	−6.5972*** (0.6938)	0.7504** (0.3263)	−5.0439*** (0.8360)	−6.1236*** (0.7567)	−0.6208** (0.2918)
$FinInc_{i,t} \times Mpk_{i,t}$							−0.2606*** (0.0856)

续表

变量	(1)	(2)	(3)	(4)	(5)	(6)	(7)
	全样本	发达地区	欠发达地区	东部	中部	西部	全样本
$Mpk_{i,t}$							0.0915*** (0.0146)
样本量	465	240	225	180	120	165	465
R^2	0.5844	0.5647	0.7390	0.4524	0.8255	0.7904	0.6203
省份数	31	16	15	12	8	11	31
年份固定效应	已控制	已控制	已控制	已控制	已控制	已控制	已控制
省份固定效应	已控制	已控制	已控制	已控制	已控制	已控制	已控制

注：括号中报告的是标准误

、*分别表示回归系数在5%、1%的统计水平上显著

表9-8报告了普惠金融与城乡收入差距的回归结果。第（1）列是全国所有样本的回归结果，我们发现，普惠金融的系数为–0.9408，在1%的水平上显著，表明从全国范围来看，普惠金融发展能够显著缩小城乡收入差距。第（2）列和第（3）列分别报告了发达地区和欠发达地区的情况，我们发现，仅在欠发达地区的子样本中，普惠金融的系数在1%的统计水平上显著，为–6.5972，表明欠发达地区的普惠金融显著缩小了城乡收入差距。类似地，第（4）列至第（6）列分别报告了东、中、西部三个子样本的回归结果，在中部和西部地区的子样本中，普惠金融的系数在1%的统计水平上显著，分别为–5.0439、–6.1236，即普惠金融仅在中、西部地区显著缩小了城乡收入差距。

这一结果可能与普惠金融对经济增长作用的城乡差异和区域差异有关。普惠金融同时提高了农村和城市的金融服务水平，缓解了农村居民和城镇企业的融资约束，但对城乡经济增长的影响存在较大差异。我国农业生产效率的区域差异与工业、服务业相比较小，因此，在发达地区和欠发达地区，普惠金融对农业发展的促进作用接近，而对城镇经济增长的促进作用差异较大。为了验证这一点，表9-8第（7）列引入了农业-工业相对边际资本产出率这一指标。我们发现，普惠金融与农业-工业相对边际资本产出率的交叉项的系数为–0.2606，且在1%的统计水平上显著，表明在农业-工业相对边际资本产出率较高的地区，普惠金融缩小城乡收入差距的作用更强。边际资本产出率反映了资本的收益率，是影响资本产业间流动的重要因素。农业-工业相对边际资本产出率较高的地区，流入农业的金融资源占总金融资源的比例也相对高于其他地区，进而缩小了农业增长和工业增长的差距。在对样本数据分析中发现，发达地区的农业-工业相对边际资本产出率显著

低于欠发达地区，发达地区的农业-工业相对边际资本产出率的均值比欠发达地区低 0.3998。也就是说，发达地区农业和工业的资本回报率差异更接近，对金融资源的吸引程度也更接近，从而使普惠金融发展更加均衡地促进了城镇和农村的收入增长；欠发达地区的农业和工业的资本回报率差异较大，相对工业来说，农业对金融资源的吸引程度较大，从而使得普惠金融发展更加促进农村的经济发展，导致欠发达地区城乡收入差距下降。

由于城镇经济总量远高于农村经济总量，城镇经济增长情况是地区经济增长的主要决定因素。因此，对城镇经济增长作用的区域差异，直接导致了普惠金融对总经济增长的区域差异。

四、结论与建议

现有研究认为，构建普惠金融体系有助于实现包容性经济增长，有助于兼顾公平和效率。联合国和世界银行等国际组织，以及我国政府都呼吁发展普惠金融，但学术界较少对普惠金融、经济增长和收入分配的关系进行实证检验。基于我国 31 个省区市 2005～2019 年的面板数据，本书对普惠金融、经济增长和收入分配的关系进行了实证分析。研究结果表明：第一，总体而言，提高我国金融体系的普惠程度能够在较大程度上促进经济增长，并且能够显著缩小城乡收入分配差距。第二，在经济欠发达地区或中、西部地区，提高金融体系的普惠程度对经济增长的作用更强，且对收入分配的改善作用更显著；在经济发达地区或东部地区，提高金融体系的普惠程度在一定程度上能够促进经济增长，但改善收入分配作用不明显。第三，普惠金融对经济增长的作用在发展空间和发展潜力更大的地区更加显著；普惠金融对改善城乡收入的作用在农业资本产出率和工业的差异更大的地区更加显著。

构建普惠金融体系对促进经济增长和改善收入分配都是有影响的，但应当注意区域平衡和制度条件。本章的政策建议在于，对于经济欠发达的中、西部地区，应当推进金融深化改革，健全制度，大力发展普惠金融，这将有助于提高普惠金融对经济增长的作用，也有助于改善我国经济发展的区域不平衡，缩小区域差异。对经济较发达的东部地区，应当着力优化农村经营环境，加强农村基础设施建设，积极发展现代农业，这样有助于提高农村经济活力，有助于加强普惠金融对农业发展和农村经济增长的促进作用，从而提高普惠金融缓解城乡收入差距的作用。总之，有序地、有倾向地在不同经济发展水平、不同地区推进普惠金融体系，同时注意改善制度条件，将有助于我国经济平衡增长和改善收入分配，兼顾效率与公平。

第四篇　中国信息化普惠金融体系建设

普惠金融对于商业性金融机构而言会面临服务提供成本高、收益比较低、不符合商业目标的难题。普惠金融服务对象多为长尾客户，在经济欠发达地区，传统金融机构提供普惠金融服务的动力不足。为此，借助现代信息技术，大力发展信息化普惠金融，对于解决金融机构普惠金融商业可持续问题非常重要。本篇将从信息化普惠金融的宏观绩效和微观绩效角度，研究其在缩小城乡收入差距和改进银行财务绩效方面的作用机制。最后探讨如何建设信息化普惠金融体系。

第十章　信息化普惠金融与城乡收入差距

银行借助信息化手段发展普惠金融对于缩小城乡收入差距发挥更为显著的作用，其内在机制是什么？这种效果及内在机制在贫困县和非贫困县之间是否相同？传统金融服务成本高是导致乡村地区金融资源缺乏的主要原因之一，信息化普惠金融弥补了传统金融服务的不足，能够有效缩小城乡收入差距。本章利用全国 2073 个县域层面的数据，从商业银行供给方角度，构建了信息化普惠金融指数，分层考察了信息化普惠金融对缩小县域地区城乡收入差距的效果及其背后的机理。结果表明：信息化普惠金融的发展对缩小县域城乡收入差距的促进作用显著，主要通过降低金融服务成本的减贫效应和增加创业机会的涓滴效应实现，这种影响及其背后的机制在不同类型县域间具有异质性特征。

第一节　信息化普惠金融与城乡收入差距的理论分析

一、城乡收入差距与金融问题

城乡关系始终是中国现代化进程中面临的重要问题。伴随着过去几年中国经济的高速增长，城乡之间收入不平等现象日益突出，并成为引发社会矛盾的潜在根源。国家统计局数据显示，2020 年全国收入差距的基尼系数为 0.468，高于国际警戒线，2020 年城乡居民可支配收入之比是 2.56∶1，城乡收入差距是我国收入差距问题的主要成因之一。推动城乡融合、提升弱势群体收入水平进而实现共同富裕是发展的重要目标。

中国县域乡村地区长期遭遇金融排斥，带有垄断性的金融资源成为城乡收入差距扩大的关键性因素。宏观层面，在中国一直施行城乡有别的金融建设方案，城镇对乡村金融资源的虹吸效应，导致后者金融资源严重匮乏，对经济发展和居民增收造成不良影响。微观层面，传统金融“嫌贫爱富”“门槛高”的本质导致强势和高收入群体依靠财富基础和社会关系占有更多的金融资源。即便商业银行纷纷加大金融扶持低收入群体的支持力度，如扩大对经济欠发达地区产品的采购、选派干部驻扎、加强信贷支持等，在普惠金融领域主要通过增设网点的形式满足乡村地区和低收入阶层对存取款、转账汇款等基本金融服务的需求，但收效尚不能确定。在传统普惠金融模式下，具有营利属性的商业银行面临收入无法覆盖成本的桎梏，这使其在完成特定政策目标后，向商业目标转移。

值得关注的是，伴随互联网、金融科技等信息技术创新发展，商业银行物理网点的重要性大大降低，金融服务逐步向线上迁移，线下机构和人员总数呈下降趋势，商业银行寄希望于通过信息化转型降低金融服务成本、扩大业务覆盖范围，使所有居民平等地享受金融服务，最终实现扶持低收入群体和商业可持续。本章认为，银行通过计算机、移动终端、互联网技术等手段提供便捷的金融服务渠道，正处于信息化普惠金融发展阶段，信息科技手段与普惠金融服务理念融合，形成了信息化普惠金融范畴。

本章构建了相关理论模型，并从商业银行的视角出发采用全国县域层面的数据进行了实证检验，以期为研究商业银行信息化普惠金融发展与收入分配问题提供理论和实证支持，并发现缓解我国收入分配失衡问题的新方法。

二、已有研究文献评述与本书思路

国内外文献对定量刻画普惠金融发展水平以及城乡收入差距影响因素等方面的研究主要包含以下内容。在构建普惠金融发展水平指标体系方面，现有文献多使用传统金融指标构建发展指数，指标集中于账户、机构、人员、储蓄、信贷等，指数合成一般利用因子分析法、变异系数法和层次分析法。例如，从账户拥有率、机构和 ATM 渗透度、存贷款占比等方面构建普惠金融指数（Arora，2010；郭田勇和丁潇，2015）。杨军等（2016）在此基础上增加了服务人员渗透度、助农取款代理点覆盖率、信用档案建档率等指标。星焱（2016）使用每百分比人口得到的贷款占比制定公平系数来衡量金融普惠程度。虽然有的学者通过提取百度数据库的关键词合成信息化普惠金融指数（沈悦和郭品，2015；张正平和杨丹丹，2017），但并没有从正规金融机构供给方的视角考虑问题。

现有关于城乡收入差距影响因素的研究主要包括两类，一类是与经济增长相关的因素，主要包括城镇化程度（陈斌开和林毅夫，2010）、金融发展水平（刘贯春，2017；李健旋和赵林度，2018）等；另一类是政策性因素，如财政支出制度（张义博和刘文忻，2012）、政府的偏向性政策（侯新烁和杨汝岱，2017）、统筹城乡综合配套改革（刘成奎等，2018）、住房公积金政策（金双华，2018）等。还有学者从高铁开通的视角（余永泽和潘妍，2019）进行了研究。金融发展水平常被学者用来解释城乡收入差距问题，但关于普惠金融是否能够缩小城乡收入差距的研究较少且在学界尚存争议。一些学者认为，普惠金融对缩小城乡收入差距具有积极影响（Beck et al.，2007；Mookerjee and Kalipioni，2010；Johansson and Wang，2014；王修华和邱兆祥，2011；温茜茜，2017；张彤进和任碧云，2017）。但也有学者对此持否定态度，如吕勇斌和李仪（2016）的研究发现，普惠金融发展处于起步阶段的地区，城乡收入差距显著扩大。随着信息科技进步，各商业银行纷纷加大信息技术领域投入，寄希望于信息技术与普惠金融相融合的新模式能够帮助乡村地区居民增收，从而缩小与城镇地区居民的收入差距。商业银行信息化普惠金融发展对城乡收入差距产生了怎样的影响？遗憾的是，关于该主题的研究罕见。与普惠金融政策制定、实施的笃定相比，对其带来何种成效的探讨相对不足。

本章可能的创新点在于：①在研究视角上，以往文献在研究金融与城乡收入差距关系的问题时多研究商业银行分支机构布局、存贷款资源等对城乡收入差距的影响，本章从商业银行信息科技应用这一视角出发研究普惠金融与城乡收入差距问题具有新意。②在研究理论上，本章构建了信息化普惠金融和收入差距关系的理论模型，深化了信息化普惠金融对收入差距影响的理论考察。首次发现信息化普惠金融通过降低金融服务成本和促进创业缩小城乡收入差距的机制及该机制在不同县域间的异质性特征，有利于帮助相关部门提高制定政策措施的精准性。③在研究数据上，使用超过全国80%县（市）的大样本数据，对商业银行信息化普惠金融业务发展状况进行了系统性的衡量。县域是依据县级行政单位划分的以县城为中心、乡镇为纽带、农村为腹地的区域，收入差距和低收入问题在县域地区较为突出，以更为细化的县域层面数据开展的实证研究，为信息化普惠金融业务与收入差距的关系提供了大样本的"中国证据"。

三、理论模型

中国经济发展表现出的典型特征是二元经济结构，与之相伴生的是金融资源在城乡、县域的二元配置结构。本章借鉴张彤进和任碧云（2017）的研究，结合中国二元经济的特征，构建理论模型分析金融资源配置结构对城乡收入差距影响的内在机制，进而阐释信息化普惠金融与城乡收入差距二者之间的关联。

假设全部县域经济体可划分为两个生产部门，一个是县域乡村地区非技术生产部门，一个是县域城镇地区技术生产部门，两部门间存在劳动力流动障碍且技术部门的劳动力边际生产率大于非技术部门的劳动力边际生产率，因此城镇技术部门的收入高于乡村非技术部门的收入。假设人口总数为N，劳动力市场是完全竞争且出清的，乡村非技术部门无需资本。假设非技术部门的生产函数如式（10-1）所示：

$$Y_N = A_N L_N^{\alpha}\quad（0<\alpha\leqslant 1）\tag{10-1}$$

技术部门的生产函数如式（10-2）所示：

$$Y_G = A_G K_G^{1-\alpha} L_G^{\alpha}\quad（0<\alpha\leqslant 1）\tag{10-2}$$

在均衡状态下，两个部门的全要素生产率A、劳动力数量L、资本量K不同，同一部门内部拥有相同的全要素生产率、劳动力数量和资本量。乡村非技术部门的劳动力水平如式（10-3）所示：

$$W_N = P_N \alpha A_N L_N^{\alpha-1} \tag{10-3}$$

城镇技术部门的劳动力收入水平如式（10-4）所示：

$$W_G = P_G \alpha (1-\alpha) A_G K_G^{-\alpha} L_G^{\alpha-1} \tag{10-4}$$

城镇技术部门劳动力收入和乡村非技术部门劳动力收入之比如式（10-5）所示：

$$\mu = W_G / W_N = (1-\alpha)(P_G / P_N)(A_G / A_N) K_G^{-\alpha} (L_G^{\alpha-1} / L_N^{\alpha-1}) \tag{10-5}$$

在全要素生产率内生的情况下，全要素生产率由设备和劳动力数量决定。首先，假设两部门全要素生产率只由设备数量决定，部门购买设备需要金融资本 K，得到 K 需要在金融机构支付的成本是 R，当 $R \to \infty$，购买设备数量趋于 0，A 趋于 0；当 $R \to 0$，有最优设备数量使部门利润最大，此时 A 逐渐上升至恒定值。由以上分析可以得到，$A_G / A_N \to R_N / R_G$，由此得到式（10-5）中的 μ 与 R_N / R_G 成正比，当 R_N / R_G 下降时，收入之比降低，即两部门收入差距会缩小。众所周知，信息技术的应用降低了金融服务获取和使用成本，相对城镇地区而言，降低金融服务成本可以使更多处于乡村地区的居民家庭享受到恩惠，购买的设备增加，乡村地区的全要素生产率会逐步提高，劳动力的收入水平也会逐渐增长，所以城镇地区劳动力收入与乡村地区劳动力收入之比降低，二者收入差距缩小。其次，假设两部门全要素生产率只由劳动力数量决定，我国乡村地区受到金融资源的限制高于城镇地区，这是造成乡村地区创业人数低于城镇地区的重要因素（张龙耀和张海宁，2013），即金融排斥对乡村地区居民家庭创业产生了不良影响。信息技术与普惠金融相结合扩大了金融服务的触达边界，为乡村地区居民家庭创业提供了金融资源便利，促使乡村地区创业人数增加，即式（10-5）中的 $L_G^{\alpha-1} / L_N^{\alpha-1}$ 下降，μ 随之下降，城乡收入差距缩小。

通过以上理论分析，本章提出两条假设。

假设 10-1：商业银行信息化普惠金融的发展能够促进缩小城乡收入差距。

假设 10-2：信息化普惠金融缩小城乡收入差距的机制在于降低金融服务成本和促进创业。

第二节　银行微观视角信息化普惠金融的测度

一、指标数据来源及说明

本章的信息化普惠金融相关数据主要源自某大型国有商业银行的县域居民个人数据，信息化普惠金融发展水平评价指标构建部分采用了全国 2073 个县域

2015～2017 年的个人客户数据（表 10-1），共计 6219 个样本。关于由表 10-1 中的 11 个分指标构建信息化普惠金融指数来反映银行信息化普惠金融发展水平是否合理，以及信息化普惠金融业务面向的客户是否专指长期以来不使用银行或在银行存贷业务量极少的低端（收入水平等低下）客户等问题，本章认为信息化普惠金融是正规金融机构提供的，面向全部有金融服务需求的社会群体，其深层次内涵在于扩展了金融的包容性，以低成本的方式扩大了金融服务的供给和覆盖范围，使不同阶层、不同群体的金融需求主体能够合理受益，将更多原本接触不到金融资源的中低端客户纳入在内，由此实现了普惠。以上不意味着将高端或富裕群体排斥在外，这部分群体也可以享受到银行信息化业务带来的高效便捷，当然其办理的业务量也计入反映信息化普惠金融发展水平的指标中。本章选取县域地区进行研究，并无意将县域地区客户等同于中低端客户，而是考虑到县域地区金融资源相对匮乏，低收入人口相对集中，信息化手段较传统金融网点更有触及优势，以此来衡量信息化普惠金融的发展成效更有说服力。

表 10-1　信息化普惠金融发展水平评价指标体系

目标层	准则层指标	实施层指标	指标计算公式
银行信息化普惠金融发展水平	客户渗透度（P）	网上银行客户占比（P_1）	网上银行客户/全部居民个人客户
		手机银行客户占比（P_2）	手机银行客户/全部居民个人客户
		短信银行客户占比（P_3）	短信银行客户/全部居民个人客户
		在线支付客户占比（P_4）	在线支付客户/全部居民个人客户
		信息服务客户占比（P_5）	信息服务客户/全部居民个人客户
	产品使用度（U）	线上基金销售占比（U_1）	线上基金销售金额/全部基金销售金额
		线上理财销售占比（U_2）	线上理财销售金额/全部理财销售金额
		线上保险销售占比（U_3）	线上保险销售金额/全部保险销售金额
		线上外汇销售占比（U_4）	线上外汇销售金额/全部外汇销售金额
		线上信贷销售占比（U_5）	线上信贷销售金额/全部信贷销售金额
	渠道分流度（D）	线上交易量占比（D_1）	信息化渠道交易笔数/全部交易笔数

二、信息化普惠金融指数构建思路与表达式

关于普惠金融的指标构建，目前尚无权威体系。借鉴现有学者对普惠金融发展水平评价指标体系的研究成果，结合银行内部业务实践，本章从客户渗透度、产品使用度、渠道分流度三个层面构建了信息化普惠金融发展水平评价指标体系

（具体选取的指标见表 10-1）。该体系涵盖了银行信息化渠道的客户分布情况、银行通过信息化渠道提供的主要金融服务以及客户使用情况、客户使用信息化渠道的总体交易情况，能够较好地反映商业银行信息化普惠金融业务的发展水平，随着业务创新发展，指标体系可以进一步拓展。银行信息化普惠金融指数表达式如式（10-6）所示：

$$\mathrm{INDEX} = \mathrm{INDEX}(\mathrm{P}_i, \mathrm{U}_i, \mathrm{D}_i) = w_{\mathrm{P}}\mathrm{P}_i + w_{\mathrm{U}}\mathrm{U}_i + w_{\mathrm{D}}\mathrm{D}_i \tag{10-6}$$

其中，INDEX 为银行信息化普惠金融指数，其值在[0，1]区间，越接近 1，表明信息化普惠金融发展水平越高；P、U、D 分别为信息化普惠金融发展的水平评价指标体系的三个层面，依次为客户渗透度、产品使用度、渠道分流度；w_{P}、w_{U}、w_{D} 分别为信息化普惠金融发展水平评价指标体系各层面的权重；i 为信息化普惠金融发展水平评价指标体系各层面的具体指标。

三、信息化普惠金融指数的构成指标与内容

（1）客户渗透度。客户渗透度代表了银行信息化渠道对客户的广泛包容度，使用开通线上金融服务的客户占银行全部客户的比例来表示。通过信息化手段创新金融服务可以节约居民家庭获得金融服务的成本，但并不意味着金融服务覆盖率能够全面提高，开通线上渠道的客户数量，能够代表银行信息化渠道对各类客户群体的包容情况。因此，本章以网上银行客户占比、手机银行客户占比、短信银行客户占比、在线支付客户占比、信息服务客户占比共五个指标来衡量客户渗透度，分别表示了客户开通网上银行、手机银行、短信银行、在线支付、信息服务等信息化渠道的情况。开通信息化渠道的客户越多，银行金融服务的覆盖范围越广，对应的信息化普惠金融指数越高。

（2）产品使用度。产品使用度指供给方的金融资源被需求方有效利用的程度，代表了客户对线上金融服务与产品的使用情况。目前银行为居民家庭客户提供的线上金融产品和服务主要是基金、理财、保险、外汇、信贷等，因此本章采用线上基金销售占比、线上理财销售占比、线上保险销售占比、线上外汇销售占比、线上信贷销售占比共五个指标来反映产品使用度，能够直接反映居民家庭接触银行线上金融服务与产品的状况。对线上金融服务和产品的使用越多即销售占比越高，信息化普惠金融指数就越大。

（3）渠道分流度。渠道分流度指银行信息化渠道对全部业务交易量的特定化配比，代表了线上渠道对线下渠道的分流作用。通过线上对线下业务的分流能够有效节约银行的经营成本，也能够节约客户办理业务的时间和获取金融服务的成本。本章以线上交易量占比来反映渠道分流度，是一个总体性的指标，线上交易量的口径包括个人网银、手机银行、超级网银、B2C 支付、第三方支付等的交易

笔数。居民家庭通过线上渠道办理业务的占比越高，线上渠道分流作用越明显，信息化普惠金融指数越高。各指标详细描述见表 10-1。

表 10-2 给出了基于样本的各个变量的描述性统计结果，数据来自 2073 个县域 2015～2017 年的面板数据平均值。线上交易量占比为 76%；各类信息化渠道按客户渗透度从高到低依次是信息服务（36%）、网上银行（26%）、手机银行（24%）、短信银行（18%）和在线支付（14%）；居民家庭通过信息化渠道办理的金融服务占比从高到低依次是基金（85%）、理财（74%）、保险（63%）、信贷（29%）、外汇（24%）。各项指标中，线上基金销售占比的平均值和中位数均最大，说明各县域地区居民家庭通过信息化渠道购买基金的需求相对较高。线上保险销售占比的离散程度最大，反映出不同县域地区线上保险销售的情况差异较大，存在地区发展不平衡的现象。

表 10-2 银行信息科技支撑的金融服务指标描述性统计结果

变量	平均值	中位数	标准差	最小值	最大值	样本量
网上银行客户占比	0.2600	0.2400	0.1300	0.0000	1.0000	6219
手机银行客户占比	0.2400	0.2100	0.1300	0.0000	1.0000	6219
短信银行客户占比	0.1800	0.1600	0.1100	0.0000	1.0000	6219
在线支付客户占比	0.1400	0.1000	0.1200	0.0000	1.0000	6219
信息服务客户占比	0.3600	0.3500	0.1600	0.0000	1.0000	6219
线上基金销售占比	0.8500	0.9400	0.2000	0.0000	1.0000	6219
线上理财销售占比	0.7400	0.8300	0.2600	0.0000	1.0000	6219
线上保险销售占比	0.6300	0.8300	0.3900	0.0000	1.0000	6219
线上外汇销售占比	0.2400	0.0000	0.3800	0.0000	1.0000	6219
线上信贷销售占比	0.2900	0.2700	0.1100	0.0000	1.0000	6219
线上交易量占比	0.7600	0.7800	0.1300	0.0000	1.0000	6219

四、指标权重的确定

由于信息化普惠金融指数是本章分析的核心和实证研究中最关键的自变量，权重如何确定显得极为重要。目前常用的赋权方法主要有主观赋权法和客观赋权法两类，主观赋权法的弊端在于过分依赖专家的意见，客观赋权法的弊端在于过分依赖统计或数学的定量方法，而忽视了评价指标的主观定性分析。兼顾两者的组合赋权法虽然目前研究较多，但是应用性比较差。有鉴于此，为科学确定各指标的权重，尽可能避免方法不当造成的信息损失，本章依次采用基于协方差-层次分析法（covariance-analytic hierarchy process，Cov-AHP）、层次分析法、因子分析法、变异系数法等主流方法分别对信息化普惠金融指数相关指标的权重进行测算，通过综合比较，最终选择使用变异系数法进行赋权得到各指标权重（限于文章篇幅，仅在表 10-3 中展示变异系数法的赋权结果）。变异系数法赋权的内涵在于使用变异系数来衡量各项指标取值的差异程度，在均值相同的情况下，指标取值差异越大，则指标权重越大。具体操作步骤如下。

表 10-3　信息化普惠金融发展水平的各层指标权重

准则层指标	准则层权重	实施层指标代码	实施层相对权重	实施层绝对权重
客户渗透度（P）	0.39	P_1	0.17	0.07
		P_2	0.18	0.07
		P_3	0.19	0.07
		P_4	0.30	0.12
		P_5	0.15	0.06
产品使用度（U）	0.49	U_1	0.05	0.03
		U_2	0.11	0.05
		U_3	0.56	0.28
		U_4	0.12	0.06
		U_5	0.15	0.08
渠道分流度（D）	0.12	D_1	1.00	0.12

注：本表数据因进行了四舍五入，存在计算不等的情况

（1）对数据进行标准化处理。为确保横向和纵向可比，对信息化普惠金融发展水平评价指标体系实施层各指标使用极差法进行无量纲化处理。具体转化方程如下：$x_i=(A_i-\mathrm{Min}_i)/(\mathrm{Max}_i-\mathrm{Min}_i)$，其中，$A_i$ 代表第 i 个指标的原始值，x_i 代表第 i 个指标的无量纲值。

（2）对各指标的权重进行测度。本章用 x_i 的变异系数度量其权重 w_i，具体表达式为：$\mathrm{CV}_i=S_i/A_i$，其中，CV_i、S_i 和 A_i 分别表示第 i 个指标的变异系数、标准差和平均值。第 i 个指标的权重表示为 $w_i=\mathrm{CV}_i/\sum\mathrm{CV}_i$，同理可得准则层指标权重，根据式（10-6）合成信息化普惠金融指数。信息化普惠金融指标权重如表 10-3 所示。

结合业内专家的经验，变异系数法生成的指标权重符合业务发展的实际情

况。准则层指标的权重中，产品使用度的重要程度相对较高，产品使用度反映了客户对信息化普惠金融产品的实际使用情况，最能体现金融资源的普惠程度。其中，保险、信贷权重较高，说明满足县域地区居民的保险、信贷需求是开展信息化普惠金融服务的重要内容，衡量信息化普惠金融的实际效果体现在对县域地区居民保险和信贷业务需求的满足程度上。在客户渗透度层次，在线支付、短信银行和手机银行权重较高，说明居民开通在线支付、短信银行、手机银行在该层次中最为重要。实际上，随着移动互联网和移动终端的普及，在线支付、短信银行和手机银行也成为银行开展信息化普惠金融服务的主要渠道。在渠道分流度层次，线上交易量占比指标的绝对权重在所有指标中位列第二，说明线上交易量占比对发展银行信息化普惠金融有关键影响，是评价银行信息化普惠金融服务水平的重要指标。因此，使用变异系数法分年度测算信息化普惠金融指数各指标的权重，能够较好地反映出各地区信息化普惠金融发展水平的差异。

五、发展水平分析

分地区来看，2015～2016 年，东、中、西部各地区信息化普惠金融指数均有所提高，说明银行在各地区的信息化普惠金融发展水平有所改善。2017 年较 2016 年东、中、西部各地区信息化普惠金融指数出现了下降，主要原因在于“互联网监管年”政府出台的监管政策发挥了作用，在较强的监管压力下，商业银行终止与存在风险隐患的外部企业合作，同时对内部业务发展情况开展排查，由此导致信息化渠道业务量出现下滑。2015～2017 年东部地区信息化普惠金融发展水平显著高于中部地区和西部地区，全国各县域的信息化普惠金融发展水平呈现出明显的地域特征。可能的原因是，东部地区的居民家庭富有创新意识、开拓精神和较强的市场观念，为该地区快速接受信息化金融服务提供了支持。相比较而言，西部地区由于地形复杂、交通闭塞、市场封闭等，信息化基础设施建设落后。另外，居民家庭金融知识匮乏，思想观念比较保守，较难接受创新的金融服务，从而导致信息化普惠金融发展迟缓。

第三节　信息化普惠金融与城乡收入差距关系的实证研究

一、城乡收入差距指标与控制变量选取

衡量城乡收入差距的指标较多，如洛伦兹曲线、基尼系数和泰尔指数等。鉴于数据可获取和计算简便程度，在研究商业银行信息化普惠金融对城乡收入差距

的影响时，本章借鉴张彤进和任碧云（2017）的研究，选取城镇居民人均可支配收入与乡村居民人均可支配收入的比值即城乡收入比衡量城乡居民收入差距，该指标作为被解释变量。考虑到影响居民收入差距的因素较多，为尽可能提高结果的准确性，本章借鉴朱一鸣和王伟（2017）的做法，选取就业率、财政支出、网点密度、投资规模、产业结构和经济发展作为主要控制变量。本章选取上文构建的某大型商业银行信息化普惠金融指数作为主要解释变量，虽然控制了当地经济发展水平、银行传统普惠金融发展状况、财政支出情况等对城乡收入差距的影响，但仍存在其他因素如互联网企业、其他商业银行等提供的信息化普惠金融导致城乡收入差距发生变化。为解决这一问题，本章采取如下策略：一是引入北京大学数字普惠金融指数代表互联网企业信息化普惠金融的发展水平，以控制互联网企业信息化普惠金融的发展对城乡收入差距的影响。二是选取该行在当地的客户市场份额作为控制变量，以尽可能地剔除其他商业银行业务发展对城乡收入差距的影响。三是假定某大型商业银行信息化普惠金融发展水平能够代表当地商业银行信息化普惠金融发展的总体趋势，即其他商业银行信息化普惠金融的发展趋势与该银行相似。原因在于该银行是县域金融服务的主要供给方，在县域地区的市场份额处于领先地位，能够在一定程度上代表各家金融机构的普遍情况。从四大国有商业银行的数据对比来看，2017 年末该行在县域地区的物理网点共计 1.27 万个，基本等于其他三大行在县域地区物理网点的总和；网点覆盖了所有县域，而其他三大行网点县域覆盖率分别为 87.6%、84.2%和 70.9%，其中，全国有 28 个县，都是自然条件恶劣的边远贫困县，仅有该行一家金融机构，极大彰显了该行对社会绩效尤其是对帮扶贫困地区的重视。在存贷款业务上，该行优势依然明显，县域存贷款份额在四大行中均为第一，其中，存款份额 40.32%，份额高出第二名 17.45 个百分点，贷款份额 32.29%，份额高出第二名 6.35 个百分点；35 家有县域业务的省分行中，有 33 家省分行县域存款份额为四行第一，有 27 家省分行县域贷款份额为四行第一，江苏、浙江、四川、河北、山东等十家县域业务体量最大的分行，年末存贷款余额占比达到 60.2%和 60.7%[①]。

在研究信息化普惠金融对城乡收入差距的作用机制时，本章选取商业银行财务成本而非全部成本来描述金融服务成本，原因在于通过信息技术发展普惠金融主要节约的是银行人员工资、网点建设等财务成本。另外，由于县域层面的居民家庭创业数据稀缺，目前仅有西南财经大学统计过少部分县域的居民家庭创业数据，本章选取就业率指标来描述县域当地的创业情况。二者之间的关联在于，国家统计局对就业人数的统计范围包括自我雇佣者或建立新企业的企业家以及工资雇佣者，现有文献中对创业人数的统计范围主要包括自我雇佣者或建立新企业的

① 数据来自某大型商业银行内部分析报告。

企业家，创业人数是就业人数的子集，创业人数增加是就业率提高的重要支撑。变量定义如表 10-4 所示。

表 10-4　实证分析各变量说明表

变量	变量名称	指标解释或计算公式
被解释变量	城乡收入比	城镇居民人均可支配收入/乡村居民人均可支配收入
解释变量	信息化普惠金融指数	由客户渗透度、产品使用度、渠道分流度等三个维度包括的 11 个指标合成
控制变量	北京大学数字普惠金融指数	基于蚂蚁金服关于数字普惠金融的数据编制，包括覆盖广度、使用深度和数字支持服务程度等三个维度
	财务成本	网点成本、人员成本、营销成本等
	就业率	就业人数/人口
	其他银行市场份额	1–某大型商业银行的个人客户数/人口
	财政支出	政府财政支出/GDP
	网点密度	网点数量/地理面积
	投资规模	固定资产投资总额/GDP
	产业结构	第一产业生产总值/GDP
	经济发展	地区生产总值同比增长

二、信息化普惠金融的发展对城乡收入差距的影响模型设定

我们首先分析信息化普惠金融的发展对城乡收入差距的影响，选取城乡收入比的对数作为被解释变量，信息化普惠金融指数作为解释变量，回归模型如式（10-7）所示：

$$\begin{aligned}\ln\mathrm{INCGAP}_{it} &= C+\varphi_1\mathrm{IFC}_{it-1}+\varphi_2\mathrm{PKUIFC}_{it-1}+\varphi_3\ln\mathrm{DFC}_{it-1}+\varphi_4\ln L_{it-1}+\varphi_5\mathrm{FE}_{it-1}\\&\quad+\varphi_6\mathrm{MS}_{it-1}+\varphi_7\ln\mathrm{INV}_{it-1}+\varphi_8\ln\mathrm{STRU}_{it-1}+\varphi_9\ln\mathrm{ECO}_{it-1}+\varepsilon_{it-1}\end{aligned} \tag{10-7}$$

其中，INCGAP 为城乡收入比；IFC 为信息化普惠金融指数。为避免多重共线性带来的估计结果不稳定，本章对北京大学数字普惠金融指数（PKUIFC）、网点密度（DFC）、就业率（L）、财政支出（FE）、其他银行市场份额（MS）、投资规模（INV）、产业结构（STRU）、经济发展（ECO）等控制变量进行了去均值化处理。C 表示各县域不随时间变化的一些会影响城乡收入差距的不可观测因素。

本章旨在考察银行信息化普惠金融发展是否有助于缩小城乡收入差距，具体而言，我们用县域级信息化普惠金融指数来度量当地信息化普惠金融发展状况，评估该指数对县域内部城乡收入差距是否存在统计上的显著影响，但过程中需要处理反

向因果问题，即城乡收入差距扩大可能会影响当地银行信息化普惠金融的发展状况。对此，本章采用如下策略。第一，本章对所有解释变量都使用一阶滞后项，即研究上年的信息化普惠金融发展水平、传统普惠金融发展水平、就业率等如何影响当期城乡收入差距，这在一定程度上能够缓解反向因果问题。第二，我们采用县域级信息化程度作为信息化普惠金融指数的工具变量，并进行稳健性检验。

三、标量数据说明

本章被解释变量和控制变量的数据均来自《中国县（市）社会经济统计年鉴》的县级单位主要统计指标。为保证实证分析使用数据的可比和完备，本章对样本中的奇异数据进行了剔除，对缺失数据进行删减或插补，最终形成了 2015 年中国 1370 个县域的经济金融数据，其中，城乡收入差距指标采用的是 2016 年数据。依据 2018 年国家级贫困县名单（包括西藏 69 个贫困县），实证分析的贫困县 370 个，非贫困县 1000 个。实证分析各变量的描述性统计结果如表 10-5 所示。

表 10-5 实证分析各变量的描述性统计

变量名称	县域类别	样本数量	平均值	标准差	方差	最小值	最大值
城乡收入比	贫困县	370	9.5100	5.5100	30.3200	0.4200	49.2500
	非贫困县	1000	5.2400	3.5000	12.2800	0.5800	71.1900
	全部	1370	6.3900	4.5500	20.7400	0.4200	71.1900
上年信息化普惠金融指数	贫困县	370	0.2900	0.0900	0.0100	0.1400	0.6100
	非贫困县	1000	0.3800	0.1300	0.0200	0.1200	0.7100
	全部	1370	0.3500	0.1200	0.0100	0.1200	0.7100
上年北京大学数字普惠金融指数	贫困县	370	58.3800	10.6700	113.9300	15.4900	92.9100
	非贫困县	1000	72.6000	15.6800	245.8300	22.8200	126.9200
	全部	1370	68.7600	15.8100	250.0600	15.4900	126.9200
上年财务成本	贫困县	370	0.0000	0.0000	0.0000	0.0000	0.0400
	非贫困县	1000	0.0200	0.0300	0.0000	0.0000	0.6200
	全部	1370	0.0100	0.0300	0.0000	0.0000	0.6200
上年就业率	贫困县	370	0.4000	0.1900	0.0400	0.0500	1.0000
	非贫困县	1000	0.2100	0.1400	0.0200	0.0000	1.0000
	全部	1370	0.2600	0.1800	0.0300	0.0000	1.0000
上年其他银行市场份额	贫困县	370	0.7100	0.1400	0.0200	0.0000	0.9400
	非贫困县	1000	0.6600	0.1800	0.0300	0.0000	1.0000
	全部	1370	0.6800	0.1600	0.0300	0.0000	1.0000

续表

变量名称	县域类别	样本数量	平均值	标准差	方差	最小值	最大值
上年财政支出	贫困县	370	0.3000	0.4600	0.2100	0.0000	3.8600
	非贫困县	1000	0.1500	0.7800	0.6000	0.0000	23.5000
	全部	1370	0.1900	0.7100	0.5000	0.0000	23.5000
上年网点密度	贫困县	370	0.0200	0.0500	0.0000	0.0000	1.0000
	非贫困县	1000	0.0500	0.0500	0.0000	0.0000	0.770
	全部	1370	0.0400	0.0500	0.0000	0.0000	1.0000
上年投资规模	贫困县	370	1.5500	1.1200	1.2500	0.2400	15.3300
	非贫困县	1000	1.2400	2.1900	4.8000	0.0000	51.4800
	全部	1370	1.3200	1.9600	3.8600	0.0000	51.4800
上年产业结构	贫困县	370	0.3500	1.1100	1.2200	0.0000	1.0000
	非贫困县	1000	0.1600	0.4900	0.2400	0.0000	1.0000
	全部	1370	0.2100	0.7200	0.5100	0.0000	1.0000
上年经济发展	贫困县	370	0.0600	0.0900	0.0100	–0.4200	0.2900
	非贫困县	1000	0.0500	0.0900	0.0100	–0.6200	0.5700
	全部	1370	0.0500	0.0900	0.0100	–0.6200	0.5700

为便于对比，我们分别列出贫困县、非贫困县和全部样本的统计结果，从平均值看，贫困县城乡收入差距高于非贫困县，信息化普惠金融指数、财务成本和网点密度低于非贫困县。从标准差和方差看，非贫困县在城乡收入比、就业率、产业结构等方面的离散程度小于贫困县，说明非贫困县之间城乡收入、就业率、产业结构的差距比贫困县更小。

四、实证结果分析

（一）分县域类型的回归结果

表 10-6 的回归结果显示，信息化普惠金融指数对全部县域城乡收入比的回归系数显著为负，说明信息化普惠金融发展越好的县域，城乡收入差距缩小越快，这验证了上文的假设 10-1。信息化普惠金融指数对非贫困县城乡收入比的回归系数显著为负，对贫困县城乡收入比的回归系数绝对值小于非贫困县，说明相较贫困县而言，信息化普惠金融对缩小非贫困县城乡收入差距的作用更为明显。究其原因，相较于城镇地区，乡村地区网络设施不发达，限制了居民对手机、电脑等

信息化终端的使用，使其较难享受到信息化普惠金融服务。另外，贫困县乡村地区居民收入水平过低、教育认知不足、电子设备拥有较少和健康支出较高等也是可能的影响路径。网点密度对贫困县城乡收入比的影响不显著，这表明以银行网点为代表的传统普惠金融服务对贫困县内部城乡收入差距的作用并不明显。

表 10-6　信息化普惠金融与城乡收入差距：分县域类型的回归

变量	全部县域	贫困县	非贫困县
被解释变量：城乡收入比			
上年信息化普惠金融指数	–3.8300*** （1.0760）	–1.5520* （0.3080）	–3.5190*** （0.5150）
上年北京大学数字普惠金融指数	–3.3970*** （1.0270）	–4.8440 （3.0740）	–1.2490 （1.1690）
上年就业率	5.5440*** （0.7270）	1.9410 （1.6150）	5.3090*** （1.0700）
上年其他银行市场份额	–2.5000*** （0.7800）	–3.8980* （2.0990）	–1.0080 （0.7620）
上年财政支出	5.1030 （4.8010）	66.3170*** （16.9320）	3.3790 （6.3690）
上年网点密度	–7.1860*** （1.0700）	–3.9350 （5.1670）	–5.7820** （2.4160）
上年投资规模	7.0700** （2.9660）	34.1150*** （13.0500）	2.8790 （2.5680）
上年产业结构	16.6840*** （3.9950）	5.3130 （5.7650）	8.0150 （8.5660）
上年经济发展	–0.1160 （1.5400）	–5.3320 （3.7580）	0.6020 （1.5140）
样本量	2073	629	1444
R^2	0.0940	0.0730	0.0940

注：括号内是标准误

*、**、***分别表示回归系数在 10%、5%和 1%的统计水平上显著

（二）分构成指数的各要素回归结果

由于信息化普惠金融指数由 11 项指标合成，因此我们进一步分析信息化普惠金融的哪些方面缩小了城乡收入差距。城乡收入差距的缩小究竟是因为参与信息化普惠金融的人多，还是信息化普惠金融提供的服务多样，抑或是信息化普惠金融分流度的提升？回答这一问题有利于为银行推广业务及配置金融产品提供指导。表 10-7 展示了 11 项指标的发展程度对县域城乡收入差距的影响。对全部县域而言，手机银行、短信银行、在线支付、信息服务等参与人群的增加能够显著缩小城乡收入差距，线上提供的基金、理财、保险等产品服务也能够显著缩小城

乡收入差距。对于贫困县而言情况略有不同，线上信贷资源有效缩小了其内部城乡收入差距。

表 10-7　信息化普惠金融与城乡收入差距：分构成指数的各要素回归

变量	全部	贫困县	非贫困县
被解释变量：城乡收入比			
上年网上银行客户占比	1.7510*** (0.8710)	4.5290*** (0.8870)	2.7810*** (0.4430)
上年手机银行客户占比	−0.8690** (0.3960)	−1.6870* (0.9410)	−0.6030 (0.4390)
上年短信银行客户占比	−1.1760*** (0.3750)	−1.6530* (0.9220)	−1.0660** (0.4120)
上年在线支付客户占比	−1.3740*** (0.4220)	−2.9100*** (1.0120)	−0.9860** (0.4610)
上年信息服务客户占比	−1.8380*** (0.3580)	−0.8210 (0.8490)	−2.2280*** (0.3920)
上年线上基金销售占比	−0.7870*** (0.2900)	0.1910 (0.7920)	−0.9790*** (0.3070)
上年线上理财销售占比	−1.4060*** (0.2230)	−1.2010*** (0.4240)	−1.4840*** (0.2660)
上年线上保险销售占比	−1.8670*** (0.2120)	−2.2500*** (0.4190)	−1.7960*** (0.2520)
上年线上外汇销售占比	−0.0900 (0.2070)	0.0500 (0.5030)	−0.1580 (0.2250)
上年线上信贷销售占比	−0.1530 (0.1630)	−1.1440*** (0.4320)	0.0240 (0.1730)
上年线上交易量占比	1.3370** (0.6000)	−0.9290 (1.3300)	2.0820*** (0.6680)
样本量	2073	629	1444

注：括号内是标准误

*、**、***分别表示回归系数在 10%、5%和 1%的统计水平上显著

第四节　信息化普惠金融对城乡收入差距的影响机制与稳健性

一、信息化普惠金融对城乡收入差距的影响机制分析

本章第一节假设 10-2 认为，信息化普惠金融缩小城乡收入差距的路径有两条，一条路径是通过降低金融服务成本使乡村地区居民家庭更多受益进而缩小城

乡收入差距，定义为减贫效应；另一条路径是信息化普惠金融的发展为乡村地区提供了与城镇地区同等的享受金融资源和服务的机会，金融服务可获得性的提高能够增强这部分群体的创业能力，进而实现收入增长，缩小与城镇地区居民家庭的收入差距，定义为涓滴效应。此外，有学者认为普惠金融能够通过促进经济增长的中介效应带动收入增长（朱一鸣和王伟，2017）。为了验证信息化普惠金融缩小城乡收入差距的减贫效应和涓滴效应，明确其中的机制，以便有针对性地提出不同的信息化普惠金融发展策略，提高政策制定的精准性，我们沿用之前的模型，分别引入信息化普惠金融指数与银行财务成本和就业率的交乘项，重点考察了推进信息化普惠金融发展是否会对金融服务成本和创业因素产生作用进而促进缩小城乡收入差距。同时，引入信息化普惠金融指数与网点密度和经济发展的交乘项，旨在检验在缩小城乡收入差距的目标之下，信息化普惠金融与传统普惠金融以及经济发展的互动关系。考虑到表 10-6 中呈现出的县域之间的异质性特征，在研究信息化普惠金融对城乡收入差距的影响机制时，仍然将整体样本划分为贫困县和非贫困县进行估计。

（一）收入提升效应

由表 10-8 可以看出，上年总指数对本年城乡收入比的系数为−8.5580，在 1%的统计水平上显著，表明信息化普惠金融发展能够缩小县域内城乡收入差距，这与前文分析保持一致。上年总指数与财务成本的交乘项对本年城乡收入比的系数为−106.1280，在 5%的统计水平上显著，这表明在银行财务成本越高的地区，信息化普惠金融发展对城乡收入差距的负向影响越强，从而验证了信息化普惠金融能够通过降低金融服务成本缩小城乡收入差距，即本章的假设 10-2。

表 10-8　信息化普惠金融与城乡收入差距

变量	全部	贫困县	非贫困县
被解释变量：城乡收入比			
上年总指数	−8.5580*** （1.6170）	−13.7380* （9.2010）	−17.6360*** （1.5300）
上年总指数×财务成本	−106.1280** （52.2710）	−661.6550 （13.3440）	−27.7680* （35.8940）
上年总指数×就业率	16.8470*** （5.1880）	43.1550* （27.8600）	15.0210*** （5.4530）
上年总指数×网点密度	26.7660* （14.2940）	108.3500 （168.9530）	26.6010* （14.8730）

续表

变量	全部	贫困县	非贫困县
上年总指数×经济发展	9.3360 (11.4540)	−0.4090 (46.9450)	8.2240 (10.3150)
上年北京大学数字普惠金融指数	−0.0190* (0.0100)	−0.0460* (0.0280)	0.0070 (0.0090)
上年其他银行市场份额	−2.6750*** (0.7950)	−4.3430** (2.1210)	−0.9080 (0.7460)
上年财务成本	67.9650** (31.1400)	232.5310 (388.1470)	19.9150 (27.4630)
上年就业率	2.9300*** (1.0400)	−8.8600 (7.5550)	1.3420 (1.0890)
上年财政支出	0.2050 (0.2040)	2.7800*** (0.7380)	0.1520 (0.2660)
上年网点密度	−17.3390*** (6.4680)	−35.8950 (48.9740)	−17.6310** (7.6290)
上年投资规模	0.1250** (0.0570)	0.6590** (0.2550)	0.0550 (0.0490)
上年产业结构	0.7930*** (0.2030)	0.2540 (0.2950)	0.3520 (0.4290)
上年经济发展	−3.3510 (3.9590)	−4.9810 (13.2480)	−2.6440 (3.7670)
样本量	2073	629	1444
R^2	0.1180	0.1550	0.0990

注：括号内是标准误

*、**、***分别表示回归系数在10%、5%和1%的统计水平上显著

本章认为该现象背后的机制在于：第一，处于乡村地区的居民家庭，受自身禀赋特征、信息获取滞后和财富门槛效应等约束，在风险管理准绳和金融资源公平配置的要求下，仍被传统普惠金融市场排斥在外，长期以来处于相对低收入、资本积累严重不足的状态。信息化普惠金融在提供金融资源的同时，也通过降低服务门槛间接提升了乡村地区居民家庭的金融承载能力，包括降低了传统金融服务之下消费者的搜寻、评估和交易成本，以较传统普惠金融价格更低的方式延伸了金融服务的覆盖范围和触及能力，能够促进更多乡村地区居民收入水平提升进而缩小城乡收入差距。而对于城镇地区居民家庭来说，其家庭平均收入相对较高，资金的流动性约束较小，金融需求相对不强烈，所以减贫效应小于乡村地区。第二，依托于网络上积累的大量客户数据，信息化普惠金融实现了用较低成本对客户进行风险评估，降低了金融服务的价格。传统金融机构不愿意涉足乡村地区有两个原因，一是这部分群体缺乏数据记录，增加了信息不对称，传统金融机构难

以判别其诚信度，因此难以获得金融资源支持；二是传统的风险评估模式很难实现经济性。信息化普惠金融更倾向利于客户在网络上积累的行为数据等软信息，构建风险评估成本更低的信用评估模型（王会娟和廖理，2014），使更多乡村地区居民家庭能够获得低成本的资金支持（Aghion and Bolton，1997）。

对比表 10-8 中贫困县和非贫困县上年总指数与财务成本的交乘项对本年城乡收入比的系数发现，不同类型县域城乡收入差距在信息化普惠金融发展之中的缩小程度并不平等，非贫困县的城乡收入差距缩小较为明显，而贫困县的城乡收入差距缩小不明显，信息化普惠金融发展的减贫效应在贫困县和非贫困县之间具有明显的异质性特征。为何会有如此显著的差异？本章认为，处于贫困县乡村地区的居民家庭属于经济机会最为缺乏的群体，即便信息化普惠金融的发展降低了金融服务的成本，由于贫困县乡村地区的“穷中之穷”群体居多，其经济基础决定了难以形成有效的金融承载力。因此，在自我经济机会难以生成金融需求的情况下，金融资源的投放应立足于帮助其增加创业机会和增强自生能力，避免金融资源的配置在部分低收入人口中不能发挥预期作用。信息化普惠金融的发展能否实现这一功能？我们将在下文进行检验。

（二）涓滴效应

表 10-8 的回归结果表明，上年总指数与就业率的交乘项对本年城乡收入比的系数为 16.8470，在 1%的统计水平上显著，这表明当地就业率越低时，信息化普惠金融发展对收入差距的负向影响越强，换言之，信息化普惠金融在就业率低的地区更能促进缩小收入差距，从而验证了信息化普惠金融支持创业是帮助乡村地区居民家庭增收的重要渠道，即本章的假设 10-2，这种效应在贫困县域表现得更为明显，这由贫困县的回归系数大于非贫困县可以看出。在减贫效应不明显的情况下，信息化普惠金融能够通过增加创业机会和增强自生能力的涓滴效应帮助贫困县乡村地区居民家庭缩小与城镇地区的收入差距。

总体来看，信息化普惠金融可能在以下两个方面增加乡村地区居民家庭的创业机会。第一，信息化普惠金融能够有效弥补传统金融服务的不足，借助信息科技手段直接输送金融资源，使乡村地区居民家庭能够享受到便捷的金融服务，通过改变资本配置为其提供更多创业机会。传统金融机构往往不愿涉足乡村地区，这些地区不能享受基本的现金存取、信贷等（温涛等，2016），缺少金融服务支持，创业往往受到限制（Aghion and Bolton，1997），而信息化普惠金融依托于互联网和移动终端实现支付、转账、信贷等功能，帮助破解金融服务不足的问题，有效促进了乡村地区居民家庭的创业。第二，信息化普惠金融作为金融基础设施，提供了更多的创业机会。信息化普惠金融衍生出的网络支付、网络信贷、网络保险等新兴业务产品在其中发挥了重要作用。比如，网络支付提升了交易的电子化水平，不仅降低了金融服务的交易成本，也催生出电子商务、扫码支付等新的商业模式，为乡村地区居民家庭提供了创业机会，进而增加了收入来源。网络贷款借助互联网、大数据缓解了传统信贷业务的信息不对称问题，降低了金融机构的风险评估成本，使原本被排斥在外的需求方以更低成本、在更短时间内获得融资，从而有更多机会进行生产投资。网络基金和网络理财帮助乡村地区居民家庭资产增值保值、平滑消费和抵御不确定性风险，为其生产经营及创业活动提供支持。网络保险增强了居民的抗风险能力，使其生产工作的连贯性和可持续性在一定程度上得到保障。另外，商业银行还通过信息化渠道建立线上扶贫专区平台，帮助贫困地区进行产品销售、增加产品展示渠道、促进供需双方匹配需求信息等，有效促进了当地居民创业。

表 10-8 显示，上年总指数与网点密度的交乘项对本年城乡收入比的系数为 26.7660，在 10%的统计水平上显著，说明在传统普惠金融不发达的县域，信息化普惠金融更有助于缩小县域内收入差距，这与现实情况相符。与信息化普惠金融相比，网点作为传统金融服务的代表，对需求方而言，办理业务具有较高的门槛、流程较为烦琐，且需要付出一定的交通和时间成本，即存在金融排斥现象。对供给方而言，由于成本高收益低，传统金融机构往往不愿涉足偏远地区和低收入人群，这些地区基本的金融服务得不到保障，严重限制了居民收入增长。因此，在县域乡村地区，信息化普惠金融能够有效弥补传统金融服务的缺位。上年总指数与经济发展的交乘项对本年城乡收入比的系数不显著，说明信息化普惠金融并不能通过经济增长的涓滴效应间接促进经济欠发达地区和低收入群体增收，这与李涛等（2016）的研究发现一致，普惠金融的各项指标对经济增长并没有显著的正面影响。

二、稳健性检验

我们采用县域级信息化程度作为信息化普惠金融指数的工具变量，这个工具变量由各县域地区固定电话用户与人口之比决定，经检验，与银行信息化普惠金融指数密切相关，而与城乡收入差距并不直接关联，满足工具变量的外生性特征。2SLS 的回归结果与 OLS（ordinary least squares，普通最小二乘法）结果一致，表明信息化普惠金融发展水平的提高显著缩小了城乡收入差距。我们使用弱工具变量检验及内生性检验判断工具变量的有效性和信息化普惠金融指数的内生性，结果表明，第一阶段回归的 F 值均大于 10，表明不存在弱工具变量的问题；内生性 Hausman 检验 P 值均大于 0.5000，无法推翻 2SLS 与 OLS 没有系统性差异的原假设。综上，为了保证回归结果的有效性，我们依然选择使用 OLS 回归结果。限于篇幅，我们在此略去结果展示。

三、结论与政策建议

（一）主要研究结论

中国经济正处于转型的关键时期，城乡差距、创业难等社会问题凸显。以大型商业银行为代表的金融机构大力推行普惠金融政策，以期为乡村振兴、万众创业等一系列国家战略提供金融资源支持。信息化普惠金融依托于互联网、移动终端、大数据等信息技术，使普惠金融的发展突破了地域限制，有效降低了交易成本。信息化普惠金融的发展，符合普惠金融最根本的要求，能够促进金融基础设施进一步完善，扩大金融服务的覆盖面，实现以低成本向全社会尤其是不发达地区和低收入群体提供多样便捷的金融服务，帮助其不断赶超，最终实现社会的平衡、和谐发展。本章以商业银行县域级数据构建了信息化普惠金融指数，并与城乡收入等数据结合，研究信息化普惠金融发展对城乡收入差距的影响及内在机理。本章研究结论如下：信息化普惠金融的发展能够显著缩小贫困县和非贫困县的城乡收入差距，且对于非贫困县域更为明显。进一步分析构成信息化普惠金融指数的各个要素对城乡收入差距的作用发现，一个地区手机银行、短信银行、在线支付、信息服务等参与人群的增加以及线上提供的基金、理财、保险、信贷等产品服务能够显著缩小城乡收入差距，其中，信贷产品对于缩小贫困县城乡收入差距的作用非常明显。在研究信息化普惠金融缩小城乡收入差距的背后机制中发现，一方面，从减贫效应的视角看，信息化普惠金融能够通过降低金融服务成本促进缩小城乡收入差距，且这种机制在不同类型县域之间具有异质性，对非贫困县的减贫效应更为明显；另一方面，创业机会是信息化普惠金融发展促进缩小城乡收入差距的重要机制，在就业率低的县域，信息化普惠金融指数对城乡收入比的边际作用更大，即信息化普惠金融通过促进创业的涓滴效应缩小了贫困县和非贫困县的城乡收入差距，这种效应在贫困县更明显。此外，在缩小县域城乡收入差距方面，信息化普惠金融能够有效弥补传统普惠金融的缺位。

（二）政策建议

研究信息化普惠金融对城乡收入差距的影响在学术和政策制定上均具有重要意义。鉴于信息化普惠金融发展对不同县域城乡收入差距的影响以及促进缩小城乡收入差距内在机制上表现出的异质性特征，商业银行在推进信息化普惠金融发展时应建立差异化瞄准机制，有的放矢以实现精准扶持低收入群体，同时，积极推进信息化普惠金融与县域创业机会有机结合。尤其是对于经济欠发达县，由于多数低收入群体缺乏创业机会并面临禀赋制约，单靠降低金融服务成本并不一定有效，除了有针对性地在信息化终端增加金融产品和服务，避免金融资源的配置在部分低收入人口中不能发挥预期作用，还应将金融资源的投放推广立足于帮助其增加创业机会和增强自生能力，将“输血式”扶持低收入群体转化为“造血式”扶持低收入群体。需要特别注意的是，对于缩小城乡收入差距这一目标，并不是所有金融服务和产品都有效，在资源有限的情况下，对于不同金融资源的投放应根据实际效果因地制宜，才能提高信息化普惠金融发展的效率。在业界，信息技术凭借边际成本优势能够有效扩大金融服务的触达面积，是目前来看实现普惠金融的最佳路径，加大信息化普惠金融在全社会尤其是欠发达县域、乡村和低收入群体的推广使用力度，完善信息化普惠金融在投资理财、保险和信贷等方面的功能，能够有效弥补传统普惠金融的局限性，更好地发挥其在改善地区发展不平衡上的作用，实现真正的普惠价值。本章也有尚需进一步考察之处，本章的研究忽视了低收入群体的空间集聚性。中国经济欠发达县有70%以上在空间上成片集聚，“马太效应”表现明显，如果信息化普惠金融对经济欠发达地区收入水平提升具有促进作用，那么这种减贫效应是否具有空间外溢性？邻近地区的收入水平提升效果是否会传染？该问题有待进一步探讨。

第十一章　信息化普惠金融与银行绩效

商业银行开展普惠金融服务到底是出于声誉还是绩效考虑？从商业可持续性角度，银行通过信息化普惠金融服务可以在降本增效与业务拓展方面突破传统普惠金融模式的劣势，改进其绩效。本书从理论逻辑上论证传统普惠金融模式对商业银行的负向激励与信息化普惠金融改进银行绩效的机制，并以某大型商业银行信息化普惠金融县域层面的服务数据，检验信息化普惠金融对商业银行绩效的影响，结果发现：信息化普惠金融能够从整体上提高商业银行的盈利性和成长性，推进商业可持续性；进而从商业银行外部与内部实证检验了决定商业银行信息化普惠金融发展的因素，如员工学历和年龄等，最后提出了缩小地区差异、促进商业银行信息化普惠金融发展的建议。

第一节　普惠金融与银行绩效的理论基础

一、银行普惠金融的成本与收益

虽然已有研究认为发展普惠金融，与普惠目标群体建立长期合作关系可以提升供给方的金融绩效，扩大金融服务的覆盖面可以保障金融服务供给的可持续（张忠宇，2016）。但很显然，金融具有“保本逐利”的要求和“嫌贫爱富”的本性，要想金融普惠，至少要使金融机构保证本金，能维持简单再生产（王定祥等，2011），收益不能覆盖成本导致商业银行不愿开展普惠金融业务。Conning（1999）认为，金融服务不可避免地产生固定成本，金融机构提供的小额存贷款服务将增加其成本，另外，如果金融机构选择降低贷款门槛以提高金融服务的广度和深度，往往带来不良贷款率的提高，从而损害金融机构的可持续发展。樊英（2011）通过对商业银行财务数据的研究发现，发展普惠金融的运营成本较高，财务上支持困难。针对银行发展普惠金融而带来的成本负担，杜晓山（2010）提出，商业银行在发展普惠金融时，应选择合适的路径以降低自身成本，避免过度追求包容性而忽略自身的商业可持续性。尹振涛和舒凯彤（2016）指出，发展普惠金融以商业化运作为根本，发挥大数据、云计算等高科技手段的作用，才能形成具有可持续性的内生机制。

二、假设与论证

1. 问题 11-1：普惠金融是否能够改进银行绩效？

普惠金融的服务对象是被银行忽略的中低端客户，具有长尾效应，客户准入门槛较低（丁杰，2015；姚梅洁等，2017）。银行在为这部分客户提供普惠金融服务时，面临的难题是如何实现自身可持续发展。"长尾客户"办理的业务通常具有"短、小、频、急"的特征，集中于账户查询、转账汇款等，银行的获利空间较小，而提供服务耗费的人力、运营等成本较高。虽然这部分客户的贷款需求相对旺盛，但银行为其办理贷款业务通常要承担较大的风险。从我国发展普惠金融的实际情况来看，收益是社会化的，但是成本需要由从事普惠金融业务的金融机构承担。总体来看，银行发展传统普惠金融服务时，承担的财务成本、风险成本、运营成本一般高于所获取的收益，无法实现规模效应，成本与收益的不对称制约了银行普惠金融业务的发展。

本书提出命题 11-1：普惠金融无法改进银行绩效。

2. 问题 11-2：信息化普惠金融是否能够改进银行财务绩效？

动态能力被定义为整合资源来应对市场环境变化，帮助企业形成核心竞争力的能力（Day，2011）。静态的资源只有被转变为动态能力后，才能创造企业的竞争优势，实现更优秀的财务绩效（Teece et al.，1997），而应用信息技术可以实现这一转变（林家宝等，2018）。企业各种各样的动态能力被文献归纳为三类：第一类是创新能力，指的是企业通过配置资源实现企业产品设计、新产品开发和商业流程创新的能力。第二类是信息管理能力，指的是企业能够运用前沿的信息技术捕捉市场信息的能力（Hulland et al.，2007；Nakata et al.，2011）。第三类是关系管理能力，指的是企业能够调配资源，对客户进行客户关系管理，并同战略合作者保持联盟和合作的能力（Kale et al.，2002：Leischnig et al.，2014）。本书认为，银行加快将信息技术与传统普惠金融服务相融合，对信息化普惠金融加大资源投入，是感知到中小客户市场被互联网企业逐渐蚕食之后的应对之策。信息技术的应用使得银行普惠金融服务流程更加便捷，业务模式推陈出新，服务水平和范围不断提高，客户关系得以改善，最终增强了动态能力，从而实现财务绩效增进。

财务绩效增进主要表现在成本降低和收入提高两个方面。降低成本角度：银行通过信息化渠道触达传统普惠金融服务难以触达的人群，降低了获客成本。在生活消费和产业交易场景中获取大量反映客户需求和产销情况的数据，降低了欺诈风险和信用风险成本。在流程运营方面，实现业务全流程贯通，降低了银行流程运营成本。除此之外，信息化渠道替代了大量的银行服务人员，节约了人工成本。根据某国有大型商业银行内部数据统计，网络渠道总成本与单笔成本分别是传统渠道总成本与单笔成本的 9.8%和 4.1%。提高销售收入角度：网络作为新兴的销售渠道，扩大了服务范围，能够为企业提高利润（邵兵家等，2015），用户可以很容易从线上渠道获得商品信息，从线下渠道进行购买（Rabinovich et al.，2008）。Mcgrath 和 Zell（2001）则从另一个角度证明，网络渠道通过减少分销层次，使信息流程、服务流程、销售流程便利高效，从而增加企业销量，形成规模效应。

本书提出命题 11-2：信息化普惠金融能够降低银行成本，增进财务绩效。

3. 问题 11-3：信息化普惠金融是否能够拓展银行业务成长空间？

“融资难”现象的主要成因是银行信息不对称和风险评估难以实现经济性（谢绚丽等，2018）。很多处于偏远地区或硬信息不足的居民个人、农户、小微企业的金融需求尚不能从传统正规金融体系中得到满足，这部分群体构成了规模可观的长尾信贷市场。与传统普惠金融侧重收入、财务报表等信息不同，信息化普惠金融更倾向利用贷款人在银行网络终端上沉淀的行为数据，构建其信用评估模型，这使降低风险评估成本成为可能，有助于银行拓展长尾信贷市场。另外，“融资难”群体被排斥在外的原因可能只是对金融资源了解不够，信息化渠道提供了更为便捷地接触金融资源的机会，这同时也帮助银行扩大业务规模，增进非财务绩效（Wu et al.，2003）。

本书提出命题 11-3：信息化普惠金融能够拓展银行业务成长空间。

4. 问题 11-4：信息化普惠金融改进银行绩效是否存在时滞？

信息化普惠金融增进银行绩效可能是一种长期效应，原因在于银行投资信息技术的初期可能未见成效，甚至表现为成本增加，但随着该商业模式的成熟，为企业带来的有形和无形效益就会逐渐显现，最终表现为绩效的改善。邵兵家等（2015）的研究发现，网络渠道的应用能够显著改善企业在销售额、成本、库存和投资回报等方面的绩效，且具有明显的滞后效应，表现在伴随时间推移，企业超额收益值普遍增加。

本书提出命题 11-4：信息化普惠金融对于银行绩效的改进存在滞后效应。

若以上命题成立，则商业银行传统普惠金融无法改进自身绩效，而信息化普惠金融有助于改进绩效从而实现可持续发展。首先，银行借助信息科技赋能普惠金融，向中低端客户提供成本低、方便快捷、易获得的金融产品和服务，能够释放“长尾效益”。其次，银行可以借助网络平台，提高普惠金融服务知名度（王可和李连燕，2018），通过品牌和声誉效应提升绩效。最后，在信息化平台的支持下，银行可以直接与广大用户取得联系，与用户就产品的种类、流程设计等方面进行沟通，汲取大众智慧，输出有效供给，实现商业可持续。

为进一步验证上述命题，本书定量分析了商业银行发展信息化普惠金融对县域经营机构财务绩效和成长性的影响，最终回答信息化普惠金融是否具有商业可持续性的问题。同时，甄别了决定信息化普惠金融发展的因素，既能为商业银行因地制宜发展信息化普惠金融提供依据，又能够拓展居民家庭的普惠金融边界，补齐县域普惠金融发展的短板，从而有益于我国普惠金融的整体进程。

第二节 信息化普惠金融与银行绩效关系的实证研究

在第十章第二节中我们已经测算了银行信息化普惠金融指数，本章直接使用该指标作为信息化普惠金融的发展指标。

一、实证检验的逻辑与指标选择

本书使用财务绩效指标和成长性指标来具体刻画商业银行发展的可持续性，财务绩效指标的业务范围是中间业务，包括收入、净利润、经济增加值、成本、成本收入比、风险调整资本收益等，成长性指标包括个人存款、农户存款、个人贷款、信用卡业务、个人住房贷款、农户小额贷款等，以上均为商业银行绩效评价工作中的重要核心指标或业务规模占比较高的指标。

信息化普惠金融对商业银行绩效的影响机制上，商业银行通过创新服务理念，深度运用互联网、金融科技等信息化手段，塑造了亲民、便捷、人性化的业务流程，将场景、流程和产品有机融合，提供了良好的服务体验，显著增强了金融产品和服务的可获得性，从而抢占客户资源，带来了市场和利润，这在下文中表现为信息化普惠金融指数的提高显著改善了财务绩效和成长性。一方面，信息化普惠金融对商业银行的财务绩效产生了正面影响。信息化渠道通过发挥线上对线下业务的分流作用，达到替代网点柜面人员、节约经营成本的效果。而将线下产品迁移到线上销售，依靠信息化普惠金融能够增加金融服务可触及性的优势，从整体上提高银行效益。另一方面，信息化普惠金融对商业银行的成长性产生了积极影响。通过信息化普惠金融，金融消费者可以低成本地进行小额、零碎的资金收付和储蓄，尤其是低收入人群，可以方便地管理他们通常不稳定的收入和支出。商业银行借助信息化手段的便利性与低成本，吸引用户绑定银行账户，账户中的留存和流动资金则顺理成章地转化为银行存款。另外，银行通过对这部分客户进行交叉营销，扩大了贷款等核心业务的覆盖范围。以上影响机制，恰好对应了我们在构建信息化普惠金融指标过程中，选择的客户渗透度、产品使用度、渠道分流度等三个维度所产生的效应。变量定义如表 11-1 所示。

表 11-1 实证分析各变量说明表

指标层次	指标名称	符号	指标解释或计算公式
财务绩效指标	收入	INC	商业银行的非利息收入
	净利润	PRO	净收入-财务成本-风险成本-税务成本
	经济增加值	EVA	净利润-资本成本
	成本	COST	财务成本+税务成本+风险成本+资本成本
	成本收入比	COIN	财务成本（费用成本）/财务收入
	风险调整资本收益	RAROC	净利润/经济资本月均余额
成长性指标	个人存款	PDEP	个人活期存款+个人定期存款
	农户存款	FDEP	商业银行向农户吸收的存款
	个人贷款	PLOAN	向个人发放的一般性贷款，包括个人经营性贷款和个人消费贷款等，不包括银行卡业务
	信用卡业务	OCRE	个人客户按照有关协议在规定限额和期限内发生的银行卡业务款项
	个人住房贷款	PHLOAN	向个人发放的住房按揭贷款
	农户小额贷款	SFLOAN	向农户户主或其家庭成员发放的贷款
信息化普惠金融指标	信息化普惠金融指数	INDEX	由客户渗透度、产品使用度、渠道分流度等三个维度包括的 11 个指标合成
控制变量指标	投资规模	INV	固定资产投资总额/GDP
	产业结构	STRU	第一产业生产总值/GDP
	经济增长	ECO	地区生产总值同比增长
	网点密度	DOT	网点数量/当地地理面积

注：县域维度不核算 ROE（return on equity，净资产收益率）和 ROA（return on assets，资产收益率）；所有商业银行县域分支机构均开展中间业务，但部分重要业务如金融市场、资产管理等业务没有在县域支行开展，因此这些重要业务的财务绩效在县域支行没有得到体现，所以本书选取占比约 20%的中间业务的财务绩效替代整体财务绩效；而研究信息化普惠金融对成长性的影响时，所采用的存贷款规模指标，也能够间接反映出信息化普惠金融对主营业务息差收入的影响

二、信息化普惠金融与银行财务盈利性：降本增效

我们选择全国 2073 个县域作为样本，表 11-2～表 11-5 中，当期回归结果对应的是 2015 年的因变量、自变量和控制变量数据，滞后两期结果对应的是 2017 年的因变量数据和 2015 年的自变量、控制变量数据，因滞后一期结果与当期比较变化不大，我们在此略去分析。以上均为截面数据，我们对因变量和人均收入指标做了取对数处理。

表 11-2 基于总体样本的商业银行信息化普惠金融与财务盈利能力

变量		因变量：INC	因变量：INC	因变量：PRO	因变量：PRO	因变量：EVA	因变量：EVA
		（1）	（2）	（3）	（4）	（5）	（6）
		当期	滞后 2 期	当期	滞后 2 期	当期	滞后 2 期
自变量	INDEX	4.3380*** （0.0000）	4.0180*** （0.0000）	2.7090*** （0.0000）	4.3500*** （0.0000）	2.6410*** （0.0000）	4.3600*** （0.0000）
控制变量	INV	0.0040 （0.8450）	0.0040 （0.8590）	−0.0530 （0.2500）	0.0030 （0.8740）	−0.0500 （0.2840）	0.0030 （0.8770）
	STRU	−0.1920*** （0.0070）	−0.1660** （0.0170）	−0.1010 （0.9510）	−0.1560** （0.0430）	−0.0060 （0.9700）	−0.1560** （0.0420）
	ECO	0.0010 （0.8980）	0.0030 （0.7920）	0.0100 （0.6540）	0.0040 （0.7090）	0.0100 （0.6480）	0.0040 （0.7000）
	DOT	32.3990*** （0.0000）	31.0040*** （0.0000）	20.4290** （0.0440）	32.1770*** （0.0000）	21.0930** （0.0420）	32.2240*** （0.0000）
常数项		12.3220*** （0.0000）	12.9150*** （0.0000）	10.9410*** （0.0000）	12.1900*** （0.0000）	10.8530*** （0.0000）	12.1770*** （0.0000）
样本量		2073	2073	2073	2073	2073	2073
R^2		0.2010	0.1900	0.0340	0.1820	0.0330	0.1820

注：括号内为 *p* 值

、*分别表示在 5%、1%的显著水平上显著

表 11-3 基于总体样本的商业银行信息化普惠金融与经营成本、经营效率

变量		因变量：COST	因变量：COST	因变量：COIN	因变量：COIN	因变量：RAROC	因变量：RAROC
		（1）	（2）	（3）	（4）	（5）	（6）
		当期	滞后 2 期	当期	滞后 2 期	当期	滞后 2 期
自变量	INDEX	−4.3500*** （0.0000）	−3.8620*** （0.0000）	−0.0840 （0.5380）	−0.0910*** （0.0010）	0.5920 （0.2850）	6.1990*** （0.0000）
控制变量	INV	0.0020 （0.9040）	0.0020 （0.9040）	−0.0040 （0.6510）	−0.0010 （0.7740）	−0.0450 （0.3650）	0.0190 （0.8000）
	STRU	−0.1970*** （0.0050）	−0.1620** （0.0130）	−0.0250 （0.4620）	−0.0000 （0.9730）	−0.2060 （0.1140）	0.4140 （0.1220）
	ECO	0.0020 （0.8280）	0.0020 （0.8610）	−0.0000 （0.9360）	−0.0000 （0.6640）	−0.0010 （0.9510）	0.0370 （0.3040）
	DOT	32.4740*** （0.0000）	30.4150*** （0.0000）	−1.6240 （0.4340）	−0.5190 （0.2040）	33.8320** （0.0000）	51.9100*** （0.0020）
常数项		11.6090*** （0.0000）	11.8950*** （0.0000）	0.5640*** （0.0000）	0.1770*** （0.0000）	4.0740*** （0.0000）	5.6550*** （0.0000）
样本量		2073	2073	2073	2073	2073	2073
R^2		0.1910	0.1900	0.0010	0.0180	0.0230	0.0370

注：括号内为 *p* 值

、*分别表示在 5%、1%的显著水平上显著

表 11-4　基于总体样本的商业银行信息化普惠金融与业务拓展（一）

变量		因变量: PDEP	因变量: PDEP	因变量: FDEP	因变量: FDEP	因变量: OCRE	因变量: OCRE
		(1)	(2)	(3)	(4)	(5)	(6)
		当期	滞后 2 期	当期	滞后 2 期	当期	滞后 2 期
自变量	INDEX	3.4680*** (0.0000)	2.7440*** (0.0000)	2.0200*** (0.0000)	1.7180*** (0.0000)	5.9660*** (0.0000)	7.7880*** (0.0000)
控制变量	INV	–0.0170 (0.2930)	–0.0300*** (0.0100)	–0.0250 (0.3510)	–0.0290 (0.2200)	0.1140 (0.2040)	–0.0140 (0.5690)
	STRU	–0.1920*** (0.0010)	–0.2060*** (0.0000)	–0.0320 (0.7390)	–0.0540 (0.5230)	0.0670 (0.8340)	–0.3680 (0.0000)
	ECO	0.0020 (0.8440)	–0.0010 (0.8300)	0.0050 (0.6990)	–0.0020 (0.9000)	–0.0220 (0.6190)	–0.0010 (0.9450)
	DOT	38.3660*** (0.0000)	43.0070*** (0.0000)	30.2730*** (0.0000)	25.8980*** (0.0000)	–4.1660 (0.8340)	49.6050*** (0.0000)
常数项		19.3110*** (0.0000)	19.8840*** (0.0000)	15.4940*** (0.0000)	16.3780*** (0.0000)	3.3270*** (0.0000)	13.5970*** (0.0000)
样本量		2073	2073	2073	2073	2073	2073
R^2		0.1790	0.2250	0.0310	0.0240	0.0170	0.3090

注：括号内为 p 值

***表示在 1%的显著水平上显著

表 11-5　基于总体样本的商业银行信息化普惠金融与业务拓展（二）

变量		因变量: PLOAN	因变量: PLOAN	因变量: PHLOAN	因变量: PHLOAN	因变量: SFLOAN	因变量: SFLOAN
		(1)	(2)	(3)	(4)	(5)	(6)
		当期	滞后 2 期	当期	滞后 2 期	当期	滞后 2 期
自变量	INDEX	4.2840*** (0.0000)	3.9760*** (0.0000)	1.8480** (0.0280)	0.7190 (0.3700)	1.6300* (0.0580)	2.1480** (0.0110)
控制变量	INV	–0.0030 (0.9900)	–0.0250 (0.1190)	0.0590 (0.3060)	0.0630 (0.2520)	–0.0270 (0.6440)	0.0420 (0.4680)
	STRU	–0.1920** (0.0250)	–0.2720*** (0.0000)	0.0200 (0.9230)	0.0190 (0.9240)	0.1900 (0.3670)	–0.3060 (0.1400)
	ECO	0.0000 (0.9810)	–0.0130* (0.0860)	–0.0010 (0.9760)	–0.0070 (0.8050)	–0.0020 (0.9340)	0.0190 (0.4860)
	DOT	16.7020*** (0.0020)	30.3560*** (0.0000)	29.8690** (0.0200)	–5.8400*** (0.6330)	–19.4150 (0.1380)	–19.6840 (0.1250)
常数项		17.9900*** (0.0000)	18.3230*** (0.0000)	16.7160*** (0.0000)	17.6710*** (0.0000)	15.2590*** (0.0000)	14.5560*** (0.0000)
样本量		2073	2073	2073	2073	2073	2073
R^2		0.0990	0.0830	0.0040	0.0020	0.0120	0.0030

注：括号内为 p 值

*、**、***分别表示在 10%、5%和 1%的显著水平上显著

由表 11-2 可以看出，在对当期财务绩效的影响上，各县域地区信息化普惠金融的发展对中间业务的收入、净利润、经济增加值等效益指标有着显著的正向影响，说明信息化普惠金融在提升商业银行的效益上效果显著。对比表中系数可以判断，信息化普惠金融指数对收入的影响最大，对经济增加值的影响最小，主要原因在于经济增加值是收入剔除成本之后的数值，反映的是更加纯粹的信息化普惠金融增进财务绩效的程度。由表 11-3 可以看出，发展信息化普惠金融对中间业务的成本具有显著负向影响，说明通过信息化手段发展普惠金融对于银行成本降低起到了一定成效，对成本收入比、风险调整资本收益等指标的影响不显著。这验证了我们的命题 11-2。综上所述，商业银行发展信息化普惠金融能够发挥降本增效的作用，而降本增效也是我国商业银行在转型发展过程中所必须解决的关键难题。

网点是银行提供传统普惠金融服务的重要渠道，本书以网点密度衡量银行传统普惠金融的发展状况。由表 11-2 和表 11-3 分别可以看出，网点密度对收入、净利润、经济增加值等效益指标的影响显著为正，对成本指标的影响也显著为正，但后者的系数高于前者，说明传统普惠金融对银行绩效的改进并不明显甚至为负。这验证了我们的命题 11-1。

三、信息化普惠金融与银行成长性：业务空间的拓展

表 11-4 和表 11-5 显示了信息化普惠金融对银行成长性的影响。信息化普惠金融的发展对个人存款、农户存款、信用卡业务、个人贷款、个人住房贷款、农户小额贷款等均具有显著的正向影响。这验证了我们的命题 11-3。

存款方面，从表 11-4 可以看出，信息化普惠金融指数的增加能够扩大银行农户存款规模，说明商业银行发展信息化普惠金融有效地服务了“三农”，通过农户开立的账户扩大了存款业务。值得注意的是，信息化普惠金融对农户存款的影响程度小于个人存款，可能的原因在于，农户知识水平有限，不易接受金融创新，对手机银行、网上银行等的运用存在一定障碍，信息化金融服务在农村地区的推广是一个循序渐进的过程。

贷款方面，信息化普惠金融的发展促进了商业银行资产规模的扩大，表现为表 11-4 中的信用卡业务，表 11-5 中的个人贷款、个人住房贷款、农户小额贷款等指标的系数均显著为正。其中，表 11-4 中信息化普惠金融指数对信用卡业务的正向影响说明，商业银行通过将信用卡业务迁移到线上，满足了客户线上办理开卡、分期、查询、还款等需求及消费需要，从而带动信用卡业务规模的增长。表 11-5 中信息化普惠金融指数对住房贷款的正向影响能够说明，发展信息化普惠金融对于解决居民住房困难、帮助困难群众提高收入水平等发挥了重要作用；信息化普

惠金融指数对农户小额贷款的正向影响反映出，商业银行发展信息化普惠金融间接地支持了农民、农业和农村经济增长。

通过以上实证分析，综合信息化普惠金融对财务绩效和成长性两方面的影响来看，商业银行发展信息化普惠金融能够促进其自身可持续发展，这也验证了信息化普惠金融的商业可持续属性，即本书的命题 11-2 和命题 11-3。同时，根据网点密度对银行效益和成本的影响情况判断，以网点密度为代表的商业银行传统普惠金融不能改进银行绩效，即本书的命题 11-1。

本书进一步发现，信息化普惠金融对财务绩效和成长性的影响均具有滞后效应，净利润、经济增加值、信用卡业务、农户小额贷款等指标的回归系数在滞后两期的情况下更大，说明信息化普惠金融增加财务效益和推动业务扩张的效果在滞后两期的情况下更为明显，滞后两期的回归结果增加了当期回归结果的说服力。同时，在滞后两期的情况下，信息化普惠金融指数对成本收入比、风险调整资本收益等效率指标由不显著变为显著，与成本收入比呈现显著负相关关系，与风险调整资本收益呈现显著正相关关系，验证了发展信息化普惠金融能够降低商业银行经营成本的结论，并且在考虑风险的情况下仍然具有提高创收效率的作用。以上分析与命题 11-4 相呼应。值得一提的是，信息化普惠金融对个人住房贷款的影响在当期显著，而滞后两期的结果不显著，这与自 2017 年开始，各地房地产市场调控政策相继出台、商业银行房贷政策收紧等密切相关。

基于以上研究，我们更加深入地考察了信息化普惠金融对绩效指标增长的影响，因篇幅有限，在此略去结果展示。我们将财务绩效指标和成长性指标的增长率（点）作为因变量，发现信息化普惠金融对风险调整资本收益的 2017 年同比增长率（点）具有显著正向影响，对成本和成本收入比的 2017 年同比增长率（点）具有显著负向影响，对其他指标均没有影响，进一步验证了信息化普惠金融具有显著的降本增效作用，即本书的命题 11-2 和命题 11-3。

四、稳健性检验

为确保研究结论可靠，对上文的实证分析内容展开稳健性检验。依次采用客户渗透度、产品使用度、渠道分流度的指数作为信息化普惠金融指数的替代变量进行估计，主要结论无实质性变化。限于篇幅，我们在此仅给出客户渗透度指数的实证结果。

表 11-6 显示，客户渗透度指数对收入、净利润、经济增加值等指标当期值及滞后两期数值的影响显著为正，反映出信息化渠道客户占比的提高有助于银行经营效益和效率的提升。

表 11-6　基于总体样本的商业银行客户渗透度对财务绩效的影响（一）

变量		因变量：INC	因变量：INC	因变量：PRO	因变量：PRO	因变量：EVA	因变量：EVA
		（1）	（2）	（3）	（4）	（5）	（6）
		当期	滞后 2 期	当期	滞后 2 期	当期	滞后 2 期
自变量	INDEX	3.3600*** （0.0000）	2.8240*** （0.0000）	4.7210*** （0.0000）	3.1350*** （0.0000）	4.7130*** （0.0000）	3.1410*** （0.0000）
控制变量	INV	0.0320 （0.1230）	0.0300 （0.1240）	−0.0180 （0.6830）	0.0330 （0.1260）	−0.0130 （0.7620）	0.0330 （0.1270）
	STRU	−0.1960*** （0.0010）	−0.1870*** （0.0010）	−0.0880 （0.4920）	−0.1640*** （0.0090）	−0.0880 （0.5000）	−0.1650** （0.0090）
	ECO	0.0070 （0.4650）	0.0060 （0.5630）	0.0010 （0.9820）	0.0040 （0.6480）	0.0010 （0.9730）	0.0040 （0.6550）
	DOT	42.3950*** （0.0000）	41.1930*** （0.0000）	22.1120** （0.0260）	43.1210*** （0.0000）	22.6550** （0.0260）	43.2010*** （0.0000）
常数项		13.3880*** （0.0000）	13.9870*** （0.0000）	11.3620*** （0.0000）	13.3630*** （0.0000）	11.2780*** （0.0000）	13.3500*** （0.0000）
样本量		2073	2073	2073	2073	2073	2073
R^2		0.1340	0.1200	0.0340	0.1120	0.0330	0.1120

注：括号内为 p 值

、*分别表示在 5%、1%的显著水平上显著

表 11-7 显示，客户渗透度指数对成本、成本收入比等指标当期值及滞后两期数值的影响显著为负，对风险调整资本收益当期值及滞后两期数值的影响显著为正。这说明信息化渠道客户占比的提高能够显著降低银行成本。

表 11-7　基于总体样本的商业银行客户渗透度对财务绩效的影响（二）

变量		因变量：COST	因变量：COST	因变量：COIN	因变量：COIN	因变量：RAROC	因变量：RAROC
		（1）	（2）	（3）	（4）	（5）	（6）
		当期	滞后 2 期	当期	滞后 2 期	当期	滞后 2 期
自变量	INDEX	−3.0720*** （0.0000）	−2.6350*** （0.0000）	−0.2410* （0.0930）	−0.1020*** （0.0000）	5.4830*** （0.0000）	2.6260** （0.0240）
控制变量	INV	0.0270 （0.1790）	0.0260 （0.1500）	−0.0080 （0.4110）	−0.0010 （0.3840）	0.0170 （0.7090）	0.0600 （0.4160）
	STRU	−0.1880*** （0.0010）	−0.1750*** （0.0010）	−0.0170 （0.5250）	0.0010 （0.7360）	−0.2130 （0.0330）	0.2320 （0.2740）
	ECO	0.0060 （0.5630）	0.0050 （0.5220）	0.0000 （0.9620）	−0.0000 （0.8990）	−0.0050 （0.7610）	0.0220 （0.5440）
	DOT	42.8260*** （0.0000）	40.1200*** （0.0000）	−1.5980 （0.4320）	−0.7210* （0.0730）	22.7890** （0.0040）	73.0260*** （0.0000）

续表

变量	因变量: COST	因变量: COST	因变量: COIN	因变量: COIN	因变量: RAROC	因变量: RAROC
	(1)	(2)	(3)	(4)	(5)	(6)
	当期	滞后 2 期	当期	滞后 2 期	当期	滞后 2 期
常数项	12.6800*** (0.0000)	12.9040*** (0.0000)	0.5390*** (0.0000)	0.1500*** (0.0000)	3.2700*** (0.0000)	7.7400*** (0.0000)
样本量	2073	2073	2073	2073	2073	2073
R^2	0.1290	0.1240	0.0030	0.0120	0.0730	0.0170

注：括号内为 p 值

*、**、***分别表示在 10%、5%和 1%的显著水平上显著

表 11-8 显示，客户渗透度指数对个人存款、农户存款、信用卡业务等指标当期值及滞后两期数值的影响显著为正。

表 11-8　基于总体样本的商业银行客户渗透度对成长性的影响（一）

变量		因变量: PDEP	因变量: PDEP	因变量: FDEP	因变量: FDEP	因变量: OCRE	因变量: OCRE
		(1)	(2)	(3)	(4)	(5)	(6)
		当期	滞后 2 期	当期	滞后 2 期	当期	滞后 2 期
自变量	INDEX	1.7700*** (0.0000)	1.1300*** (0.0000)	0.7670* (0.0610)	0.4660* (0.0200)	2.5990*** (0.0000)	7.7880*** (0.0000)
控制变量	INV	0.0040 (0.8090)	–0.0090 (0.3940)	–0.0060 (0.8010)	–0.0140 (0.5330)	–0.0010 (0.9870)	–0.0140 (0.5690)
	STRU	–0.2160*** (0.0000)	–0.2360*** (0.0000)	–0.1030 (0.1680)	–0.0840 (0.2050)	–0.5080*** (0.0000)	–0.3680 (0.0000)
	ECO	–0.0030 (0.6660)	–0.0040 (0.4110)	0.0010 (0.9300)	–0.0030 (0.7270)	–0.0110 (0.3580)	–0.0010 (0.9450)
	DOT	47.3100*** (0.0000)	49.9220*** (0.0000)	36.4510*** (0.0000)	31.2530*** (0.0000)	74.5730*** (0.0000)	49.6050*** (0.0000)
常数项		20.1930*** (0.0000)	20.5740*** (0.0000)	16.1120*** (0.0000)	16.9110*** (0.0000)	15.7330*** (0.0000)	13.5970*** (0.0000)
样本量		2073	2073	2073	2073	2073	2073
R^2		0.1540	0.2630	0.0310	0.0270	0.1860	0.3090

注：括号内为 p 值

*、***分别表示在 10%、1%的显著水平上显著

表 11-9 显示，客户渗透度指数对个人贷款、农户小额贷款等指标当期值及滞

后两期数值的影响显著为正，对个人住房贷款指标当期值的影响显著为正。以上说明，信息化渠道客户占比的提高有助于银行成长性的增进和业务空间的拓展。

表 11-9 基于总体样本的商业银行客户渗透度对成长性的影响（二）

变量		因变量：PLOAN	因变量：PLOAN	因变量：PHLOAN	因变量：PHLOAN	因变量：SFLOAN	因变量：SFLOAN
		（1）	（2）	（3）	（4）	（5）	（6）
		当期	滞后 2 期	当期	滞后 2 期	当期	滞后 2 期
自变量	INDEX	2.8590*** （0.0000）	2.2800*** （0.0000）	1.4610* （0.0820）	0.7190 （0.3700）	1.7090* （0.0580）	1.1640* （0.0890）
控制变量	INV	–0.0250 （0.2930）	–0.0320* （0.0430）	0.0560 （0.2970）	0.0630 （0.2520）	–0.0800 （0.1680）	0.0260 （0.6460）
	STRU	–0.3130*** （0.0000）	–0.3800*** （0.0000）	0.0270 （0.8590）	0.0190 （0.9240）	0.2910* （0.0800）	–0.1660 （0.3050）
	ECO	–0.0010 （0.9320）	–0.0140* （0.0560）	–0.0070 （0.7640）	–0.0070 （0.8050）	–0.0010 （0.9740）	0.0190 （0.4930）
	DOT	24.3530*** （0.0000）	38.4000*** （0.0000）	–6.5280** （0.5850）	–5.8400*** （0.6330）	–17.1760 （0.1830）	–13.9640 （0.2670）
常数项		18.3570*** （0.0000）	18.8580*** （0.0000）	17.5720*** （0.0000）	17.6710*** （0.0000）	14.8600*** （0.0000）	14.9940*** （0.0000）
样本量		2073	2073	2073	2073	2073	2073
R^2		0.0710	0.1800	0.0030	0.0020	0.0060	0.0020

注：括号内为 p 值

*、**、***分别表示在 10%、5%和 1%的显著水平上显著

第三节 商业银行信息化普惠金融发展的决定因素

一、商业银行外部决定因素的检验

（一）外部决定因素分析

通过文献梳理，本书认为决定县域地区信息化普惠金融发展水平的外部因素可能有以下几项。

（1）竞争环境。竞争环境用各县域地区某大型国有商业银行的个人存贷款总额与年末金融机构各项存贷款余额之比来表示。随着县域金融市场的开放，各家商业银行普遍认识到该领域的发展潜力，竞争环境呈现多样化趋势，而金融服务机构参与竞争的积极性有利于业务发展，因此，竞争环境对信息化普惠金融指数存在正向影响。

（2）政府投入。政府投入用各县域地区政府财政支出与 GDP 之比来表示。政府投入代表着国家政策取向，能够有效刺激商业银行开展信息化普惠金融服务的积极性，从而增加更多金融产品与服务，对信息化普惠金融指数存在正向影响。

（3）教育水平。教育水平用各县域地区中小学在校学生数与当地人口之比来表示。教育水平的高低影响了居民对信息化金融服务的接受程度与商业银行推广金融产品的速度，教育水平高的居民一般更容易接受通过信息化手段创新的金融服务，也能更快地学会使用线上金融产品。该指标与信息化普惠金融指数正相关。

（4）信息化程度。信息化程度用各县域地区固定电话用户与人口之比表示。固定电话数量反映了该地区居民家庭对信息化设备的使用情况，与手机、电脑等信息化终端设备有着密切联系。较高的信息化程度能够为信息化普惠金融的发展奠定更好的基础。

（5）人均收入。人均收入用各县域地区的人均收入对数值表示。人均收入水平决定了居民购买消费金融服务的能力，收入水平高的地区，信息化普惠金融发展往往越好。人均收入与信息化普惠金融指数存在正相关关系。

鉴于信息化普惠金融指数介于 0 和 1，具有非负截断特性，作为因变量时，采用一般的混合最小二乘估计容易使结果不准确，我们采 Tobit 方法进行分析。首先对自变量是否导致异方差性和多重共线性进行检验，经检验，不存在异方差性，VIF＜10，也不存在多重共线性。我们使用全国 2073 个县域 2015 年的宏观经济数据作为自变量指标的数据，根据变量相关性结果，对各影响因素进行分组，一共分为六组并逐一放入回归模型，系统地分析了影响信息化普惠金融指数的因素，相关结果见表 11-10。

表 11-10 Tobit 回归结果：同时考察外部因素各个维度的影响

自变量	因变量：信息化普惠金融指数					
	（1）	（2）	（3）	（4）	（5）	（6）
竞争环境		0.4212*** （0.0000）				0.1230*** （0.0000）
政府投入			−0.0082** （0.0180）		−0.0011* （0.0880）	−0.0202*** （0.0020）
教育水平				2.5761*** （0.0000）		2.0346*** （0.0000）
信息化程度	0.6420*** （0.0000）		0.6427*** （0.0000）		0.6435*** （0.0000）	0.4091*** （0.0000）
人均收入						0.0089*** （0.0000）
观测数	2073	2073	2073	2073	2073	2073

注：括号内为 p 值

*、**、***分别表示在 10%、5%和 1%的显著水平上显著

表 11-10 显示，各县域地区竞争环境、教育水平、信息化程度和人均收入对信息化普惠金融指数有着显著的正向影响。具体而言，在竞争环境对信息化普惠金融指数的影响方面，随着县域金融市场的开放，各类金融机构试图通过提供各自的信息化金融服务来争抢客户以获利，竞争促进了信息化渠道服务与产品的创新。在教育水平对信息化普惠金融指数的影响方面，教育水平高的居民往往具有较高的金融意识，更易于接受金融创新，对手机、网络的运用存在障碍较少，可以主动、有效地获取并利用通过信息化设备提供的金融资源。在信息化程度对信息化普惠金融指数的影响方面，县域地区居民的居住点较为分散，更容易因为金融机构偏远而受到地理排斥，信息化基础设施建设及手机银行、网上银行的推广，有助于缓解居民受到的地理排斥，从而有利于商业银行信息化普惠金融的发展。在人均收入对信息化普惠金融指数的影响方面，当地人均收入水平与金融业的发展密切相关，收入水平越高，对信息化普惠金融服务的需求和对服务价格的承受能力越强。一个不同的发现是，政府投入对信息化普惠金融指数产生了显著的负向影响，这与姚耀军和施丹燕（2017）的发现相一致，政府干预可能会损害制度环境，不利于信息化普惠金融的可持续发展。因此，政府的主要作用应是维护金融市场秩序，守住系统性风险底线，不应过多干预市场的资源配置环节。

（二）信息化普惠金融外部决定因素的地区差异分析

为厘清不同县域地区信息化普惠金融发展水平差异的原因，我们借鉴邓曲恒（2007）对城镇居民与流动人口的收入差异的研究，采用 Oaxaca-Blinder 分解分析具体原因。模型如下：

$$\overline{\text{index}_b} - \overline{\text{index}_c} = (\overline{x}_b - \overline{x}_c)\hat{\beta}_c + (\hat{\beta}_b - \hat{\beta}_c)\overline{x}_b \tag{11-1}$$

其中，下标 b 和 c 分别为基准组和对照组；$\overline{\text{index}_b}$ 和 $\overline{\text{index}_c}$ 分别为基准组和对照组的信息化普惠金融发展水平均值；$\overline{x}_b$ 和 $\overline{x}_c$ 分别为基准组和对照组的自变量均值，包括竞争环境、政府投入、教育水平、信息化程度和人均收入；$\hat{\beta}_c$ 和 $\hat{\beta}_b$ 分别为基准组和对照组的自变量系数估计值。式（11-1）右边第一项为禀赋特征不同（竞争环境、政府投入、教育水平、信息化程度和人均收入）导致的信息化普惠金融发展水平的差异，为可解释部分；右边第二项表示系数估计值不同导致的信息化普惠金融发展水平的差异，为不可解释部分。

表 11-11 的分解结果显示，东部（对照组）与中部之间信息化普惠金融水平总体差异的 14.78%受禀赋差异影响，85.23%受不可解释的系数差异影响。教育水平是导致东部和中部信息化普惠金融水平禀赋差异的最显著因素，贡献率为 8.58%，可能的原因是东部地区居民家庭的教育水平普遍较高，这与教育资源的分

布和居民接受教育的意识等密切相关。信息化程度和竞争环境扩大了东部和中部地区信息化普惠金融发展水平的禀赋差异。

表 11-11　不同地区信息化普惠金融发展水平差异 Oaxaca-Blinder 分解结果

自变量	东部（对照组）对中部		东部（对照组）对西部		中部（对照组）对西部	
	禀赋差异	系数差异	禀赋差异	系数差异	禀赋差异	系数差异
竞争环境	0.0050** （3.01%）	−0.0100** （−5.93%）	−0.0020 （−1.10%）	0.0260 （13.68%）	−0.0040* （−9.79%）	0.0630*** （172.06%）
政府投入	−0.0010 （−0.55%）	0.0020 （1.00%）	0.0020* （1.27%）	0.0040 （1.92%）	0.0010* （2.44%）	0.0000 （0.20%）
教育水平	0.0150*** （8.58%）	0.0120*** （6.82%）	0.0070 （3.75%）	−0.0300 （−16.17%）	−0.0040 （−11.09%）	−0.0290* （−78.42%）
信息化程度	0.0100*** （5.61%）	0.0270*** （15.90%）	0.0220*** （11.97%）	−0.0100 （−5.43%）	0.0120*** （31.55%）	−0.0360*** （−98.80%）
人均收入	−0.0030 （−1.87%）	−0.0060 （−3.23%）	0.0130** （6.95%）	−0.0320*** （−16.95%）	−0.0030* （−8.20%）	−0.0270*** （−72.84%）
常数	—	0.1210 （70.66%）	—	0.1880*** （100.13%）	—	0.0630*** （172.88%）
总体	0.0250*** （14.78%）	0.0250*** （85.23%）	0.0430*** （22.83%）	0.1450*** （77.17%）	0.0020 （4.92%）	0.0350*** （95.08%）

注：括号内为差异百分比；因本表数据进行了四舍五入，存在比例合计不等于 100%的情况

*、**、***分别表示在 10%、5%和 1%的显著水平上显著

由于信息化程度、人均收入和政府投入的禀赋差异，东部（对照组）地区信息化普惠金融发展水平明显高于西部地区。信息化程度和人均收入是导致差异的较为显著的因素，其禀赋差异对总体禀赋差异的贡献率分别为 11.97%和 6.95%，说明提高信息化水平、增加当地居民人均收入是提高西部信息化普惠金融发展水平的有效途径。政府投入因素扩大了东部与西部之间信息化普惠金融发展水平的禀赋差异。

中部（对照组）和西部信息化普惠金融发展水平总体差异的 4.92%受禀赋差异的影响，其中，信息化程度是导致两地差异的最显著因素，贡献率为 31.55%，政府投入扩大了中部和西部之间信息化普惠金融发展水平的禀赋差异。一个重要发现是，信息化程度对不同地区的禀赋差异均有较高的贡献，说明当地信息化建设是决定信息化普惠金融发展水平的重要因素。

二、商业银行内部决定因素的检验

根据专家经验和文献梳理，本书认为影响信息化普惠金融发展的商业银行内部因素可能有以下几项。

（1）员工性别，用男员工占全部员工的比例表示。

（2）员工学历，用本科（含）以上学历占比表示。

（3）员工政治面貌，用共产党员占全部员工的比例表示。

（4）员工年龄，用 30 岁（含）以下人员占比表示。

一般认为，男员工和年轻员工对通过科技开展的金融创新更感兴趣，学历较高的员工更容易接受金融创新，共产党员对普惠的金融服务更加支持，提高以上指标的占比有利于商业银行信息化普惠金融的发展。

根据数据特性，我们仍然采用 Tobit 回归方法，经检验，自变量不会导致异方差性和多重共线性。我们使用 2015 年全国 2073 个县域的某大型国有商业银行内部数据作为自变量数据，分别考察了各维度指标对信息化普惠金融发展的影响，表 11-12 是回归结果。

表 11-12　Tobit 回归结果：同时考察内部因素各个维度的影响

自变量	因变量：信息化普惠金融指数				
	（1）	（2）	（3）	（4）	（5）
员工性别	−1.1450*** （0.0000）				−0.2040 （0.5670）
员工学历		0.7320*** （0.0000）			1.1150*** （0.0000）
员工政治面貌			−0.5050 （0.1450）		0.3050 （0.3200）
员工年龄				0.5650*** （0.0040）	0.5540** （0.0420）
观测数	2073	2073	2073	2073	2073

注：括号内为 p 值

、*分别表示在 5%、1%的显著水平上显著

表 11-12 的模型（5）显示，信息化普惠金融与员工学历和员工年龄显著正相关，与员工性别和员工政治面貌基本没有显著关系。本科（含）以上学历的员工占比和 30 岁（含）以下人员占比高的机构，信息化普惠金融发展情况较好。员工学历的回归系数大于员工年龄的回归系数，代表了员工学历水平对信息化普惠金融发展的影响更大，这也说明知识水平因素在需求侧和供给侧两端均能够影响商业银行信息化普惠金融的发展。

三、稳健性检验

为确保研究结论可靠，对上文的实证分析内容展开稳健性检验。依次采用客

户渗透度、产品使用度、渠道分流度的指数作为信息化普惠金融指数的替代变量进行估计，主要结论无实质性变化。限于篇幅，我们在此仅给出客户渗透度指数的实证结果。

表 11-13 显示，造成各县域地区信息化渠道客户渗透度差异的主要外部因素是竞争环境、政府投入、教育水平、信息化程度和人均收入等。

表 11-13　Tobit 回归结果：同时考察外部因素各个维度的影响

自变量	因变量：客户渗透度指数					
	（1）	（2）	（3）	（4）	（5）	（6）
竞争环境		0.2420*** （0.0000）				0.0130* （0.0950）
政府投入			−0.0280** （0.0180）		−0.0200** （0.0080）	−0.0070* （0.0860）
教育水平				0.5670*** （0.0000）		0.2330*** （0.0000）
信息化程度	0.5240*** （0.0000）		0.4270*** （0.0000）		0.4350*** （0.0000）	0.0960*** （0.0000）
人均收入						0.0060*** （0.0000）
观测数	2073	2073	2073	2073	2073	2073

注：括号内为 p 值

*、**、***分别表示在 10%、5%和 1%的显著水平上显著

表 11-14 显示，造成各县域地区信息化渠道客户渗透度差异的主要内部因素是员工学历和员工年龄。

表 11-14　Tobit 回归结果：同时考察内部因素各个维度的影响

自变量	因变量：客户渗透度指数				
	（1）	（2）	（3）	（4）	（5）
员工性别	−1.1250*** （0.0000）				−0.1730 （0.7120）
员工学历		0.3720*** （0.0000）			1.2490*** （0.0010）
员工政治面貌			−0.0560 （0.1450）		0.5110 （0.2100）
员工年龄				0.3650*** （0.0040）	0.3540** （0.0360）
观测数	2073	2073	2073	2073	2073

注：括号内为 p 值

、*分别表示在 5%、1%的显著水平上显著

四、研究结论与建议

（一）主要研究结论

从实践角度看，商业银行开展普惠金融多是考虑社会声誉与社会责任；从商业可持续性角度看，如何实现普惠金融服务的可持续性是商业银行思考的问题。通过信息化普惠金融体系的构建，可以降低银行成本，增进财务绩效，拓展业务成长空间，本书在理论逻辑推演的基础上，运用某大型国有商业银行县域面板数据检验了上述逻辑。研究发现如下。

第一，通过构建中国县域信息化普惠金融指数并运用在县域机构网点占比最高的某大型国有商业银行内部数据发现，商业银行信息化普惠金融的发展呈现出明显的地域不平衡性，与常规普惠金融发展水平一样，东部地区整体发展水平高于中、西部地区。第二，银行的信息化普惠金融发展模式具有商业可持续性，主要表现在其对银行财务绩效和成长性的正向推动作用上。在对财务绩效的影响方面，各县域银行信息化普惠金融指数对中间业务收入、净利润、经济增加值等效益指标有着显著的正向影响，对中间业务的成本具有显著负向影响，起到了良好的降本增效作用。在对成长性的影响方面，各县域地区信息化普惠金融指数对个人存款、农户存款、信用卡业务、个人贷款、个人住房贷款、农户小额贷款等均具有显著的正向影响，体现信息化普惠金融能够提升服务可及性，帮助银行扩大业务范围，有利于拉动银行存贷款业务规模增长。本书进一步研究发现，信息化普惠金融对财务绩效和成长性的影响均具有滞后效应，净利润、经济增加值、信用卡业务、农户小额贷款等因变量对应的自变量的回归系数在滞后两期的情况下更大，说明这种关联在滞后两期的情况下更加突出，信息化普惠金融增加财务效益和推动业务扩张的效果更为明显。同时，在滞后两期的情况下，信息化普惠金融指数对成本收入比、风险调整资本收益等效率指标由不显著变为显著，与成本收入比呈现显著负相关关系，与风险调整资本收益呈现显著正相关关系，验证了发展信息化普惠金融能够降低商业银行经营成本的结论，并且在考虑风险的情况下仍然具有提高创收效率的作用。在信息化普惠金融对绩效指标增长的影响方面，信息化普惠金融对风险调整资本收益的 2017 年同比增长率（点）具有显著正向影响，对成本和成本收入比的 2017 年同比增长率（点）具有显著负向影响。第三，造成各县域地区信息化普惠金融发展水平差异的主要外部因素是竞争环境、教育水平、信息化程度和人均收入等，主要内部因素是员工学历和员工年龄，以上指标越大，信息化普惠金融的发展水平越好。同时，当地政府投入干预过多并不能促进信息化普惠金融的发展。

（二）政策建议

商业银行做好普惠金融服务不仅是解决弱势群体的金融需求，增进社会公平感、获得感的政治任务，在当前信息技术广泛应用的背景下，也是能够为商业银行带来发展潜力和盈利空间的重要业务领域，其关键是找到适当的路径和模式，而信息化途径效果显著，能够较好地提升银行绩效水平。本书的结论是中国商业银行坚定发展信息化普惠金融的强心剂，为银行推动资源投资落地县域，通过信息化手段将业务延伸至县域、深入挖掘县域金融需求，进而提升自身绩效提供了依据。以上包含的商业银行层面的政策措施是：第一，分类施策。根据信息化普惠金融发展的内外部影响因素，深入研究每个县域的环境、市场、客户和银行自身结构，研发适销对路的特色化产品，有针对性地找准营利模式，确定经营策略。第二，高层推动。从上至下加强对县域信息化金融发展的重视、领导、督促和考评，切实解决基层普遍存在的认识和执行不到位的问题。第三，主动出击。发挥信息化渠道优势和专业优势，提升主动服务能力，满足客户日益多元化的金融需求。第四，有保有压。对于县域存量网点，应结合信息化趋势，大力推进智能化、轻型化转型，最终形成网点以销售为主、交易为辅，移动 App（application，应用程序）、网上银行等以交易为主、销售为辅的定位格局。对于低效网点，应大刀阔斧地裁撤，以信息化普惠金融服务取代，实现降低成本，提高经营效率。

第十二章　信息化普惠金融体系建设

信息化普惠金融在缩小城乡收入差距、提升银行财务绩效方面具有显著的作用，依托现代科技，发展信息化普惠金融非常必要。那么，如何建设信息化普惠金融体系？本章从国际、国内信息化普惠金融发展状况分析入手，探讨中国信息化普惠金融建设的目标、路径与保障机制，提出相应的政策建议。

第一节　信息化普惠金融发展状况

信息技术与普惠金融相结合提升了金融服务效率，改进了金融消费者的体验。互联网是信息技术中最为关键的技术，基于互联网技术的金融服务创新层出不穷，成为信息化普惠金融的重要形式。从世界范围看，信息化普惠金融发展成为一个新趋势。

一、国外信息化普惠金融发展情况

进入 21 世纪后，随着计算机、智能手机、网络的普及，人们的生活更加智能化和电子化，这也使普惠金融的发展途径产生了巨大的变革。比如，数字货币就在政府活动、企业活动和私人活动的方方面面发挥了巨大的作用，数字货币不仅扩大了金融服务的覆盖面，还能够提高金融服务质量，降低成本，使社会中的各个部门均在不同程度上受益于金融服务的数字化和信息化。2010 年，世界银行对 129 个国家进行了调查，探究了政府相关的支付活动达到的数字化水平。

根据表 12-1，有 2/3 的国家已基本实现数字化，不再采用现金或支票支付公职人员薪酬，其中约一半的国家采用全数字货币发放社会福利。虽然个人缴费的数字化程度仍然较低，但企业与政府之间大多采用数字化模式进行相互交易。以哥伦比亚为例，该国政府在两年内将“社会行动计划”这一大型转移支付项目发展为不足 10%现金支付比例的支付模式，有力推动了该国货币数字化的发展（焦瑾璞等，2015）。

表 12-1　不同类型政府支付的数字化程度及国家数量

项目	类型	全现金	全纸质	纸质+数字	全数字
公职人员薪酬	G2P	12	19	12	86
社会福利	G2P	25	37	6	61
政府采购	G2B	0	50	16	63
政府退税	G2B	0	65	9	55
个人纳税	P2G	29	44	21	35
个人缴费	P2G	47	28	21	33
企业纳税	B2G	2	54	24	49
企业缴费	B2G	9	55	21	44

资料来源：世界银行

注：G 指的是政府，P 指的是个人，B 指的是企业

发达国家和发展中国家的信息化普惠金融发展状况有着不同的模式和目的。发达国家的金融市场往往发展已较为完善，信息化普惠金融主要立足于技术含量较高的金融模式和金融产品的创新，以起到降低金融服务成本、提高金融服务效率的作用，兼顾扩大金融服务覆盖范围。而对于国内收入差距还比较大的发展中国家，如何利用信息化普惠金融的技术优势来扩大普惠金融的普及度，使得更多的人群可以更加方便快捷的方式获取金融服务，才是它们关注的问题。

（一）美国以 Fintech 为代表的新兴金融模式

Fintech 是 finance（金融）与 technology（科技）两个单词的结合，译作金融科技。美国作为全球范围内的金融中心和科技中心，Fintech 在美国的发展壮大绝不是偶然。简单地说，Fintech 是指互联网公司或高科技企业依赖于云计算、大数据、移动互联等新兴技术开展的低门槛金融服务。这类新兴金融模式的出现并没有颠覆传统金融的本质，而是与银行所提供的产品和服务相互补充，扩大金融服务的内涵和外延，高新技术手段在其中扮演了十分重要的角色。

美国的金融市场已经发展得较为充分和完善，金融供给范围较广，那些没有被传统金融机构覆盖到的客户或市场，恰好可以被 Fintech 所弥补。此外，Fintech 类金融服务的出现将大大提高金融服务的效率，减少交易成本。

值得借鉴的是，美国金融市场高速发展的同时，监管部门的监管力度也从未松懈。目前，根据 Fintech 的总体业态和细分业态，美国相应出台了针对性监管指引，既有联邦政府层面的伞形监管，又有地方州政府层面的区域监管。保护消费

者的利益始终是美国监管部门的首要目标。在鼓励 Fintech 创新的前提下，监管部门及时更新法律法规，控制风险，维护市场秩序。

（二）发展中国家手机银行已成为口袋银行

手机银行的正式出现是在 1996 年，捷克斯洛伐克推出全球首个具有商业性质的手机银行产品，全球信息化金融服务由此诞生，全球各国自此也相继开展了手机银行相关的业务创新。尽管手机银行诞生于欧洲国家，但手机银行创新模式的发展壮大发生在亚洲、非洲等发展中国家，手机银行业务的快速发展，使其成为一些发展中国家用户生活中不可缺少的一部分。由于手机的可得性和便携性，手机银行被人们形象地称作“口袋银行”。发展中国家最初推出手机银行主要是为了解决穷人的基本金融服务问题，也是普惠金融的目标之一。在发展中国家，手机银行更多是作为银行物理网点和网上银行的替代品。由于手机银行的无网点性，金融服务的可得性增强，交易成本较低，可谓一举两得。

目前，手机银行主要有三种业务模式：银行主导型模式、移动运营商主导型模式、第三方支付模式。

在银行主导型模式下，银行直接与客户关联，移动运营商在该模式下仅负责提供技术支持，收取一定的流量费用（徐宝成，2015）。银行主导型模式最重要的特点在于移动运营商仅作为媒介加强银行与客户之间的紧密联系。如菲律宾 Smart 公司的 Smart Money 业务就为典型的银行主导模式手机银行业务。

在移动运营商主导型模式下，移动运营商作为合约中心，直接与客户建立联系，该模式下银行也参与其中，但仅起到协助作用。如肯尼亚 Safaricom 公司作为移动运营商推出 M-Pesa，提供了与传统银行功能相近的金融服务，在该种服务模式下，资金能够在移动运营商账户中流动，客户即便没有银行账户，仅仅通过手机短信基本上就可以完成所有操作。

在第三方支付模式下，由具备一定实力和信誉保障的非银行独立机构作为第三方支付平台，直接与客户建立合约，移动运营商充当提供移动互联的平台。

发展中国家普遍有较大的收入差距，在部分缺乏银行网点和 ATM 设备的地区（尤其农村和偏远地区），手机银行业务在金融交易和金融服务中发挥了不可替代的重要作用。

（三）亚太地区网络替代性金融

近年来，亚太地区的替代性金融发展十分迅速。随着《亚太地区网络替代金融基准报告》的发布，替代性金融（alternative finance）一词逐渐被更多的人所知悉。替代性金融是对传统银行和资本市场的渠道和产品的替代。不仅包括众筹、P2P 和第三方支付，替代性金融产品还包括比特币、中小企业债券、社会影响力债券、社区股份、私人配售等。替代性金融主要借助科技实现了空间虚拟化，从而缩减了交易成本，提高了市场效率。

时至今日，建设信息化普惠金融体系已经达成共识。2016 年 9 月的 G20 杭州峰会提出了有关普惠金融的三个重要文件：《G20 数字普惠金融高级原则》（包含 8 项原则，66 条行动建议）、《G20 普惠金融指标体系》升级版、《G20 中小企业融资行动计划落实框架》。值得注意的是，66 条行动建议提倡政府的转移支付数字化、成本降低、合理监管、公平竞争等。另外，这些文件中还强调数字标准的统一化和平台之间的可兼容性，提倡建立一个应用如分布式记账、区块链等技术的高度通用的数字标准。这些文件也将为全球普惠金融的发展提供重要指引。未来，数字普惠金融将上升为国家层面战略。我们在讨论信息化普惠金融体系时，也应该从更高的战略角度去思考。

二、中国信息化普惠金融发展状况

中国的普惠金融发展由来已久。早在改革开放之前，就出现了农村信用社等萌芽形式。不过，直到 20 世纪 90 年代初，随着针对低收入群体和微型企业提供的小额贷款模式出现，中国普惠金融才正式开始了其发展进程。21 世纪以来，随着信息技术的飞速发展，电脑、手机在生活中的普及度越来越广，大数据、云计算等电子科技技术为其他行业的发展带来了新的生机，金融业也并不例外。在此背景下，信息化普惠金融的概念逐渐进入了人们的视野，中国的普惠金融发展进程，也由综合性普惠金融进入了创新性数字金融的阶段。此阶段，中国的信息化普惠金融体系表现出了以下特点。

（一）支付体系日益完善

中国人民银行支付系统的及时更新换代为中国的信息化普惠金融发展奠定了良好基础。2013 年 10 月 6 日，中国人民银行第二代支付系统上线。新一代支付系统在第一代的基础上引入先进技术，能够有效契合新型电子支付发展，采用《金融服务：金融业通用报文方案》（ISO20022）标准，是全国统一的中央银行支付清算服务平台。

第二代支付系统的核心是清算账户管理系统，主要业务应用系统包括大额实时支付系统、小额批量支付系统和网上支付跨行清算系统，辅助支持系统包括公共控制管理系统和支付管理信息系统。大额实时支付系统借助现代计算机和通信技术，处理同城和异地跨行之间和行内的大额贷记及紧急小额贷记支付业务，中国人民银行系统的贷记支付业务以及即时转账业务等的应用。一般该系统的日间业务处理时间为 8 点至 17 点。小额批量支付系统支付指令批量发送，轧差净额清算资金，该系统一般为 7×24 小时不间断运行。网上支付跨行清算系统主要支持网上跨行支付业务的处理，该系统特点为能够在线操作，实时处理，一般为 7×24 小时不间断运行。第二代支付系统的上线标志着支付系统的进一步完善，提高了支付结算的效率和安全性，也大力推动了非现金工具、电子支付工具的发展，从而为信息化普惠金融体系的进一步发展创造了条件。

（二）区块链技术开始用于银行业务

区块链可以定义为一种基于密码学技术生成的分布式共享数据库，其本质是通过去中心化的方式集体维护一个可靠数据库的技术方案，通俗地说，区块链就是互联网上基于共识机制建立起来的集体维护的公开大账簿，其核心特征主要包括以下三个：去中心化、基于共识建立信任、信息不可篡改。

区块链技术的应用有利于银行等传统金融系统的去中心化发展，同时也有助于保障信息化普惠金融发展的安全性。区块链技术已在中国开始运用于实际的银行业务，在全球范围来看，也是最早运用区块链技术的国家之一。

按照传统做法，资金的结算和交易由两家银行各自记录，由于无法确定对手记录的数据的真实性，交易双方均需借助人工对账，从而产生大量人工成本，此外人工对账的精确度也难以保障。而借助区块链技术，所有交易信息都实时记录在网络且无法篡改，交易与清算伴随进行，节省了大量对账成本。因此，若是未来银行交易清算系统能够基于区块链技术，将省去数据交换及清算对账等繁杂工作，资金结算清算效率得到极大提高，交易成本也可大幅降低，从而进一步降低金融服务成本。国内区块链技术目前尚处于起步阶段，抓住区块链、分布式账本这一未来的发展趋势将是国内信息化普惠金融发展的新关键。

（三）政策支持力度更大，监管更为严格

2016 年初，国务院印发《推进普惠金融发展规划（2016—2020 年）》，为普惠金融发展设计了蓝图。2016 年政府工作报告中提到“大力发展普惠金融和绿色金融”[①]。由此可见，普惠金融的发展已在国家层面上被提升到了一个前所未有的战略高度。

① 李克强作政府工作报告（文字实录），http: //www.gov.cn/guowuyuan/2016-03/05/content_5049372.htm[2022-03-21]。

2019 年，为贯彻落实《推进普惠金融发展规划（2016—2020 年）》，财政部于 2016 年 9 月 24 日公布了《普惠金融发展专项资金管理办法》，优化完善财政支持普惠金融发展方式，更好发挥财政资金引导撬动作用，切实提高普惠金融服务水平，推动大众创业、万众创新，服务乡村振兴战略，助力打好防范化解重大风险攻坚战。

目前，中国正经历着信息化普惠金融发展的关键变革期，怎样在鼓励创新和风险控制之间找到一个平衡点，是所有寻求信息化金融发展国家监管当局需要深思熟虑的问题。

总体而言，作为世界上最大的发展中国家，我国的信息化普惠金融已走在世界发展前列。在 2016 年 9 月的 G20 杭州峰会上提出的《G20 数字普惠金融高级原则》，被作为各国发展数字普惠金融的指引性原则，其中有不少内容都是根据中国的经验提出的。中国的许多发展思路也正在被其他国家学习和借鉴。

三、中国信息化普惠金融体系建设中的问题

信息化普惠金融的发展具有初期投入成本高、未来规模效益大、边际成本低的特点。尽管我国目前信息化普惠金融正有序、稳步发展，未来仍然面临着以下困难与问题。

（一）区域发展不平衡

一个地区的金融发展水平与经济水平息息相关。我国幅员辽阔，地大物博，各个地区金融发展状况十分不协调，这既是我们发展普惠金融的根本初衷，更是推进普惠金融发展道路上的障碍之一。如何结合各个地区的区域特点、产业结构、人口特征、地形地貌以及未来发展规划，将有限的普惠金融资源适当地分配给各个地区，实现资源利用的效率最大化，是我们应当重点关注的问题之一。

（二）基础设施建设不完善

信息化普惠金融的发展离不开金融基础设施的建设，基础设施的建设是一切金融发展的根本前提。这里的金融基础设施既包括传统意义上的金融基础设施，也包括依托于信息化的普惠金融基础设施，如光纤、电缆等网络基础设施。尤其在偏远落后地区，应当加强金融基础设施和交通基础设施的建设，让更多的人以更低的金钱成本、时间成本享受到应有的金融服务。其中更为重要的是互联网基础设施的建设，如建立互联网支付全覆盖系统。

（三）普惠金融需求群体的教育问题

普惠金融，以一个“普”字为先。金融知识普及大众，金融服务覆盖更广，这就是“普”的含义。普惠金融的服务主体为金融弱势群体，主要包括农民、城镇低收入人群、小微企业等。但这些群体往往受各种条件的限制，不能很好地获取外界信息，无法对普惠金融形成较好的理解，他们往往不会主动接触普惠金融，甚至采取避而远之的消极态度。许多地处边远山区的农民，普遍缺乏金融知识，局限于“一亩三分地”的生活方式。他们也许从未见过 ATM，也不知何为小额贷款，更别说能够合理理解普惠金融的含义。而普惠金融最需要服务的人群，往往就是这些并不了解普惠金融，没有机会接触普惠金融的人群。因此，普惠金融的扫盲工作就显得十分重要。根据《全球金融包容性指数 2015》，世界银行指出，全球仅有 21%的有贷款需求者能获得正规金融机构的服务；成年人中有高达 72%的人缺乏金融知识；传统征信体系覆盖人群不足 25%；各项贷款余额中农村贷款仅占 23%。只有从根本上对金融弱势群体进行普惠金融普及教育，让每一个人都真正了解普惠金融的本质，将普惠金融以一个透明的姿态呈现在大众的面前，之后的工作才有意义。只有鼓励每一个微观主体使用自己获得金融服务的权利，让更多的人参与到这个被服务的过程中，金融机构才能可持续地发展下去，普惠金融才能稳步发展。

（四）信息安全、资金安全和消费者权益保护

随着人们的日常生活越来越信息化、电子化，个体的隐私权很难得到充分的维护。网络平台被黑客攻击导致用户信息泄露的事件时有发生。消费者的信息安全、资金安全无法得到保障。如何从技术层面对数据信息进行事前保护，巩固数据储存机制的严密性，是监管层应当考虑的重要问题。另外，成立专门的金融消费者投资者保护机构，也可以对投资者利益进行事后保障。2011 年后，成立了一些专门的投资者保护机构，如中国人民银行金融消费权益保护局，并开通了专门的投诉电话和专业咨询电话，积极受理投资者的投诉建议，一个健全的金融消费者保护机制正在逐步建立。未来，相关部门还可积极开展投资者权益保护宣传教育活动，以期让更多的金融消费者形成风险管理的意识和责任，建立安全保护意识和维权意识。

（五）完善监管和控制风险

怎样在严格监管和鼓励创新之间做一个权衡，是信息化普惠金融的发展过程

中所必须考虑的问题。近年来，越来越多的借贷平台和融资模式的出现，对监管部门提出了更高的要求。监管部门应明确各自的职责，将行业监管与功能监管相结合，实行有差异化的监管制度；健全监管机制，监管机构相互之间要做到权责分明，无监管盲点、无遗漏。

在监管领域，普惠金融指标体系的设立也十分重要。“一行两会”可携手统计部门、工商部门进行沟通合作，建立完备的普惠金融指标检测体系，保证数据的真实性，有效采集数据并定期更新，在条件较好的地区试点普惠金融数据库。

未来，普惠金融数据库的常态化和共享化将在大数据时代发挥出重要的作用。作为实现共同富裕目标的关键一环，普惠金融指标体系也应该被纳入共同富裕社会统计检测指标体系，逐渐实现城乡基本公共服务均等化。

目前我国关于普惠金融方面的法律法规还不够完善，尚未形成一套系统的监管体系。在普惠金融进程初期，金融产品种类多样，良莠不齐。而金融弱势群体普遍缺乏辨别能力，难以分辨金融产品的好坏。很多情况下，金融弱势群体不仅没有满足融资需求，反而弄巧成拙，造成难以弥补的经济损失。

在金融市场还不够规范的大环境下，更加需要法律法规对普惠金融产品进行严格界定和规范。同时制定相关惩罚措施，对于触犯法律条款的个人或组织，追究到底，严惩不贷，以此来维护金融弱势群体的合法权益，保证金融市场的安全性和透明性。

《推进普惠金融发展规划（2016—2020 年）》也明确指出要“推动制定非存款类放贷组织条例、典当业管理条例等法规。配套出台小额贷款公司管理办法、网络借贷管理办法等规定”。未来，法律仍需进一步明确相关机构的社会性质及法律身份。

第二节　信息化普惠金融体系的建设目标与路径

一、信息化普惠金融体系的建设目标

（一）金融产品和服务网络化

普惠群体的特征之一是持有的资金数量少且闲散，而线下金融产品和服务存在资本最低限额和信贷标准等门槛，所以传统的单一金融产品和服务不能满足普惠群体的金融需求。因此，为满足普惠群体的金融需求，改善金融供给主导、金融排斥状况，有必要借助数字金融服务体系，以金融产品服务的网络化降低客户准入门槛，满足普惠群体对金融产品的多样性需求，凸显出普惠金融促使金融平民化的内涵。

（二）扩大金融覆盖面，提升金融服务可获得性

传统金融机构为扩大金融服务覆盖范围主要依赖于网点的布局，但增设网点的高成本与金融资源的稀缺性使得传统金融机构不得不将主要资源投放在人口相对集中的发达地区，放弃那些人口稀少、经济落后的农村地区。而信息化普惠金融体系通过借助电脑、手机等终端工具解决了传统物理网点的弊端，即便没有物理网点，仍能为客户提供相应金融产品和服务（丁杰，2015）。因此，信息化普惠金融体系的一个主要建设目标就是提升金融服务可获得性，扩大客户覆盖范围。

截至2020年12月，我国网民规模、手机网民规模分别为9.89亿和9.86亿，互联网普及率达到70.4%，与2020年3月相比提高5.9个百分点。我国网络支付用户规模达8.54亿，较2020年3月增长8636万，占网民整体的86.4%。网络的普及加速了手机银行、网上银行的普及，金融服务依托于移动终端有效降低了金融机构拓宽服务的成本，服务范围的拓宽使更多人的基本金融需求得到满足，提高了金融的普惠程度。

（三）促进金融机构的商业可持续性

信息不对称是金融行业最主要障碍之一，相比大企业、大客户，中小客户由于信息获取成本更高，加大了传统金融机构的风险和成本；此外，中小客户交易规模通常较小，边际成本高，在成本和收益权衡过后，传统金融业在配置资源方面更倾向于低风险的大客户。但互联网等技术的发展，一方面有效缓解了信息不对称程度，提高了资金供需匹配效率；另一方面，数字金融有利于整合分散需求，形成规模优势，同时降低金融交易的专业化程度，提高交易效率，降低边际成本。

（四）完善我国的征信体系建设

我国当前以中央银行为主力的政府主导式征信体系以对企业信用信息的征集为主，个人征信覆盖不足，且以人工方式进行信用信息收集，因此具有以下缺陷：信用信息获取效率低下、成本高，信用评估缺乏即时性，征信主体范围不足，对农民信用征集不全面。

相对于传统的征信机构，数字金融企业利用大数据、云计算等技术可以低成本、高效率地搜集海量客户数据，并根据最新数据进行实时调整，促使信用信息征集主体范围的进一步扩展。互联网企业征信使现有的征集主体范围进一步扩大，

推动我国征信事业发展的同时，也使更多的普惠群体纳入现有征信体系，弥补政府对农村用户等普惠群体征信的漏洞。

二、信息化普惠金融体系的建设路径

面对我国广大农村地区和中小企业金融服务长期缺位的困局，传统的金融行业已经难以满足推广普惠金融的需求，而通过发展数字金融可以充分地发挥移动互联网产业的技术优势，构建起兼顾商业利益与普惠金融发展的综合可持续发展模式。我们建议信息化普惠金融体系的建设可以从以下三个方面改进。

（一）完善普惠金融顶层设计

应完善中国普惠金融体系的顶层设计，明确数字金融在推进普惠金融建设过程中的重要作用。借助互联网广覆盖、低成本、高时效等特点，降低金融准入门槛和金融资源的获取难度，加强普惠群体基础金融知识的普及，实现每个人平等享受金融服务的权利。

（二）完善普惠金融基础设施

物理网点是传统金融业务开展的主要依托，基于对成本收益的考虑，传统金融机构多将网点设立在资金密集的大中城市，缺乏足够动力去设立位于农村的网点，造成落后地区的金融资源供给严重不足。

信息化普惠金融模式依托于移动支付可将金融服务拓展到欠发达地区等传统金融机构受制于高成本所不能触及的地区，扩大了金融覆盖范围的同时也降低了传统金融机构拓展业务的成本。因此，移动支付为促进普惠金融的发展提供了有效途径。而移动支付的发展又依托于移动通信技术和通信基础设施的完善，因此，政府应加大对普惠群体聚集地区通信基础设施的支持力度，完善移动支付相关基础设施建设，在基础设施完善的基础上再提升移动设备的普及率，同时加大对普惠群体的基础金融知识的普及，从而为普惠金融的发展打下更坚实的硬件基础（朱民武等，2015）。

（三）构建服务普惠地区的融资体系

互联网的出现降低了金融机构进行金融创新的成本，使得提供更多元、更有针对性、更个性化的金融服务成为可能。以小微企业为例，以往小微企业由于缺乏抵押物、信息不透明度高、借款金额太小等原因，被排斥于银行体系之外，而我国资本市场的不完善，使得小微企业也无法借助直接融资途径解决融资困境，信息化新型融资方式的出现，为小微企业提供了更多元的融资渠道，缓解了融资难的困境。因此，可借助互联网和大数据等信息技术，以小微企业、农民群体在互联网产生的交易数据为基础进行风险评估，在控制风险的基础上，构造适合小微企业、农民群体的金融产品，从而完善落后地区融资体系。

第三节　信息化普惠金融体系基本架构及关键技术

一、信息化普惠金融体系的基本架构

（一）基于公共信息网络的普惠金融服务渠道架构

1. 基于公共信息网络的普惠金融服务渠道建立的必要性

普惠金融服务渠道是金融产品及服务与普惠群体之间的桥梁，在金融服务体系中发挥着不可或缺的基础性作用。为了以更加优质的产品和更加完善的服务渠道来提升客户的满意度，普惠金融的相关部门要不断优化服务渠道管理，不断提高金融服务质量和水平。普惠金融的受众群体非常分散，业务办理也非常不方便，因此，一方面需要向普惠群体提供更多金融支持，另一方面也要加强对普惠群体基础金融知识的普及。基于公共信息网络的普惠金融服务渠道的发展凭借低成本和不受时空限制的优势，能大幅提高对普惠群体的支持力度，较大程度满足普惠群体对金融产品和服务的需求。

普惠金融服务渠道是普惠金融与普惠群体之间信息沟通的桥梁。从政府角度看，通过普惠金融服务渠道能够及时向普惠群体传达反馈国家最新金融政策，向普惠群体普及更多的金融基础知识（李剑峰和王延涛，2010）。从普惠群体角度看，借助客户信息反馈机制，可更好地理解普惠群体的金融需求。同时，基于公共信息网络的普惠金融服务渠道通过完善信息平台参与者的信用记录，从而建立健全的征信体系，弥补了普惠群体信用信息不透明的不足，降低了潜在违约风险。

公共信息网络的普惠金融服务渠道的建立与加强是普惠金融机构自身生存和发展的重要根基。为了更好地保证其商业可持续性，建立以公共信息网络为基础的普惠金融服务渠道将为金融机构的发展提供更加广阔的前景，也是金融机构提高核心竞争力的重要保证。基于公共信息网络的普惠金融服务渠道应从国家战略高度布局，建设与未来普惠金融发展相适应的多种渠道相协调的渠道网络体系。

2. 创新和完善基于公共信息网络的普惠金融服务渠道

1）加强基于公共信息网络的普惠金融服务渠道的统筹规划

中央银行应进一步重视并完善以公共信息网络为基础的普惠金融服务渠道对于提高普惠金融服务水平的基础性和关键性作用，提升其战略性地位。同时，在制订战略时要充分考虑到不同地区的经济发展状况从而制订出不同的普惠金融渠道的发展战略。中央银行应帮助银行树立有关普惠金融的创新发展理念。国家相关部门还应加强和完善我国的公共信息网络建设，使其能为普惠金融的发展起到推动和发展作用。

2）加强渠道整合，实现渠道协同

在普惠群体密集的地区，如农村地区，金融机构首先应充分整合传统物理网点、电子渠道、移动服务等现有渠道，在此基础上，为实现各种渠道之间的功能整合，充分发挥协同作用，应科学正确地分析各渠道的成本消耗和功能差异。其次，在互联网和信息技术快速发展的当下，电子渠道和移动服务凭借其覆盖面广、无地区限制、无时间限制及服务模式多元等优势将是银行未来经营发展的主要渠道，银行应合理布局，在渠道整合的同时，充分发挥电子渠道和移动服务的比较优势。

3）提高基于公共信息网络的普惠金融服务渠道体系的综合效能

普惠金融服务渠道利用公共信息网络是金融服务电子化和信息化的发展趋势，但是，这一渠道的推广在农村这一普惠群体分布较广的区域受到了较大的阻碍。截至 2020 年 12 月，在城乡互联网结构上，农村、城镇网民占比分别为 31.3% 和 68.7%；城镇地区互联网普及率也显著高于农村地区。上网技能缺失以及文化水平限制导致的对互联网知识的缺乏及认知不足，仍是造成农村非网民不上网的主要原因。因此，除了搭建基于公共信息网络的普惠金融服务渠道外，还应加强推广工作，加大在普惠群体中的宣传教育工作，让更多的普惠群体参与其中。

（二）基于网络行为数据和传统金融信息的信用数据采集和集成技术

1. 网络行为

个体网络行为是单个个体在网络上所表现出来的行为，具体的要素是个体的个性。每个人的个性因成长社会环境和教育模式等的不同而有所差异。具体来说，不同的成长环境会使得个体的心理、行为、体质、性格、特长、兴趣和价值观存在很大差异，这种差异的直接结果就是导致了需求的多元化，同时也保证了需求的相对稳定性。不同的人有差异化的兴趣爱好和信息需求，在短期内其行为规律的表现也许不够明显。但从长期来看，个体网络行为慢慢会呈现出一定的稳定性，借此发现其潜在的行为规律便成为可能。此外，随着环境的变化，个体网络行为也会随之改变。将个体行为的范围扩大为多个个体，其行为模式就体现出了群体性。由于网络行为存在的环境是虚拟空间，故具有了其特殊性，其特殊性如下。

（1）具有一定进入壁垒。网络行为的用户要求具有一定互联网基础知识、相应的计算能力以及可以运用网络解决问题的能力。

（2）隐匿性强。由于互联网上信息以数字化的形式存在，操作者能够不留痕迹地在数据传输过程中改变信息的内容和形式，从而具有一定的隐匿性。

（3）个体特征明显。网络行为不受时空、地域的限制，不受现实生活的约束，在这种自由的环境下，网络行为用户更易表现出个人特性。

（4）无统一评判标准。国家和地域限制的打破，为越境数据流提供了载体，无国界的网络行为涉及不同国家和地区的利益，这些利益的不同主要通过判断标准的不一致体现出来。

2. 网络行为数据

在大数据时代下，网络行为数据是指伴随着网民在网络上的活动行为产生的大量的数据，这些数据由于蕴藏着潜在信息价值而受到越来越多的重视，中国网民每天产生的数据量位于世界前列。举例来说，淘宝网作为与人们日常生活息息相关的网购平台，伴随着每天数千万笔交易，每日产生的数据量高达 50TB；百度公司存储网页数量达到 1 万亿之多，每天需要处理近 60 亿次搜索请求，其数据量超过 1000PB。在信息化时代，随着现实社会与虚拟网络空间的深度融合，网民个体和群体的心理活动和行为意识可以通过互联网上产生的海量数据如实地反映和记录，其包含的大量的规律性信息使得网络大数据成为深刻理解人类行为规律的重要依据之一。例如，越来越多的投资者以互联网搜集的市场信息为依据，进行投资决策的制定。

3. 网络行为数据的重要性

（1）降低信息不对称的程度。信息化普惠金融交易风险很大一部分来源于金融机构和投资者之间的信息不对称，尤其对于投资者而言，网络金融机构披露信息的非完整性，使投资者无法准确判断金融机构的可靠性及披露信息的真实性。而通过金融大数据平台，可以收集和处理大量的网络市场信息、行业信息及公司信息，投资者可以更准确地判断金融机构及产品的信誉度，降低信息不对称风险。

（2）客观准确地评估个人信用水平。借助数据挖掘强大的信息分析能力，通过挖掘客户网络行为信息，提取客户的交易数据特征，能够对客户的信用状况做出客观、公正、准确的评价，建立客户的信誉度级别，从而有效地防范和化解信用风险，提高金融机构对客户的信用甄别与风险管理的水平和能力。

4. 互联网征信体系实例：芝麻信用的用户行为数据采集

芝麻信用是蚂蚁集团旗下芝麻信用管理有限公司推出的，依据用户在互联网上的行为信息，借助大数据分析手段面向社会公众的个人信用服务体系。对我国互联网征信行业的发展有着重要意义。伴随着网络金融发展的不断深入，芝麻信用用来对用户信用评估的数据来源也愈加多元，具体来源于以下几部分。

（1）电商平台部分。阿里巴巴旗下的淘宝平台、天猫平台、聚划算平台聚集了大量活跃的个人用户，每天都能产生大量极具个人特色的行为数据，这些丰富、多样化、具有个性的交易数据为芝麻信用提供了坚实的信用评价基础。

（2）数字金融部分。伴随着阿里巴巴集团在数字金融领域的不断布局和拓展，阿里金融已经在支付、小额贷款、担保、金融零售（理财保险）等领域积累了大量的用户金融数据。

（3）云平台业务。阿里云是一个集数据储存、云计算、应用服务为一体的综合性技术平台，通过为企业提供云服务获得了大量的企业行为数据。

5. 传统金融信息的信用数据

传统的个人征信以个人信用数据为基础，“5C”模型作为金融机构对客户进行传统信用分析的方法之一，主要从能够有效反映客户还款能力和意愿的五个层面对客户风险进行评估，具体包括道德品质、还款能力、贷款担保、资本实力、经营条件。

6. 网络行为数据和传统金融信息信用数据比较

从信用评价方法来看，传统征信的数据更新频度较低，以月度数据居多，只能依据历史信用记录进行当前的信用评估。而互联网征信能够依据征信个体在互联网上实时的行为信息及时更新其信用水平，从而克服了传统征信的缺陷。

从征信覆盖范围来看，基于网络行为的个人征信凭借丰富的数据来源及大数据分析能力，能够以更高的精度预测人们的信用水平，将传统征信难以覆盖的普惠群体纳入征信网络，克服了无信用记录无法提供金融服务的缺陷。

（三）普惠金融体系安全考量机制和个人金融隐私保护

1. 普惠金融体系安全考量机制

在传统金融模式和条件下，普惠金融供给难以摆脱成本高、效率低、商业可持续难度大的制约和瓶颈，近年来随着信息技术不断取得突破，为普惠金融的发展提供了新的技术支撑，为其商业可持续的探索提供了可循的路径。但与此同时引发了网络数据安全保护问题，如何保护风险承受能力有限的普惠群体免受违法违规金融活动的侵害，成为信息化普惠金融发展的核心问题。

（1）建立统一、完善的征信体系。将网络金融平台等市场征信机构掌握的信用信息与中央银行的征信系统进行关联，通过信用信息的共享，建立能够覆盖全社会的互联网征信体系，提高普惠金融风险的可控性。

（2）创新开放的信息安全制度。在传统信息安全认证体系下，很多普惠群体尚无任何身份认证形式，从而无法获得金融服务。根据《G20数字普惠金融高级原则》，可以创新身份注册与验证形式，建立可接受的开放式标准来管理身份、交易和账户风险。

（3）构建有效监管政策框架。信息化普惠金融体系发展过程中产生的很多问题与缺乏有效监管密切相关。因此，应设置专门的普惠金融工作机构，构建统一监管标准和框架，实施严格的信息披露标准并出台信息化普惠金融相关的法律政策。

（4）加强消费者互联网技术和金融知识的普及。数字金融具有跨行业、跨市场、跨地区的特点，涵盖了多元化的参与主体和业务，加大了互联网产品和服务的复杂性。对于互联网技术和金融基础知识掌握都较为薄弱的普惠群体来说，在享受互联网产品和服务的过程中，更容易引发风险。因此应加强对消费者互联网技术和金融基础知识的普及。

2. 个人金融隐私保护

（1）金融隐私权。随着金融混业经营和互联网、大数据的普遍化，网络金融机构掌握了大量的用户金融信息，对金融隐私权的保护也由此引起人们关注。不同于传统隐私权的定义和内涵，金融隐私权内涵更加广泛，除传统隐私权的私生活不受干扰以及资讯自主外，还包括信用信息方面的隐私权。

（2）个人金融隐私的安全性威胁。互联网时代，大数据、云计算等技术的广泛普及，使得互联网企业能够根据客户访问网站时的浏览记录、消费行为等信息对客户的消费习惯、兴趣偏好等信息进行分析和预测，从而能够有针对性地为客户提供服务。对网络金融机构而言，运用大数据、云计算技术，除了能挖掘客户偏好，从而进行精准营销外，还能通过整合客户的各种信息，构建征信模型，对客户的信用水平进行分析和判断，降低数字金融交易的信息不对称风险。但随着这些技术在各个领域的应用，对用户互联网行为信息的收集和分析越来越普遍，信息收集与侵犯隐私的界限也因此越来越模糊，互联网企业需要在提高经营效率和保障客户隐私之间找到平衡点。除了互联网企业为了提高经营效率而造成的对客户隐私的侵犯，还有许多通过非法途径获得个人隐私信息的行为，如拖库攻击、工作人员泄密、高级持续威胁（advanced persistent threat，APT）等。这些非法行为对用户个人隐私保护构成了极大的威胁。

（3）个人金融隐私保护。第一，出台互联网个人金融隐私保护相关法律和监管框架。现行网络金融机构以及非法分子对消费者金融信息的滥用在一定程度上源于缺乏相关法律的约束，应出台相应法律法规弥补监管空白，同时加大网络犯罪惩治力度。

第二，加强个人金融隐私保护的安全技术。为保障个人金融隐私安全，互联网信息安全技术的有效是核心，应加大在数据加密、身份认证、防火墙等信息安全技术方面的研发投入，建立专业、核心的防范黑客攻击技术；同时对个人金融隐私信息进行安全分级，实施不同等级的安全保护，制订各种应急恢复方案。

第三，引起消费者自身对金融隐私保护的重视。个人金融隐私的侵犯，一方面来源于外部因素，另一方面也与消费者个人隐私保护意识不足有关。消费者在使用互联网的过程中应时刻保持警惕，避免在一些可疑网站留下个人信息，同时尽量少暴露个人的真实信息。

二、信息化普惠金融体系的关键技术

（一）基于网络大数据挖掘技术的普惠群体识别

1. 基于网络的大数据挖掘技术

数据挖掘是指通过对大量数据进行抽取、转换、分析和其他模型化处理，从中提取辅助决策的关键信息或知识的过程。随着网络的普及，基于网络的大数据挖掘技术通过收集和处理大量的网络金融业务数据及用户的行为信息，能够挖掘出互联网用户的特征以及不同用户之间的关系，并利用学习到的模式对用户行为进行合理的预测分析。

2. 基于网络的大数据挖掘技术在普惠群体识别中的应用

（1）充分挖掘潜在普惠群体。随着互联网技术的成熟和普及，数字金融机构普遍掌握了丰富的用户数据，通过网络数据挖掘技术，金融机构可以充分利用客户信息，挖掘有用的商业知识，如客户的学历、职业、收入、风险偏好、购买相关金融产品的间隔时间、金融专业知识水平等，从而根据客户需求提供定制化的金融产品和服务。对普惠群体而言，由于其多是传统金融机构不能覆盖到的长尾人群，虽然群体总量庞大，但个体资金分散，具有单次交易金少、交易次数频繁等特点，同时普惠群体内部对金融产品需求的差异较大，因此，金融机构应充分利用数据挖掘技术，找到潜在的普惠群体，并对不同的普惠群体进行分类，同时提炼出不同客户存在的公共关键属性。一方面，金融机构根据对客户的分类可以提供更适合普惠群体需求的金融产品和服务；另一方面，通过已掌握的不同类别客户的公共属性，当接触新的客户时，就能够借助 Web 上的归类功能快速匹配此客户与已分类客户的公共属性，实现对新客户的正确定位。

（2）增强普惠群体黏性和忠诚度。信息化普惠金融打破了传统金融的空间和距离限制，其金融产品、服务种类的多样性和更新迭代的快捷性，多样化的金融产品和服务在满足客户多样性需求的同时，也增加了客户选择的时间成本，尤其是那些金融专业知识匮乏的普惠群体，更加不知道如何区分各种金融机构的产品和服务，产生其在各个金融平台频繁切换的行为。而对于金融机构而言，维持老客户的成本要远低于挖掘新客户的成本，因此金融机构可以通过运用 Web 数据挖掘技术，根据普惠群体客户近期对网站的访问频率、产品交易状况等数据预测可能流失的客户，通过总结其可能流失的主要原因，有针对性地对产品和服务进行改进。如建立“以客户为中心”的服务理念，借助大数据记录的普惠群体客户的浏览习惯、兴趣及需求，为客户建立个性化的金融服务平台，自动为其推荐相关金融产品和服务，使客户能够快速准确地发现感兴趣的内容，降低其选择成本，从而增加普惠群体客户对平台的黏性和忠诚度，降低客户流失率。

（3）普惠群体信用风险度量。信用风险是影响金融秩序的最主要的风险，而建立有效的信用分析方法是防范信用风险的前提，由于普惠群体更具长尾效应，其潜在信用风险高于普通客户，因而利用数据挖掘技术对普惠群体进行信用分析，降低潜在违约风险，是普惠金融机构能够长期健康发展的基石。借助数据挖掘强大的信息分析能力构建信用评估体系，使金融机构能够准确掌握普惠群体信用水平，降低信息不对称程度，提升风险识别能力。另外，通过对普惠群体的信用状况做出客观、公正、准确的评价，使网络金融机构能够对不同信用等级的普惠群体采取差异化营销方案，个性化定制更符合普惠群体需求的金融产品，从而进一步降低违约风险。

（二）基于云平台的多网融合技术与设计

随着“互联网+金融”的飞速发展，数字金融产品和服务日渐普及和常态化，整个金融行业也随之步入大数据时代。为了更好地存储和利用庞大的用户数据，大型金融机构通常会增设数据集中处理功能强大的服务器集群，但高昂的设备费用及专业管理能力的欠缺限制了金融机构的选择。在此过程中，云平台凭借其强大的基础设施资源整合能力、低成本的系统运作优势以及标准化的管理模式逐渐成为金融行业存储和处理数据的首要选择。

1. 云平台

云平台按照提供商的不同可分为公有云和私有云。公有云通常由第三方提供商提供，价格低廉，且使用方便，用户通过网络连接就能使用。中小规模金融机构由于缺乏足够资金搭建自己的专属私有云，通常选择使用价格经济合理的公有云服务，在公有云平台上，用户不用建立自己的数据中心，其核心业务系统及日常安全连接和维护均由公有云平台负责提供，大大提高了金融机构自身系统的运算能力。但与此同时，由于用户仅拥有公有云服务的使用权，没有所有权，其数据存储和保护也因此面临更大的安全隐患。私有云是为机构内部使用而建立的，在公有云优点的基础上，私有云极大程度地保障了数据的安全。因此，一些大型金融机构更偏好创建自己的私有云，形成专门针对金融行业的云平台“金融云”。

2. 云平台技术对信息化普惠金融的推动作用

普惠金融的最终目标是使每个人都能平等地享受金融服务，而在实际推进过程中，由于在非发达地区建立物理网点的高成本及不便性，仅依靠传统金融无法实现普惠金融顺利推进，需要借助数字科技技术推动普惠金融的发展。而信息化普惠金融的发展需要完善的通信基础设施及金融机构本身过硬的互联网技术，我国农村等欠发达地区不完善的基础通信设施是阻碍信息化普惠金融发展的重要原因，金融云平台为信息化普惠金融的发展实现了技术上的可能。

尽管互联网技术在金融领域的运用在我国已经相对成熟，仍有大量城镇银行及中小金融机构互联网技术方面较为薄弱，阻碍了信息化普惠金融在中小地区的发展。在接入金融云服务后，银行可以借助外部技术用较低的成本实现在线支付和网上银行，从而满足普惠群体基本的金融服务需求。

金融云平台的发展更加高效地推动了金融机构的互联网化。缺少资金和技术的欠发达地区的传统金融机构，借助金融云服务，能够克服自身在大数据、互联网渠道上的短板，得以顺利向互联网转型。而数字金融在欠发达地区的发展极大地拓宽了普惠群体对金融产品和信息的获取渠道，为普惠金融体系的发展提供了强大的网络支持，进而推动了信息化普惠金融体系的建设。

（三）基于网络行为的个人征信评价体系

1. 互联网征信与传统征信的区别

（1）征信渠道和征信主体不同。互联网征信主要从互联网上获得信息，数据来源广泛且获取成本低，而传统征信主要从线下渠道获取，需要的人力、物力成本较为高昂。在征信主体上，我国传统征信主体为中国人民银行征信系统，通过和商业银行、部分融资性担保公司和小额贷款公司建立数据的互联互通获得信用记录。互联网征信更多地体现了市场化运作的机制，如以阿里巴巴、京东为代表的电商企业，丰富的信息获取渠道和强大的云计算优势是从事互联网征信的关键。

（2）信用更新速度及评估方法不同。不同于传统征信低频率的数据更新速度，互联网征信能够实现对数据进行每天甚至每分钟的实时更新，同时获得的数据基本覆盖与信息主体相关的各个方面，除传统的信贷数据，还包括财务数据、行为数据等。传统征信由于数据更新速度慢，只能依据历史信用记录进行当前的信用评估，该种方式存在两大缺陷：首先，过去的信用记录不一定能够准确预测当下的信用状况；其次，若某一信用主体没有被纳入传统征信系统，系统中由于没有其信用记录，进而无法对其信用状况进行判断。如以农户为代表的普惠群体常游离于传统征信体系之外。而互联网征信并不局限于征信个体的历史银行借贷信息，能够依据征信个体在互联网上实时的行为信息及时更新其信用水平，从而克服了传统征信的缺陷。

2. 个人征信评价

科学、准确的个人征信评价能够为金融机构等信用使用部门提供可靠的信用参考，从而降低潜在违约风险。目前世界上使用最广泛的个人信用评价模型是美国 FICO 公司开发的 FICO 信用分模型。

我国首款面向社会大众的个人信用评分系统是蚂蚁金服于 2015 年初推出的芝麻信用分。与传统金融机构的信贷数据不同，芝麻信用基于阿里云和大数据技术所采集的互联网个人信用数据更加广泛，阿里巴巴集团旗下各类电子商务平台海量的交易数据，支付宝、余额宝实名注册用户产生的支付数据，与政府机构等众多其他组织合作共享的信息数据等共同组成了芝麻信用分模型采集信息的主要渠道，数据来源的多样性和广泛性使得数据信息更具有效性。

基于网络行为的个人征信凭借丰富的数据来源及大数据分析能力，能够以更高的精度预测人们的信用水平，将传统征信难以覆盖的普惠群体纳入征信网络，克服了无信用记录无法提供金融服务的缺陷。同时将人们的信用状况与金融借贷、信用消费相结合，极大地拓宽了金融的服务范围，满足普惠群体的小额资金需求。

3. 小微企业的大数据征信评价

小微企业大数据征信系统综合运用了现代互联网技术中的大数据和云计算等新技术，能够自动挖掘企业的行为数据，并根据这些数据进行行为信用计算。在该框架下，系统可以自动地搜集海量的小微企业信用相关的数据，进行预处理后按类别进行储存，并对这些获取到的数据进行挖掘、筛选、计算、分析，从而得到企业实时的生产经营的详细情况、成长发展的状态以及企业的信用情况，同时根据以上信息可以获得企业的信用额度，以此作为小贷放款及担保公司提供服务的参考依据。通过建立可靠的、科学的模型，可以实时掌控风险，实时跟踪小微企业的信用状况和所处的产业链中的情况并进行深度计算，也可以快速发现潜在的系统性风险。

第四节　信息化普惠金融保障体系建设

一、信息化普惠金融保障体系建设的必要性

随着信息技术在金融业的广泛应用，信息化普惠金融依托于信息技术不断发展创新。同时，伴随着互联网上信息量的指数型增长，金融行业网络数据安全和用户信息保障工作的难度也在不断加大，尤其金融机构的数字信息往往代表着真实财富，更易遭受网络犯罪的攻击。此外，由于普惠群体多数是损失承受能力相对有限的人群，如何保护普惠群体免受违法违规金融活动的侵害就成为信息化普惠金融保障体系建设的核心问题。目前，普惠金融的信息安全问题主要体现在以下几个方面。

第一，缺乏信息化普惠金融相关法律和监管框架。任何经济活动都离不开政策法规做规范指导，一方面，我国信息化普惠金融制度体系建设尚处于起步阶段，另一方面政策法规的出台本身就具有时滞性，使得信息化普惠金融推进过程中产生的信息安全问题无法及时受到法律约束。

第二，随着普惠金融的信息化进程不断加速，普惠金融信息数量也在快速膨胀，数据的高度集中使得对数据库的安全性要求也越来越高。金融业安全管理面临的巨大挑战就是要将这些信息资产进行有效管理，能够分级别地进行安全保护。但是网络金融平台整体信息安全认证体系的不完善，数据非法操作的监控与制止不足，缺乏专业、核心的防范黑客攻击技术，使得用户隐私数据安全保障工作任重道远。

第三，互联网信息的无界性加大了风险来源。金融信息的网络化使得金融信息系统暴露于国内外公共互联网，一方面，信息的共享加大了金融信息系统内部存储、处理的信息量；另一方面，网络的互联使信息系统更易遭受来自公共互联网的各类攻击。

第四，普惠群体自身信息安全保护意识不足。由于普惠群体金融风险意识淡薄，加之互联网知识的缺乏，可能在获得信息化普惠金融服务的过程中，更易遭受电子诈骗等金融犯罪活动。

金融与信息技术的不断融合、发展降低了金融的“贵族”属性，扩大了金融的服务范围，便利了人们的生活，使传统金融体系难以覆盖的普惠群体也能平等享受金融服务。但同时信息的网络化加大了信息安全保障的难度，尤其对于风险损失承受能力较小的普惠群体，如何保障其隐私数据安全，是保证信息化普惠金融健康发展必须解决的问题。

二、信息平台参与者的激励机制

（一）信息平台对小微企业的激励机制

1. 降低交易成本

信息化普惠金融模式下，金融机构能够通过大数据挖掘、云计算技术获得丰富的客户信息，借助信用评价模型，实现对目标企业信用状况科学、准确地预测，最大限度降低信息不对称问题，从而解决传统商业银行获取小微企业信息难度大、成本高的难题，进而降低了信息获取和处理成本。同时，在网络金融模式下，资金需求双方可以通过互联网直接进行沟通和联系，省去了金融中介环节，极大地降低了交易成本。因此，在信息化普惠金融模式下，通过运用大数据对小微企业进行信用评级和贷后风险管理能够有效降低融资成本，提高融资效率。

2. 匹配小微企业的金融产品和服务需求

我国商业银行的服务对象一般是国家重点扶持的产业和大型企业，其金融产品和服务的设计因此也主要满足大型企业的需求，缺乏与小微企业相匹配的产品。但是，伴随着国家政策引导，银行也纷纷开始下沉客户结构，将资金投向小微企业，依托互联网平台和大数据技术创新出“小微快贷”等符合小微企业需求的产品，简化贷款审批流程，降低抵质押要求，根据企业特点提供个性化融资方案，更加契合了小微企业“短、小、急、频”的融资特点。商业银行借助互联网实现业务创新的过程正是以实际行动践行了信息化普惠金融，让以往那些因信息不对称、缺少抵质押担保而难以获得贷款的小微企业也有机会享有平等的金融服务。

3. 服务覆盖范围广，普惠性强

我国小微企业具有数量多、资金需求多样化、地域分散等特点，信息化普惠金融利用互联网技术和大数据能够克服时空和地域的限制，从而惠及欠发达地区的小微企业，克服了商业银行客户结构下沉力度不够的缺陷。

（二）信息平台对农村金融的激励机制

1. 降低农村金融服务成本

互联网可以将单笔较小的金融服务汇聚成一笔金额较大的交易。农村金融服务的特点就是单笔交易额小、交易频次高，这样的需求特点增加了传统金融的服务成本，从而使得农村金融的服务成本较高。而运用互联网技术，一方面基于信息技术识别和大数据处理，降低了每次审核农户信用状况的信息收集成本，另一方面能够通过庞大的销售基数来降低单次服务成本，进而降低了为农户和企业提供金融服务的成本。

2. 扩大农村金融服务可得性

基于信息技术的金融产品和服务的创新，如手机银行、电子金融、数字金融等，扩大了金融服务的覆盖范围，使得地理上偏远的农村地区也能享受到金融服务，缓解农村金融网点不足的地理排斥现象，提升了农村金融普惠性。

3. 丰富农村金融服务

一方面，数字金融拓宽了传统金融服务范围，使以往被排斥在金融服务范围外的农民可以同样享受到城市水平的金融服务；另一方面，数字金融丰富了传统金融的服务渠道，使得金融产品和服务更加多样化、个性化，农民也因此享受到更丰富的金融服务，除传统的储蓄和支付，甚至能获得借贷、投资与理财产品等金融服务。

4. 加速农村信息化建设

相比发达经济体，我国农村的工业化程度仍处于较低水平。在当前国家政策大力支持信息化普惠金融发展的背景下，农民应充分利用当前资源和信息化金融平台，加速推进工业化进程，促进农村经济的发展。

三、信息平台参与者的信用保障机制

信息化普惠金融依托于云计算、大数据等技术的发展和繁荣，虽然互联网平台已经取得了实质性的发展，但在发展过程中也存在诸如征信体系不健全、黑客攻击导致信息泄露、信息化平台相关监管法规缺位等问题，这些问题的存在使得信息平台参与者的信用得不到有效保障，成为信息化普惠金融发展的一大阻碍。为使信息化普惠金融健康持续发展，应从以下几个方面加强信用保障机制建设。

1. 完善我国征信体系建设

借鉴国际经验，可以利用市场化的征信公司建立一套完整的征信体系，能够为金融机构、客户、银行提供准确的信用记录，从而降低互联网交易中的信息不对称风险。我国应充分将信息进行全网整合，创建完整的信用数据库，同时与中国人民银行征信系统进行关联，通过信用信息的共享，建立能够覆盖全社会的互联网征信体系，为客观评价企业和个人信用提供准确的信用记录（陈秀梅，2014），使机构和客户能够进行信息的双向交流，从而降低交易的不透明风险。

2. 加强网络安全标准体系建设

在互联网环境下，金融市场面对的是开放的网络通信系统，一旦出现系统性故障或遭受大范围黑客攻击，可能导致各类金融隐私的泄露。为保障信息平台参与者的信息安全，我国应结合数字金融的发展现状，建立与国际计算机网络安全标准和规范接轨的网络金融技术标准体系。此外，我国应对网络金融信息进行安全分级，实施不同等级的安全保护，制订并执行各种应急恢复方案，保证信息系统的安全运行。另外，我国要加大对信息技术自主研发的支持力度，争取在数据加密、防火墙等网络安全技术方面实现自我突破，脱离对国外计算机技术和网络设备的依赖。

3. 构建多层次监管体系

信息化普惠金融具有跨行业、跨市场、跨地区的特点，也因此涵盖了多元化的参与主体和业务。为实现有效监管，首先应设立专门的、相应的金融监督机构，该机构不能是纯粹的行政部门，而是要精通互联网技术，拥有完善的风险监管软硬件设施，能够运用现代网络技术对所有交易进行实时监管。此外，还需构建一个分工协作的监管体系，将“一行二会”、行业自律组织、第三方评级机构及市场交易主体纳入其中，使得网络金融监督机构能够将监管信息传递到这些监管主体，通过明确的职责划分，保证监管的有效性和一致性，从而杜绝监管真空和重复监管。

4. 补充完善数字金融法规体系，创新监管激励机制

系统的法律保障和清晰明确的规章制度是约束数字金融规范发展的保障。具体包括制定系列法律法规，包括数字金融平台的市场准入、数字金融机构的破产、风险准备金制度、合同执行过程的监控、数字金融机构资产负债管理等相关规定，还要出台数字签名、电子凭证有效性认可等相关法律，加大网络犯罪惩治力度，使得虚拟金融服务能够得到法律的全面保护，进而促进虚拟金融服务市场对于金融产品的创新。

四、信息平台参与者的敏感信息保护机制

（一）信息平台参与者敏感信息保护的重要性

互联网在便利人们生活、提高金融效率的同时，金融安全和隐私保护问题也逐渐受到人们的重视。由于金融产品依托于网络，传统的金融隐私权保护已经不能满足数字金融时代下客户对于隐私信息保护的需求，国内外金融界正在呼吁加强金融隐私权的立法规范。

（二）构建信息平台参与者的敏感信息保护机制

1. 对于数据保护范围的界定

目前，各国对于敏感信息的定义各有不同，并且在对于某些信息的描述上过于模糊。但是在信息化普惠金融体系中，数据的采集有着新的特征，因此需要对敏感数据进行严密的定义。欧盟 1995 年制定的《数据保护指令》中对于数据的保护仅限于其定义的敏感数据，如果不属于，则不进行保护。这种保护属于“一刀切”的方法，缺乏灵活性，也不能发挥很好的作用。对于需要保护的敏感数据的判定不应该是绝对的，应该有更大的弹性，但是这个弹性多大，也必须受到限制。随着互联网技术的发展，敏感数据可能在不同的时间段具有不同的特征，因此对于数据保护范围的界定也应该因时而异。

具体来说，需要对敏感信息进行一个基本的定义，根据各国的经验，敏感信息可以定义为：因为该个人信息的使用、传播可能造成与客观事实不符，对当事人产生歧视待遇的风险，违背社会公正，故而必须予以限制使用的个人信息。在考虑是否属于敏感信息时，首先要考虑是否符合该定义，再在该定义的基础之上加以法律上的解释。其次需要对形容该当事人的私人行为或敏感信息有关系的资料进行关注，因为敏感信息的来源可能是浏览网页的记录、搜索信息的记录等，虽然可能不涉及敏感信息，但是这会透露一个人的行为习惯与爱好。在建立普惠金融平台中需要谨慎考虑对相关的敏感数据的搜集与使用。

2. 明确信息平台的法律义务与责任

第一，明确信息平台的信息披露义务。在信息平台搜集和使用信息的时候，首先需要告知平台的参与者搜集了哪些信息，这些信息该如何运用，运用在哪些领域，以及这些信息的传递和储存。信息平台对于这些事项的告知必须要明确，

不能含糊。平台的使用者有知情权，有权知道自己的数据将如何被应用，以及自己的数据还会被传递给谁运用，运用这些数据的目的是什么。对于平台来说，需要保证隐私数据被存放在安全的地方且不被泄露。

第二，明确信息平台的安全保障义务。信息平台在搜集数据之后，需要在法律所允许的范围之内使用，还要保证其安全性。与传统的数据不同，平台上保存的数据在网络上，金融机构在保护这些数据不被窃取和恶意删除时还面临着技术风险。因此，平台需要强化网络的安全性，防止外部黑客攻击从而使隐私数据受到侵害。

3. 引进选择加入和选择退出机制

选择加入和选择退出机制是指只要信息平台的使用者退出了这个信息平台，那么这个信息平台就不能再使用该平台使用者的数据。但是如果平台使用者没有退出该机制，这些信息就可以进行流通。这种机制有利于信息平台的使用者了解自己的信息的流向，也利于平台减少运营成本。同时这种选择加入和选择退出机制必须是平台使用者可以选择的，这样才能既使平台的管理效率提升，也能充分保障平台使用者的知情权。

第五篇　普惠金融政策与监管

中国信息化普惠金融体系的构建一方面要发挥市场在资源配置中的作用，另一方面也要依靠政府在制定宏观调控政策、维护信用体系等方面的作用。因此要想真正建立全面的信息化普惠金融体系，必须要重视调控政策对其所产生的影响。在推进信息化普惠金融体系战略的同时，相应的监管策略一定要跟上，从而确保整个普惠金融体系平稳、有序地向前发展。由于信息化普惠金融体系的建立，既涉及大型金融机构和企业，也涉及诸多中小微金融机构和企业，面对这些规模和特点完全不同的个体，如果实行单一的调控政策和监管策略难免会影响政策效果的发挥，与此同时普惠金融“特定化配比”的内涵也要求针对不同的金融机构实施不同的政策，因此差异化的调控政策和监管策略应该是更加合理的选择。

第十三章　普惠金融支持政策与调控政策

在中央和地方政府的大力支持下，大量传统机构开始介入普惠金融的业务领域，传统的小额信贷和农村金融企业也在普惠金融领域发挥重要作用。然而，普惠金融毕竟不是政策金融，如何在提高金融包容性的过程中维持盈利能力，成了机构亟须解决的问题。在这个过程当中，政府的政策引导和支持就显得尤为重要。本章从理论与实践角度探讨普惠金融支持政策的必要性，对比国际组织和主要国家的普惠金融政策，分析我国的普惠金融政策实践。

第一节　普惠金融政策支持的必要性

一、解决普惠金融发展中的委托代理问题需要政策支持

普惠金融体系与传统金融体系一样，存在严重的信息不对称问题，由此导致的道德风险和逆向选择会引发严重的委托代理问题。整体而言，每一对借贷关系中都存在着或多或少的委托代理问题。为了防止这种委托代理问题对金融服务市场的稳定性造成冲击，通过政策引导进行监管和扶持显得尤为重要。同时，从普惠金融机构的角度出发，构建起较为完善的监管政策框架也利于其长期发展，金融机构不仅能够通过提升在投资者心中的地位来获取更多低成本融资，还能够通过评级机构进行自我宣传，进而获得更好的发展机会。因此，对于金融机构和监管机构来说，规范普惠金融领域的监管框架都是不可或缺的。

二、普惠金融的需求主体需要政策扶持培养

普惠金融，以一个“普”字为先。金融知识普及大众，金融服务覆盖更广，这就是“普”的含义。普惠金融的服务对象主要包括小微企业、农户、城镇低收入人群、残疾人、老年人等金融弱势群体，他们既是需求主体，也是普惠金融的主要服务对象。这些群体往往受各种条件的限制，不能很好地获取外界信息，无法对普惠金融形成较好的理解，或是考虑到获取金融服务的成本太高，而放弃享受金融服务的权利。因此，普惠金融的需求主体需要政府通过政策进行教育和引导。

（一）需求主体需要政策加强普惠金融普及教育

由于普惠金融的主体往往不会主动去了解相关政策，甚至是采取避而远之的消极态度，许多生活在边远地区的农民缺乏金融意识，靠着一亩三分地和镇上的集市，过着简单的经济循环生活。正由于普惠金融最需要服务的人群往往就是这些并不了解金融、没有机会接触金融的人群，因此，普惠金融的扫盲工作就显得十分重要。只有通过政策从根本上对金融弱势群体进行金融普及教育，让每一个人都真正了解普惠金融的本质，将普惠金融以一个透明的姿态呈现在大众的面前，金融机构才能可持续地发展下去，普惠金融才能稳步发展。

（二）需求主体需要政策降低普惠金融操作成本

对于一部分金融群体而言，他们有机会接触到金融服务，却常常因为成本太高，“惠”的程度很低，而选择放弃享受金融服务的机会。此时，降低普惠金融的操作成本就成了重要的一环。比如，住所偏远的农民由于没有便利的交通方式到达最近的营业网点，取款汇款十分不便利，因此，偏远地区的居民大多数没有把现金存到银行的习惯，而是选择持有现金。

对于小微企业而言，向银行申请贷款往往意味着漫长的材料准备阶段、审核阶段和审批阶段。银行通过充分的尽职调查从而最大限度地规避风险，这本无可厚非，但冗长的贷款程序往往给小微企业带来一定的经济损失。作为小微企业，本来就面临着资本实力有限的问题，若是陷入了短期流动性困境，繁杂的贷款申请过程可能使他们不得不转向民间金融机构求助。民间金融机构往往意味着较高的融资成本。这也是由信息不对称导致的资源低效率配置，在无形之中增加了整个社会的成本。

因此通过政策的指引降低金融服务成本，既能够激发金融机构提供金融服务的动力，也能激发金融需求者享受金融服务的动力，同时保证了金融机构的可持续发展，一举多得。

三、普惠金融的供给主体需要政策激励

不论在什么境遇下，营利性始终都是金融机构经营的主要目的。然而不少银行不愿意从事普惠金融事业，或是根本不愿意进入农村。金融机构缺乏参与普惠金融动力的根本原因还是在于成本过高、收益过低、风险较大。因此通过政策倾

向解决金融机构服务理念的商业化和普惠金融在政策上要求“保本微利”之间的矛盾，是激发金融机构投身普惠金融事业动力的关键所在。

（一）供给主体需要政策指引拓宽金融机构融资渠道

资金是金融发展的命脉，普惠金融的发展也是如此。我国金融机构融资来源还比较单一，拓宽融资渠道是对金融机构最为直接的帮助。通过政策指引，相关部门可逐渐放宽标准，吸引民间资本更多地参与到普惠金融服务中来。国家有关部门多次强调要坚持推动民间资本设立民间中小型金融机构。当然，这也在无形之中拓宽了农民群体、小微企业的融资渠道，更进一步激发了市场活力，资源配置的效率得到进一步优化。此外，要在一定程度上放宽普惠金融领域的准入标准，提升普惠金融市场活力。毫无疑问，这会对监管部门提出更高的要求。

（二）供给主体需要政策倾向鼓励金融机构产品、服务创新

普惠金融面对的是农民、小微企业、城镇低收入人群等金融弱势群体，若金融机构能够有意识地针对这类群体进行金融产品、金融服务的创新，往往会起到事半功倍的作用。

四、普惠金融的外部环境需要政策优化

由于普惠金融存在道德风险、逆向选择以及委托代理等问题，因此需要政策监管的支持和良好的外部环境。近年来普惠金融的违约甚至是以普惠金融为名义的诈骗络绎不绝，更说明了良好的外部环境是普惠金融体系良好运作的关键。其中，外部环境涉及基础设施、社会信用体系、监管、法律法规、检测指标、审批等各个方面。

（一）基础设施建设需要政策支持

基础设施的建设是一切金融发展的根本前提，其中包含了银行基础硬件设施和网络基础设施。尤其在偏远落后地区，亟待政策倾向加强金融基础设施和交通基础设施的建设，让更多的人以更低的金钱成本、时间成本享受到应有的金融服务。

（二）社会信用体系的建设和完善需要政策引导

融资需求者和金融机构间的信息不对称问题，尤其是征信信息的不对称使得

银行的信息搜寻成本居高不下，辨别资金需求者的资信困难较大。去中介化的发展趋势对征信体系的建立提出了更高的要求。

正是由于信息不对称，金融机构又不愿意付出过多的信息甄别成本去识别投资需求者，当他们无法识别贷款者资质时，往往选择放弃供给贷款以规避不必要的潜在风险。这就要求相关部门和政策不仅要构建一批能够为农民和小微企业评估信用的评级机构，还要从多个方面收集汇总信息，做到信息采集对象广覆盖及采集维度的多元化。普惠金融的发展对征信体系的全面完善提出了更高的要求。征信体系的完善是解决信息不对称问题的关键所在。完善、健全的征信体系可以帮助金融机构最大限度地规避信用风险，也可以大大缩短金融支持的审批流程。这一举措需要权威机构整合企业、个人征信并形成体系，将征信体系程序化、系统化。

（三）监管需要政策实现差异化

近年来，出现了越来越多的借贷平台和融资模式，这对监管部门提出了更高的要求。监管部门应明确各自的职责，将行业监管与功能监管相结合，实行差异化的监管制度；健全监管机制，权责分明，规避风险。最重要的是，监管机构相互之间要做到权责分明，无监管盲点、无遗漏。

（四）法律法规需要政策完善

我国关于普惠金融方面的法律法规还不够完善，尚未形成一套系统的体系。在普惠金融进程初期，金融产品种类多样，良莠不齐。而金融弱势群体普遍缺乏辨别能力，无法辨别金融产品的好坏。很多情况下，金融弱势群体不仅没有得到融资需求，反而弄巧成拙，造成难以弥补的经济损失。

在金融服务市场还不够规范的大环境下，更加需要法律法规对普惠金融产品尤其是互联网金融产品进行严格的界定和规范。同时制定相关惩罚措施，对于触犯法律条款的个人或组织，追究到底，严惩不贷，以此来维护金融弱势群体的合法权益，保证金融市场的安全性和透明性。

第二节　国外普惠金融支持政策

本节重点分析国际组织、发达国家和发展中国家发展普惠金融的组织机构、具体做法和政策。

一、相关国际组织的普惠金融政策

在国际组织层面，有两家组织在推进普惠金融方面的特色较强：一家是普惠金融全球合作伙伴，它是属于 G20 框架下专门研究和推进普惠金融发展的半官方组织；另一家是普惠金融联盟，是民间性质的组织。除此之外，联合国、世界银行、国际货币基金组织等也在全球大力推动普惠金融的发展，联合国还特设了普惠金融大使，同时还有一些比较有名的专家学者也在研究并推动普惠金融活动。

（一）普惠金融专家组和普惠金融全球合作伙伴及其政策

1. 普惠金融专家组

2008 年金融危机后，G20 为了更好地履行美国匹兹堡峰会上做出的“更好地为穷人提供金融服务”的承诺，将推进普惠金融发展作为主要任务并成立了普惠金融专家组。普惠金融专家组于 2009 年 12 月在美国华盛顿成立。普惠金融专家组下设两个分组，即创新金融服务专家组和中小企业融资组，分别各司其职地负责低收入人群和小微企业的融资难、融资贵问题。

2. 普惠金融全球合作伙伴

为了推进普惠金融的进一步发展，并加强全球各国之间的相互配合，G20 成立了普惠金融全球合作伙伴组织，主要目的是促进全球各国普惠金融工作的推进和协调。

（二）普惠金融联盟及其政策

普惠金融联盟成立于 2008 年 9 月，总部位于马来西亚吉隆坡，非商业化运作，由发展中国家发起。普惠金融联盟的主要目的是创造并完善一个高效的信息共享机制，在信息充分交流的基础上，对各国的普惠金融活动做出协调，推动全球普惠金融的深化。截至 2021 年 2 月，普惠金融联盟已经有 100 个机构成员，已覆盖全球 75%的无银行服务地区。中国银监会于 2011 年 8 月加入了普惠金融联盟，成为该组织的第 79 位机构成员。

二、发达国家对普惠金融的政策支持

（一）美国对社区银行型普惠金融的政策支持

美国普惠金融的主要形式是社区银行。美国的社区银行是只在当地经营的小型银行性质的金融机构，类似于我国的农村信用社等县级商业银行。美国 40%以上的低收入群体和企业的资金来源都是社区银行。

美国政府针对规模小、资本金较少、服务对象还款能力较低且信用记录较差、抵御金融危机的能力较弱的社区银行有一套完整的扶持措施。美国建立了《社区再投资法》，法规规定社区银行不用交纳存款准备金、建立信用社存款保险，并且依据社区银行满足中低收入社区的信贷需求情况的量化考核结果给予相应的税赋减免。除此之外，监管机构还对社区银行实施差异化监管。美国政府对社区银行除了给予有力的扶持之外，同时积极防范其可能发生的风险。政府相关部门的专职监管、协会组织的自律监管、中介组织的社会监督、《社区再投资法》和《小企业法》为社区银行的运行机制、风险防控制定了严格的规范和约束，最大限度地防范了风险。

（二）日本、韩国对普惠金融的政策支持

实现城乡统筹发展、促进城乡金融资源的均匀分布也是发展普惠金融的一个重要课题。日本、韩国的人均耕地面积小，曾经是传统的小农国家，其历史背景并不优越，但通过将自身农业的发展现代化，已一跃成为亚洲的领先者。这得益于日本、韩国的农协合作型普惠金融。并且就全世界范围而言，虽然存在着各种农业合作社等互助机构，但从农业合作体系的建设方面来看，最成熟的还要当属日本和韩国。

1. 日本的普惠金融

日本城乡一体化的实现和农村经济的快速增长，得益于其发展农业合作经济，建设了一套符合本国国情的农协（即农业协同组合）制度。日本在 1947 年颁布了《农业协同组合法》之后，农协得到了快速的发展，到了 1950 年，全国范围内的农协已逾 4000 个，基本覆盖了日本全境，超过 99%的农民都加入了农协组织。

日本普惠金融体系以农协为核心，主要执行着信用、保险服务等众多职能。在具体实践方面，农协的金融机构除了提供优惠的存贷款业务，还开展了信用服

务和防范意外灾害的保险服务，实现了农民收入的增值并满足了其活动资金的需求。通过吸收存款、发放贷款，农协组织实现了农村资金的有效利用。农户的闲散资金被集中起来，统一发放和使用，促进了农业现代化的建设。最终，在农协等机构的共同作用之下，日本迅速实现了城乡一体化。

2. 韩国的普惠金融

韩国学习和借鉴了日本的农协制度，其运作方式与日本相同。1970 年，韩国针对工农失衡困境启动的“新村运动”，是政府主导的促进农村经济和社会发展及实施农村工业区计划的运动。韩国实现“新村运动”和普惠金融的发展就是以农协为载体的。具体而言，韩国农协的普惠金融事业主要由依托城市进行发散的农协银行和以基层农协为重心的“合作金融”组成，两部分各司其职、共同作用。韩国农协真正由农民主导，并将农民组织和金融服务相结合，切实地满足了农民的需求。

三、发展中国家对普惠金融的政策支持

（一）福利主义小额信贷的典型代表——孟加拉国乡村银行

孟加拉国乡村银行来源于 20 世纪六七十年代的经济学家穆罕默德·尤努斯关于小额信贷的试验。孟加拉国乡村银行自成立后仅仅十几年的时间里，就发展了 1000 多家分支机构，覆盖了 4 万多个村庄，累计发放贷款逾 1000 亿美元，形成了完整的借贷系统、运作模式和担保体系。但是其实现的利润却大多来源于政府捐赠、隐形补贴和优惠贷款，这说明乡村银行在 2000 年前不能实现收益覆盖成本，不能实现可持续发展。

从 2001 年开始，乡村银行决定不再接受捐赠，并首次吸收来自非会员的存款。三年后，乡村银行实现了储蓄额高于未偿还的贷款额，利润覆盖了成本，成为能够独立自负盈亏的商业银行。

在监管层面，孟加拉国乡村银行建立了一个有层级的、可以互相激励和互相监督的组织结构。在具体的组织层面，该银行以借款小组和乡村中心作为乡村银行运行的基础，其中借款小组由 5 个代理人自愿组成，乡村中心则由 6 个小组组成。小组和中心都有自己的领导人，领导人定期组织会议。这种模式可以保证成员之间互相监督还款，用内生性激励代替抵押担保，形成了一个典型的团队激励机制，提高了贷款的还款率。

（二）制度主义小额信贷的典型代表——印度尼西亚人民银行

印度尼西亚人民银行成立于 1895 年，2003 年在纽约上市。在其相关业务当中，农村小额信贷业务主要由村银行部负责。

村银行部成立之后，其贷款量迅速上升，然而项目却连年亏损，主要原因是村银行部的资金主要来源于政府补贴，并且面临着贷款回收率低、运营成本高等困境。直到 1983 年，印度尼西亚政府决定，在向印度尼西亚人民银行注资 2000 万美元后，不再给予任何形式的补贴。于是，村银行部开始了向商业化经营模式进行转变的改革，将乡村信贷部改造为提供完全金融服务的乡村银行，要求乡村银行的资金必须来自储蓄，存贷款利差能够覆盖成本。截至 2004 年，印度尼西亚人民银行拥有 4000 余家乡村银行，其中 96%的乡村银行盈利，这 4000 多家乡村银行的贷款总额占印度尼西亚人民银行贷款总额的 30%，利润却占接近一半。这是制度主义小额信贷成功的典范。

在监管方面，基于现金流的贷款管理技术，印度尼西亚人民银行采取分期还款的机制。首先在贷款时要从贷款中扣除 10%的贷款保证金，并且采取每月还本金利息的做法，对于按期还款者给予 0.5%的退息优惠。并且，贷款人只有在严格的贷前审查后才能够被发放贷款——即银行对未来经营和贷款偿还形成正确预期，确认客户具有较好的资质时，才会予以发放贷款。并且在开始对客户发放贷款后，银行还会对客户进行贷款再调查，每周至少有一天要下乡访问客户，以确保其经营状况和还款能力，随时掌握信息。这样可以预警借款人还款能力的下降，并且保证资金的流动性，降低不可偿还风险。

第三节　国内普惠金融支持政策

我国的普惠金融支持政策可追溯到 20 世纪 90 年代。从普惠程度的视角出发，其历史可分为小额信贷、微型金融、普惠金融三个阶段，其内涵和外延也在不断扩大，普及范围越来越广，金融产品的种类也日益增长。国家逐渐关心金融弱势群体，也在不断推出相关政策以跟进普惠金融的发展。

一、小额信贷（20 世纪 90 年代至 21 世纪初）

小额信贷（micro-credit）是指专门为低收入群体和微型企业提供信用贷款的信贷服务，其主要特点是贷款额度较小，且借款人无须提供抵押品或第三方担保，仅凭自身信誉取得贷款。小额信贷由孟加拉国经济学家穆罕默德·尤努斯教授提出，他认为绝大多数农民生活困难的原因在于初始投资资金的缺乏，而此类弱势群体常常被正规金融机构拒之门外，他们也无力承担利息过高的高利贷，而小额信贷正是帮助他们摆脱低收入泥淖，从而增加社会总福利的可行措施。

自改革开放后，我国才产生小额信贷的需求。由于国家推行家庭联产承包责任制，农民的生产积极性大幅提高，随之产生了较多的资金需求。一方面，国家倡导在农村建立农村信用合作社，为农民提供小额信贷。另一方面，也有许多社会组织以政府拨款或国外银行捐款作为资金来源，学习国外经验，对小额信贷市场展开了积极的尝试和探索。

最为成功的实践要数中国社会科学院农村发展研究所于 1993 年成立的扶贫经济合作社。通过学习孟加拉国乡村银行的经营模式，中国社会科学院农村发展研究所先后在四川、河北等地的 6 个县城成立了扶贫经济合作社，为当地人民提供小额信贷服务，其中河北省易县扶贫经济合作社取得了不错的成果。

二、微型金融（21 世纪初至 2005 年）

随着小额信贷的不断发展，其对于经济发展的效果日益显现，人们对金融服务产生了更多的诉求，微型金融应运而生。微型金融（micro-finance）是为低收入家庭提供金融服务的金融形式，包括贷款、储蓄、保险及货币支付。微型金融是在传统金融的基础之上发展而来的，与传统金融相比，其服务对象范围更大，金融产品种类更多，在服务深度上和广度上都有了进展。

多样化的金融服务保证了金融机构的可持续性发展，因此，微型金融的参与者也越来越多，主要包括私人商业银行、农村信用合作社以及信贷联盟等。2000 年，中国人民银行以农村信用合作社为试点单位，通过借鉴非政府组织的经验，推广普及农户小额信用贷款和农户联保贷款业务。此类贷款发放多以农户信誉为担保，对于低收入农民的资产要求并没有那么高。中国人民银行的这一举措影响深远，在此背景下，商业性金融机构也在政府的推动下开展了小额信贷。

三、普惠金融（2005 年至今）

与微型金融相比，普惠金融更具有整体性和结构性，是微型金融的延伸和发展，不再单单指代对某项群体提供的某项金融服务，而是将包括低收入者在内的金融服务有机地融入微观、中观、宏观等各个层面的包容性金融体系，是国家金融体制的重要组成部分。

2008 年的金融危机引起了世界对金融结构的关注。G20 集团以及金融稳定委员会认识到，只有完善了针对个人和小微企业的金融服务，全球经济才能在稳定中增长。在此基础上，G20 成员吸收各方经验，制定了 G20 创新性普惠金融原则。

在国内，中共中央也先后出台一系列政策支持农村和中小企业金融发展。2009 年，国务院强调了中小企业对于推动国民经济发展的重要性，应该切实解决中小企业融资难的问题。2012 年，为了加快普惠金融的发展，国家先后设立温州市、珠三角、泉州市三个金融改革创新综合试验区。

2014 年政府工作报告强调了“发展普惠金融”的重要性①。政府部门把普惠金融增加到“推动重要领域改革取得新突破”的“深化金融体制改革”中，这不仅显示出未来的金融改革发展成果将更多更好地惠及大众的政策取向，更代表了政府关注民生与经济发展的执政理念。

2015 年，银监会颁布《关于 2015 年小微企业金融服务工作的指导意见》，将原来的“两个不低于”目标调整为“三个不低于”目标。该意见中衡量小微企业金融服务质量的指标不再局限于贷款增速和增量，对户数也做了要求，从贷款增速、贷款户数和申贷获得率三个维度更加全面地考察小微企业的贷款情况。银监会旨在引导商业银行注重服务质量的提高和服务覆盖面的扩大。

2016 年，国务院印发《推进普惠金融发展规划（2016—2020 年）》，作为我国首个发展普惠金融的国家级战略规划，确立了推进普惠金融发展的指导思想、基本原则和总体目标，从普惠金融服务机构、产品创新、基础设施、法律法规和教育宣传等方面提出了一系列政策措施和保障手段，对推进普惠金融实施、加强领导协调、试点示范工程等方面做出了相关安排。

2017 年，中国人民银行印发《关于对普惠金融实施定向降准的通知》，将定向降准政策考核范围由小微企业贷款和涉农贷款调整为普惠金融领域贷款，并且扩大了金融机构的覆盖范围。该通知对普惠金融实施定向降准政策建立了增加普惠金融领域贷款投放的正向激励机制，有助于促进金融资源向普惠金融倾斜，优化信贷结构。

2018 年，中国人民银行、银保监会等五部门印发《关于进一步深化小微企业金融服务的意见》，该意见主要从货币政策、监管考核、内部管理、财税激励、优化环境等方面提出措施，旨在督促和引导金融机构加大对小微企业的金融支持力度，缓解小微企业融资难、融资贵问题，切实降低企业成本，促进经济转型升级和新旧动能转换。

2019 年，国务院办公厅印发《关于有效发挥政府性融资担保基金作用切实支持小微企业和“三农”发展的指导意见》，从引导降费让利、实行差别费率、清理

① 2014 年政府工作报告——2014 年 3 月 5 日在第十二届全国人民代表大会第二次会议上，http：//www.gov.cn/guowuyuan/2014zfgzbg.htm[2021-03-21]。

规范收费等方面，对推进小微企业和“三农”综合融资成本降低有积极作用。

2020 年，国务院常务会议决定将普惠金融在银行业金融机构分支行综合绩效考核指标中的权重提升至 10%以上，鼓励加大小微信贷投放。这一政策有助于推动银行发挥考核指挥棒的导向作用，将发展普惠金融的政策在基层机构落实落细。

由于普惠金融的发展过程中，存在信息不对称，会进一步产生道德风险和逆向选择等问题，并引发委托代理问题，而需求主体需要政策培育、供给主体需要政策激励、外部环境需要政策优化，故要对普惠金融进行政策支持。但对普惠金融的政策支持和监管调控不同于传统金融机构，需要根据不同地区、不同类型的普惠金融机构进行差异化的政策支持和监管。

国际上建立了普惠金融专家组、普惠金融全球合作伙伴和普惠金融联盟等组织专门对普惠金融进行支持。我国应从美国社区银行、印度尼西亚人民银行和孟加拉国乡村银行的政策支持系统中学习吸取经验。

第十四章　普惠金融差异化调控与监管

普惠金融服务的供给者类型多样，有银行等正规金融机构，也有小额贷款组织或公司等其他金融机构。对于这些金融服务供给主体，需要采用不同的宏观调控政策，如差异化的货币政策、信贷政策，监管标准要因地制宜，提供相应的信贷保险、担保等风险防控制度保障，增强其抗风险能力，实现商业可持续性。本章将探讨普惠金融的差异化调控政策与监管机制。

第一节　普惠金融差异化调控政策

一、差异化调控政策的特征

完善的差异化调控政策应该有以下特征：第一，调控方式的综合性。采用多种宏观调控手段综合进行调控，包括货币政策、财政政策、产业政策、区域政策等。各项政策的目标和操作手段应互相协调配合，避免出现政策标准矛盾、政策覆盖遗漏等情况。这要求各地区、各行业的财政金融管理部门和监管部门加强沟通，在政策制定前进行全面的评估和考量。第二，调控指标的差异性。调控不再是“一刀切”，而是针对不同调控主体的特点，采用不同的调控标准，使得调控政策结构更加合理。例如，针对东、中、西部不同地域，一线、二线、三线不同城市，城镇和农村不同金融机构实行不同的监管标准；对于金融机构不同种类、不同对手方的业务采用差异化的评价标准等。第三，调控的总量平衡和结构优化。调控手段和目标具有层次性，一方面，保持总量平衡，避免政策频繁波动变化造成的不良影响，重视政策的平稳性；另一方面，适当进行动态调整、优化结构，根据不同的现实情况对政策进行调整和优化。

二、普惠金融差异化调控政策体系

在我国各地区、城乡经济金融发展不平衡的情况下，各地区特别是落后地区的经济金融发展，将直接决定全国总体经济的增长及均衡发展。构建普惠金融差异化调控政策体系，目标在于根据不同类型和不同规模金融机构的特点，实行差异化的、弹性的调控政策，更好地调控社会金融的资源配置，引导各地经济金融要素紧密结合，缩小地域、城乡之间的经济金融发展差距，推进信息化普惠金融体系的构建，促进国民经济长期稳定且持续健康地增长。

普惠金融差异化调控政策的重点和难点在于差异化程度的确定和不同政策之间的协调统一。各地区各行业的财政金融管理部门和监管部门能否加强沟通，即在政策制定前进行全面的评估和考量，以保证政策体系的目标一致、策略协调，并在政策执行时相互配合，是保证普惠金融差异化调控政策实施有效性的关键所在。

普惠金融差异化调控体系由信贷政策、货币政策、财政政策和产业政策组成。不同政策类别的操作工具和调控目标如表 14-1 所示，后文将进行具体阐述。

表 14-1　普惠金融差异化调控政策体系

政策类别	操作工具	调控目标
信贷政策	信贷配置	运用差异化信贷政策，引导资金向城市弱势群体、小微企业配置，解决城市弱势群体和小微企业融资难、融资成本高等问题
货币政策	存贷比 存款准备金 再贴现、再贷款	运用差异化货币政策，影响存款类金融机构的流动性，对符合普惠金融政策的业务项目提供优惠，引导金融机构将信贷资金投向小微企业或农业
财政政策	差异化政府转移支付 差异化企业税率	运用差异化财政政策，为小微企业提供无偿的资金支持，并对小微企业和进行小微企业业务的金融机构提供税收优惠，促进小微企业的发展
产业政策	差异化产业扶持 差异化市场准入	运用差异化产业政策，扶持科技型小微企业，放松新型农村金融机构的市场准入，为小微企业和农村金融机构的发展提供助力

资料来源：由作者整理

三、差异化政策调控的具体内容

（一）差异化信贷政策

由于小微企业固有的资产规模小、风险高的特性，小微企业融资渠道普遍较窄，基本无法通过直接融资的方式获取资金支持，银行仍然是小微企业获取外源融资的主要渠道。但在金融排斥客观存在的情况下，小微企业仍在融资过程中面临着贷款批准难、融资成本高等问题。而解决这一问题，需要政府和金融机构对小微企业信贷提供特殊的政策支持，形成一个比较完善的促进小微企业发展的体系。

自 2013 年起，我国对小微企业已经实施了一些差异化政策调控，引导信贷配置向小微企业倾斜。2013 年，国务院提出坚持“两个不低于”的小微企业金融服务目标。2013 年 9 月，银监会明确要求各银行业金融机构在可持续发展和有效控制风险的前提下，争取实现“两个不低于”的目标。同时要求银行业金融机构应根据自身风险状况和内控水平，在合理范围内增加对小微企业不良贷款的容忍度。2015 年 3 月，银监会又将原来的“两个不低于”目标调整为“三个不低于”目标。

《关于 2015 年小微企业金融服务工作的指导意见》中衡量小微企业金融服务质量的指标不再局限于贷款增速和增量，对户数也做了要求，从三个维度更加全面地考察小微企业的贷款情况。银监会旨在引导商业银行注重服务质量的提高和服务覆盖面的扩大，不再仅仅局限于小微企业贷款量的增加，让更多的小微企业能够享受到惠及大众的金融资源。同时，通过创新监管政策、改进考核机制，激发金融机构服务小微企业的内生动力。2017 年 9 月，中国人民银行印发的《关于对普惠金融实施定向降准的通知》对小微企业和“三农”领域实施的定向降准政策拓展为统一对普惠金融领域贷款金额达到一定标准的金融机构，除小微企业和“三农”领域外，还包括其他普惠金融领域。2018 年 6 月，《关于进一步深化小微企业金融服务的意见》提出要加大信贷资源向小微企业倾斜，放宽小微企业信贷授信额度。该意见旨在通过加大信贷支持力度，提升金融机构服务小微企业的积极性，同时降低小微企业的融资成本。2020 年 4 月，在新冠疫情背景下，中央银行新增再贷款、再贴现额度，引导中小银行以优惠利率向量大面广的中小微企业提供贷款，支持扩大对涉农、外贸和受疫情影响较重产业的信贷投放，资金支持力度更大，覆盖面更广，普惠性更强。

虽然我国已经为小微企业制定了一系列信贷政策，但在信贷政策调控方面仍然存在很多问题。第一，我国缺乏专职协调管理小微企业各项事务的部门，小微企业仍由 2009 年成立的国务院促进中小企业发展工作领导小组进行宏观指导和协调服务，部门之间缺乏相互配合、责任归属混乱，不利于差异化调控政策的制定和落实。第二，缺乏具体的执行措施。虽然国务院办公厅、中国人民银行和银保监会等机构都出台了有关于小微企业的信贷政策，但多以部门规范性文件的形式出现，给出宏观性的指导和建议，却缺乏相应配套的实施细则和具体措施，因此存在落实不足的问题。第三，缺乏有效的考核评价机制。在我国金融体系中，信贷政策主要由中国人民银行制定，而监管职能则由银保监会行使。调控和监管的分离造成了基层人民银行在实施信贷任务时缺乏监督权，对主体的制约能力减弱。现有信贷政策的执行在很大程度上需要金融机构的自觉配合，容易造成信贷政策执行不到位、偏离调控目标。

扶持小微企业是一项重要的国家战略，从国外的先进经验看，我国有必要成立小微企业的专管机构，主要负责针对小微企业的发展拟定相关政策和执行措施，定期考核政策执行情况，保证政策的实施效果。

（二）差异化货币政策

1. 差异化存贷配比

存贷款比率是指银行的贷款总额与存款总额的比率。由于存贷比越高，银行的流动性风险越大，因此为保持银行的流动性、限制贷款数量，我国中央银行规定，该比率不得超过 75%。

2013 年，国务院办公厅颁发《关于金融支持小微企业发展的实施意见》，提出符合条件的银行用所募集资金发放的小微企业贷款不纳入存贷比考核。2013 年银监会《关于进一步做好小微企业金融服务工作的指导意见》指出，各银监局应指导银行业金融机构有序开展小微企业专项金融债的申报工作，拓宽小微企业信贷资金来源。获准发行此类专项金融债的银行业金融机构，该债项所对应的小微企业贷款在计算“小型微型企业调整后存贷比”时，可在分子项中予以扣除。2014 年，银监会进一步适当放宽存贷比的考核，充分体现了引导银行信贷向金融弱势群体倾斜的政策导向，使支农、小微企业业务成为银行新的业务发力点。

2015 年，国务院将存贷比由法定监管指标转为流动性监测指标。这项改变虽然削弱了差异化存贷比指标对资金流向的引导调控能力，但也缓解了利率市场化进程中银行面临的负债成本上升的压力。

2. *差异化存款准备金*

存款准备金政策对商业银行的贷款量设定了限制，也直接影响了企业资金融通的可获得性。对于中小银行和金融机构来说，其重点覆盖区域和客户资源与大型商业银行有着明显的区别，中小银行和金融机构的客户大多是当地的中小企业，若其贷款额度受限小，则中小银行和金融机构就能够为中小企业提供更有力的资金支持，有利于解决融资难题，也为推进我国普惠金融体系的构建和宏观经济的景气运行起到巨大的作用。反之，如果中小银行贷款额度受到较大限制、资金补充能力较低，则有可能造成中小企业资金链的中断。因此，在存款准备金政策的制定中，充分考虑中小银行的特殊性，对其采取倾斜政策加以扶持，是非常必要的。

2008 年以来，我国专门针对商业银行的不同规模实行了大型金融机构和中小金融机构不同的差额存款准备金率，自此以后，大型和中小型金融机构分段执行存款准备金率。2011 年 1 月，中国人民银行针对地方性法人金融机构出台了《中国人民银行货币政策司关于用好差别准备金动态调整工具加强货币信贷调控的操作指导意见》，对城商行、农商行、农合行、法人外资银行、财务公司和农信社提出了差别准备金动态调整的政策。2014 年 4 月 25 日，为加强金融对“三农”发展的支持，拓展资金来源，引导加大涉农资金投放，进一步提升农村金融服务的能力和水平，中国人民银行对县域农村商业银行人民币存款准备金率和县域农村合作银行人民币存款准备金率分别进行了下调。2015 年，中国人民银行多次下调各类存款类金融机构人民币存款准备金率，并在此基础上额外对农信社、村镇银行等农村金融机构再下调存款准备金率，以增强对小微企业、“三农”以及重大水利工程建设等的支持力度。2017 年 9 月 30 日，中国人民银行决定对普惠金融实施定向降准政策，对500万元以下的小微企业贷款、个体工商户和小微企业主经营性贷款，以及农户生产经营贷款、创业担保贷款、建档立卡贫困人口消费贷款、助学贷款等贷款实施定向降准，支持金融机构发展普惠金融业务。为贯彻落实国务院常务会议要求，建立对中小银行实行较低存款准备金率的政策框架，促进降低小微企业融资成本，中国人民银行决定从2019年5月15日开始，对聚焦当地、服务县域的中小银行，实行较低的优惠存款准备金率，对仅在本县级行政区域内经营，或在其他县级行政区域设有分支机构但资产规模小于100亿元的农村商业银行，执行与农村信用社相同档次的存款准备金率。2020年4月至5月，中国人民银行两次下调农村商业银行、农村合作银行、农村信用社、村镇银行和仅在省级行政区域内经营的城市商业银行的存款准备金率。但我们应该指出，差别化的存款准备金对于构建普惠金融体系、引导资金流向的作用是间接性的，该政策只会影响银行体系的流动性，难以对信贷资源的配置进行直接调控。同时在实行差异化存款准备金政策时，还应注意对银行流动性风险的控制。

3. 差异化再贴现、再贷款政策

自2013年以来，我国在差异化再贷款方面实施了相对较多的政策措施。2013年以后，中国人民银行运用支农再贷款政策，在春耕备耕季节和涉农资金需求旺季，根据各地实际需求情况对部分省（区、市）增加支农再贷款额度。2015年10月起，中国人民银行在前期于山东、广东开展信贷资产质押再贷款试点形成可复制经验的基础上，决定在上海、天津、辽宁、江苏、湖北、四川、陕西、北京、重庆等9个省市推广试点。2016年，中国人民银行设立扶贫再贷款，主要对符合条件的机构发放再贷款融资。2018年6月发布的《关于进一步深化小微企业金融服务的意见》中指出，要增加支小支农再贷款和再贴现额度，下调支小再贷款利率。2020年4月，中国人民银行再次提高再贷款和再贴现额度，引导中小银行对受疫情影响的小微企业采取优惠利率贷款，促进企业生产经营恢复。

再贷款、再贴现政策也存在一定的局限性。首先，再贴现和再贷款政策的主动权掌握在银行的手中，而非常规操作窗口，如果利率优势不明显，则其必须投向小微企业、“三农”经济的政策导向，会制约商业银行的积极性。其次，在国外的实践中也发现，再贴现导致了较高的膨胀，严重影响了银行的资产管理能力。

（三）差异化财政政策

1. 差异化政府转移支付

我国政府主要以专项资金等转移支付的形式支持我国小微企业的融资和发展，助力普惠金融体系的构建。包括：第一，2003年设立中小企业服务体系专项补助资

金，为中小企业提供多项专门服务；第二，中小企业发展专项资金于 2008 年推出，用于支持小微企业科技创新；第三，2014 年，财政部等四部委联合印发《中小企业发展专项资金管理暂行办法》；第四，2016 年，财政部印发了《普惠金融发展专项资金管理办法》，规定了“中央财政用于支持普惠金融发展的专项转移支付资金，包括县域金融机构涉农贷款增量奖励、农村金融机构定向费用补贴、创业担保贷款贴息及奖补、政府和社会资本合作（PPP）项目以奖代补等 4 个使用方向”。2019 年，财政部修订发布《普惠金融发展专项资金管理办法》，提高了创业担保贷款贴息及奖补额度、调整了资金分配和拨付的权重计算方法的相关内容，整体来看，修订后的办法增强了对小微企业及创业创新工作的支持力度。具体见表 14-2。

表 14-2　针对金融机构的税收优惠政策

对象	税种	文件	措施	内容
银行业金融机构	所得税	《财政部 税务总局关于延续支持农村金融发展有关税收政策的通知》	按比例减计应纳所得税额	2017 年 1 月 1 日至 2019 年 12 月 31 日，对金融机构农户小额贷款的利息收入，在计算应纳税所得额时，按 90%计入收入总额
	印花税	《财政部 税务总局关于支持小微企业融资有关税收政策的通知》	免征小微企业贷款印花税	2018 年 1 月 1 日至 2020 年 12 月 31 日，对金融机构与小型企业、微型企业签订的借款合同免征印花税
	增值税	《财政部 税务总局关于明确无偿转让股票等增值税政策的公告》	免征小微企业贷款增值税	自 2019 年 8 月 20 日起，金融机构向小型企业、微型企业和个体工商户发放 1 年期以上（不含 1 年）至 5 年期以下（不含 5 年）小额贷款取得的利息收入，可选择中国人民银行授权全国银行间同业拆借中心公布的 1 年期贷款市场报价利率或 5 年期以上贷款市场报价利率，适用《财政部 税务总局关于金融机构小微企业贷款利息收入免征增值税政策的通知》（财税〔2018〕91 号）规定的免征增值税政策
		《财政部 税务总局关于延续支持农村金融发展有关税收政策的通知》	免征农户贷款增值税	2017 年 1 月 1 日至 2023 年 12 月 31 日，对金融机构农户小额贷款的利息收入，免征增值税
担保机构	所得税	《财政部 税务总局关于租入固定资产进项税额抵扣等增值税政策的通知》	免征小微企业融资担保、再担保机构增值税	2018 年 1 月 1 日至 2023 年 12 月 31 日，纳税人为农户、小型企业、微型企业及个体工商户借款、发行债券提供融资担保取得的担保费收入，以及为上述融资担保提供再担保取得的再担保费收入，免征增值税
保险公司	所得税	《财政部 税务总局关于延续支持农村金融发展有关税收政策的通知》	按比例减计应纳所得税额	2017 年 1 月 1 日至 2023 年 12 月 31 日，对保险公司为种植业、养殖业提供保险业务取得的保费收入，在计算应纳税所得额时，按 90%计入收入总额
创业投资公司	所得税	《财政部 税务总局关于创业投资企业和天使投资个人有关税收政策的通知》	抵扣应纳税所得额	2018 年 7 月 1 日起，公司制创业投资企业采取股权投资方式直接投资于种子期、初创期科技型企业满 2 年的，可以按照投资额的 70%在股权持有满 2 年的当年抵扣该公司制创业投资企业的应纳税所得额

资料来源：由作者整理

然而，从运行效果看，专项资金作用并不明显。专项资金通常直接无偿划拨给企业，拨付后管理上有一定的随意性，后续监督管理不完善。实行以专项资金形式的政府转移支付，需要进一步完善资金的申请、使用和后续监督机制，并逐步增加专项资金的种类和规模，充分发挥财政政策的“汲水作用”，构建中央财政基金和地方财政基金相互配合、联动的机制。

2. 差异化企业税率

利用差异化企业税率进行普惠金融调控的税收政策可分为两类：第一类是向金融机构征收的、对资金融通进行间接性调控的税收优惠措施；第二类是直接向非金融性企业征收的、直接性的税收政策。

1）针对金融机构的税收优惠措施

表 14-2 列示了截至 2020 年我国实行的针对金融机构的税收优惠政策。

2）对非金融企业征收的直接税收

截至 2020 年，我国财政部对中小企业的优惠政策主要集中在增值税和所得税两大主力税种上。表 14-3 整理了截至 2020 年我国针对非金融中小企业的部分税收优惠政策。

表 14-3　针对非金融中小企业的税收优惠政策

税种	文件	措施	内容
所得税	《财政部 税务总局关于实施小微企业普惠性税收减免政策的通知》《国家税务总局关于实施小型微利企业普惠性所得税减免政策有关问题的公告》	减轻小型微利企业所得税负担	自 2019 年 1 月 1 日至 2021 年 12 月 31 日，对小型微利企业年应纳税所得额不超过 100 万元的部分，减按 25%计入应纳税所得额，按 20%的税率缴纳企业所得税；对年应纳税所得额超过 100 万元但不超过 300 万元的部分，减按 50%计入应纳税所得额，按 20%的税率缴纳企业所得税
	《财政部 税务总局关于 2018 年第四季度个人所得税减除费用和税率适用问题的通知》	减轻个人独资和合伙企业的个税负担	对个体工商户业主、个人独资企业和合伙企业自然人投资者、企事业单位承包承租经营者 2018 年第四季度取得的生产经营所得，减除费用按照 5000 元/月执行，前三季度减除费用按照 3500 元/月执行
	《企业所得税法实施条例》第九十七条	鼓励向中小高新技术企业投资	创业投资企业采取股权投资方式投资于未上市的中小高新技术企业 2 年以上的，可以按照其投资额的 70%在股权持有满 2 年的当年抵扣该创业投资企业的应纳税所得额；当年不足抵扣的，可以在以后纳税年度结转抵扣
	《国家税务总局关于金融企业涉农贷款和中小企业贷款损失税前扣除问题的公告》	鼓励中小企业融资	金融企业涉农贷款、中小企业贷款逾期 1 年以上，经追索无法收回，应依据涉农贷款、中小企业贷款分类证明，按规定计算确认贷款损失进行税前扣除

续表

税种	文件	措施	内容
所得税	《财政部 税务总局 人力资源社会保障部 国务院扶贫办关于进一步支持和促进重点群体创业就业有关税收政策的通知》	鼓励个体创业经营和小型企业吸纳下岗失业人员	2019 年 1 月 1 日至 2021 年 12 月 31 日，建档立卡贫困人口、持《就业创业证》或《就业失业登记证》的人员，从事个体经营的，自办理个体工商户登记当月起，在 3 年内按每户每年 12 000 元为限额依次扣减其当年实际应缴纳的增值税、城市维护建设税、教育费附加、地方教育附加和个人所得税。限额标准最高可上浮 20%
	《国家税务总局关于小型微利企业和个体工商户延缓缴纳 2020 年所得税有关事项的公告》	支持小型微利企业和个体工商户复工复产，缓解其生产经营资金压力	2020 年 5 月 1 日至 2020 年 12 月 31 日，小型微利企业在 2020 年剩余申报期按规定办理预缴申报后，可以暂缓缴纳当期的企业所得税，延迟至 2021 年首个申报期内一并缴纳。2020 年 5 月 1 日至 2020 年 12 月 31 日，个体工商户在 2020 年剩余申报期按规定办理个人所得税经营所得纳税申报后，可以暂缓缴纳当期的个人所得税，延迟至 2021 年首个申报期内一并缴纳
增值税	《财政部 税务总局关于实施小微企业普惠性税收减免政策的通知》《国家税务总局关于小规模纳税人免征增值税政策有关征管问题的公告》	免征小微企业增值税	自 2019 年 1 月 1 日至 2021 年 12 月 31 日，对月销售额 10 万元以下（含本数）的增值税小规模纳税人，免征增值税

资料来源：由作者整理

在市场经济体制的改革发展阶段，我国政府对中小企业的支持政策仍处于不断探索和完善的过程中，尚存在一些问题。首先，各项财政政策的综合协调性不足，在政策实施的过程中，对各类中小企业资金存在多头管理现象。其次，财政政策工具中，我国很少使用政府采购、财政贴息等，大多数仍采用资金直接支持的方法；而税收政策也仅仅限于对所得税、增值税等的优惠，措施多为减、免，较为单一。

（四）差异化产业政策

近年来，为了着力推进农村金融服务组织和服务模式的创新，从供给层面推进普惠金融体系的建设和发展，新型农村金融机构应运而生。2006 年，银监会对新型农村金融机构进行了界定，其规模通常较小，准入门槛较低，而与传统的农信社、农商行等农村中小金融机构相比，其资金来源和经营方式都更灵活。

《中国银行业监督管理委员会关于调整放宽农村地区银行业金融机构准入政策更好支持社会主义新农村建设的若干意见》（银监发〔2006〕90 号）降低了农村地区银行业金融机构的准入门槛，还对新型农村金融机构的投资人资格和业务准入条件与范围进行了调整及放宽。

由于金融发展不平衡的现实问题以及调整产业结构的需要，政府在宏观调控过程中需要采取差异化的宏观调控政策，以更好地促进小微企业等金融弱势群体的发展。自2006年来，我国已采取一定的差异化调控政策举措，收到一定效果，但也存在不少问题，需要进一步改进。

第二节　普惠金融差异化监管机制建设

建立一个既能够规范普惠金融有序开展又不阻碍其发展的监管体制是普惠金融发展的基本要求。首先，要健全和完善现有的普惠金融监管体系，坚持以央行为核心，强化各金融机构的内部稽查，通过社会审计部门的共同监督来补充金融风险监管社会网络系统，强化央行牵头、防范金融风险的政策协调和信息共享机制。其次，要对普惠金融监管体系进行创新，分清普惠金融管理和监管，创建管理协会，建立远程监管平台。最后，要加强风险管理，运用法律使得普惠金融体系更加规范化和合理化，通过在风险管理上的创新来提高效率和风控能力。通过对新方法和技术的引入来对信贷业务流程进行优化。根据项目的风险大小和复杂程度对风险进行归类，对主要风险进行严格防控，并严格控制普惠金融机构的准入大关。

一、我国普惠金融的监管存在的问题

我国的普惠金融发展大致经历了三个阶段。第一阶段是2000年以前，主要通过中国农业银行的放贷行为实现惠农的政策导向，具体政策很少。第二阶段是2000年至2005年。这一时期是普惠金融在我国的推广阶段。中央一号文件首提“小额贷款”。第三阶段是2005年至今。央行在推动小额贷款公试点方面进行了较多的努力和尝试，银监会也降低了相关机构的准入门槛，政策出台更加迅速和密集。

现行的普惠金融监管政策由于较少地考虑了普惠金融自身的特点及其与传统金融机构的差别，政策的有效性和针对性较低，存在监管政策体系不完善、监管权划分不清、没有针对不同普惠金融供给主体进行差异化监管等问题。具体表现在：第一，监管政策体系不完善，到2020年为止，我国仍没有一部专门的法律对普惠金融进行监管。现行政策大多数都有实验性质，作用仍然较小。第二，统一监管与差异化供给主体的冲突。我国在制定普惠金融监管政策时，较少地考虑了普惠金融机构相较于传统金融机构的特点、各个不同普惠金融供给主体之间以及不同发展水平地区之间的差别，影响了普惠金融的发展并造成了监管的低效率。第三，在市场准入的要求上，小额贷款公司虽不具有金融机构的身份，却被要求严格按照金融机构的准入标准进入市场。第四，不同地区之间的普惠金融监管标

准无差异。我国东、西部由于经济发展水平的不同，普惠金融发展水平也存在着很大的差异。但我国的监管政策并未区分东、西部，还在使用着相同的农户贷款比例、单户贷款最高限额、业务范围限制、贷款申请通过率、不良贷款容忍度和成本收入比等，对地区差异的考虑仍然较少。

二、普惠金融差异化监管框架

普惠金融差异化监管框架主要由监管主体、差异化监管框架和差异化风险监管标准。具体如下。

（1）监管主体。普惠金融监管主体包括“一行两会”等中央监管主体、地方金融监督管理局等地方监管主体。我国的普惠金融监管体系的建立速度与普惠金融需求的快速发展仍不匹配。

（2）差异化监管框架。差异化的含义有三个维度：第一是传统金融机构与普惠金融机构间的监管应当不同。第二是各类普惠金融机构的监管要存在差异化。第三是不同经济发展程度的地区之间的普惠金融监管政策要存在差异。

（3）差异化风险监管标准。普惠金融领域主要存在着信用风险、流动性风险、操作风险和利率风险，在监管政策的具体设计上要从防范这些风险的角度出发，对资本充足率、存贷比、损失准备、贷款集中度等指标进行具体的设计。

三、普惠金融差异化监管的具体内容

（一）监管主体之间的协调

我国的监管主体框架存在着很多的不足之处，并随着金融业的发展而愈加明显：一是监管机构之间各自为政，存在着信息不对称的问题，协调机制不健全、监管效率低下、监管成本较高，且容易形成监管死角；二是普惠金融的主要服务地区是城镇和农村，但这些监管机构的基层组织人员有限，派出机构最基层的机构也只是县级行政区，监管资源有限，在具体监管政策实施时十分困难，难以应付我国农村金融市场上的复杂性和多元性情况。

所以，在全新的监管框架下，要根据不同普惠金融机构的特性重新定位监管的职能与范围。中国人民银行主要进行宏观监管，定期召开监管联席会议，秉承监管联席会议机制的初衷，实现各个监管机构的合作。银保监会主要负责制定具体的普惠金融监管政策，进行地方性监管机构的业务指导与监督管理，适当放权于地方性监管机构，不直接参与具体的监管。

地方层面监管机构的目标不是实施地方保护，而是对地方性金融机构进行有效的监管，应使地方金融监管局发挥更大的作用。

（二）差异化监管对象

1. 农村信用合作社的差异化监管

我国农村信用合作社在资金获取方面存在着资金少、融资渠道窄的问题。以支持“三农”为出发点，国家在政策上应当给予优惠，在税收方面给予减免征收营业税和利息税等优惠政策。除此之外，应结合农村信用合作社的特点，制定不同于商业银行的差别存款准备金率、政策性贷款利差补贴、允许申请央行再贷款等措施。

在对内部风险进行监管和控制时，应采取如下措施：要对农村信用合作社的资产进行监管，对资产负债比的合理性进行评估；成立地方资产管理公司，对农村信用合作社的不良资产进行剥离，分散信贷风险，切实提高农民抵御风险的能力，对已发生的风险给予一定的保险赔偿。

2. 农村资金互助社的差异化监管

我国的互益性普惠金融组织以农村资金互助社为代表。它具有三个显著特征，具体如下：第一，资金服务的适应性。农村金融需求具有分散性和小额性的特点，农村资金互助社恰好可以适应这种特点，有利于农村经济的发展。第二，业务活动范围的有限性。农村资金互助社是以服务社员的存贷款业务为主的微型金融服务机构，业务范围也集中在农村内，可以有效控制风险。第三，运行成本低。农村资金互助社的金融活动发生在“熟人”之间，借贷手续极其简单，减少了交易成本。同时，农村资金互助社独有的声誉机制、道德约束机制等可以保证借款人如期履约，减少呆账、坏账发生的可能。

在监管方面，我国没有专门针对农村资金互助社的监管政策，仅有银监会在2007年颁布的《农村资金互助社管理暂行规定》。实际执行中，往往将商业银行的监管标准直接应用于农村资金互助社，这不仅限制了农村资金互助社的发展，更无法体现其服务的特殊性，也无法提高其经营的积极性。所以，结合农村资金互助社的特点，制定差异化金融监管政策非常必要。

那么，如何完善差异化监管政策呢？第一，制定针对性的法律法规。农村资金互助社作为一种体现成员之间互助性的微型金融机构，现行法律尚未考虑其特殊性。应当完善法律框架，对农村资金互助社的相关规范进行明确的规定。第二，放宽市场准入门槛和业务活动范围限制。针对农村资金互助社的特点设计有针对性的原则，放宽资金的获取渠道。第三，逐步形成审慎性监管，将自律和外部监督相结合，加强外部监管以提高监管的有效性。对农村资金合作社开展非现场检查为主，辅之以对资本充足率、资产质量和流动性等的现场检查。

3. 小额贷款公司的差异化监管

小额贷款公司作为一种“发展金融”和“普惠金融”模式下的发展工具，为中低收入人群和农村经济的发展提供了有效的支持。小额贷款公司拥有如下的业务特征：第一，借款门槛低、贷款快捷便利灵活；第二，多以短期贷款为主。小额贷款公司资金来源主要是股东资本。小额贷款公司发放的贷款利率较高，服务对象较广，致力于民间融资金融阳光化和改善农村金融服务。

小额贷款公司监管方面，首先要明确法律地位，虽然小额贷款公司不能吸收存款，但应立法明确其非银行金融机构的属性。由地方金融监管局对小额贷款公司进行审慎性监管。其次，严格准入条件和健全退出机制。现行监管法律对小额贷款公司注册资本的门槛规定得并不高，应当适度提高准入门槛，为该领域内的市场竞争引入良性基因。最后，形成激励型监管机制，对经营规范、参与涉农贷款的小额贷款公司，可以提供税收优惠、财政补贴和融资支持等直接经济激励政策支持，同时还可以提供间接经济激励，具备条件的小额贷款公司可以申请转制为村镇银行。

4. 村镇银行的差异化监管

作为我国农村金融改革中的一项组织创新，村镇银行的运行和设立有以下三个特点：一是商业化特性，村镇银行的资金来源和资金运用都实行市场化运作，自担风险、自负盈亏；二是引导性，引导各类资本参与农村金融体系的建设，并配套以财政税收优惠政策引导城市资金流入农村；三是本地化原则，机构定位服务当地“三农”，避免农村资金外流。除以上这三个特点外，村镇银行在服务对象、运行机制和经营目标上也与传统金融不同，村镇银行的主要客户是风险承受力低下的城镇、农村居民，村镇银行的业务经营范围受限，只能在当地农村经营以存贷款为主的业务。这些村镇银行独特的特点导致其具有风险分散能力差、资金来源方式单一等特点。我国对村镇银行实施了审慎监管，在市场准入、最低资本注册额上对村镇银行有着相应的法律规定，在业务范围的管理上，村镇银行虽然可以和其他商业银行一样经营信贷业务，但是不能进行异地贷款。由于村镇银行在服务小微和“三农”方面的作用比较明显，是农村和城镇重要的普惠金融服务提供机构，建议采取差异化的监管政策。具体如下。

对村镇银行实行差别货币信贷政策。适度降低村镇银行存款准备金率，为村镇银行特别指定税收优惠政策或特别项目补贴政策。但要严格监管财政补贴的资金去向，只能用于补充资本、弥补亏损、提取拨备，不得用于分红。拓宽村镇银行资金的来源，允许村镇银行发行由政府担保的债券。

在市场准入方面，村镇银行具有高杠杆、高风险和高外部性的特征要求。因此，村镇银行发起人资质要求应当与一般商业银行相同，确保村镇银行具备稳定的股权基础。

在最低注册资本要求方面，村镇银行最低初始资本不宜过小，也不宜过大，要充分考虑到村镇银行较高的经营成本和有限的资金来源，以及“三农”和小微企业对村镇银行有着很强的资金需求，至少要覆盖固定成本和预期经营损失的费用。

在业务范围限定方面，要严格限制村镇银行服务于农村市场，防止机构的非理性扩张。除了严格监管外，还应采取如税收优惠、财政补贴政策、成立专项贷款基金等措施，以激励村镇银行专注于监管所限定的经营范围。

5. 公益性普惠金融的监管

我国公益性普惠金融机构可以分为：政府资助设立的小额信贷扶贫项目和国外非政府组织设立的独立非政府组织。该组织与上述普惠金融组织最大的不同就是不以营利为目的。在我国，公益性普惠金融机构并没有纳入金融监管部门的监管范围[①]。

对公益性普惠金融应实施差异化监管政策。第一，应明确公益性普惠金融组织的法律地位，针对其特性及法律地位给予政策扶持；加大对普惠金融组织的财政支持和税收支持；成立行业指导协会，专职于对普惠金融组织权益的保护。第二，对融资渠道进行管理，规范并完善普惠金融组织的融资渠道，通过公开招标、竞争性谈判等竞争性方式，银行委托贷款和捐赠等方式获取基金，并制定专项基金使用细则。第三，完善外部监督和内控制度，明确产权制度。完善多主体参与的监管机制，让捐赠者增加信任，以确保公益性普惠金融组织规范地可持续经营，促进地区普惠金融的发展。

（三）差异化风险监管标准

截至 2020 年，我国对以村镇银行、农村信用合作社为代表的具有普惠金融性质的金融机构在监管指标的设计上过于强调标准的一致性，而忽视了这些普惠金

① 公益性普惠金融机构的设立、运行主要受到《社会团体登记管理条例》和《民办非企业单位登记管理暂行条例》的约束，登记部门为各级的民政部门。

融性质的金融机构有着与大型商业银行不同的业务区域、主要客户对象、管理方式和贷款技术，使其风险存在差异。

1. 资本充足率

国际经验表明，无论是美国的社区银行，还是拉丁美洲的微型金融机构，监管当局对普惠金融机构资本充足率的要求都要比传统商业银行更高。因为与传统商业银行相比较，普惠金融机构的服务对象主要是城镇低收入者、农民和小微企业，他们的共同特点就是经营规模小、抵押品不足、更易出现违约。这种小额的贷款更加容易受到风险的冲击，所以普惠金融机构的资产风险更大，当危机来临时，其传染的速度和贷款质量恶化的速度比传统商业银行的一般贷款更快。另外，由于信用风险管理数据的缺失，相关风险的识别和计量普遍困难较大。

基于上述原因，应当对具有普惠金融性质的金融机构提出更高的资本充足率要求，或提高对农户和小微企业贷款的风险权重。此外，可以引入动态资本监管要求以实现逆周期调控。

2. 信用风险

对于信用风险管理，加强内部控制，实施差别化贷款风险分类。

（1）内部控制。普惠金融贷款与商业银行贷款应当区分开来，要有严格的划分标准。避免人为地对商业银行贷款使用小微企业贷款的标准，降低授信条件，进行监管套利。在内部控制方面，普惠金融机构的贷款大多是关系型贷款，所以应加强对信贷人员行为的监督。

（2）贷款风险分类。鉴于普惠金融机构的贷款普遍具有期限较短、还款频率高、提前还款的比例大的特点，贷款监测和分类标准应做相应调整，不宜照搬商业银行的贷款分类标准。

3. 流动性风险

对于流动性风险的控制应从以下方面入手：首先，根据普惠金融机构资产和负债的动态性特点，制定不同于商业银行的流动性风险管理指引，明确流动性管理系统和程序要求，以计量、监测和控制流动性风险。监管可规定普惠金融机构持有达到存款一定比例的没有阻碍的流动性资产，以及单一融资来源集中度比例，设置普惠金融机构保持正常经营所需的最低流动性缓冲指标，设计简单适用的普惠金融机构压力测试方案并要求普惠金融机构定期开展压力测试，一些情景参数可根据不同地区进行调整，使之与普惠金融机构的当地环境更加适应。在总结各普惠金融机构成功经验和良好做法的基础上，建立普惠金融机构流动性风险管理模型。其次，监管应当对普惠金融机构的流动性应急方案进行定期评估。在发起银行方面，指导主发起银行向普惠金融机构提供流动性支持，签署救助协议或承诺。最后，高度关注货币政策特别是利率市场化改革，逐步深入对普惠金融机构流动性的影响。

4. 操作风险

对于操作风险的监管，应重点关注普惠金融机构识别、评价、监控和缓解操作风险的风险管理政策和操作程序，确保每一单项评估结果符合该机构业务的规模和风险水平。

5. 利率风险

面对利率市场化改革的推进，农村金融机构普遍显现出不适应。作为新型农村金融机构，普惠金融机构面临更大的困难。因为利率市场化对银行的存贷款定价能力、资产负债管理能力和信息系统建设能力的考验恰恰是普惠金融机构与一般商业银行相比最大的三个劣势。普惠金融机构存贷款业务的品种比较简单，因此利率风险管理系统的设计和功能在绝大多数情况下没有必要使用复杂模型。普惠金融机构只需建立简单实用的模型，大量采集农村金融机构贷款样本和历史数据，估算借款人的违约率和违约损失率。

由于普惠金融机构存在着与传统金融机构不同的服务对象、业务特点、营利模式和发展目标等，不同的供给主体、不同地区的普惠金融机构都具有自身特色。截至 2020 年，我国普惠金融仍存在着监管政策体系不完整、监管权配置混乱和市场准入门槛过高等问题，中央银行、银保监会、证监会、地方政府和行业自律组织应从资本充足率、信用风险、流动性风险、操作风险和利率风险出发，根据普惠金融机构资金来源的不同即是否吸收公众存款这一根本原则，进行审慎或非审慎监管，制定完善我国的普惠金融监管政策，完善监管机制，促进普惠金融健康有序发展。

参考文献

贝多广. 2016. 普惠金融：理念、实践与发展前景. 金融博览，(13)：60-61.
曹廷贵，苏静，任渝. 2015. 基于互联网技术的软信息成本与小微企业金融排斥度关系研究. 经济学家，7：72-78.
常旭红. 2014. 新疆农村金融成熟度测度研究. 金融发展评论，(3)：125-134.
陈斌开，林毅夫. 2010. 重工业优先发展战略、城市化和城乡工资差距. 南开经济研究，(1)：3-18.
陈莎，蒋莉莉，周立. 2012. 中国农村金融地理排斥的省内差异——基于“地理金融密度不平等系数”衡量指标. 银行家，(8)：108-111.
陈莎，周立. 2012. 中国农村金融地理排斥的空间差异——基于“金融密度”衡量指标体系的研究. 银行家，(7)：106-109.
陈伟，顾丽玲. 2018. 地理位置对上市公司 IPO 抑价的影响——基于区域金融密度的实证研究. 南京审计大学学报，(3)：21-32.
陈秀梅. 2014. 论我国互联网金融市场信用风险管理体系的构建. 宏观经济研究，(10)：122-126.
程惠霞，杨璐. 2020. 中国新型农村金融机构空间分布与扩散特征. 经济地理，(2)：163-170.
崔百胜. 2012. 非正规金融与正规金融：互补还是替代？——基于 DSGE 模型的相互作用机制研究. 财经研究，(7)：121-132.
邓莉，冉光和. 2006. 农村金融与农村经济协调发展机制研究. 生产力研究，(3)：32-34，36.
邓曲恒. 2007. 城镇居民与流动人口的收入差异——基于 Oaxaca-Blinder 和 Quantile 方法的分解. 中国人口科学，(2)：8-16，95.
丁博，赵纯凯，奚君羊. 2021. 宗教信仰对家庭金融排斥的影响研究——来自 CHFS2013 的经验证据. 社会学评论，(1)：125-143.
丁杰. 2015. 互联网金融与普惠金融的理论及现实悖论. 财经科学，(6)：1-10.
董晓林，徐虹. 2012. 我国农村金融排斥影响因素的实证分析——基于县域金融机构网点分布的视角. 金融研究，(9)：115-126.
杜朝运，耿玉刚. 2021. 普惠金融公平指数的构建与现实考察.统计与决策，(2)：150-152.
杜金岷，韦施威，吴文洋. 2020. 数字普惠金融促进了产业结构优化吗？. 经济社会体制比较，(6)：38-49.
杜晓山. 2007. 建立可持续性发展的农村普惠性金融体系——在 2006 年中国金融论坛上的讲话. 金融与经济，(2)：33-34，37.
杜晓山. 2010. 小额信贷与普惠金融体系. 中国金融，(10)：14-15.
樊纲，王小鲁，马光荣. 2011. 中国市场化进程对经济增长的贡献. 经济研究，(9)：4-16.
樊英. 2011. 基于普惠目标的农村金融组织创新研究. 湖南农业大学硕士学位论文.
方莹，袁晓玲，房玲. 2019. 普惠金融视角下精准扶贫政策效果的实证研究——基于 GMM 模型. 统计与信息论坛，(10)：56-62.

封思贤，王伟. 2014. 农村金融排斥对城乡收入差距的影响——基于中国省域面板数据的分析. 统计与信息论坛，（9）：44-50.

傅秋子，黄益平. 2018. 数字金融对农村金融需求的异质性影响——来自中国家庭金融调查与北京大学数字普惠金融指数的证据. 金融研究，（11）：68-84.

高沛星，王修华. 2011. 我国农村金融排斥的区域差异与影响因素——基于省际数据的实证分析. 农业技术经济，（4）：93-102.

顾宁，张甜. 2019. 普惠金融发展与农村减贫：门槛、空间溢出与渠道效应.农业技术经济，（10）：74-91.

郭峰，王靖一，王芳，等. 2020. 测度中国数字普惠金融发展：指数编制与空间特征.经济学（季刊），（4）：1401-1418.

郭沛. 1999. 小额信贷：为贫困人口提供金融服务的创新方式. 中国农村信用合作，（5）：25-27.

郭田勇，丁潇. 2015. 普惠金融的国际比较研究——基于银行服务的视角.国际金融研究，（2）：55-64.

国务院发展研究中心和世界银行联合课题组. 2014. 中国：推进高效、包容、可持续的城镇化. 管理世界，（4）：5-41.

国务院发展研究中心农村部课题组. 2014. 从城乡二元到城乡一体——我国城乡二元体制的突出矛盾与未来走向. 管理世界，（9）：1-12.

韩晓宇. 2017. 普惠金融的减贫效应——基于中国省级面板数据的实证分析. 金融评论，（2）：69-82，125-126.

何德旭，苗文龙. 2015. 金融排斥、金融包容与中国普惠金融制度的构建. 财贸经济，（3）：5-16.

何德旭，饶明. 2008. 中小企业融资困局：新解与出路——银行经营模式定位视角. 当代经济科学，（6）：74-78，124-125.

何晓夏，刘妍杉. 2014. 金融排斥评价指标体系与农村金融普惠机制的建构——基于云南省农村信用社联合社实践的分析. 经济社会体制比较，（3）：70-82.

何宗樾，宋旭光. 2020. 数字金融发展如何影响居民消费. 财贸经济，（8）：65-79.

贺茂斌，杨晓维. 2021. 数字普惠金融、碳排放与全要素生产率.金融论坛，（2）：18-25.

侯新烁，杨汝岱. 2017. 政策偏向、人口流动与省域城乡收入差距——基于空间异质互动效应的研究. 南开经济研究，（6）：59-74.

胡德宝，苏基溶. 2015. 金融发展缩小收入差距了吗？——基于省级动态面板数据的实证研究. 中央财经大学学报，（10）：23-31.

胡宗义，李鹏. 2013. 农村正规与非正规金融对城乡收入差距影响的空间计量分析——基于我国31省市面板数据的实证分析. 当代经济科学，35（2）：71-78，126-127.

黄红光，白彩全，易行. 2018. 金融排斥、农业科技投入与农业经济发展. 管理世界，（9）：67-78.

黄漫宇，曾凡惠. 2021. 数字普惠金融对创业活跃度的空间溢出效应分析. 软科学，（2）：14-18，25.

黄益平，陶坤玉. 2019. 中国的数字金融革命：发展、影响与监管启示. 国际经济评论，（6）：24-35，5.

焦瑾璞. 2007. 探索发展小额信贷的有效模式. 中国金融，（2）：36-38.

焦瑾璞. 2010a. 构建普惠金融体系让更多人享受现代金融. 今日财富（金融发展与监管），（9）：6-9.

焦瑾璞. 2010b. 构建普惠金融体系的重要性. 中国金融，（10）：12-13.

焦瑾璞，黄亭亭，汪天都，等. 2015. 中国普惠金融发展进程及实证研究. 上海金融，（4）：12-22.

金双华. 2018. 住房公积金政策对收入分配影响研究——基于缴纳—提取路径的分析. 财贸研究，(12)：70-79.

金雪军，田霖. 2004. 我国区域金融成长差异的态势：1978—2003 年. 经济理论与经济管理，(8)：24-30.

康继军，杨琰军，傅蕴英，等. 2020. 转型期中国金融排斥困境及其对县域经济发展的影响——基于中国 2574 个县（市）数据的空间分析. 重庆大学学报（社会科学版），(6)：44-57.

李苍舒. 2015. 普惠金融在中国的实践及前景. 金融评论，(6)：109-122，126.

李春霄，贾金荣. 2012. 我国金融排斥程度研究——基于金融排斥指数的构建与测算. 当代经济科学，(2)：9-15，124.

李春霄，贾金荣. 2013. 基于农户视角的金融排斥影响因素研究. 现代财经，(4)：21-29.

李继尊. 2015. 关于互联网金融的思考. 管理世界，(7)：1-7，16.

李建军. 2005. 中国地下金融规模与宏观经济影响研究. 北京：中国金融出版社：73-83.

李建军. 2014. 中国普惠金融体系：理论、发展与创新. 北京：知识产权出版社：14-15.

李建军. 2016. 互联网金融的普惠金融属性.新经济，(19)：42-43.

李建军，韩珣. 2017a. 金融密度的省际差异及其决定因素——基于四层次三维度空间分布评价系统的构建与实证检验. 中央财经大学学报，(7)：28-44.

李建军，韩珣. 2017b. 金融排斥、金融密度与普惠金融——理论逻辑、评价指标与实践检验. 兰州大学学报（社会科学版），(4)：19-35.

李建军，韩珣. 2019. 普惠金融、收入分配和贫困减缓——推进效率和公平的政策框架选择.金融研究，(3)：129-148.

李建军，李俊成. 2020. 普惠金融与创业："授人以鱼"还是"授人以渔"？. 金融研究，(1)：69-87.

李建军，卢盼盼. 2016. 中国居民金融服务包容性测度与空间差异. 经济地理，(3)：118-124.

李建军，彭俞超，马思超. 2020. 普惠金融与中国经济发展：多维度内涵与实证分析.经济研究，(4)：37-52.

李建军，王德. 2015. 搜寻成本、网络效应与普惠金融的渠道价值——互联网借贷平台与商业银行的小微融资选择比较. 国际金融研究，(12)：56-64.

李建军，张丹俊. 2015. 中小企业金融排斥程度的省域差异. 经济理论与经济管理，(8)：92-103.

李建军，张丹俊. 2016. 中小企业金融排斥的财务结构效应——来自我国中小企业板上市公司的微观证据. 经济管理，(6)：86-99.

李建军，周叔媛. 2019. 高管金融素养是否影响企业金融排斥？——基于缓解中小企业融资难的视角. 中央财经大学学报，(5)：19-32.

李剑峰，王延涛. 2010. 农村金融服务渠道体系的创新与完善. 农业经济，(2)：50-51.

李健旋，赵林度. 2018. 金融集聚、生产率增长与城乡收入差距的实证分析——基于动态空间面板模型. 中国管理科学，(12)：34-43.

李金龙，王颖纯. 2020. 普惠金融发展存在的主要问题及政策启示. 宏观经济研究，(9)：58-67，76.

李连梦，吴青. 2021. 数字普惠金融对城镇弱势群体收入的影响. 经济与地理，(2)：47-53.

李梦雨. 2019. 普惠金融对"一带一路"沿线国家经济增长的影响——基于空间计量模型的实证研究. 当代经济管理，(5)：76-84.

李涛，王志芳，王海港，等. 2010. 中国城市居民的金融受排斥状况研究. 经济研究，(7)：15-30.

李涛，徐翔，孙硕. 2016. 普惠金融与经济增长. 金融研究，(4)：1-16.

李鑫. 2016. 金融监管与中国 P2P 网贷的发展及异化. 财经科学，（5）：32-40.

连英祺，陈静婷. 2011. 非正规金融对货币政策有效性的影响问题分析. 产业与科技论坛，（5）：106-108.

梁骞，朱博文. 2014. 普惠金融的国外研究现状与启示——基于小额信贷的视角中央财经大学学报，（6）：38-44.

梁双陆，刘培培. 2019. 数字普惠金融与城乡收入差距. 首都经济贸易大学学报，（1）：33-41.

林家宝，李蕾，李婷. 2018. 农产品电子商务能力对企业绩效的影响研究. 管理学报，（4）：608-615.

林秀琴，宋林辉. 2010. 我国社区银行发展的制约因素及对策研究. 金融理论与实践，（8）：111-113.

林毅夫，孙希芳. 2005. 信息、非正规金融与中小企业融资. 经济研究，（7）：35-44.

刘长庚，罗午阳. 2019. 互联网使用与农户金融排斥——基于 CHFS2013 的实证研究. 经济经纬，（2）：141-148.

刘长庚，田龙鹏，陈彬，等. 2013. 农村金融排斥与城乡收入差距——基于我国省级面板数据模型的实证研究. 经济理论与经济管理，（10）：17-27.

刘成奎，齐兴辉，王宙翔. 2018. 统筹城乡综合配套改革促进了民生性公共服务城乡均等化水平的提高吗——来自重庆市的经验证据. 财贸研究，（11）：60-70.

刘丹，方锐，汤颖梅. 2019. 数字普惠金融发展对农民非农收入的空间溢出效应. 金融经济学研究，（3）：57-66.

刘贯春. 2017. 金融结构影响城乡收入差距的传导机制——基于经济增长和城市化双重视角的研究. 财贸经济，（6）：98-114.

刘小平. 2000. 对社区金融的探讨.经济体制改革，（4）：116-119.

刘亦文，丁李平，李毅，等. 2018. 中国普惠金融发展水平测度与经济增长效应. 中国软科学，（3）：36-46.

刘渝琳，白艳兰. 2009. 金融深化影响城乡居民收入差距的作用机制分析. 第十一届中国管理科学学术年会.

刘玉光，杨新铭，王博. 2013. 金融发展与中国城乡收入差距形成——基于分省面板数据的实证检验. 南开经济研究，（5）：50-59.卢峰，姚洋. 2004. 金融压抑下的法治、金融发展和经济增长.中国社会科学，（1）：42-55，206.

卢盼盼，张长全. 2017. 中国普惠金融的减贫效应. 宏观经济研究，（8）：33-43.

鲁强. 2014. 农村金融排斥的区域差异与影响因素——理论分析与实证检验. 金融论坛，（1）：17-27，35.

陆岷峰，徐博欢. 2019. 普惠金融：发展现状、风险特征与管理研究.当代经济管理，（3）：73-79.

陆铭，陈钊. 2004. 城市化、城市倾向的经济政策与城乡收入差距. 经济研究，（6）：50-58.

罗德明，潘士远. 2004. 互助会引论. 浙江社会科学，（3）：60-66.

吕晶晶. 2014. 普惠金融在中国. 金融博览（财富），（2）：42-44.

吕勇斌，邓薇，颜洁. 2015. 金融包容视角下我国区域金融排斥测度与影响因素的空间分析. 宏观经济研究，（12）：51-62.

吕勇斌，李仪. 2016. 金融包容对城乡收入差距的影响研究——基于空间模型. 财政研究，（7）：22-34.

马绰欣，田茂再. 基于面板分位回归方法的我国金融发展对城乡收入差距影响分析. 数理统计与管理，（2）：341-350.
马九杰，吴本健，周向阳. 2013. 农村金融欠发展的表现、成因与普惠金融体系构建.理论探讨，（2）：74-78.
马彧菲，杜朝运. 2017. 普惠金融指数测度及减贫效应研究. 经济与管理研究，（5）：45-53.
孟德锋，卢亚娟，方金兵. 2012. 金融排斥视角下村镇银行发展的影响因素分析. 经济学动态，（9）：70-73.
孟飞. 2009. 普惠金融生态及其优化. 上海经济研究，（6）：88-92.
彭俞超，方意. 2016. 结构性货币政策、产业结构升级与经济稳定. 经济研究，（7）：29-42，86.
钱海章，陶云清，曹松威，等. 2020. 中国数字金融发展与经济增长的理论与实证. 数量经济技术经济研究，（6）：26-46.
钱进. 2006. 社区金融建设的初步探讨. 生产力研究，（11）：82-84，294.
冉光和，汤芳桦. 2012. 我国非正规金融发展与城乡居民收入差距——基于省级动态面板数据模型的实证研究. 经济问题探索，（1）：185-190.
任碧云，张彤进. 2015. 移动支付能够有效促进农村普惠金融发展吗？——基于肯尼亚 M-ESA 的探讨. 农村经济，（5）：123-129.
邵兵家，蒋飞，宁蓓蓓. 2015. 网络渠道应用对中国零售业上市公司绩效的影响. 重庆大学学报（社会科学版），（2）：48-57.
佘传奇，王强. 2013. 农村金融密度与农村经济增长关系的实证分析——以安徽省为例. 征信，（4）：78-81.
沈丽，张好圆，李文君. 2019. 中国普惠金融的区域差异及分布动态演进. 数量经济技术经济研究，（7）：62-80.
沈悦，郭品. 2015. 互联网金融、技术溢出与商业银行全要素生产率. 金融研究，（3）：160-175.
石盛林. 2011a. 县域金融对经济增长的影响机理——基于 DEA 方法的前言分析.财贸经济，（4）：68-72.
石盛林. 2011b. 县域金融密度与经济增长的实证研究：基于垄断竞争的解释.中央财经大学学报，（4）：39-44.
宋汉光. 2016. 可持续的普惠金融模式. 中国金融，（3）：48-49.
宋凌云，王贤彬. 2013. 重点产业政策、资源重置与产业生产率. 管理世界，（12）：63-77.
宋晓玲. 2017. 数字普惠金融缩小城乡收入差距的实证检验. 财经科学，（6）：14-25.
粟芳，方蕾. 2016. 中国农村金融排斥的区域差异：供给不足还是需求不足？——银行、保险和互联网金融的比较分析. 管理世界，（9）：70-83.
孙继国，赵俊美. 2019. 普惠金融是否缩小了城乡收入差距？——基于传统和数字的比较分析. 福建论坛（人文社会科学版），（10）：179-189.
孙天琦，汪天都，蒋智渊. 2016. 国际普惠金融指标体系建设及中国相关指标表现. 西部金融，（6）：4-8.
孙铁山，李国平，卢明华. 2009. 基于区域密度函数的区域空间结构与增长模式研究——以京津冀都市圈为例. 地理科学，（4）：500-507.
孙玉环，张汀昱，王雪妮，等. 2021. 中国数字普惠金融发展的现状、问题及前景. 数量经济技术经济研究，（2）：43-59.
唐松，伍旭川，祝佳. 2020. 数字金融与企业技术创新——结构特征、机制识别与金融监管下的效应差异. 管理世界，（5）：52-66，9.

滕磊，马德功. 2020. 数字金融能够促进高质量发展吗？. 统计研究，(11)：80-92.
田杰，陶建平. 2012. 农村金融密度对农村经济增长的影响——来自我国 1883 个县（市）面板数据的实证研究. 经济经纬，(1)：108-111.
田霖. 2009. 金融地理学视角：城乡金融地域系统的演变与耦合. 金融理论与实践，(4)：68-71.
田霖. 2011. 我国城乡金融排斥二元性的空间差异与演变趋势（1978-2009）. 金融理论与实践，(3)：27-30.
王爱俭. 2005. 发展我国社区银行的模式选择. 金融研究，(11)：130-137.
王博，张晓玫，卢露. 2017. 网络借贷是实现普惠金融的有效途径吗——来自“人人贷”的微观借贷证据. 中国工业经济，(2)：98-116.
王定祥，田庆刚，李伶俐，等. 2011. 贫困型农户信贷需求与信贷行为实证研究. 金融研究，(5)：124-138.
王会娟，廖理. 2014. 中国 P2P 网络借贷平台信用认证机制研究——来自“人人贷”的经验证据. 中国工业经济，(4)：136-147.
王可，李连燕. 2018. “互联网+”对中国制造业发展影响的实证研究. 数量经济技术经济研，(6)：3-20.
王清星. 2016. 中国普惠金融发展研究述评.哈尔滨商业大学学报（社会科学版），(2)：47-54.
王伟，田杰，李鹏. 2011. 我国金融排除度的空间差异及影响因素分析. 西南金融，(3)：14-17.
王霄，张捷. 2003. 银行信贷配给与中小企业贷款——一个内生化抵押品和企业规模的理论模型. 经济研究，(7)：68-75，92.
王修华，曹琛，程锦，等. 2009. 中部地区农村金融排斥的现状与对策研究. 河南金融管理干部学院学报，(3)：87-91.
王修华，傅勇，贺小金，等. 2013. 中国农户受金融排斥状况研究——基于我国 8 省 29 县 1547 户农户的调研数据. 金融研究，(7)：139-152.
王修华，邱兆祥. 2011. 农村金融发展对城乡收入差距的影响机理与实证研究. 经济学动态，(2)：71-75.
王修华，赵亚雄. 2019. 中国金融包容的增长效应与实现机制. 数量经济技术经济究，(1)：42-59.
王颖，曾康霖. 2016. 论普惠：普惠金融的经济伦理本质与史学简析. 金融研究，(2)：37-54.
王永静，李慧. 2021. 数字普惠金融、新型城镇化与城乡收入差距. 统计与决策，(6)：157-161.
温茜茜. 2017. 普惠金融对城乡收入差距的影响研究. 宏观经济研究，(7)：47-55.
温涛，朱炯，王小华. 2016. 中国农贷的“精英俘获”机制：贫困县与非贫困县的分层比较. 经济研究，(2)：111-125.
温铁军. 2001. 农民增收应加强配套改革措施. 中国经济快讯，(24)：19.
吴国华. 2013. 进一步完善中国农村普惠金融体系. 经济社会体制比较，(4)：32-45.
吴亮，俞哲. 2015. 从金融地理到普惠金融——金融排斥研究的一个综述. 公共管理评论，(2)：127-144.
吴雨，李成顺，李晓，等. 2020. 数字金融发展对传统私人借贷市场的影响及机制研究.管理世界，(10)：53-64，138，65.
武巍，刘卫东，刘毅. 2005. 西方金融地理学研究进展及其启示. 地理科学进展，(4)：19-27.
武志. 2010. 金融发展与经济增长：来自中国的经验分析. 金融研究，(5)：58-68.
夏仕龙. 2020. 普惠金融究竟如何影响居民生活？——来自我国省际层面的经验证据.金融监管研究，(1)：16-29.

夏园园. 2010. 普惠金融视角下小额信贷机制发展研究.湖北社会科学，（9）：88-91.

肖端，杨琰军，谷继建. 2020. 农村普惠金融能缩小县域城乡收入差距吗？. 宏观经济研究，(1)：20-33.

谢平，徐忠，沈明高. 2006. 农村信用社改革绩效评价. 金融研究，（1）：23-39.

谢千里，罗斯基，张轶凡. 2008. 中国工业生产率的增长与收敛.经济学季刊，（3）：809-826.

谢升峰，路万忠. 2014. 农村普惠金融统筹城乡发展的效应测度——基于中部六省 18 县（市）的调查研究. 湖北社会科学，（11）：59-64.

谢升峰，尤瑞，汪乐乐. 2021. 数字普惠金融缓解农村相对贫困的长尾效应测度. 统计与决策，（5）：5-9.

谢绚丽，沈艳，张皓星，等. 2018. 数字金融能促进创业吗？——来自中国的证据. 经济学（季刊），（4）：1557-1580.

谢雪燕，朱晓阳. 2021. 数字金融与中小企业技术创新——来自新三板企业的证据. 国际金融研究，（1）：87-96.

星焱. 2016. 普惠金融：一个基本理论框架.国际金融研究，（9）：21-37.

邢乐成，赵建. 2019. 多维视角下的中国普惠金融：概念梳理与理论框架. 清华大学学报（哲学社会科学版），（1）：164-172

徐宝成. 2015. 国外手机银行：助推金融普惠. 金融博览：财富，（7）：54-57.

徐子尧，张莉沙，刘益志. 2020. 数字普惠金融提升了区域创新能力吗. 财经科学，（11）：17-28.

许圣道，田霖. 2008. 我国农村地区金融排斥研究.金融研究，（7）：195-206.

闫丽瑞，田祥宇. 2012. 金融发展与经济增长的区域差异研究——基于我国省际面板数据的实证检验. 宏观经济研究，（3）：99-105.

晏海运. 2013. 中国普惠金融发展研究. 中共中央党校博士学位论文.

杨波，王向楠，邓伟华. 2020. 数字普惠金融如何影响家庭正规信贷获得？——来自 CHFS 的证据. 当代经济科学，（6）：74-87.

杨德勇，田园. 2013. 区域差异视角下我国金融排斥的测度与影响因素分析——基于四大经济区域的划分. 北京工商大学学报（社会科学版），（6）：81-88.

杨光. 2015. 互联网金融背景下普惠金融发展研究. 征信，（2）：21-24.

杨军，张龙耀，马倩倩，等. 2016. 县域普惠金融发展评价体系研究——基于江苏省 52 个县域数据. 农业经济问题，（11）：24-31.

杨坤，曹晖，孙宁华. 2015. 非正规金融、利率双轨制与信贷政策效果——基于新凯恩斯动态随机一般均衡模型的分析. 管理世界，（5）：41-51.

杨楠，马绰欣. 2014.我国金融发展对城乡收入差距影响的动态倒 U 演化及下降点预测. 金融研究，（11）：175-190.

姚梅洁，康继军，华莹. 2017. 金融排斥对中国县域经济影响研究：实现路径与动态特征. 财经研究，（8）：96-108.

姚耀军，施丹燕. 2017.互联网金融区域差异化发展的逻辑与检验——路径依赖与政府干预视角. 金融研究，（5）：127-142.

易信，刘凤良. 2015. 金融发展、技术创新与产业结构转型——多部门内生增长理论分析框架. 管理世界，（10）：24-39.

易行健，周利. 2018. 数字普惠金融发展是否显著影响了居民消费——来自中国家庭的微观证据. 金融研究，（11）：47-67.

殷贺，江红莉，张财经，等. 2020. 数字普惠金融如何响应城乡收入差距？——基于空间溢出视角的实证检验. 金融监管研究，(9)：33-49.

尹振涛，舒凯彤. 2016. 我国普惠金融发展的模式、问题与对策. 经济纵横，(1)：103-107.

尹志超，耿梓瑜，潘北啸. 2019. 金融排斥与中国家庭贫困——基于 CHFS 数据的实证研究. 财经问题研究，(10)：60-68.

尹志超，宋全云，吴雨等. 2015. 金融知识、创业决策和创业动机. 管理世界，(1)：87-98.

尹志超，张栋浩. 2020. 金融普惠、家庭贫困及脆弱性. 经济学（季刊），(5)：153-172.

于平，盖凯程. 2017. 金融发展与城乡收入差距的门槛效应分析. 经济问题探索，(9)：119-125，174.

余泳泽，潘妍. 2019. 高铁开通缩小了城乡收入差距吗？——基于异质性劳动力转移视角的解释. 中国农村经济，(1)：79-95.

喻微锋，康琦，周永锋. 2020. 商业银行设立普惠金融事业部能提高小微企业信贷可得性吗？——基于 PSM-DID 模型的实证检验. 国际金融研究，(11)：77-86.

曾国平，王燕飞. 2007. 中国金融发展与产业结构变迁. 财贸经济，(8)：12-19，128.

张栋浩，尹志超. 2018. 金融普惠、风险应对与农村家庭贫困脆弱性. 中国农村经济，(4)：54—73.

张国俊，周春山，许学强. 2014. 中国金融排斥的省际差异及影响因素. 地理研究，(12)：2299-2311.

张号栋，尹志超. 2016. 金融知识和中国家庭的金融排斥——基于 CHFS 数据的实证研究. 金融研究，(7)：80-95.

张贺，白钦先. 2018. 数字普惠金融减小了城乡收入差距吗？——基于中国省级数据的面板门槛回归分析. 经济问题探索，(10)：122-129.

张杰. 2000. 民营经济的金融困境与融资次序. 经济研究，(4)：3-10，78.

张立军，湛泳. 2006. 金融发展影响城乡收入差距的三大效应分析及其检验. 数量经济技术经济研究，(12)：73-81.

张龙耀，张海宁. 2013. 金融约束与家庭创业——中国的城乡差异.金融研究，(9)：123-135.

张梦林，李国平. 2021. 普惠金融、家庭异质性与消费结构升级. 经济纵横，(2)：116-128.

张彤进，任碧云. 2017. 包容性金融发展与城乡居民收入差距——基于中国内地省级面板数据的实证研究. 经济理论与经济管理，(5)：90-101.

张晓琳，董继刚. 2017. 农户借贷行为及潜在需求的实证分析——基于 762 份山东省农户的调查问卷. 农业经济问题，(9)：57-64，111.

张勋，万广华，张佳佳，等. 2019. 数字经济、普惠金融与包容性增长. 经济研究，(8)：71-86.

张勋，杨桐，汪晨，等. 2020. 数字金融发展与居民消费增长：理论与中国实践. 管理世界，(11)：48-63.

张艳，沈惟维. 2020. 普惠金融、就业机会与贫困减缓. 统计与决策，(14)：149-152.

张义博，刘文忻. 2012. 人口流动、财政支出结构与城乡收入差距. 中国农村经济，(1)：16-30.

张正平，杨丹丹. 2017. 市场竞争、新型农村金融机构扩张与普惠金融发展——基于省级面板数据的检验与比较. 中国农村经济，(1)：30-43，94.

张忠宇. 2016. 我国农村普惠金融可持续发展问题研究. 河北经贸大学学报，(1)：80-85.

赵丙奇. 2020. 中国数字普惠金融与城乡收入差距——基于面板门限模型的实证研究.社会科学辑刊，(1)：196-205.

钟腾，吴卫星，玛西高娃. 2020. 金融市场化、农村资金外流与城乡收入差距. 南开经济研究，（4）：144-164.

周利，廖婧琳，张浩. 2021. 数字普惠金融、信贷可得性与居民贫困减缓——来自中国家庭调查的微观证据. 经济科学，（1）：145-157.

周孟亮，张国政. 2009. 基于普惠金融视角的我国农村金融改革新方法. 中央财经大学学报，（6）：37-42.

周顺兴，林乐芬. 2015. 银行业竞争提升了金融服务普惠性吗？——来自江苏省村镇银行的证据. 产业经济研究，（6）：11-20.

周天芸. 2018. 金融密度、服务可及与中国的县域金融. 金融发展研究，（9）：16-23.

周小川. 2013. 践行党的群众路线推进包容性金融发展. 求是，（18）：11-14.

周洋，任柯蓁，刘雪瑾. 2018b. 家庭财富水平与金融排斥——基于 CFPS 数据的实证分析.金融经济学研究，（2）：106-116.

周洋，王维昊，刘雪瑾. 2018a. 认知能力和中国家庭的金融排斥——基于 CFPS 数据的实证研究. 经济科学，（1）：96-112.

朱超，宁恩祺. 2017. 金融发达地区是否存在金融排斥？——来自北京市老年人口的证据. 国际金融研究，（4）：3-13.

朱建芳. 2010. 普惠金融体系下小额信贷绩效内涵及其评价的理论模型构建. 中国乡镇企业会计，（6）：15-18.

朱民武，曾力，何淑兰. 2015. 普惠金融发展的路径思考——基于金融伦理与互联网金融视角. 现代经济探讨，（1）：68-72.

朱信凯，刘刚. 2009. 二元金融体制与农户消费信贷选择——对合会的解释与分析. 经济研究，（2）：43-55.

朱一鸣，王伟. 2017. 普惠金融如何实现精准扶贫？财经研究.（10）：43-54.

朱一鸣，张树忠. 2017. 中国县域金融排斥问题研究——真的是供给不足引起的吗. 贵州财经大学学报，（4）：35-46.

邹伟，凌江怀. 2018. 普惠金融与中小微企业融资约束——来自中国中小微企业的经验证据. 财经论丛，（6）：34-45.

Adeyemi A A，Pramanik A H，Mydin A K. 2012. A measurement model of the determinants of financial exclusion among muslim micro-entrepreneurs in Ilorin，Nigeria. Journal of Islamic Finance，（1）：30-43.

Affleck A，Mellor M. 2006. Community development finance：a neo-market solution to social exclusion？. Journal of Social Policy，（2）：303-319.

Aghion P，Bolton P. 1997. A theory of trickle-down growth and development. Review of Economic Studies，（2）：151-172.

Ahamed M M，Mallick S K. 2019. Is financial inclusion good for bank stability？International evidence. Journal of Economic Behavior & Organization，157：403-427.

Allen F，Carletti E，Cull R，et al. 2021. Improving access to banking：evidence from Kenya. Review of Finance，（2）：403-447.

Allen F，Demirguc-Kunt A，Klapper L，et al. 2016. The foundations of financial inclusion：understanding ownership and use of formal accounts. Journal of Financial Intermediation，27：1-30.

Amidžić G，Massara A，Mialou A. 2014. Assessing countries' financial inclusion standing：a new composite index. IMF Working Paper.

ANZ. 2004. A report on financial exclusion in Australia. Chant Link and Associates，（10）：55-59.

Anzoategui D，Demirgüç-Kunt A，Pería MS M. 2014. Remittances and financial inclusion：evidence from El Salvador. World Development，54：338-349.

Aportela F. 1999. Effects of financial access on savings by low-income people dissertation. Cambridge：MIT Department of Economics Dissertation Chapter 1.

Argent N M，Rolley F. 2000. Financial exclusion in rural and remote New South Wales，Australia：a geography of bank branch rationalisation，1981-98. Australian Geographical Studies，（2）：182-203.

Arora R U. 2010. Measuring financial access. Griffith University Discussion Paper in Economics，（7）：1-21.

Australia and New Zealand Banking Group Limited. 2004. A report on financial exclusion in Australia. Chant Link & Associates，10：10-17.

Barboni G，Cassar A，Demont T. 2017. Financial exclusion in developed countries：a field experiment among migrants and low-income people in Italy. Journal of Behavioral Economics for Policy，（2）：39-49.

Bauer J M. 2018. The Internet and income inequality：socioeconomic challenges in a hyperconnected society. Telecommunications Policy，（4）：333-343.

Baumol W J. 1952. The transactions demand for cash：an inventory theoretic approach. The Quarterly Journal of Economics，（4）：545-556.

Beck T，Levine R，Loayza N. 2000. Finance and the sources of growth. Journal of Financial Economics，58：261-300.

Beck T，Demirgüç-Kunt A，Levine R. 2006. Bank concentration，competition，and crises：first results. Journal of Banking & Finance，（5）：1581-1603.

Beck T，Demirgüç-Kunt A，Levine R. 2007. Finance，inequality and the poor. Journal of Economic Growth，（1）：27-49.

Beck T，de la Torre A. 2007. The basic analytics of access to financial services. Financial Markets，Institutions & Instruments，（2）：79-117.

Beck T，Pamuk H，Ramrattan R，et al. 2018. Payment instruments，finance and development. Journal of Development Economics，133：162-186.

Biggart N W. 2001. Banking on each other：the situational logic of rotating savings and credit associations. Advances in Qualitative Organization Research，（1）：129-52.

Bose P. 1998. Formal-informal sector interaction in rural credit markets. Journal of Development Economics，（2）：265-280.

Bouman F J A. 1995. Rotating and accumulating savings and credit associations：a development perspective. World development，（3）：371-384.

Cebulla A. 1999. A geography of insurance exclusion：perceptions of unemployment risk and actuarial risk assessment . Area，（2）：111-121.

Célerier C，Matray A. 2019. Bank-branch supply，financial inclusion，and wealth accumulation.The Review of Financial Studies，（12）：4767-4809.

Chakraborty S，Ray T. 2006. Bank-based versus market-based financial systems：a growth-theoretic analysis. Journal of Monetary Economics，（2）：329-350.

Chakravarty S P. 2006. Regional variation in banking services and social exclusion. Regional Studies，（4）：415-428.

Chakravarty S R，Pal R. 2010. Measuring financial inclusion：an axiomatic approach. Indira Gandhi Institute of Development Research Mumbai Working Papers No.22776.

Chibba M. 2009. Financial inclusion，poverty reduction and the millennium development goals. European Journal of Development Research，（2）：29-230.

Christiansen C，Rangvid J，Joensen J S. 2007. Fiction or fact：systematic gender differences in financial investments？. EFA Conference Paper .

Claessens S，Perotti E. 2007. Finance and inequality：channels and evidence. Journal of Comparative Economics，（4）：748-773.

Clark C. 1951. Urban population densities. Journal of the Royal Statistical Society，114：490-494.

Colin C. 1951. Urban population densities. Journal of the Royal Statistical Society：Series A （General），（4）：490-496.

Conning J. 1999. Outreach，sustainability and leverage in monitored and peer monitored lending. Journal of Development Economics，60：51-77.

Cull R，Demirgüç-Kunt A，Morduch J. 2007. Financial performance and outreach：a global analysis of leading microbanks. The Economic Journal，（517）：107-133.

Dabla-Norris E，Ji Y，Townsend R M，et al. 2019. Distinguishing constraints on financial inclusion and their impact on GDP，TFP，and the distribution of income. NBER Working Paper No.20821.

Day G S. 2011. Closing the marketing capabilities gap. Journal of Marketing，（4）：183-195.

de Koker L. 2006. Money laundering control and suppression of financing of terrorism：some thoughts on the impact of customer due diligence measures on financial exclusion. Journal of Financial Crime，（1）：26-50.

Devlin J F. 2005. A detailed study of financial exclusion in the UK. Journal of Consumer Policy，（1）：75-108.

Dupas P，Robinson J. 2009. Savings constraints and microenterprise development：evidence from a field experiment in Kenya. NBER Working Paper No.w14693.

Duvendack M，Mader P. 2019. Impact of financial inclusion in low and middle income countries：a systematic review of reviews.Campbell Systematic Reviews，15（1/2）：e2012.

Fernández-Olit B，Paredes-Gázquez J D，de La Cuesta-González M. 2018. Are social and financial exclusion two sides of the same coin? An analysis of the financial integration of vulnerable people. Social Indicators Research，（1）：245-268.

Ford J，Rowlingson K. 1996. Low-income households and credit：exclusion，preference，and inclusion. Environment and Planning A，（8）：1345-1360.

Fuller D. 1998. Credit union development：financial inclusion and exclusion. Geoforum，（2）：145-157.

Fungáčová Z，Weill L. 2015. Understanding financial inclusion in China.China Economic Review，34：196-206.

Galor O，Zeira J. 1993. Income distribution and macroeconomics. The Review of Economic Studies，

（1）：35-52.

Geach N. 2007. The digital divide，financial exclusion and mobile phone technology：two problems，one solution？. Journal of International Trade Law and Policy，（1）：21-29.

Giuliano P，Ruiz-Arranz M. 2009. Remittances，financial development，and growth. Journal of Development Economics，（1）：144-152.

Greenwood J，Jovanovic B. 1990. Financial development，growth，and the distribution of income. Journal of Political Economy，（5）：1076-1107.

Guiso L，Sapienza P，Zingales L. 2005. Trusting the stock market. The Journal of Finance，（6）：2557-2600.

Gupte R，Venkataramani B，Gupta D. 2012. Computation of financial inclusion index for India. Procedia-Social and Behavioral Sciences，（1）：133-149.

Hannig A，Jansen S. 2010. Financial inclusion and financial stability：Current policy issues. ADBI Working Papers No.259.

Hemls B. 2006. Access for All：Building Inclusive Financial Systems.The World Bank Working Paper No.35031.

Hulland J，Wade M R，Antia K D. 2007. The impact of capabilities and prior investments on online channel commitment and performance. Journal of Management Information Systems，（4）：09-142.

Hyytinen A. 2003. Information production and lending market competition. Journal of Economics and Business，（3）：233-253.

Irfan M，Arif G，Ali S，et al. 1999. The structure of informal credit market in Pakistan. Pakistan Institute of Development Economics Report.

Jalilian H，Kirkpatrick C. 2002. Financial development and poverty reduction in developing countries. International Journal of Finance & Economics，（2）：97-108.

Johansson A C，Wang X. 2014. Financial sector policies and income inequality. China Economic Review，31：367-378.

Jones P A. 2008. From tackling poverty to achieving financial inclusion—The changing role of British credit unions in low income communities. Journal of Socio-Economics，（6）：2141-2154.

Jorgenson D W，Gollop F M. 1992. Productivity growth in the U.S. agriculture：a postwar perspective. American Journal of Agricultural Economics，（3）：745-750.

Kale P，Dyer J H，Singh H. 2002. Alliance capability，stock market response，and long term alliance success：the role of the alliance function. Strategic Management Journal，（8）：747-767.

Kamran S，Uusitalo O. 2016. Vulnerability of the unbanked：evidence from a developing country. International Journal of Consumer Studies，（4）：400-409.

Kapoor A，2013. Financial inclusion and the future of the Indian economy. Futures，56：35-42.

Kempson E，Atkinson A，Pilley O. 2004. Policy level response to financial exclusion in developed economies：lessons for developing countries. Report of Personal Finance Research Centre，University of Bristol.

Kempson E，Whyley C. 1999. Kept Out or Opted Out？Understanding and Combating Financial Exclusion. Bristol：The Policy Press.

Kempson E，Whyley C，Caskey J，et al. 2000. In or out？ Financial exclusion：a literature and research review. Report of Financial Services Authority Consumer Research No.3.King R G，Levine R. 1993. Finance and growth：schumpeter might be right. The Quarterly Journal of Economics，(3)：717-737.

Kodan A S K，Chhikara K S. 2013. A theoretical and quantitative analysis of financial inclusion and economic growth. Management & Labour Studies，(1/2)：103-133.

Kpodar K，Andrianaivo M. 2011. ICT，financial inclusion，and growth evidence from African countries. IMF Working Papers No. 11/73.

Lamb L. 2016. Financial exclusion and financial capabilities in Canada. Journal of Financial Economic Policy，(2)：212-227.

Larner W，Le Heron R. 2002. The spaces and subjects of a globalising economy：a situated exploration of method. Environment and Planning D：Society and Space，(6)：753-774.

Leischnig A，Geigenmueller A，Lohmann S. 2014. On the role of alliance management capability，organizational compatibility，and interaction quality in interorganizational technology transfer. Journal of Business Research，(6)：1049-1057.

Leyshon A，Thrift N. 1993. The restructuring of the UK financial services in the 1990s：a reversal of fortue？. Journal of Rural Studies，(3)：223-241.

Leyshon A，Thrift N. 1994. Access to financial services and financial infrastructure withdrawal：problems and policies. Area，26：268-275.

Leyshon A，Thrift N. 1995. Geographies of financial exclusion：financial abandonment in Britain and the United States. Transactions of the Institute of British Geographers，20：312-341.

Leyshon A，French S，Signoretta P. 2008. Financial exclusion and the geography of bank and building society branch closure in Britain. Transactions of the Institute of British Geographers，(4)：447-465.

Li J，Wu Y，Xiao J J. 2020. The impact of digital finance on household consumption：evidence from China. Economic Modelling，86：317-326.

Loury G C. 1998. Discrimination in the post-civil rights era：beyond market interactions. Journal of Economic Perspectives，12：117-126.

Mader P. 2018.Contesting financial inclusion. Development and Change，(2)：461-483.

Mcgrath C，Zell D. 2001. The future of innovation diffusion research and its implications for management：a conversation with Everett Rogers. Journal of Management Inquiry，(4)：386-391.

Mookerjee R，Kalipioni P. 2010. Availability of financial services and income inequality：the evidence from many countries. Emerging Markets Review，(4)：404-408.

Mushtaq R.，Bruneau C. 2019. Microfinance，financial inclusion and ICT：implications for poverty and inequality. Technology in Society，59：101154.

Mylonidis N，Chletsos M，Barbagianni V. 2019. Financial exclusion in the USA：looking beyond demographics. Journal of Financial Stability，40：144-158.

Nakata C，Zhu Z，Izberk-Bilgin E. 2011. Integrating marketing and information services functions：a complementarity and competence perspective. Journal of the Academy of Marketing Science，(5)：700-716.

Nathan H S K，Mishra S，Reddy B S. 2008. An alternative approach to measure HDI. Indira Gandhi Institute of Development Research Working Paper No.1-23.

Ofeimun G O. 2020. Effect of microfinance banks financial inclusion strategies on economic growth of Nigeria（2009-2018）. Noble International Journal of Economics and Financial Research，（1）：14-23.

Osili U O，Paulson A. 2008. What can we learn about financial access from U.S. immigrants? The role of country of origin institutions and immigrant beliefs. The World Bank Economic Review.（3）：431-455.

Ozili P K. 2018. Impact of digital finance on financial inclusion and stability. Borsa Istanbul Review.（4）：329-340.

Pan Y，Yang M，Li S，et al. 2016. The impact of mobile payments on the internet inclusive finance. Journal of Management and Sustainability，（4）：97-106.

Park C Y，Mercado R. 2016. Financial inclusion，poverty，and income inequality in developing Asia. Asian Development Bank Economics Working Paper Series No. 426.

Patrick H T. 1966. Financial development and economic growth in underdeveloped countries. Economic Development and Cultural Change，（2）：174-189.

Phelps C H. 1972. Barbiturate-induced glycogen accumulation in brain. An electron microscopic study. Brain Research，（1）：225-234.

Pitt M M，Khandker S R. 2002. Credit programs for the poor and seasonality in rural Bangladesh. Journal of Development Studies，（2）：1-24.

Rabinovich E，Maltz A，Singha R K. 2008. Assessing markups，service quality，and product attributes in music CDs' internet retailing. Production and Operations Management，（3）：320-337.

Rosavina M，Rahadi R A，Kitri M L，et al. 2019. P2P lending adoption by SMEs in Indonesia. Qualitative Research in Financial Markets，（2）：260-279.

Sahay R，Čihák M，N'Diaye P，et al. 2015. Financial inclusion：can it meet multiple macroeconomic goals? . IMF Staff Discussion Notes No. 15/17.

Sain M R M，Rahman M M，Khanam R. 2016. Financial exclusion in Australia：can Islamic finance minimise the problem? . Australasian Accounting，Business and Finance Journal，（3）：89-104.

Sarma M. 2008. Index of financial inclusion. Indian Council for Research on International Economic Relations Working Papers No.215.

Sarma M，Pais J. 2011. Financial inclusion and development. Journal of International Development，（5）：613-628.

Simpson W，Buckland J. 2009. Examining evidence of financial and credit exclusion in Canada from 1999 to 2005. The Journal of Socio-Economics，（6）：966-976.

Smyczek S，Matysiewicz J. 2014. Financial exclusion as barrier to socio-economic development of the Baltic Sea region. Journal of Economics & Management，15：79-104.

Sokol M. 2013. Towards a 'newer' economic geography? Injecting finance and financialisation into economic geographies. Cambridge Journal of Regions，Economy and Society，（3）：501-515.

Stiglitz J E，Weiss A. 1981. Credit rationing in markets with imperfect information. The American Economic Review，（3）：393-410.

Teece D J，Pisano G，Shuen A，et al. 1997. Dynamic capabilities and strategic management. Strategic Management Journal，（7）：509-533.

Vollrath D. 2009. How important are dual economy effects for aggregate productivity.Journal of

Development Economics，(2)：325-334.

Wentzel J P，Diatha K S，Yadavalli V S S. 2016. An investigation into factors impacting financial exclusion at the bottom of the pyramid in South Africa. Development Southern Africa，(2)：203-214.

Wu F，Mahajan V，Balasub R S. 2003. An analysis of E-business adoption and its impact on business performance. Journal of the Academy of Marketing Sciences，(4)：425-447.

Yaron J. 1994. What makes rual finance institution successful？. World Bank Research Observer，(1)：49-70.

Zhang Q，Posso A. 2019. Thinking inside the box：a closer look at financial inclusion and household income. The Journal of Development Studies，(7)：1616-1631.

Zhang X，Tan Y，Hu Z，et al. 2020. The trickle-down effect of fintech development：from the perspective of Urbanization. China & World Economy，(1)：23-40.

Zhao H，Chen L. 2019. A positive mutual impact between inclusive finance and poverty alleviation. Asian Agricultural Research，(1)：33-35，37.